数学の美

情報を支える数理の世界

呉 軍 著
持橋大地 監訳
井上朋也 訳

東京化学同人

数学之美　第三版

吴　军

Copyright © 2020 by Jun Wu
Japanese translation rights arranged with Posts Telecom Press
through Japan UNI Agency, Inc., Tokyo

本書を家族に捧げる

科学の精神が中国国民に行き渡り，
若い世代から多くの優れた専門家が
輩出されんことを願う

第 3 版 著者まえがき

西洋における「数学」という言葉は古代ギリシャ語 μάθημα に由来し，「学びを通して得た知識」を意味する．すなわち，初期の数学は今日の数学よりずっと広義で，人類の生活に根ざしていたといえる．

初期の数学は現代の数学の神秘からはほど遠く，実際的なものであった．ご多分にもれず，数学も時とともに進化し，発展の過程で深化していった．実際には，数学の進化とは，われわれの生活の中にある具体的な物事や運動の法則を抽象化していく過程である．数千年の抽象化を経て，人類の頭の中で，数学は数字・記号・公式と定理にまでそぎ落とされていった．このように抽象化された数学は，われわれの生活からだんだんかけ離れていったように見える．今日，初等数学を除いて，一般的に数学，特に純粋数学の有用性に疑問がもたれている．大学卒業後，学んだ数学を応用する機会は一生ないかもしれず，多くの人が「なぜ数学を学ぶべきか」と疑問に思っている．さらに不幸なことに，数学を専攻した学生にとって就職は容易ではない．中国でもアメリカでもこの事情は同じである．多くの人は，数学者と聞けば陳景潤（Chen, Jingrun）[*1]のように分厚い眼鏡をかけた朴訥とした人をイメージするだろう．抽象的な数字，記号，公式と定理，またはそれらを研究する数学者は，「美」とは無縁と感じるのではないだろうか．

しかし実のところ，数学は人々の想像をはるかに超えて役に立ち，生活と密接に関わっている．原子力や宇宙など，生活そのものからやや離れた分野でも，膨大な数学の知識を必要とする．われわれが日常生活で使う製品や技術の裏には，多くの数学的な裏付けがある．私は 20 年以上研究に携わってきたが，数学が実際の問題を魔法のように解決するたびに感嘆し

---

* 訳注 1：陳景潤（1933-1996）は中国の数学者．整数論に関するゴールドバッハ予想への貢献が知られている．

たものである．その驚きを読者と分かち合いたいと思う．

　古代において，重要な知識は人と人との間の交流，すなわち広い意味での通信により取り交わされてきた．本書もここから始まる．数学の素晴らしさを示すために，私は通信分野を切り口として選んだ．数学が通信分野で普遍的に使われており，また，通信はわれわれの生活と切り離せないからである．工業化社会となって以降，通信は人々の生活の多くの時間を占めるようになった．電気通信の時代に入ると，通信の拡大は人と人との距離を縮め，世界経済の成長も牽引した．現在，通信とその関連産業は世界の国民総生産（GDP）の大きな割合を占めている．都市に住む人々は，テレビの前で，あるいはインターネットや電話（固定電話でも携帯電話でも）をしながら多くの時間を過ごす．これらのすべてにおいて，通信が関わっている．買い物など人が現場に赴かなければならない活動の多くも，現代の通信の基礎の上に築かれた電子商取引に取って代わられた．現代の通信は，100 年以上前のモールス信号やベルの発明した電話から，今日のテレビや携帯電話，インターネットに至るまで，すべて情報理論の法則に従っている．そして，情報理論の基礎は数学である．もっと時間を俯瞰すれば，自然言語や文字の起源も数学的な法則に支えられている．

　「信」の字は「通信」という語の半分を占め，情報（中国語では信息という）の記憶，伝送，処理，理解の重要性を示している．すなわち，誰もが利用するインターネット検索や，昨今威力を増している音声認識，機械翻訳，自然言語処理も含まれる．読者には思いもよらないかもしれないが，これらの問題を解決する一番よい道具が数学である．一見異なる問題に対し，いくつかの汎用的な数理モデルで明確な説明ができるだけでなく，非常に美しい解決法が提供される．数学的なツールによって情報処理に関する問題が解決されるたびに，その美しさに感嘆する．人間の言語は百種以上あるが，それらを扱う数理モデルは同じか，または酷似している．この一致性も「数学の美」の表れといえるだろう．本書の中で，いくつかの数学的なツールについて，エンジニアがどのようにこれらを利用して情報を処理し，日常生活において利用されるサービスの開発につながっているの

かを紹介していく.

　数学は，えてして深遠で，複雑な印象を与えるが，その本質は常に簡潔で直接的である．イギリスの哲学者フランシス・ベーコンは「美徳について」という文章の中で，「美徳は高貴な宝石のように，質素な引き立てのもとで最も華麗となる（Virtue is like a rich stone, best plain set）」と述べている．数学においても，最良の方法とは最も簡潔な方法である．したがって，本書では一貫して「簡潔は美である」という考えに基づいている.

　改訂にあたってこの第3版では，第2版の内容に新たな三つの章を加え，「ブロックチェーンと楕円曲線暗号」，「量子暗号はなぜ絶対に破られないのか」，「数学の限界」という注目のテーマを紹介する．また時代に合わせて，既存の章にも適宜，加筆・修正を施した.

　最後に本書において，私がよく知る自然言語処理と通信分野の世界的な研究者を紹介する理由についてふれておこう．彼らは，出身国も国籍もさまざまだが，共通の特徴がある．それは，数学的な基礎を確固として持っていることである．さらにその数学を使って，多くの実際的な問題を解決してきたということである．世界的な研究者の仕事と生活を紹介することによって，本物の学者とはどのような人たちなのかを読者に知ってほしい．彼らの共通点と卓越さを知り，彼らが成功した要因を理解して，数学の美しさを本当に知っている人たちの素晴らしい人生を感じとってほしいと思っている.

　2020年3月　シリコンバレーにて

呉　　　軍

第 2 版 推薦の辞

　数年前，私（李開復）は，呉軍（Wu, Jun）の『浪潮之巓（波の頂）』*1 と本書第 1 版に推薦の辞を寄せた．本書が文津図書賞*2 を受賞し，さらに版を重ねることを大変嬉しく思う．

　本書は，当時グーグル（Google）の上級研究員であった著者（呉軍）が，ブログ「グーグル黒板報」*3 に依頼されて執筆した連載「数学之美」がもとになっている．連載開始時，ブログの担当者は，記事が理論的すぎて読者に受け入れられないのではないかと懸念したという．しかしこれは杞憂だった．本書『数学之美』も活き活きとした筆致で，数学の発展の歴史と実際の事例を結びつけ，現代の科学・技術に関連する重要な数学理論の起源と発展，その応用を体系的に紹介し，テック界をはじめとした広範な読者を魅了している．

　『浪潮之巓』の推薦の辞でもふれたが，最先端の研究者やエンジニアの中にあって，本書の著者である呉軍は，科学・技術とりわけ情報分野の発展と変化を洞察し，叙述できる稀有な書き手である．本書においても，呉軍はその持ち味を遺憾なく発揮している．『浪潮之巓』とは異なり，本書では数学と情報処理，とりわけ音声認識，自然言語処理，情報検索といった彼の専門分野について集中的に取り上げている．数字や情報の起源にはじまり，情報処理の背後にある数理や検索にかかわるユニークな数学的応用までを，数学の背後にある本質的な思考を交えて明快に語っている．その

---

* 訳注 1： 呉軍 著，『浪潮之巓』，人民郵電出版社（第 1 版 2011 年刊，第 4 版 2019 年刊）．未邦訳．タイトルは「波の頂」という意味．本書と同じくブログ「グーグル黒板報」（訳注 3）に連載された，アメリカ シリコンバレーのエレクトロニクス，IT 産業事情を中心に紹介した書籍．
* 訳注 2： 文津図書賞（http://wenjin.nlc.cn/wjtsj/jianjie）は中国国家図書館が主催する賞．哲学，社会科学と自然科学分野における，知識の普及に役立つ中国国内で出版された一般書を対象とする．
* 訳注 3： もともとはグーグルチャイナの公式ブログであったが，グーグルの中国撤退後は，グーグルの公式発表の転載を中心に運営されている（https://china.googleblog.com/）．

筆致は実に魅力的で，まさに数学の美を実感させるものであり，数学は奥深いが味気ない記号ではなく，実生活に根ざした興味深い現象のうえにあることを活写している．数学は至るところにあり，そこには驚くべきリズムと美しさがある．

　ガリレオはかつて「自然の書物は数学の言語で書かれている」[*4] と言った．アインシュタインもまた「私たちは純粋に数学的に，自然現象を理解するための鍵となる概念や，それらを結びつける法則を発見することができる」[*5] と述べた．私も長年，情報処理と音声認識の分野で研究を行ってきて，あらゆる科学分野で数学が基本的な役割を果たすことをみてきた．その経験から「数のあるところ，美あり」と言いたい．それゆえ本書を，自然，科学，生命に興味をもち，そこに情熱を注ぐ人々に勧めたい．理系文系を問わず，数学にふれることで得るものは多く，宇宙と世界のすばらしさ，不思議に思いを致すことができるだろう．本書の特長は，著者が題材の中身を知悉しているのみならず，それでビジネスを開発してきたところにある．著者が同僚とともに，簡潔な数理モデルを非常に複雑な工学的問題にいかに応用してきたのか，その思考過程を明快に記述している．これは，実務経験を持たない学者にはできないことである．

　2012 年，呉軍はブログ「グーグル黒板報」で連載した「数学之美」を本書第 1 版に編み直すことに心血と時間を注いだ．すなわち彼は，学者としての厳密な立場で，多忙な仕事の合間をぬって内容を補足し，ほとんどすべての文章を書き直した．結果として，一般読者の興味と専門家の読者の深みに対する要求の双方に配慮した著作を完成させたことに，心から敬服する．さらに呉軍は，この 2 年間のグーグルでの経験をもとに新たに二つの章をまとめ，第 2 版に追加した．これにより，読者は本書『数学之美』をより深く理解できることだろう．

＊　訳注 4： 出典は "Il Saggiatore"（Galileo Galilei, 1623）［山田慶兒・谷泰 訳，『偽金鑑識官』，中央公論新社（2009）］.
＊　訳注 5： 出典は A. Einstein, "On the Method of Theoretical Physics", *Philosophy of Science*, 1 (2), 163–169 (1934).

現代社会はめまぐるしく，ストレスもあり，自然科学の本質に対する好奇心が薄らいでいるように思うことがある．本書はまことの良書である．呉軍にはこれからもっと多くの，このような深い本を執筆されることを期待する．それはまた，この社会と若者への最高の贈り物となるだろう．

2014 年 10 月

李　　開　　復*6

第 1 版　推 薦 の 辞

本書はまさに必読の書である．この本には，著者である呉軍博士が長年の研究生活の中で培った，科学に対する深い思考が記されている．

私（李星）は，1991 年にアメリカから帰国し，清華大学電子工学系に移った．そこで呉軍博士と出会い，彼の中国語の音声認識に関する研究の深さに大いに感銘を受けた．その後に彼は渡米して，シリコンバレーを紹介する『浪潮之巓』を出版した．その著作はレベルが高く，改めて彼の著述への情熱を感じた．

私は，清華大学で教鞭を執るここ数年の間，どうすれば学生が科学研究を本当に楽しみ，愛するようになるのだろうかと考えてきた．このことは，自分の研究の価値を深く理解し，研究者が育つことにつながる．折しも偶然，ブログ「グーグル黒板報」で呉軍博士の連載「数学之美」を見つけ，大いに楽しんだ．そしてことあるごとに，学生にこのブログをフォローして読むように勧めた．本書は当時のブログと比べて，内容はより系統立ち，

---

*　訳注 6：李開復（Lee, Kai-Fu）は，もとグーグルチャイナ社長で人工知能学者．1961 年台北生まれ，カーネギーメロン大学でコンピュータ科学博士号取得後，アップル，マイクロソフトを経てグーグルチャイナ社長．現在は中国のベンチャーキャピタル 創新工場（シノベーション・ベンチャーズ）最高経営責任者（CEO）．おもな著書に『AI 世界秩序：米中が支配する「雇用なき未来」』（"AI Superpowers: China, Silicon Valley, and the New World"：上野元美 訳，日本経済新聞社（2020）），『AI2041 人工知能が変える 20 年後の未来』（"AI 2041: Ten Visions for Our Future"，陳楸帆（Chen, Qiufan）との共著：中原尚哉 訳，文藝春秋（2022））などがある．なお，本訳注は『AI2041 人工知能が変える 20 年後の未来』の著者紹介を参考にした．

さらに深みを増して新たな境地に達している．

　私が本書を読んで感じたことを，以下に紹介しよう．

1.　根源に立ち返ろう

　本書にはさまざまな分野のエピソードが多々折り込まれており，読者を
飽きさせない．その最たるは，エピソードを担った人物像である．その独
創的な数学のアイデアを考えついたのは誰なのか？　なぜ彼/彼女はその
ように考えたのか？　その思考法にはどんな特徴があるのか？　ある分野
の大家になるには偶然の要素もあるが，必然の要素もある．その必然をも
たらすものは，思考法である．

2.　思考法を体得しよう

　科学研究を行ううえで一番大切なのは，思考法を体得することである．
例を二つ挙げよう．

　偉大な物理学者であり数学者でもあるアイザック・ニュートンは，そ
の著書『自然哲学の数学的諸原理（Philosophiae Naturalis Principia
Mathematica)』*7 の中で四つの法則について述べている．そのうちの一つ
は「法則 1：それだけで十分に説明できる．自然界の事物の他の原因を探
す必要はない」である．この法則は後に「簡単性の原則」とよばれるよう
になった．アルベルト・アインシュタインの「ギリシャ哲学から現代物理
学にいたる科学史に一貫して，表面上のきわめて複雑な自然現象を，いく
つかの簡単な基本概念と関係にまとめる努力が営まれている．これが自然
哲学全体の基本原理である」という言葉も，「数学の美」そのものである．

　ワールドワイドウェブ（WWW）の発明者であるティム・バーナーズ＝
リー（Tim Berners-Lee)*8 は，設計原理について「簡潔さとモジュール化
はソフトウェア工学の基礎であり，分散性と試行錯誤はインターネットの
生命である」と語っている．ソフトウェアやインターネット産業に携わる

　＊　訳注 7：「プリンキピア」「プリンシピア」ともよばれる．
　＊　訳注 8：ティム・ジョン・バーナーズ＝リー（Timothy "Tim" John Berners-Lee）は
　　　イギリスのコンピュータ科学者で，WWW の仕組みを考案した．

人口は多いが，これらの核心的な考え方を実際に体得している人はどれだけいるのだろうか？

　私は学生に次のような問題を出したことがある．「主要な情報技術（IT）系の雑誌の表紙を飾った重要な技術テーマを，過去10年分について調べ，どの技術が成功し，どの技術が短命に終わったか，その理由を分析すること」　学生の答えは面白いものであった．すなわち，「『正しい思考法をもつ技術』は必ずしも成功にはつながらない．しかし，『正しい思考法をもたない技術』は必ず失敗する」　本書の読者には，ぜひ「数学の美」を創造する思考法を体験してほしい．

3. 鑑賞を超え，創造へ

　数学は自然界の事実に対する総括と帰納の産物である．これはイギリスの哲学者ベーコンの「すべては自然界の事実に目を凝らすことにかかっている」とする経験主義と，フランスの哲学者デカルトによる「我思う，故に我あり」で表される抽象的な思考法の双方による賜物である．この二つの方法が，現在の絢爛多彩で魅力的な数学をつくりあげた．本書は，ITの分野，特に音声認識と検索エンジンの背後にある「数学の美」を見事に表している．しかし，ここで言いたいのは，究極の目的は美の鑑賞ではなく，美の創造にあるということだ．本書の読者，特に若い読者がIT世界における「数学の美」を鑑賞し，それらをつくりあげた大家の思考法に学び，自らが新しい数学の美の創造に携わることを願ってやまない．

　2012年4月 北京にて

李　　　　星[*9]

＊　訳注9：李星（Li, Xing）は清華大学電子工学系教授．清華大学ネットワーク・ヒューマン音声通信研究所（網絡与人機語音通信研究所，現在は「情報認知・知能システム研究所（信息認知与智能系統研究所）」へ統合）所長などを歴任した．

訳者まえがき 簡潔を是とする

著者の呉軍はアメリカで学位を取得した後，創業期のグーグルに入社し，エンジニアとして検索技術の開発に従事してきた．一方で中国の読者向けに，科学技術の啓蒙書や欧米事情の紹介を中心に多くの著作を記しており，本書の他にもシリコンバレーにおける企業の盛衰を記した『浪潮之巔（波の頂）』が特に好評を得て，版を重ねている．

本書の核となるのは，グーグルおよびそれ以前のジョンズ・ホプキンス大学で呉軍が関わった数学・エンジニアリングである．彼の経験が色濃く反映されている部分において，何気ないパラメータの取り方などからも経験の深さが垣間見える．そこに彩りを添えているのが，研究・開発で直接触れ合った研究者・技術者にまつわるエピソードである．特に呉軍が師と仰ぐ人々，イェリネックやシングハルを語る筆致には温かみがある．人間模様と数学が織り交ざった叙述は森毅のエッセイを想起させるが，その筆致が生真面目なところは書き手の性格の反映であろう．簡潔を是とし，合理的な思考を重んじる著述スタイルは，本書を通して一貫している．プトレマイオスへのオマージュ（第 19 章）も彼ならではである．

本書が書籍となったきっかけは，在りし日のグーグルチャイナの公式ブログ「グーグル黒板報」（「推薦の辞」訳注 3 参照）であった．推薦の辞を寄せている李開復は，『AI2041』の著者としても名高いが（「推薦の辞」訳注 6 参照），当時は呉軍の同僚であった．本書の主役は，技術的にも人物的にも（シュミット時代の）グーグルと言える．また一部の記事は，呉軍がテンセント社に移籍していた際に執筆されている．そのような書籍が中国で出版され，高い評価を受けている，というのも米中関係の一つの側面だろう．中国系の出自を持ち，高等教育をアメリカの大学院で受け，その後，米中をまたいでビジネスを成功させた人々の例は，訳者の専門である化学分野においてもよく聞く．これらの人々の才覚・勤勉さが米中のあいだで開花した，その時代の雰囲気を示すエピソードも本書は示している．

さらにうがった読み方をすれば，本書は数学がエンジニアリングを経て

莫大な富を生み出し始めた時代の記録でもある．そこでのイノベーション
はビジネスの成長とともに編まれるのだが，同時にまた『AI 2041』に示さ
れるような「近未来におけるエンジニアとは何か」という方向をも示して
いる．もっとも呉軍の視点は，ともするとビジネスに偏重しがちな「イノ
ベーション」において，数学を含めた科学研究の重要性を強調するところ
にある．第 3 版で追加された部分（第 34 章）では，その行き着く先への呉
軍らしい考察も盛り込まれている．

　「良書とはいろいろな読み方ができる本のことを指す」とは古来からの
知恵である．生成 AI がわれわれの生活に密接に関わりつつある現代（く
しくも 2024 年のノーベル物理学賞・化学賞はいずれも AI に関わるトピッ
クであったことは象徴的でさえある）においても，本書に解説されている
数学・エンジニアリングは依然その根幹にある．加えて，それを作った
人々への畏敬を込めた描写であったり，中国人ならではのエピソード，さ
らには米中の意外な近さなど，視点の斬新さが日本における本書の魅力と
言えるだろう．鎌倉時代よりこの方，中国からもたらされた文物は「唐物」
としてその新鮮さ・新奇さが愛でられてきたが，本書は劉慈欣の『三体』
よろしく現代の「唐物」と言ってよい．昨今ビジネスはもとより，科学技
術においても中国企業・研究機関の発信力は増しつつあるが，本書がその
担い「手」を知るよすがとなれば幸いである．

　好事門をいでず．私がこの本に中国の書店で出会ったのは 2017 年，会
社員のかたわら中国語を習得し，本書を読み込んだ．2020 年に第 3 版が刊
行されたのを機に，週末ともなれば数学の解説書をあたり，機械翻訳（百
度翻訳を使うことが多かった）も援用しつつ訳出した．中国語を教えてい
る妻 林秀光の力を借りたことも白状しておく．ここまでこぎつけたのは
ひとえに監訳者の持橋大地教授，東京化学同人の杉本夏穂子氏，そして同
社より本書を出版することを決断いただいた石田勝彦氏，井野未央子氏の
おかげで，ひとりでも欠けていたら本書は存在しなかった．記して感謝
し，謹んで本書を関帝廟・媽祖廟（横浜中華街でおなじみの神様）に供え
奉る．

　2024 年 11 月　　　　　　　　　　　　　　　　　　　　井 上 朋 也

目　　次

第3版 著者まえがき

第2版 推薦の辞/第1版 推薦の辞

訳者まえがき「簡潔を是とする」

第1章　文字と言語，数字と情報 ……………………………………… 1

文字と言語，数学は生まれたとき密接に関わっていた．その後，別々の道をたどって発展したが，今再び交わりつつある．

  1・1　情報とは

  1・2　文字と数字の誕生

  1・3　文字と言語，その背後にある数学

第2章　自然言語処理　その70年の歴史 ……………………………… 16

自然言語処理研究は大きなまわり道をした．言語学の伝統に則った初期の文法（ルール）ベースのアプローチは，実用化においてつまずいてしまった．20年以上経って，統計的なアプローチが試みられるようになり，これが契機となって実用的なサービスが次々と生み出されるようになった．

  2・1　まわり道の20年

  2・2　統計モデル誕生の衝撃

第3章　統計的言語モデル ………………………………………………… 30

統計的言語モデルは自然言語処理の基礎である．機械翻訳や音声認識，文字認識やスペルミス検出だけでなく，漢字入力や文献検索にまで幅広い用途がある．

  3・1　数学を使って言語を解析する方法

  3・2　 探究 　統計モデルを使う上でのポイント

   3・2・1　Nグラムモデルへの拡張

   3・2・2　ゼロ頻度問題への対処

   3・2・3　訓練データの選び方

第4章　単語分割　テキストを単語に区切る方法 ················ 44

文章を単語に区切る「単語分割」は，アジア言語の情報処理の基本である．
自然言語処理と同じく，まわり道を経て，統計的言語モデルの採用により
解決した．

　　4・1　中国語における単語分割の変遷
　　4・2　探究 結果をいかに評価するか
　　4・2・1　正しい単語分割とは
　　4・2・2　どこまで細かく分割するか

第5章　隠れマルコフモデル
自然言語処理における核心的ツール ···························· 53

通信モデルとして確立していた隠れマルコフモデルは，その後，音声認識
のモデルとしても威力を発揮し，やがて自然言語処理になくてはならない
機械学習のツールとなった．

　　5・1　通信と自然言語処理の密接な関係
　　5・2　その数理と音声認識での成功
　　5・3　探究 隠れマルコフモデルの訓練

第6章　情報の量と働き ·· 63

情報の量はエントロピーで定量化できる．これは情報理論における基礎的
な概念であり，通信やデータ圧縮，自然言語処理にとっても重要である．

　　6・1　情報の量を測る：エントロピー
　　6・2　情報の働きとは
　　6・3　情報の相関を測る：相互情報量
　　6・4　探究 確率分布の類似を測る：相対エントロピー

第7章　現代言語処理を拓いた　イェリネック博士 ············ 76

現代自然言語処理の創始者イェリネック博士は，自然言語処理分野へ数学
を応用することで成功を収めた．博士の実り多き生涯を振り返る．

　　7・1　少年時代
　　7・2　「ウォーターゲート事件からモニカ・ルインスキーまで」
　　7・3　「学習は生涯にわたるプロセス」

第 8 章　簡潔の美　ブール代数と検索インデックス ················ 86

ブール代数は非常に簡潔だが，コンピュータ科学の基礎であり，論理と
数学を融合したのみならず，デジタル化時代をもたらした．

8・1　論理と数学の融合 ブール代数
8・2　検索の主役 インデックス

第 9 章　巡回を最適化　グラフ理論とウェブページ収集 ············ 93

検索エンジンは，インデックス付けする膨大なウェブページを，ウェブ
クローラーとよばれるプログラムを使って自動でサーバーにダウンロー
ドする．このプログラムは，グラフ理論の原理を駆使してインターネッ
トを巡回している．

9・1　つながりを探索 グラフ理論
9・2　ウェブページを収集 ウェブクローラー
9・3　探究 グラフ理論にまつわる二つのトピックス
　　　9・3・1　オイラーの七つの橋の証明
　　　9・3・2　ウェブクローラーのプログラムの要点

第 10 章　ページランク
ウェブページを順位付けするグーグルのアルゴリズム　　103

ページランクはウェブ検索の質を飛躍的に向上させたグーグル創業期の
キラーアプリケーションである．基盤にあるのはグラフ理論と線形代数
における行列演算である．

10・1　多数決でページの質を決める
10・2　探究 ページランクの計算方法

第 11 章　検索語句とウェブページをどう関連づけるか ········· 110

検索語句とウェブページの関連付けをどのように測るのだろうか？　こ
れはウェブ検索における基本的な問題であり，各キーワードの重み付け
がカギとなる．現在一般的に用いられている指標は TF-IDF であり，そ
の原理は情報理論に基づいている．

11・1　検索キーワードの重要度を測る TF-IDF
11・2　探究 TF-IDF の情報理論的根拠

第 12 章　有限オートマトンと動的計画法
地図とローカル検索の核心技術 ………………………………… 117

有限オートマトンと動的計画法は，地図サービスやローカル検索で用いられている．これらは機械学習のツールであり，音声認識やスペルミス検出，生産工程の自動化や遺伝子解析など幅広い用途がある．

　　12・1　住所の解析と有限オートマトン
　　12・2　グローバルナビゲーションと動的計画法
　　12・3　探究　有限状態トランスデューサ

第 13 章　アミット・シングハル
グーグルのカラシニコフをデザインした男 ………………… 128

「世にある軽火器の中で最も有名なのはカラシニコフである．決して詰まることがなく，丈夫で，どんな環境でも使用でき，信頼でき，殺傷力が高く，使いやすいからだ」　グーグルのサービスもこのような原則に則って設計されている．

第 14 章　余弦定理とニュース記事の分類 ……………………… 135

コンピュータはニュースを理解することはできないが，分類することはできる．基盤となる数学は，ニュースの分類とは無関係にみえる余弦定理である．

　　14・1　ニュースの特徴ベクトル
　　14・2　ベクトル間の距離を測る
　　14・3　探究　余弦を計算するテクニック
　　　　14・3・1　大規模データの余弦を計算するコツ
　　　　14・3・2　重要な位置にある単語の重み付け

第 15 章　特異値分解ともう一つのテキスト分類 ……………… 144

テキストをトピックごとに分類するのも，単語を意味別に分類するのも，「線形代数」で学ぶ行列の特異値分解を使って実行できる．自然言語処理の問題は，数学の問題に帰着できる．

　　15・1　巨大行列を分解する
　　15・2　探究　特異値分解による次元圧縮

第16章　情報のフィンガープリント ……………………………… 151

世の中のあらゆるものには固有の判別方法がある．情報にも「指紋」があり，それによって異なる情報を区別できる．

16・1　情報の「指紋」
16・2　情報フィンガープリントの使い方
16・2・1　集合が同じであることを判定する
16・2・2　集合が本質的に同じであることを判定する
16・2・3　ユーチューブの著作権侵害対策
16・3　[探究] 情報フィンガープリントにまつわる
　　　　　　　　　二つのトピックス
16・3・1　フィンガープリントが重複する可能性は？
16・3・2　類似性ハッシュとは

第17章　暗号の数理　テレビドラマ「暗算」と公開鍵暗号 ……… 163

暗号の基盤にあるものは情報理論と数学である．情報理論が暗号化に十分に適用されることで，初めて安全な暗号がつくれる．

17・1　暗号の誕生
17・2　情報理論時代の暗号学

第18章　輝くもの必ずしも金ならず
検索エンジンの質を高める二つのアプローチ ……………… 174

検索結果の上位に表示されるウェブページが，必ずしも有用な情報とは限らない．有用でないウェブページを排除するために，通信におけるノイズフィルタリングと同じ原理を応用する．このことは，情報処理と通信の原理が相互に関連していることを示している．

18・1　検索エンジンのスパム対策
18・2　検索結果の「権威性」

第19章　数理モデルの重要性 ……………………………………… 184

正しい数理モデルは科学や工学においてきわめて重要だが，すんなりとそこに行き着くとは限らない．「正しいモデルは簡潔」であることを意識しよう．

第20章 卵は一つのかごに盛るな　最大エントロピー法 ………… 191

最大エントロピー法は素晴らしい数理モデルを生み出す．さまざまな情報を一つのモデルに統合することができ，情報処理や機械学習に幅広く応用されている．形式は非常に簡潔で美しいが，その適用には数理への深い理解とスキルが必要である．

　　20・1　多様な情報を合理的に統合
　　20・2　探究 最大エントロピー法の訓練

第21章 漢字入力の数理 ……………………………………… 199

漢字を入力する作業自体，人間とコンピュータのコミュニケーションといえる．優れた入力法は，おのずと通信の数理モデルにしたがっている．効果的な入力法の実現には，情報理論が必須である．

　　21・1　中国語入力の試行錯誤の歴史
　　21・2　漢字1字をキー何回で入力できるか？
　　21・3　ピンインを漢字へ変換するアルゴリズム
　　21・4　探究 ユーザーに合わせた言語モデル

第22章 自然言語処理の父マーカスとその優秀な弟子たち　212

ペンシルベニア大学教授のミッチ・マーカスは，自然言語処理の研究手法を言語学的アプローチから統計的手法へ転換させた人物として知られる．さらに特筆すべきは，今日の学界で広く利用される言語データ「LDCコーパス」を構築し，多くの優秀な研究者を育てたことである．

　　22・1　マーカスの貢献
　　22・2　ペンシルベニア大学出身の俊英たち
　　　　22・2・1　マイケル・コリンズ：完璧の追究
　　　　22・2・2　エリック・ブリル：簡潔こそ美

第23章 ブルームフィルター　乱数と確率の巧妙な掛け合わせ　220

日常生活において，「ある要素がある集合に属するか否か」という判断に迫られることはよくある．コンピュータ工学において，この課題を解決するための最適な数学的ツールがブルームフィルターである．

　　23・1　ブルームフィルターの簡潔な仕組み
　　23・2　探究 誤って識別する確率は？

第 24 章　マルコフ連鎖の拡張　ベイジアンネットワーク ·········· 226

ベイジアンネットワークとは，マルコフ連鎖を拡張した重み付き有向グラフである．マルコフ連鎖の「一次元の連鎖構造」という制約を取り払って，関連する事象を統合できる．生物統計学，画像処理，意思決定支援システム，ゲーム理論など幅広く用いられている．

24・1　一次元構造からネットワーク構造へ
24・2　単語分類への活用
24・3　探究　ベイジアンネットワークの学習

第 25 章　条件付き確率場と構文解析 ································· 234

条件付き確率場は結合確率分布を計算するのに便利なモデルである．一方，構文解析と聞くと英語の授業かと思えるが，両者にはどのような関係があるのだろうか．

25・1　構文解析：数学との融合
25・2　条件付き確率場
25・3　条件付き確率場の活用：犯罪の防止

第 26 章　デジタル通信界の巨人　ビタビ博士 ························ 244

ビタビアルゴリズムは，現代のデジタル通信で最もよく使われるアルゴリズムであり，自然言語処理でも復号化アルゴリズムとして採用されている．また，第三世代（3G）モバイル通信規格のほとんどは，ビタビがジェイコブスとともに設立したクアルコム社により開発された．ビタビ博士は，今日最も影響力のある科学者といえよう．

26・1　ビタビアルゴリズム
26・2　CDMA 技術：3G モバイル通信の開発と普及

第 27 章　神のアルゴリズム　期待値最大化アルゴリズム ·········· 256

学習データと最大化する目的関数が定義されていれば，期待値最大化アルゴリズムを使い，コンピュータによる反復処理によって，望みのモデルを得ることができる．これは実に素晴らしい手法である．神が創りたもうたと思えるほどに．

27・1　自己収束する分類法
27・2　探究　期待値最大化で収束する必然性

第 28 章　ロジスティック回帰と検索広告 ……………… 262

ロジスティック回帰モデルは，確率に影響を与えるさまざまな要因を組み合わせた指数関数モデルで，検索広告だけでなく情報処理や生物統計学などでも重要な役割を果たしている．

　　28・1　検索広告の発展
　　28・2　ロジスティック回帰モデル

第 29 章　困難は分割せよ　クラウドコンピューティング ………… 267

グーグルのクラウドコンピューティングにおける重要なツールにMapReduce がある．この原理は一般的な分割統治アルゴリズムであり，複雑な大きな問題を多数の小さな問題に分解して個別撃破する．本当に役に立つ方法とは，常に，簡潔なものなのである．

　　29・1　分割統治法の原理
　　29・2　分割統治法から MapReduce へ

第 30 章　人工ニューラルネットワーク
「大規模」で飛躍的に進化 …………………………………… 272

ディープラーニングする「脳」の実態は，思考する「脳」ではなく，計算能力に非常に長けた人工ニューラルネットワークである．「頭がよい」というより，計算が得意なのだ．別の言い方をすれば，計算能力の向上に伴い，単純な数学的手法で膨大な量を処理することで，複雑な問題を解くことができるようになったのである．

　　30・1　パターン分類に長けた機械学習
　　30・2　ニューラルネットワークの学習
　　30・3　ニューラルネットワークと
　　　　　　ベイジアンネットワークの比較
　　30・4　 探究 「大規模」なディープラーニングへ

第 31 章　ブロックチェーンと楕円曲線暗号
ビットコインを生み出した数理 ……………………………… 292

ヒルベルトは「数学的な核心を完全に明らかにして，はじめて自然科学をきわめることができる」と言った．ビットコインのような暗号通貨も，その数理とアルゴリズムを理解してはじめて，本質を理解できる．

　　31・1　非対称がもたらすメリット
　　32・2　楕円曲線暗号の原理

第32章　ビッグデータの威力 ……………………………………… 300

過去数十年間，世界の IT 業界の発展を支えてきたのはムーアの法則だが，今後 20 年間はデータが IT 業界のさらなる発展の原動力となるだろう．

32・1　データの重要性：先入観を取り払う
32・2　どんなデータが必要なのか
32・3　ビッグデータは何をもたらすのか

第33章　量子暗号はなぜ絶対に破られないのか ……………… 323

人はランダム性を敬遠し，確実性を好む．しかし，現代の数学の進歩は，ランダム性さえも活用する．量子暗号では原理的には絶対破れない暗号鍵が誕生したが，ここでも非常に巧みにランダム性が利用されている．

33・1　量子鍵配送：光子の偏光方向を用いた情報伝達
33・2　ランダム性を巧みに使う

第34章　数学の限界
ヒルベルトの第 10 の問題と人工知能の限界 ……………… 331

世の中の諸問題の中で，数学の問題はごく一部に過ぎず，さらに解をもつものは限られており，対応するアルゴリズムが明らかになっているものはさらに限定される．すなわち，数学は万能ではないのだから，数学で扱える境界を知っておかなければならない．

34・1　チューリングが引いた計算可能性の境界
34・2　ヒルベルトが引いた解のある数学問題の境界
34・3　探究　チューリングマシンとは

付　録　計算の複雑さ …………………………………………… 342

第 3 版 著者あとがき ………………………………………………347

監訳者あとがき 「深層学習（ディープラーニング）の進展と
　　　　　　　　　　大規模言語モデルの時代」………………………353

索　　引 …………………………………………………………………360

xxiii

本書は，原著のもととなったブログ「グーグル黒板報」の
記事執筆時，あるいは原著刊行時の情報に基づき，執筆・
翻訳されました．2024年11月現在の状況と大きく合わない
箇所には注記を入れ，本書記載のURLは2024年11月現在に
閲覧できるサイトを掲載しました．今後，本書の記述が適合
しなくなる場合があることを，予めご了承ください．

1

文字と言語，数字と情報

　数字，文字および言語は，情報の媒体としてもともと深く関わり合っている．言語も数字も，情報を記録して伝えるために生まれた．にもかかわらず，数学と言語の関わりが認知されるようになったのは，クロード・シャノン（Claude E. Shannon）が情報理論を提唱して以降，70 年あまり前のことである*1．それ以前，数学といえば，自然現象の記述や生産活動の設計といったこと，たとえば天文学や幾何学，プロセス工学，経済学，力学，物理学や生物学のためのもので，数学はこれらの科学技術とともに発展してきた．数学と言語学はおおよそ接点をもたなかったのである．だから，数学者にして物理学者，あるいは天文学者という人物は歴史上少なくないが，数学者にして言語学者などという人はきわめて限られていた．

　本書ではこの 70 年の出来事をもっぱら述べていくが，この第 1 章だけはぐっとさかのぼって太古の昔から，言語，文字，そして数字が生まれた経緯をたどっていきたい．

1・1　情報とは

　われわれの直接の祖先である現生人類は，今日の情報化社会が実現するはるか昔から情報を用い，伝えてきた．動物園に行けば，動物の雄叫びを聞くことがあるだろう．われわれの祖先もまた，何らかの雄叫びをあげていた．はじめ

＊　訳注 1：原著では「半世紀あまり前」となっている．原著第 1 版は 2012 年刊行だが，もととなったブログ「グーグル黒板報」（「推薦の辞」訳注 3 参照）の記事執筆は 2000 年代にさかのぼる．以降，ブログ執筆時の表記と考えられる年数は適宜修正した．

図1・1　アーアーアー！（熊だ，仕留めよう！）

はただの雄叫びであったが，徐々に人類はこの声を用いて情報を伝えるようになった．さしずめ，何らかの声音で「あそこに熊がいるぞ」と仲間に伝えて注意を促し，仲間が「やあやあ」と応答して「熊がいる」ことを了解する，といったように．あるいは別の声音で「石を投げて熊をやっつけよう」と言ったかもしれない（図1・1）．

この「情報を生む/伝える/受けるまたはフィードバックする」という仕組みは，現在の最先端の通信と何ら変わりはない（図1・2）．情報通信のモデルについては，第5章で詳しく取り上げる．

われわれの祖先にとって，理解し，伝えなければいけない情報は限られていたため，言語や数字は必要としなかった．しかし，人類の進歩と文明の発展により，表現しなければならない情報もまた多くなる．そうすると，声音の違いではもはや情報を表しきれなくなり，ここに言語が生まれた．生活上の経験は当時の人類にとってとても貴重な財産であり，彼らはそのような情報を口づてに伝えていった．同時に食物やモノの所有も始まり，量の多少の概念も芽生えたが，数を数えるところまでは至らなかった．

図1・2　われわれの祖先の情報のやりとりと現代の通信モデルは同じ

1・2 文字と数字の誕生

　われわれの祖先はどんどん学び，言語もそれにつれて豊かに，抽象的になっていった．言葉によって描写される共通の概念，すなわちモノ・コト，数量，動作が抽象化されて今日の語彙をかたちづくった．そして言葉と語彙がさらに増え，個人が覚えておける容量を超えてしまった（人類のもつ知識を，すべて身につけている人などいないように）．そこで，情報を記録することが必要となり，文字が生まれた．

　数字を含めて文字がいつごろ出現したのか，現在では推測できる．前著の『浪潮之巔』[*2] を出版した際，多くの読者から，「なぜ本の中に出てくる企業のほとんどがアメリカにあるのか」と尋ねられたが，それはこの 100 年の技術革新の大半がアメリカ合衆国でなされたからである．5000 年前から 10000 年前の情報革命では，人類の祖先が生まれたアフリカ大陸がその舞台となった．

　中国でこれまでに発見された最古の甲骨文[1)]が出現する何千年も前から，ナイル川流域にはすでに高度な文明が存在していた．古代エジプト人は優秀な農民かつ建築家だっただけでなく，情報の保存法，すなわち図形を用いてモノを記述する方法を発明した．最古の象形文字 ヒエログリフである．図 1・3 に，大英博物館に収蔵されている古代エジプトの「アニのパピルス（死者の書）」を示した．これは 20 メートルあまりのパピルス紙に描かれた絵巻であり，60 の絵に当時の出来事やヒエログリフによる説明が描かれている．この 3300〜3400 年前の遺物に，当時の文明について，あますところなく描かれている[2)]．

　もともと，ヒエログリフの文字数と文明が産み出す情報量は相関していた．エジプトで最古のヒエログリフが刻まれた遺物の年代はおおよそ紀元前 32 世

---

*　訳注 2：本書と同じくブログ「グーグル黒板報」に連載された，アメリカ シリコンバレーのエレクトロニクス，IT 産業事情を中心に紹介した書籍（「推薦の辞」訳注 1 参照）．

1)　大辛庄甲骨文をさす．年代は殷墟文化の第 3 期（3200 年前）を下らないとされる．

2)　「アニのパピルス（死者の書）」は副葬品であり，棺の中に置かれていた．古代エジプト人があの世に逝くにあたっての紹介状と，あの世での生活が描かれている．上面のおびただしい数の象形文字によれば，死者が冥土神の前に引き出され，まず，彼（死者）が生前なんの悪事も働かなかったことを陳述する．次に諸々の神々の前に引き出されて裁判にかけられ，最後には太陽船に乗り込み新しい生活を始める．「死者の書」を見たものはみな深い感動を覚えることだろう．精巧で美しく，昔のものとは思えないほど良好な状態で保存されている．

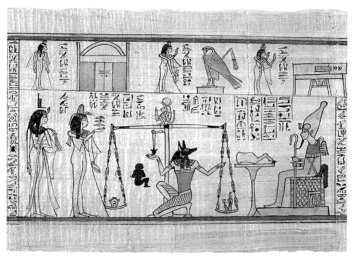

図 1・3 「アニのパピルス(死者の書)」(部分)

紀で，当時の文字の数は大体 500 程度であったが，紀元前 7〜5 世紀(おもにギリシャ=ローマ時代に該当する)になると文字の数は 5,000 程度にまで増え，これは中国で常用される漢字の数に匹敵する[3]．しかしその後，文明が進歩し，情報量が増えても，ヒエログリフの文字数は増えなかった．もはやそれだけ多くの文字を学び，覚えられる人などいなかったからである．そこから概念の一般化や分類といったことが始まった．たとえば，中国の象形文字において「日」はもともと太陽を意味するが，同時に，太陽が昇り，山に沈み，また昇るまでの周期，すなわち「一日」をも意味する．また，ヒエログリフでは，音が同じならば同じ符号を用いることができる．このような集約の仕方もまた，自然言語処理や機械学習のクラスタリングと原理的によく似ている．ただ，太古においてこのようなプロセスが完成するのには何千年も必要だった．今日では，コンピュータの処理速度とデータの量によるが，数時間から数日で済んでしまう

---

3) 国標一二級字庫(訳注 3)(中国における常用漢字およびそれに準ずる漢字として指定されているもの)に収録されている漢字数による．

* 訳注 3：中華人民共和国 国家標準総局より 1980 年に発布された文字コード表「信息交換用漢字編碼字符集 基本集，標準番号 GB2312-80」記載の漢字をさす．簡体字 6,763 字および 682 個の記号のコードが規定されている．

だろう.

　すると，文字はいくつかの意味をとりうることになるが，どの意味を表しているのか曖昧になることがある．この問題を解決するには，過去の人々も現在の学者も，前後の文脈に頼るのである．前後の文があれば，かなり曖昧さを除くことができる．もちろん，曖昧さを除ききれずに学者のあいだで解釈が異なることもある．古代中国において，儒教の経典を注釈し，正しい解釈を確立しようとしたが，これはまさに曖昧さを取り除く作業だった．いまでも状況は変わらず，自然言語処理において，よい言語モデルで前後の文脈から意味を割り出しても，それが正しくないことがある．これは言語が成立した当初から備わっている特徴なのである.

　文字が生まれると，先人の経験や遭遇した出来事を代々伝承できるようになった．文明が亡びない限り，ひいてはその文字を使う人がいる限り，このような情報は長く伝えられるようになった．中国文明はまさにその好例といえる．逆にその文字が使われなくなってしまうと，その文字によって書かれたテキストの解読はきわめて困難になる.

　文明が異なると，地理的あるいは歴史的な隔たりゆえ，使われる文字も異なる．異なる文明のもとに暮らしている人が出会い，交流を持つようになると，翻訳が必要となる．翻訳して互いが理解し合えるということは，互いの言葉が情報を記録する能力において同等ということになる（この結論は重要である）．もっといえば，文字は情報の媒体であって，情報そのものではない．文字以外，たとえば数字はそのような媒体になりえるのか？　これはまさにその通りで，このことが現代の通信の基礎となっている．当然，異なる文明の交流において，二つの言語で同じ内容が記述されることもある．このことが亡びた言語を解読するカギとなることもある.

　紀元前 7 世紀に，エジプトの政争にギリシャ人が介入し[4]，ギリシャ文化がエジプトに影響を及ぼすようになった．とくにマケドニア人も含めたギリシャ人，そしてローマ人がエジプトを治めるようになり，エジプトの言語のラテン化が進んだ．ヒエログリフは通常用いられる文字としての役割を終え，もとの役目，すなわち祭祀用の文字として生き長らえた．さらに時代が下って 4 世紀

---

4) 紀元前 653 年，ギリシャ商人がエジプトを援助し，外敵の侵入を防いだ.

になると，時のローマ皇帝テオドシウス1世がエジプトにおいてキリスト教以外の宗教を禁じたため，ここにヒエログリフは完全に途絶えた．それから約1400年後の1798年，ナポレオンがエジプトに遠征したが，そこに100名以上の学者が従軍していた．ある日，ブシャール隊の中尉がロゼッタの地で図1・4のような古代エジプトの石碑を発見した．この石碑にはヒエログリフ，デモティック（古代エジプト期の民衆文字），そして古代ギリシャ文字の3種類が刻まれていた．ブシャールはこの石碑が古代エジプトの秘密を解く重要な物であることを見抜き，随行していた科学者のマルセルにこの石碑を託し，マルセルは石碑の拓本をとってこれをフランスに持ち帰った．1801年にフランスはエジプトでの戦いに敗れ，ロゼッタストーンはイギリス人の手にわたった[5]．しかし，マルセルの持ち帰った拓本はフランスやその他ヨーロッパの学者の閲覧するところとなり，21年後の1822年，フランスの言語学者シャンポリオンが，ロゼッタの石碑に刻まれたヒエログリフの解読に成功した．文字が石に刻まれているか紙に転写されているかではなく，そこに書かれていた情報こそが重要だったのである．

図1・4　ロゼッタストーン

---

5) これは大英博物館の至宝の一つである．

ロゼッタストーンの碑文の解読は，紀元前32世紀の古代エジプトの先王朝時代以降の歴史を明らかにし，歴史学および言語学上のきわめて貴重な出来事だった．現在，われわれは5000年前のエジプト文明を1000年前のマヤ文明よりもよく知っているが，これはまさに，エジプト人が自身の生活の大切なことを書き残してくれたおかげである．自然言語処理に長らく関わっている研究者として，ここから二つの教訓が得られることを指摘したい．すなわち，

1. 情報が冗長であれば，漏れなく伝わる確率が上昇する．ロゼッタストーンでは同じ情報が3回も繰り返し記録されており，情報は完璧に保存され，失われることがなかった．この冗長性は，今日の通信における符号化にも通じるところがある（2000年前の古代エジプト人が，プトレマイオス5世の即位の詔書を3種類の言語で記録していたことに感謝しよう）．

2. 言語データ〔コーパス（corpus）*4 という〕，とりわけ二カ国語以上の多言語の対訳コーパスが翻訳にはきわめて重要となる．それはまた，機械翻訳の研究の基礎となる．この事情はシャンポリオンの時代とさして変わりはない．ただし現代では，発展した数学的ツールとコンピュータのおかげで，翻訳にかかる時間を著しく短縮できている．

　ロゼッタストーンをめぐるこのような歴史を知れば，グーグル（Google）の機械翻訳や，世界で最も売れている翻訳ソフトウェアを含め，あらゆる翻訳ソフトウェアや翻訳サービスに「ロゼッタ」の名が冠されていることも納得がいくだろう．

　太古の「情報爆発」において，人々の頭脳を「記憶すること」から解放するために文字が出現したように，数字もまた人の所有する財産が増え，その多少を知る必要に迫られて出現した．ロシア系アメリカ人で著名な物理学者でもあったジョージ・ガモフ（George Gamow）が著書『1, 2, 3…無限大（One Two Three...Infinity)』で二人のやりとりを描写している．どちらが大きい数字を言えるか競争し，片方が考えに考えて「3」と言った後，もう片方が考えに考えた末に「おまえの勝ちだ」という場面である．原始時代の部族ではモノはきわめ

＊　訳注4：コーパスとは，言語学において統計的な解析や研究を行う目的で集積した言語データをさす．ラテン語で「身体」を意味する *corpus* が由来．

て少なく，3個よりも多いものはまれだったので，「たくさん」と言うか数えないかであった．このような時代には数え方など生まれようがない．

　われわれの祖先が3よりも多いものを記録する必要が生じ，5〜8までの区別がつくころになって，数え方が生まれた．数字は数え方の基本である．はじめは数字を記す方法はなく，指を折って数えていたが，これが今日，十進法を使用している理由となっている．もしわれわれに12本の指があれば，いまごろ十二進法を用いているだろう．数を数える助けとするのに，初期の人類は木片や骨片のような手頃なものに刻み目を入れていた（図1・5）[*5]．1970年代に，考古学者がスワジランドと南アフリカのあいだにあるレボンボで，数を数えるためと思われる刻み目の入った35000年前のヒヒの腓骨を発見した．これは，これまでに発見された最古の数を数える道具であり，35000年前に人類が数を数えていたことを示すものと考えられている．

　文字としての数字と象形文字は同じ時期に誕生していたはずで，数千年の歴史をもつ．数字の1，2，3の書き方は文明により異なり，中国では横棒，ローマでは縦棒，メソポタミアでは楔形だった（図1・6）．これは典型的な象形文字といえる．すなわち，ほかの文字と同様，数字は情報の媒体であり，抽象的な意味合いは持っていなかった．

　だんだんと，数を数えるのに10本の指だけでは足りなくなった．簡単な方

図1・5　古代の計数器

＊　訳注5：図1・5はイシャンゴの骨とよばれているもので，1950年コンゴのイシャンゴ村で発見されたためこの名前が付いている．放射性炭素年代測定法により，25000年以上前の遺物と推定されている［出典：ベルギー王立自然史博物館ウェブサイト］．一方，レボンボの骨とよばれている遺物は南アフリカとエスワティニ（スワジランド）国境の山岳地帯で1973年に発見された．放射性炭素年代測定では41000〜43000年前の遺物と推定されている［出典：P. B. Beaumont and R. G. Bednarik, "Tracing the emergence of palaeoart in sub-Saharan Africa", *Rock Art Research*, **30**(1), 33-54（2013）］．

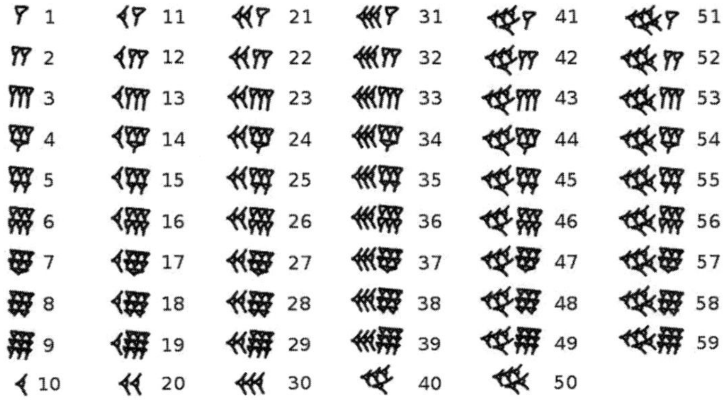

図1・6　メソポタミアにおける数字

法は足の指を使うことだが，これでは根本的な解決にはならない．ヨーロッパ・アジア・アフリカ大陸のどこかにはそういう部族もいたかもしれないが，絶えて伝わっていない．われわれの祖先は聡明にも位取りを発明し，10 に達すると1 繰り上がる仕組みをつくった．これは人類にとって大きな飛躍といえる．数量の記述に際して符号化を行い，異なる数字が異なる量を表す仕組みを完成したからである．ほとんどすべての文明において十進法が採用されたが，手足すべての指の数に基づいて二十進法を採用した文明はないのだろうか？　じつはマヤ文明がそうだった．マヤ暦（長期暦）では約 400 年を 1 世紀とした．2012年は長期暦の区切りの年にあたり，2013 年から新たな長期暦が始まるということをメキシコのマヤ文明研究家から聞いた．この暦に合わせて 2012 年が世界最後の 1 年といわれたことがあったが，これはまた別の話である．

　十進法に比べると，二十進法は不便なことが多い．中国人はかつて，字が読めなくても九九の表をそらんじることができた．しかし，二十進法となると19×19 まで暗記しなければならない[6]．紀元前後の人類の文明において，学者でもなければそのようなレベルに達することはなかっただろう．私は，二十進法の使い勝手の悪さがマヤ文明の歩みを遅らせた原因になりうると考えてい

---

6) 十進法，十二進法，十六進法が混在すると単位系が複雑になってしまう．アメリカ以外では，現在ほぼ十進法の単位のみ用いられている．

る．さらに致命的だったのは，彼らの文字がたいへん複雑で，各部族でそれを読める人がきわめて限られていたことだろう．

位の異なる数を表すのに，中国人とローマ人はそれぞれ独自の表記法を編み出した．中国人は十，百，千，万，億，兆を用いた[7]．ローマ人は I で 1，V で 5，X で 10，L で 50，C で 100，D で 500，M で 1,000 を表し，それ以上の表記法をもたなかった．これらの方法には，無意識のうちに素朴ながらも符号化の概念が導入されている．まず，異なる符号で異なる数を表そうとしていること，そして復号化の規則が定められていることである．中国式では，復号化は掛け算に基づき，200 万は 2×100×10000 だ．ローマ式では，復号化は足し算と引き算からなる．大きい数字の左にある小さい数字は引き，右にある小さい数字は足す．たとえば IV は 5−1=4，VII は 5+2=7，IIXX は 20−2=18 となる．この規則は複雑なうえ，大きい数字や分数を記述しづらい．ローマ人が 100 万を表そうとすると MMMM … と際限なく書き続けなければならず，それだけで黒板を埋め尽くすはめになる（図 1・7）．後にローマ人は M の上に線を引いて 1000 倍を示すようになったが[8]，それでも 10 億を書こうとするとやはり黒板を埋め尽くすことになる．このように，どちらの表記法がより有効かといえ

図 1・7　ローマ人が 100 万を書いたら …

---

7) 兆にはもともと，100 万と 1 万億（中国語では 1 兆を「1 万億」と書く）の両方の意味があった．
8) ローマ数字において，上下に同時に線を引くと特別な意味を持ったのだが，ややこしくなるので通常は線を引く表記法は使われなかった．

ば，中国式の方がローマ式に勝るといえる[9].

　最も合理的な数字の表記法を生み出したのはインド人である．0も含め10個のアラビア数字を発明し，現在，世界中で用いられている[10]．この表記法は，中国式やローマ式よりも抽象的だが使いやすい．そのため，アラビア人によってヨーロッパに伝わるとただちに普及した．ただ，ヨーロッパ人はこの数字の発明者がインド人であったことを知らなかったため，数字の名称に，ヨーロッパにこの表記法を伝えた「アラビア」人の名を冠した．アラビア数字（インド数字）の革新的な点は，用いやすさだけでなく，数字と文字が分離したことにある．これ以降，自然言語の研究と数学は長きにわたって交差することなく，距離を広げていった．

1・3　文字と言語，その背後にある数学

　文字と数字は，情報の担い手として異なる媒体であるものの，根底にある類似性は変わらない．自然言語の発展は，見えないながらも情報科学の法則に従っている．

　人類の二つ目の文明がチグリス＝ユーフラテス河流域のメソポタミア地方に成立したとき，新しい種類の文字である楔形文字が誕生した．考古学者も言語学者も，泥板や石板[11]に刻まれたこの文字はヒエログリフに似たところがあるとし，一種の象形文字だと考えた．しかし間もなく，この文字は最古の表音文字で，異なる楔のパターンが異なる音を示すことを見いだした．これは，漢字の部首に音を表すものがあることに似ている（ただし，アルファベットのような表音文字と異なり，漢字そのものは表意文字である）．大英博物館には楔形文字の刻まれた泥板・石板が数万点以上保管されている．これらの文字がぎっしり刻まれた泥板・石板は，アッシリアのレリーフともども，古代バビロニアのきわめて貴重な遺物である．

　アルファベットはフェニキア人により，メソポタミアから地中海東岸のシリ

---

9) 古代ギリシャにおける数字の表記法はむしろ中国式に似ている．ローマ人がその方法に則らなかった理由はわからない．

10) 0があるからこそ，十百千万などの表記の代わりに位を表示できる．それだけ0は重要なのである．

11) 最初の泥板の年代は紀元前26世紀またはそれ以前，いまから4700年前までさかのぼる．

アまで伝えられた．彼らは根っからの商人であって，楔形文字をきれいに仕上げる手間を省き，22個の文字に簡素化した．これらの文字は，フェニキア人の商業活動とともにクレタ島をはじめエーゲ海諸島を通じて，ギリシャ人の祖先に伝えられた．アルファベットはギリシャで発展した結果，もとの楔形文字とは似ても似つかぬものになった．しかし文字と音の対応が明快だったため，それから何世紀もかけてマケドニア人とローマ人の活動を介して伝播した．そして，アルファベットを用いた言語はヨーロッパ，アジア，アフリカの言語の源流となった．それゆえ現在，アルファベットを用いている言語をローマ式言語（ロマンス諸語）とよぶ．

　象形文字からアルファベットに至る道には，大きな飛躍がある．このあいだに人類はモノの外観から概念の抽象化へ，知らず知らずのうちに情報を符号化していたのだから．それだけでなく，われわれの祖先は文字を大変合理的に符号化した．ロマンス諸語において，常用される言葉は短く，そうでない言葉は長い．表意文字においても同様で，よく用いられる文字の字画は少なく，そうでない文字の字画は多い．これはまさに，情報理論における最小記述長の原理に当てはまる．われわれの祖先は知らないうちにそれを体現していた．このような文字のデザイン（一種の符号化方法だが）は，書く時間や材料の消費を節約できるという利点をもたらす．

　蔡倫[*6]が紙を発明する以前，文字を記述することは容易ではなかった．中国語を例にとると，前漢時代以前は文字を亀の甲羅や石碑，竹簡に刻まなければならなかった．字を刻むのは大変手間のかかることで，さしずめ墨を惜しむこと金のごとしである．それゆえ，中国語の古代文語体は大変簡潔である反面，解釈が難しいが，当時の口語は現在のそれと大して変わらないようである．語句も比較的長く，理解しやすい（嶺南客家[*7]の方言は古代語の名残をよくとどめているといわれるが，書き言葉は清代末から中華民国初期にかけての口語と酷似している）．これは現代の情報科学における基本原理に一致する．すなわち，情報を伝えるチャンネルの容量に十分ゆとりがあれば，圧縮することなくそのまま伝達することができるが，容量が限られていれば，まず情報をできる

　＊　訳注6：蔡倫は後漢中期に宮廷に仕え，紙の製法を発明したとされている．
　＊　訳注7：嶺南地区はおもに広東省，広西チワン族自治区，海南省を意味し，それらの地域に華北地域から移住してきた客家（漢民族系の移民）をさす．

限り圧縮し，受け取った後で解凍する必要がある．古代であれば，会話の際に情報を圧縮する必要はなかったものの，「書く」となると手間がかかるため，いわばチャンネルの容量が限られることになり，情報を圧縮せざるをえなかったというわけである．口語体を簡素な文語体にすることが「情報の圧縮」にあたり，文語体で書かれた文章を解釈することが「情報の解凍」にあたる．これは，われわれが動画を見るときと事情が似ている．ブロードバンドであれば画質の高い映像が見られるのに対し，モバイル通信などのナローバンドでは通信速度が二桁落ちるため，画像の質を落とさざるをえない．このように，情報理論が構築される数千年前から，中国人はその法則を意識し，それに基づいてふるまっていた．

　司馬遷が53万字を費やして中国の1000年の歴史を記述していたとき，ユダヤ人もまた歴史の始まりを「創世記」から，とくにモーゼ以来の歴史を著していた．すなわち『旧約聖書』である[12]．聖書の簡潔なスタイルは『史記』によく似ているが，史記が司馬遷一人の筆からなるのに対し，聖書は何世紀にもわたって書き継がれた．後世の人が書き足すときには，数百年から千年分の抄本を見るわけだが，そこに写し間違いは避けられない．今日，オックスフォード大学にこのような錯誤のない聖書がただ1冊現存するといわれている．聖書を写本するにあたって，ユダヤ人がいかに敬虔であっても，「神（God, Lord）」が出てくるたびにお清めを行い祈祷を行おうとも，写し間違いは避けられない．そこでユダヤ人は，今日コンピュータや通信において用いられている検証手段に通じる手法を考え出した．すなわち，個々のヘブライ文字に数字を対応させ，一行ごとに数字を足し，原本と写本で比較したのである（図1・8）．同様に，縦方向（列方向）にも数字を足して比較した．それぞれの行と列について計算されるこれらの数が一致すれば，そのページは正しく複写できたことになる．写本にあたった当時のユダヤ人の学者たちは，このように複写の正確さを確認していた[13]．逆に，ある行で算出された数が原文と写本で異なれば，その行に少なくとも一つの写し間違いがあることを示す．その場合，列方向で算出され

---

12) 聖書の中国語訳は，訳によって異なるが，おおよそ90〜100万字からなる．旧約と新約はおおよそ半々の構成であり，それぞれ50万字ずつである．

13) F. Williams, "Meticulous Care in the Transmission of the Bible", Bible Evidences, n. d. Accessed October 11, 2008.

図1・8 古代ユダヤ人の手による聖書の写本．一行ごと，一列ごとに正確に複写されているか否かを検証している（各行の右に数字が記載されていることに注意）．

た数についても原文と写本で異なるところが出てくるはずなので，行，列ともに数の一致しないところが写し間違いの起こった箇所としてただちに検出できる．この背後にある原理は，今日用いられている各種検証法と何ら変わらない．

　古代語から現代語への発展に伴い，言語による表現はより正確に，より豊かになっていったが，文法の整備はそこで大きな役割を果たした．私は言語史家ではないので，言語における文法がいつごろ出現したのか考証する手立てはないが，古代ギリシャ時代から形が整いだしたようである[14]．文字の並びを単語にする形態論が単語の符号化規則を担うとすれば，文法は言語の符号化と復号化の規則といえる．この両者を比較すると，単語は閉鎖的な有限集合，言語は開放的な無限集合である．数学的にいえば，単語に対しては完備な規則がある

14）文法の成立を古代バビロニアに求める人もいる．

が，文法にはそのような規則の完備性はない．どの言語にも，文法規則で捉え
きれないところがあり，例外や正確さに欠ける部分が生じるのだが，そのこと
で言語がより豊かに，多彩になる．正統な規則を重んじる言語学者にはこのよ
うな文法規則で捉えきれない例外を「文法的な誤り」として排除しようとする
人もいるが，えてしてそのような試みは徒労に終わるようである．シェークス
ピアの作品は当時にあっては大衆的，通俗的なものであり，数多くの文法規則
に違反した名句が含まれている．当時も，シェークスピアの劇を文法的に正す
試みはあった．しかし現代に至るまで，これら文法規則に違反した名句は生き
ながらえているのに対し，文法的に正されたシェークスピアは忘れ去られて久
しい．

　これは，言語学研究の方法論の違いにもつながる．すなわち単語を正しいと
とるか，文法を正しいととるかの違いである．前者は実際に用いられているテ
キストを研究の起点とするが，後者は文法規則を起点とする．自然言語処理に
おいては，30年あまりの論争を経て最終的に，より実態に即した前者の手法が
生き残った．この歴史は，第2章「自然言語処理」で紹介しよう．

■ まとめ

　ここでは，文字と数字，そして言語の歴史を述べた．言語と数学のあいだに
内在している関係を感じとっていただけただろうか．この関係こそが本書の主
題であり，以降の章では以下を重点的に紹介していく．
● 通信の原理と情報伝達モデル
● 情報の符号化と最短符号化
● 復号化規則と文法
● クラスタリング
● 誤り検出とその訂正法
● 機械翻訳に有用な二カ国語対訳テキスト，コーパス
● テキストの多義性と前後の文脈を利用した曖昧さの除去
　これらは自然言語処理に関わる研究テーマであり，われわれの祖先が言語を
つくり上げていくにあたって遭遇し，知らず知らずのうちに解決した問題であ
る．祖先が編み出した法則と今日の研究手法には，共通の何かがその背後にあ
る．それが，数学的法則である．

1. 文字と言語，数字と情報　15

2

自然言語処理
その 70 年の歴史

　第1章では，人が情報をやりとりする手段としての言語の生い立ちをみてきた．一つ一つの文字，数字は言語を構成する単位である．どの言語も一種の符号化方法で，文法は符号化，復号化のためのいわばアルゴリズムなのである．会話で発せられた音声は，「規則に則って脳内で言語に変換され，一連の文字列として出力される」と捉えることができる．同じ言語を解するもの同士であれば，第三者であっても文字列を解釈することで，情報を獲得できる．これが言語の数学的なエッセンスである．動物も情報を伝えることはできるが，言語を用いて情報を伝えるのは人類の特徴といえる．

　1946年[1]に出現したコンピュータは，それ以来多くの面で人間をしのぐようになった．コンピュータは自然言語を解することができるだろうか？　じつは，われわれ人類はその実現にむけて多大な努力を費やしてきた．これは，認知科学における以下の二つの問いにつながる．一に，コンピュータは自然言語を処理できるか否か．二に，できるとすれば，人間と同じように自然言語を処理できるか否か．これらの問いに答えることが本書の目的でもある．答えを先に明かすと，両方とも「Yes！」である．

2・1　まわり道の 20 年

　機械知能の構想を最も早く提唱したのは，コンピュータ科学の父アラン・チューリング（Alan Turing）である．1950年，彼は専門誌 *Mind*（マインド）

---

1) この年に，フォン・ノイマン（John von Neumann）のアーキテクチャを採用した ENIAC（エニアック）が稼働した．

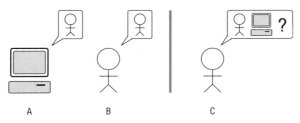

図 2・1　チューリングテスト．C からみて，やりとりしている相手が人間か機械かわからなければ，機械に知能があると考える．

に「計算する機械と知能（Computing Machinery and Intelligence）」という論文を発表した．チューリングはこの論文で，機械が知能をもつか否かの検証法を提案した．人と機械がやりとりする際，人からみて，やりとりしている相手を人か機械か区別できなければ，機械に知能があると考える（図 2・1）．この手法は後に，チューリングテストとよばれるようになった．じつのところ，チューリングは問題を出したのであって，答えを出したのではない．しかし，自然言語の機械処理（現在では「自然言語処理」といわれる）の歴史はこの論文が発表されたころ，つまり 70 年あまり前に始まった．

　自然言語処理の 70 年あまりにわたる歴史は，大きく 2 段階に分けることができる．まず初期の 20 年，すなわち，1950 年代から 70 年代にかけては，研究者らがいわば，まわり道してしまった時期である．世界中の研究者は，コンピュータを用いた自然言語処理に人間の言語学習法をそのまま持ち込もうとした．コンピュータに人の頭脳をまねさせようとしたのである．結果として，この 20 年の成果は無きに等しかった．70 年代に入って，先駆的な研究者らにより，新しい切り口が試みられるようになった．すなわち数理モデルと統計的手法を用いるもので，これで自然言語処理は次の段階に進んだのである．以来 50 年，この分野は劇的に進展し，自然言語処理はさまざまな製品に組み込まれ，幅広く応用されるようになった．したがって，初期の 20 年の自然言語処理研究の現代的意義はほとんどないといえるが，当時の研究者の歩みを振り返ることで，自然言語処理の研究方法をより深く理解し，他山の石としてみよう．

　時代は 1956 年の夏にさかのぼる．当時 28 歳のジョン・マッカーシー（John McCarthy），同い年のマービン・ミンスキー（Marvin Minsky），37 歳のネイサン・ロチェスター（Nathan Rochester），そして 40 歳のシャノンがマッカー

シーの勤務先のダートマス大学[2]に集まり，ブレーンストーミング形式の討論会を行った．彼らはこれを「ダートマス夏季人工知能研究会議」と称した．会議にはほかに6人の若手研究者，たとえば40歳のハーバート・サイモン（Herbert Simon）や29歳のアレン・ニューウェル（Allen Newell）もいた．研究会では，コンピュータ科学の未解決問題，人工知能や自然言語処理，ニューラルネットワークに至るまで幅広く討論が行われた．人工知能はまさにこの会議において提唱された．当時シャノンのほかはまだ無名に近かった．しかしこれらの若手は間もなく頭角を現し，名だたる学者となる．マッカーシー，ミンスキー，サイモンとニューウェルの4人は後にチューリング賞の受賞者となった．シャノンはチューリング賞などによるお墨付きなどなくとも，情報理論の創始者としてチューリングと同様に権威であった．実際，通信領域における研究に対する最高賞にはシャノンの名前が冠されている（図2・2）．

ダートマス会議の意義は4人のチューリング賞受賞者輩出にとどまらない．この10人は20世紀のIT分野における最も優秀な科学者だと後に証明されたし，いまだに研究が活発に行われている研究分野も開拓した．これらの研究分野により，われわれの生活は十分よい方へと変化した．残念なのは，歴史的にみれば世界で最も聡明な10の頭脳によるブレーンストーミングそのものから，何ら素晴らしい思想が生まれなかったことである．彼らの自然言語処理に対する理解は，今日の一流大学の博士課程修了者の水準にすら及ばなかった．この会議は結果的に，世界の自然言語処理研究を誤った方向に導いてしまった．

当時，学術界の人工知能や自然言語処理に対する認識は，次のようなものだった．「機械翻訳や音声認識などは，人間と同様に行うのが唯一の方法であり，コンピュータが自然言語を理解するには，コンピュータそのものが人間と同じような頭脳をもたなければならない」（今日，ほぼすべての研究者はもはやそのような立場には立っていない．しかし多くの門外漢は，いまだ人間に似たコンピュータが自然言語処理を行うものと信じている．）なぜそうなったのか？　人間のようにできるのなら確かに話は早い．英語を中国語に翻訳できる

2）アメリカ・アイビーリーグ（訳注1）の構成校の一つで，学部教育におけるトップ校の一つ．
＊　訳注1：プリンストン大学，ハーバード大学，イェール大学，ペンシルベニア大学，ダートマス大学，ブラウン大学，コーネル大学，コロンビア大学の8校から構成される，アメリカ北東部の名門私立大学群．

図2・2 ダートマス会議の参加メンバー．上左よりサイモン，ミンスキー，マッカーシー，下左よりニューウェルおよびシャノン．

人は，双方の言語をよく理解しているはずだ――このような直感の延長からくる類推である．人工知能や自然言語処理において，このような方法論に立つ人を「鳥人間派」とよぶ．これは，鳥が飛ぶのと同じ仕組みで飛行機を飛ばそうとし，空気力学を必要としない方法論といえる．現実には，ライト兄弟は飛行機を空気力学に則って発明したのであって，生物の動きにならったものではない．けれどもわれわれは，先人がこのような直感でもって研究をすすめたことを笑うべきではない．これは人類の普遍的な感覚なのである．いまでは，機械翻訳や音声認識技術はかなりよいところまで来ており，多くの人が使用しているが，その筋の学者でなければ，これらの二つの応用はコンピュータによる自然言語の理解が実現したためとみなすだろう．しかし実際は，数学，より厳密には統計学のもたらしたものである．

　1960年代，研究者たちが抱えていた問題は，「自然言語をどう理解するか」だった．当時はまず二つのこと，すなわち「構文解析（文法を満たす解釈から妥当な解釈を選択する解析方法）」と「意味解析」を重点的に行うべきというの

が共通認識だった．これは伝統的な言語学研究の影響を受けた，従来の思考の延長にある考え方である．中世以来，文法はヨーロッパの大学における主要教科の一つだった．16世紀には聖書が各国語に訳されてヨーロッパ以外の国々にも紹介されるようになり，これらの国々の言語の文法が整備された．18世紀から19世紀にかけて，西洋では言語学者により自然言語の形式が整えられ，論文も数多く出版され，体系が完成した．西洋の言語を学ぶには文法規則，品詞，形態論などを学ぶ必要がある．言語，とりわけ外国語を学ぶ上で，これらの規則はたしかによいツールである．そして，これらの規則は，コンピュータのプログラムとしても記述しやすいことから，専門家らは言語の規則に則って（「ルールベース」とよばれる）自然言語処理を行おうとした．

　意味解析は，構文解析ほど体系的ではない．言葉の意味，すなわち語義は文法に比べてコンピュータ上での表現が難しく，1970年代に入っても，この方面の研究にはみるべきものがなかった．なお，古代中国における言語学研究は主に意味解析に集中し，文法研究ではなかったことにふれておくべきだろう．たとえば『説文解字』*2 などはまさにその成果である．自然言語を理解するには意味の理解が欠かせない．そのため，各国政府はこぞって構文解析に関する研究に研究費を投入するのと同様に，意味解析や知識表現などの課題にも一部資金をまわした．当時の研究者の頭の中にあった自然言語処理を基礎から応用レベルまで整理すると，図2・3のようになる．

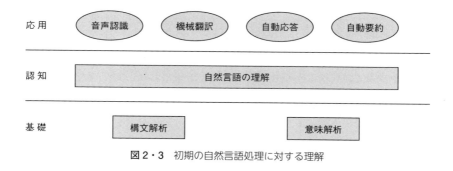

図2・3　初期の自然言語処理に対する理解

* 訳注2: 後漢の許慎（きょしん）が編纂した，中国最古の漢字字書．

ここでは構文解析を重点的に紹介していこう．まず下の簡単な例文[*3]をみてほしい．

徐志摩喜欢林徽因．　　　徐志摩は林徽因を好きだ．

この文は主語，述語，句点の三つの要素からなり[3]，それぞれの部分をさらに細かく解析すると，図2・4のような「木構造（構文木）」が得られる．

構文解析において採用する文法規則は，コンピュータ科学と言語学において「書き換え規則」とよばれる．上の文に書き換え規則をあてはめると，次頁のようになる．

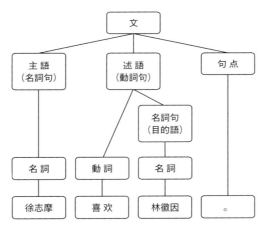

図2・4 文の木構造（句構造）

---

* 訳注3：徐志摩（Xu, Zhimo, 中国の文学者・翻訳家，1897-1931）がケンブリッジ大学に留学していた際，当地で林徽因（Lin, Huiyin, 中国の詩人・建築家，1904-1955）と出逢った故事をさす．この故事は徐志摩の詩「再別康橋（さらば，ケンブリッジよ）」のモチーフとなっている．
3) 文法用語は研究者によって異なることが多い．ここではペンシルベニア大学の言語データコンソーシアム（Linguistic Data Consortium, LDC）に用いられている文法用語に従う（訳注4）．
* 訳注4：原著第1版の英訳本 "The Beauty of Mathematics in Computer Science" も参照しつつ文法用語を和訳した．

文 → 主語 ＋ 述語 ＋ 句点	名詞 → 徐志摩
主語 → 名詞	動詞 → 喜欢
述語 → 動詞 ＋ 名詞句（目的語）	名詞 → 林徽因
名詞句（目的語）→ 名詞	句点 → 。

　1980 年代以前，自然言語処理において文法規則は人力で入力されていたが，人力入力と現在おもに用いられているコンピュータを用いた統計処理による入力はまったく異なる．2000 年ごろまで，機械翻訳で著名なシストラン社（SYSTRAN）のような企業でさえ，文法は人力入力に頼っていた．

　1960 年代，チョムスキー形式の言語のコンパイル技術が著しく発展し，コンピュータの高級プログラム言語が文脈自由文法により解析できることが示された．この解析は，多項式時間（付録参照）で処理可能なアルゴリズムで対応できる．

　高級プログラム言語の文法と自然言語の文法は，形式上よく似ている．高級プログラム言語の解析方法を用いて，自然言語を解析しようと考えるのは自然である．そこで，研究者らは簡単な「構文解析器」を設計した．このツールは，百数十語の語彙から選んだ，長さが一桁の簡単な（複雑な従属構造をもたない）文を解析できた．

　研究者は当初，コンピュータの能力向上と相まって，この手法で自然言語の文法を全面的に解析でき，自然言語処理の問題も段階を踏んで解決できると考えた．しかし，この方法はかなり煩わしい．図 2・4 からもわかるように，実際の文章に対する構文解析はかなり煩雑である．このような短い文章にも枝分かれ構造があり，8 個もの文法規則，重複を除いても 4 個の文法規則を要する．コンピュータを用いればこの程度の文章に対する構文解析は可能だが，ウォールストリート・ジャーナル[4]に実際に記載されている次のような文章の解析は困難をきわめる．

　4）自然言語処理の学術領域において，それぞれの検討結果を比較するため，一般にウォールストリート・ジャーナルの文章が用いられる．

アメリカFRBベン・バーナンキ議長は，昨日7000億ドルの救援資金をメ
ディアに表明し，銀行，保険会社ならびに自動車会社に貸し付けるとした[5]．

この文章はたしかに「主語＋述語＋句点」からなる．

　主語（アメリカFRBベン・バーナンキ議長は，）// 述語（昨日7000億ドル
の救援資金をメディアに表明し，銀行，保険会社ならびに自動車会社に貸し
付けるとした）// 句点（．）

　このあと，それぞれの要素をさらに分割できる．たとえば主語は「アメリカ
FRB」と「ベン・バーナンキ議長」に分けられ，前者は後者を修飾する．述語
も同じように解析できる．このように，どんな文章も構文解析によって分岐し
た木構造となる．しかしここに，完全な構文木を示すのはやめておこう．本書
の1ページにおさめるには，構文木は非常に大きくかつ複雑となる．単純な文
法規則のみを考慮した構文解析器では，複雑な文章の解析は到底不可能なので
ある．

　ここでいう「複雑さ」には2種類の問題がある．まず，文全体の20％をカ
バーする文法規則でさえ数万に及ぶ．言語学者は，これでも文法規則が足らな
いという．なぜなら文法規則を記述した後に矛盾が生じた場合，その矛盾を解
決するために環境ごとに特別な規則を設定するためである．文全体の50％以
上をカバーしようとすると，文を一つ追加するごとに新たな文法規則を追加す
ることになり，最終的に文法規則の数が膨大になる．このような現象はコン
ピュータによる言語処理のみならず，人類が母国語以外の言語を学習する際に
も起こる．中国では30歳を超していれば，だれしもそのような経験があるに
違いない．中等教育から大学までの英語の成績が優秀であっても，GRE[*5]でよ
い成績はとれないし，ましてや英語で映画を見ることもできない．10年にわ
たって学んだ文法規則だけでは，英語をすべて理解できるわけではないからで
ある．

　5）原文は以下の通り：The Fed Chairman Ben Bernanke told media yesterday that $700B
　　bailout funds would be lent to hundreds of banks, insurance companies and automakers.
　＊　訳注5：Graduate Record Examination の略．教育試験サービス（ETS）が実施する，ア
　　メリカやカナダの大学院へ進学するのに必要な共通試験．

2. 自然言語処理　　23

さらに，自然言語を記述できる文法規則をすべて記述できたとしても，コンピュータを用いた解析は困難である．自然言語の文法と高級プログラム言語の文法は違う．自然言語は発展の過程で，言葉の意味が前後の文脈に応じて変化しうる．すなわち，自然言語は文脈依存文法に基づく．それに対してプログラム言語は人為的に作られた言語で，コンピュータにとって解釈しやすい文脈自由文法に基づき，自然言語より簡単である．双方の計算量はまったく異なる．

　コンピュータ科学において，チューリング賞授賞者であるドナルド・クヌース（Donald Knuth）は計算複雑度（付録参照）の概念を用いて計算にかかる時間を判断することを提唱した．文脈自由文法による複雑度は文章の長さの2乗に比例するのに対し，文脈依存文法による複雑度は文章の長さの6乗に比例する．いいかえれば，10個の語からなるプログラム言語と自然言語を比較した場合，コンピュータが後者の構文解析を行うための計算量は前者の1万倍になる．文が長くなれば，処理にかかる時間差は瞬く間に増大する．Intel Core i7 クアッドコアのCPUを用いたコンピュータで，2〜30の語からなる文の解析に1〜2分かかる．しかし1970年代当時，IBMのどんな大型コンピュータを用いても，現実の文章の解析は不可能だった．

2・2　統計モデル誕生の衝撃

　1970年代，規則に基づいたテキスト処理（構文解析も意味解析も含めて）は，早々に行き詰まった．意味解析はさらに厄介だった．まず，自然言語における言葉の多義性を規則によって記述することはたいへん難しく，前後の文脈や知識・常識に強く依存する．1966年，人工知能の専門家であるミンスキー（ダートマス会議の発起人の一人）が簡単な反例をあげ，コンピュータによる言語処理の困難さを説明した．「The pen is in the box.」と「The box is in the pen.」の，両方の"pen"の区別である．一つ目の文は，英語を半年でも学んだ学生であれば容易に理解できるだろうが，二つ目の文は外国人にはわかりづらいだろう．なぜ箱がペンの中に入るのか？　じつは，英語を母語とする話者にとっては二つ目の文も容易に理解できる．なぜなら pen には「囲い」の意味があり，二つ目の文を訳せば「箱が囲いの中にある」となる．pen が筆記用具なのか，囲いの意味なのか，前後の文脈から判断するのは不可能で，常識を必要とする．具体的には「ペンは箱の中に入るが，箱はペンよりも大きいから，箱をペンの中

には置けない.」という常識である.これは簡単な一例だが,自然言語処理の研究を行う際に生じる問題を明確に指摘している.1966 年のミンスキーはもはや 10 年前の寡黙な無名の青年ではなく,当時の世界で 1, 2 を争う人工知能の専門家だった.彼の意見はアメリカの科学技術政策決定部門に多大な影響を与え,アメリカ国立科学財団(NSF)などは伝統的な自然言語処理研究にいたく失望した.結果,長きにわたって,この方面の科学技術予算が大幅に削減された.コンピュータを用いた自然言語処理の努力は,1970 年初頭までは失敗だったのである.

　自然言語処理が息を吹き返したのは 70 年代以降,統計的手法の出現による.ここから,長足の進歩が始まった.この路線転換のキーマンが,フレデリック・イェリネック(Frederick Jelinek)と彼の率いる IBM ワトソン研究所のチームである.当初,彼らは自然言語処理の各種問題を解決しようとしたわけではなく,音声認識の問題を研究していた.統計的手法の採用により,IBM は音声識別率を 70 % から 90 % まで引き上げることに成功し,処理できる規模も数百単語から数万単語に引き上げた.そして音声認識は研究段階から実用へと進んだ.この歴史は,イェリネックの足跡を含めて第 7 章で紹介する.

　IBM ワトソン研究所で開発された統計を用いる手法と自然言語処理への応用における成果は,自然言語処理の業界に大きな衝撃を与えた.後に IBM とグーグルの研究担当副社長となったアルフレッド・スペクター(Alfred Spector)博士は,当時カーネギーメロン大学教授であった.彼は 2008 年にグーグルに移り,私と一対一で話した折に,当時の自然言語処理界において,この大転換がいかに起こったのかを語ってくれた.当時カーネギーメロン大学は伝統的な人工知能研究においてすでに最先端にいたが,たくさんの越えがたい障壁につき当たっていた.後に彼は IBM ワトソン研究所を訪問し,統計的手法を取り入れることで顕著な成果を上げているのを目の当たりにし,この分野の研究手法が必ずや変化するであろうことを感じとったという.李開復(Lee, Kai-Fu)[6] は彼の講義を履修した学生であり,カーネギーメロン大学で伝統的な自然言語処理から統計的手法を応用した研究にいち早く乗り換えた一

＊　訳注 6:「推薦の辞」訳注 4 および §3・1 を参照.

人である．李開復と洪小文（Hon, Hsiao-Wuen）[*7] の目覚ましい業績は，彼らの恩師であったラジ・レディ（Raj Reddy）がチューリング賞を受賞するのに貢献した．

　後に世界的な二つのテックカンパニーの研究部門を率いることになるスペクターが，未来の研究の方向性に対して非常に敏感であり，この転換を見抜いたことは当然といえる．しかし，研究者がみな同じ認識をもっていたわけではない．自然言語処理研究における二つのアプローチ，すなわち規則をベースとする手法と，統計的手法をベースとする手法の確執は，15年間，1990年代初頭まで続いた．そのあいだ，おのおのの手法を奉じるグループは別個の分科会を開催した．共同で会議をもった場合でも，それぞれが小分科会を個別に開催した．90年代を過ぎると，規則に基づく自然言語処理を研究する人口は減少し，その立場をとる学会の参加者も減少し，対照的に統計的手法に基づく自然言語処理の研究人口は増加した．こうして，自然言語処理研究は規則に基づく手法から統計的手法に置き換わっていった．15年間は，研究者個人にとってはかなり長い時間である．博士課程に進学して間違った方向を選択し，それに固執してしまうと，15年を棒に振ってしまうことになる．

　なぜこの確執が15年も続いたのか？　まず，新しい統計的手法の成熟にそれだけの年月を要したことにある．70年代，統計的手法の核心になったモデルは通信システムで用いていた隠れマルコフモデルだった．この点については第5章で詳しく紹介する．このシステムの入出力は一次元で，出力は入力時の順番に保持される．このモデルはまず音声認識で成果をあげ，次に品詞解析にも適用されて成功した．けれども，構文解析では，入力は一次元だが，出力は二次元の木構造となる．機械翻訳では，入出力は一次元だが，その語順は入力と出力で異なる．そのため，あまり役に立たなかった．1988年，IBMのピーター・ブラウン（Peter Brown）らは統計的手法に基づく機械翻訳を提唱した[6]．統計的手法に基づくものとはいえ，データの数が不十分であったこととモデルがそ

　＊　訳注7：洪小文はカーネギーメロン大学においてコンピュータ科学で学位取得後，アップル勤務を経てマイクロソフトに入社．2023年9月現在，マイクロソフト副社長ならびにマイクロソフトアジア太平洋研究開発グループ長を務める．IEEEフェロー．

　6）　P. Brown, J. Cocke, S. Della Pietra, V. Della Pietra, F. Jelinek, R. Mercer, P. Roossin, "A statistical approach to language translation", COLING'88: Proceedings of the 12th Conference on Computational Linguistics, **1**, 71-76 (1988).

れほど強力でなかったことから，言語間で語順が異なる問題を解決するには至らなかった．80 年代の機械翻訳には，ブラウンらの論文以外に目立った進展はなく，後にブラウンはルネサンス・テクノロジーズ（Renaissance Technologies）社[7]に移り，投資で財を成した．構文解析を難しくしているのは，修飾語句が近くにあるとは限らず，いくつかの短い語句により隔てられていることが多いことである．複雑な構文解析を解決できるのは，有向グラフの統計モデルだけである[*8]．伝統的な規則に基づく手法を用いるグループは長らく，統計的手法を用いるグループに対し，統計的手法は「浅い」自然言語処理を解決できるものの，大きな「深い」問題を解くには力不足であると攻撃したのだった．

1980 年代末から今に至る 40 年の間，コンピュータの性能は日を追うごとに向上し，データも確実に増加した．それにより，過去，統計モデルの完成は不可能と思われたのだが，徐々に複雑な構文解析も含めて可能性が見えてきた．90 年代末になると，統計的手法を通じて得られた文法規則が，言語学者による解析と比べて説得力を持つようになった．2005 年になると，グーグルの統計的手法に基づいた翻訳システムがシストラン社の文法規則に基づく翻訳システムを凌駕するようになり，ここに文法規則派の最後の牙城が崩された．ようやく，本書が主張するように，数理的手法のみを用いて自然言語処理をやり抜くところまで到達したのである．

確執が 15 年続いたもう一つの理由も興味深い．伝統的な規則による手法から統計的手法への転換が起こるには，その立場をとってきた一群の言語学者が引退するまで待たなければならなかった．こうしたことは，科学史上でよく起こる．銭鍾書（Qian, Zhongshu）が『結婚狂詩曲（囲城）』[*9]で描いているように，老科学者は「老いた科学者（老的科学家）」と「オールドスタイルの科学を支持する学者（老科学家）」に分かれる．後者は，年齢的には若くとも，すでに科学の潮流からは落伍した者たちであり，同業者らは彼らが一線を退いてポストが空くまで堪えなければならない．結局のところ，正否はさておき，自らの

---

7) これまで世界で最も成功したヘッジファンドで，著名な微分幾何学者，陳省身＝シモンズの定理の発見者であるジム・シモンズ（Jim Simons）らが創立した．ブラウンは IT 部門のトップに就任した．
* 訳注 8：第 25 章参照．
* 訳注 9：銭鍾書（中国の文学者，1910-1998）が 1946 年に出版した長編小説．岩波書店から『結婚狂詩曲（囲城）』として翻訳，出版されている．

2. 自然言語処理　27

立ち位置を変えるということは，誰でも簡単にできることではない．これらのいわば守旧派の人たちが一線を退くことで，科学はより速やかに発展するのである．それゆえ，私は常々，自分自身が明晰さを失い，固執するようになったときには引退しなければならないと自戒している（図2・5）．

新旧の科学者の交代において，イェリネック率いるIBM-ジョンズ・ホプキンス大学のグループ（私自身を含む）のほか，ミッチ・マーカス（Mitch Marcus）率いるペンシルベニア大学のグループも大きな役割を果たした．マーカスはアメリカ国立科学財団の資金を受けて，言語データコンソーシアム（LDC）プロジェクトを設立，運営した．そこで世界中の主要な言語のコーパスを整備したほか，一流の研究者を養成し，彼らのグループが世界を先導する役割を担った[*10]．この二つのグループが事実上，学派を形成して自然言語処理に関わる学術界で主要な地位を占めるに至った．

同時に，自然言語処理の用途も25年で大きな変化をとげた．たとえば自動応答の需要は，ウェブ検索やデータマイニングにとって代わられた．新しい応用はデータと浅い言語処理に依存することから，自然言語処理の手法が文法規則による手法から統計的手法へ転換する早さもますます増大した．

現在，文法規則による自然言語処理を奉じる研究者はもはやいない．自然言

図2・5　ああ，研究費が旧世代にもっていかれてしまった…

＊　訳注10：第22章参照．

語処理研究も，構文解析からより応用に近い機械翻訳，会話認識，文書から
データへの自動変換，データマイニングと知識獲得などへと展開している．

■ ま と め

　統計的手法による自然言語処理は，数理モデルの観点から通信システムに通
じるところがあり，本質的に同じものといえる．それゆえ数学的な意味で，自
然言語処理はふたたび言語そもそもの意義，すなわち情報通信に立ち返った．
研究者がこの関係を見いだすまでに，数十年を必要とした．

3

統計的言語モデル

　第1章でふれたように，自然言語においては，長年の発達を経て言葉の意味は往々にして前後の文脈により定まる．コンピュータで自然言語を処理する際，前後の文脈との相関という特徴をいかにモデルに取り入れるか．これがまさに「統計的言語モデル」である．これは今日のあらゆる自然言語処理の基礎になっているだけでなく，機械翻訳，音声認識，印刷や手書きの文字認識，スペルミス検出，漢字入力や文献検索まで幅広く応用されている．

3・1　数学を使って言語を解析する方法

　統計的言語モデルが生まれた本来の動機は，音声認識問題の解決だったことはすでに述べた．音声認識において，生成した文字列がユーザーにとって意味を成すか否かコンピュータで判定され，意味ありとなれば，その結果が画面表示や印刷として出力される．

　前章の文例を再び取り上げよう．

　　アメリカ FRB ベン・バーナンキ議長は，昨日 7000 億ドルの救援資金をメディアに表明し，銀行，保険会社ならびに自動車会社に貸し付けるとした．

この文は読みやすく，意味も明白である．語順を変えると，

　　ベン・バーナンキアメリカ FRB 議長は，救援資金を 7000 億ドルと昨日メディアに表明し，銀行，保険会社ならびに自動車会社に貸し付けるとした．

ニュアンスは異なるが，意味を読み取ることは可能である．けれども

FBアメリカR長のベン・バー明ナンキは昨ドル日貸しメデ援資ィアに70社に00億の救動車金を銀した行，保に険会けるこ社ならび自会付とを表.

これでは意味が通じない.

　自然言語処理を知らない人に，それぞれの文がなぜこのように違うのかを尋ねれば，次のような答えが返ってくるだろう. すなわち，一番目の文は文法的に正しく，意味も明確である. 二番目の文は文法的にやや外れるが，意味はわかる. 三番目の文はもはや言葉の意味からして不明だ，と. 1970年代以前であれば，研究者も同じように考え，文字列が文法に合致しているか，意味が正確かなどを判定しようとした. しかし，第2章でみたように，この方法はうまくいかない. IBMのイェリネックは視点を変え，統計的言語モデルを用いてこの問題をうまく処理することにした.

　イェリネックの出発点は明快である.「文が理にかなっているか否かは，そのような文章が見いだされる可能性の大小により判断でき，その可能性は確率を用いて評価できる」としたのである. 一番目の文の出現確率は 10^{-20}，二番目の文の出現確率は 10^{-25}，三番目の文に至っては 10^{-70} である. すなわち，一番目の文の出現確率が最も高く，二番目の文の出現確率の10万倍，三番目の文の100無量大数倍である. この方法の，より普遍的で厳密な定義は以下の通りである.

　S を意味のある文とする. S は $w_1, w_2, \cdots, w_n$ といった特定の単語の配列からなり，n を S の単語数とする. いま，テキスト中に S が出現する可能性，数学的にいえば S の出現確率を $p(S)$ とする. 有史以来のテキストをすべて用いて，S の出現回数を数え上げれば，この確率を求めることはできる. ただし，いくらなんでもこの方法は不可能である. そこで，あるモデルに従って推定する必要がある. $S = w_1, w_2, \cdots, w_n$ であるから，$p(S)$ を次のように展開して表すことができる.

$$p(S) = p(w_1, w_2, \cdots, w_n) \tag{3・1}$$

　条件付き確率の公式を用いると，S がこの語順で出現する確率はそれぞれの単語が出現する条件付き確率の積に等しい. すなわち，

3. 統計的言語モデル　31

$$p(w_1, w_2, \cdots, w_n)$$
$$= p(w_1) \cdot p(w_2|w_1) \cdot p(w_3|w_1, w_2) \cdot \cdots \cdot p(w_n|w_1, w_2, \cdots, w_{n-1}) \qquad (3 \cdot 2)$$

ここで $p(w_1)$ は w_1 の出現確率[1]，$p(w_2|w_1)$ は w_1 の後に w_2 の出現する確率，$p(w_3|w_1, w_2)$ は w_1, w_2 の後に w_3 の出現する確率，$\cdots$，$p(w_n| w_1, w_2, \cdots, w_{n-1})$ は $w_1, w_2, \cdots, w_{n-1}$ の後に w_n の出現する確率，というように計算する．w_n の出現確率はその前に出てきた単語により決まることが，容易に理解できるだろう．

$p(w_1)$ は容易に計算でき，条件付き確率 $p(w_2|w_1)$ の計算もそれほど厄介ではない．しかし $p(w_3|w_1, w_2)$ となると，その計算はかなり難しくなる．これは変数が三つになるためで，学習するテキストのサイズに依存する．$p(w_n|w_1, w_2, \cdots, w_{n-1})$ に至っては，変数が多すぎてこのままでは計算不可能である．どのようにしのげばよいだろうか．

19 世紀から 20 世紀初頭にかけてロシアにアンドレイ・マルコフ（Andrey Markov）という数学者がいた．彼は手抜きといっていいほど簡略な，しかしきわめて有効な確率計算手法を提唱した．これは「単語の条件付き確率について，どの単語も直前にある単語にだけ関係する」とするもので，この前提によって，問題は著しく簡略化される．この仮定を数学ではマルコフ性とよぶ[2]．そうすると，S の出現確率は次のように簡単になる．

$$p(S)$$
$$= p(w_1) \cdot p(w_2|w_1) \cdot p(w_3|w_2) \cdot \cdots \cdot p(w_i|w_{i-1}) \cdot \cdots \cdot p(w_n|w_{n-1}) \qquad (3 \cdot 3)$$

(3・3)式に対応する統計的言語モデルを「バイグラムモデル」という．なお，言語モデルに関する用語の中国語翻訳は数多くあるが，最初期のものは私が 20 年以上前に提唱したもので，いまだに使われている．当初，バイグラムモデルは中国語で二元文法モデルと翻訳していたが，いまではバイグラムモデルと翻訳した方が正確だと思う．なお，単語の出現確率がその単語の直前にある $N-1$ 個の単語に依存して決まると仮定すれば，モデルはより複雑になる．こ

---

1) $p(w_1)$ のより正確な説明は $p(w_1|<s>)$，すなわち，w_1 が文の先頭（$<s>$）に現れるという条件付き確率である．
2) マルコフは 1906 年にこのような確率モデルを提唱した．このモデルは，1936 年，コルモゴロフによって可算無限状態空間へ拡張された．

れは N グラムモデルとよばれ，第 32 章「ビッグデータの威力」で紹介する．

次に問題となるのが，条件付き確率 $p(w_i|w_{i-1})$ をどのように計算するか，である．定義によると

$$p(w_i|w_{i-1}) = \frac{p(w_{i-1}, w_i)}{p(w_{i-1})} \tag{3・4}$$

であり，単語 w_{i-1} と w_i が連続して出現する確率 $p(w_{i-1}, w_i)$ と，w_{i-1} が出現する確率 $p(w_{i-1})$ は，いまなら簡単に計算することができる．すなわち，コンピュータに大量のテキスト（コーパス）を読ませることで，w_{i-1} と w_i が隣り合って出現する回数 $\#(w_{i-1}, w_i)$ を数え，同様にテキスト中に w_{i-1} が出現する回数 $\#(w_{i-1})$ を数え，コーパスサイズ $\#$ で割れば，それぞれの相対頻度 f が得られる．

$$f(w_{i-1}, w_i) = \frac{\#(w_{i-1}, w_i)}{\#} \tag{3・5}$$

$$f(w_{i-1}) = \frac{\#(w_{i-1})}{\#} \tag{3・6}$$

大数の法則によれば，データが十分に多ければ相対頻度と確率は等しくなる．すなわち，

$$p(w_{i-1}, w_i) \approx \frac{\#(w_{i-1}, w_i)}{\#} \tag{3・7}$$

$$p(w_{i-1}) \approx \frac{\#(w_{i-1})}{\#} \tag{3・8}$$

となる．そもそも $p(w_i|w_{i-1})$ はこの二つの確率の比であるから，それぞれの分母が同じであることに着目すると，(3・9)式が導ける．

$$p(w_i|w_{i-1}) \approx \frac{\#(w_{i-1}, w_i)}{\#(w_{i-1})} \tag{3・9}$$

これぞ数学の美である．数学を用いることで，複雑な問題がかくも簡潔になる．信じがたいかもしれないが，このような簡潔な数理モデルを用いることで，

3. 統計的言語モデル　　33

複雑な文法規則や人工知能を持ち出さなくとも，音声認識や機械翻訳などの複雑な問題を解決できる．門外漢のみならず言語学者の大多数も，かつてはこうした統計的手法の有効性を疑っていたのだが，事実，統計的手法は他のいかなる規則に基づく解決法よりも有効だった．そうした例を，さらに三つほど紹介したい．

一例目は，30年以上前，当時無名であった李開復（Lee, Kai-Fu）[*1]をして音声認識の第一人者たらしめたことである．1980年代末，カーネギーメロン大学の大学院生であった李開復は，IBMが提案した統計的言語モデルを参考に，997語の音声認識問題を20語に相当する認識問題に簡略化し，史上初の大語彙不特定話者の連続音声認識を実現した．

二例目は，グーグルの機械翻訳システムRosetta（ロゼッタ）である．グーグルの機械翻訳関係の研究開発は，多くの大学や研究所に比べて後発だった．Rosettaの前には，IBM，南カリフォルニア大学，ジョンズ・ホプキンス大学，そしてシストラン社がすでに何年にもわたって研究を進めており，アメリカ国立標準技術研究所（NIST）の主宰する機械翻訳コンテストにも何度も参加していた．グーグルのRosettaは2007年が初参加だったが，開発開始からわずか2年のシステムが，開発から十数年経過している文法規則に基づいた機械翻訳システムに圧勝した．勝因は，競争相手に対して数百倍のサイズをもつ統計的言語モデルにあった[3]．

三例目は，統計的言語モデルの自然言語処理における私の取り組んだ応用をあげよう．2012年，私はグーグルに復帰して以降，コンピュータによる自動回答サービスを開発していた．以前から多くの研究者が，コンピュータに，「中国の人口は？」「オバマ（元）アメリカ合衆国大統領は何年に生まれたのか」といった簡単な質問に答えさせる研究を行っていた．しかし，「なぜ」や「どうやって」といった難しい問題，たとえば「なぜ空は青いのか」といった質問に答えられるコンピュータはなかった．われわれはビッグデータを最大限利用することで，このような問題に対して人工的に答えを生成しようとした．しっくりくる答えを編み出すには，統計的言語モデルの採用が不可欠だった．この

---

* 訳注1：「推薦の辞」訳注6参照．
3) 計算可能な N グラムモデルのサイズを示す．

サービスの英語版および日本語版はウェブ上に公開され，2019 年，グーグルの最高経営責任者（CEO）ピチャイは，この機能をグーグルの人工知能技術の主な成果としてユーザーに紹介した．コンピュータを用いてどのように問題に答えさせたかについては，第 32 章にゆずる．

　以上の例からも，統計的言語モデルがコンピュータの知能化において必要不可欠な役割を果たしていることがわかるだろう．

　統計的言語モデルを実現する際，解決しなければならない数多くのこまごまとした問題があった．たとえば，コーパスに単語の組 (w_{i-1}, w_i) が出現しない場合，または出現しても 1, 2 回だった場合，確率計算は不正確になってしまう．イェリネックらは，統計的言語モデルを提唱したのみならず，そのような問題をも鮮やかに解決した．次節の「探究」でそのあらましを紹介しよう．統計的言語モデルを研究や仕事で用いる機会がなかったり，数学的に厳密な取り扱いに興味がなければ，すでに統計的言語モデルの基本原理は述べたので，次節は飛ばしてもらってかまわない．数学の素晴らしさは，簡潔なモデルが大きな仕事をするところにある．

探究　3・2　統計モデルを使う上でのポイント

必要な知識： 確率論・数理統計

　章末に設けた「探究」は，何らかのかたちで数学に携わっている読者や，紹介した数学の原理をさらに知りたい読者のためのものである．前提とする数学的知識を「必要な知識」として示し，読み進めるか否かを読者自らが判断できるよう配慮した．

3・2・1　N グラムモデルへの拡張

　前節に示した (3・3)式のモデルは，ある単語はその直前にある単語にのみ関係し，さらに前の単語には関係しないという前提をもとにしている．この式は大変簡略化しているともいえるし，いきすぎた近似にみえるかもしれない．実際はというと，二つ前の単語による修飾という事例はしょっちゅうお目にかかるもので，たとえば，「美丽的花朵（きれいな花)」の例であれば，二つ前の単語である「美丽」は「花朵」にかかっている．したがって，より一般的な仮定として，単語は直前だけでなくそれよりも前にある単語とも関係しうる．

3. 統計的言語モデル　35

文中の単語 w_i が，その単語の直前にある $N-1$ 個の単語に関係するものとし，それよりも前の単語とは関係しないものとする．その場合，ある文の i 番目に w_i が現れる条件付き確率は，

$$p(w_i|w_1, w_2, \cdots, w_{i-1}) = p(w_i|w_{i-(N-1)}, w_{i-(N-2)}, \cdots, w_{i-1}) \quad (3 \cdot 10)$$

となる．(3・10)式を $N-1$ 次のマルコフ仮定とよび，対応する言語モデルを「N グラムモデル」とよぶ．$N=2$ であれば (3・3) 式に示したバイグラムモデルとなり，$N=1$ のモデルは前後の文脈によらない，すなわち，単語の出現確率は前後の単語によらない．実際用いられるのは $N=3$ のトライグラムモデルまでで，さらに高次のモデルはほとんど用いられることはない[*2]．

なぜ N は小さいのか．主に二つの理由がある．まずは，N グラムモデルのサイズ（または空間複雑度）はほぼ N の指数関数，すなわち $O(|V|^N)$[*3] となることである．ここで $|V|$ は辞書の大きさ（語彙の収録語数）であり，数万から数十万となる．一方，N グラムモデルの計算に必要な時間（あるいは時間複雑度）も N の指数関数 $O(|V|^{N-1})$ となる．したがって N はそれほど大きくできない．N が 1 から 2，2 から 3 になると，モデルの効果は大きく向上するが，3 から 4 になっても，さほど向上しない．一方で，計算資源（ハードウェアの占有率，ソフトウェアの稼働率など）の消耗が顕著となる．それゆえ，計算資源をふんだんに使える状況になければ，4 グラム以上のモデルが用いられることはほぼない[*2]．前述のグーグルの Rosetta や音声認識では 4 グラムモデルを用い，500 台以上ものサーバーで解析された．

最後に残る問題は，トライグラムや 4 グラム，さらに高次のモデルを用いることで，言語現象を完全に記述することはできるのかということである．答えは明らかに否である．自然言語において，前後の文脈から段落をまたがった相関がありえる．このような状況は，高次モデルを用いても記述することはできない．これはマルコフ仮定が局所的であることからくる限界であり，長距離依存性を用いなければ記述できない．この点は第 25 章で紹介することにする．

---

* 訳注 2：本書のもととなったブログ「グーグル黒板報」の記事執筆は 2000 年代にさかのぼり，その当時の状況と考えられる．

* 訳注 3：この記法はオーダー記法（ランダウの記号）とよばれている．

3・2・2　ゼロ頻度問題への対処

　言語モデルを用いる際，モデルの条件付き確率をあらかじめ知っておく必要があり，今の議論ではこの条件付き確率が「モデルのパラメータ」である．そして，コーパスの統計データからモデルパラメータを得ることを「モデルの訓練」という．たとえば，(3・3)式に示したバイグラムモデルは，コーパス中で単語 w_{i-1} と w_i とが連続して出現する回数 $\#(w_i|w_{i-1})$ と w_{i-1} が単独で出現する回数 $\#(w_{i-1})$ があれば，この確率はただちに計算できる．問題は，$\#(w_i|w_{i-1})=0$ の場合である．$p(w_i|w_{i-1})$ をゼロとしてよいものか？　また逆に $\#(w_i|w_{i-1})$ と $\#(w_{i-1})$ が等しい場合，$p(w_i|w_{i-1})=1$ としてよいのか？　これは統計の信頼性に関わる問題である．

　数理統計学において，われわれがデータに基づいて確率の予測を行う根拠は大数の法則に基づいており，これは十分な観測データがあることを前提にしている．たとえば，街中のビルの上から往来する人を数えたとする．550人が男性，520人が女性であったとすれば，その街で男性に出会う確率は 550/(550+520) ≈ 51.4% であり，女性に出会う確率は 48.6% となるだろう．しかし，ある早朝，同じビルから往来する人の数を数えたとき女性4人と男性1人しかカウントしなかったとしたら，女性に出会う確率が 80% で男性に出会う確率が 20% と考えるだろうか？　そうはしないだろう．なぜなら5人しか出現しない状況では偶然に支配されてしまうためである．翌早朝に3人の男性しか見かけなかったとしても，「この街には女性がまったくいない」という予測を立てはしないだろう．

　これは経験的な常識である．しかし，言語モデルの確率を計算するにあたって，往々にしてこの道理を忘れ，使えない言語モデルを作ってしまい，その結果，統計的手法の有効性を疑ってしまうことすらある．しかし実際には，統計的手法は十分確立されており，今日のデジタル通信は大部分この基礎の上に立っている．それでは，言語モデルの訓練をどのように行えば適切なのだろうか？

　直接的な方法はデータ数を増やすことである．しかしデータを増やしても，確率ゼロの取り扱い（ゼロ頻度問題）や統計サンプルの不足問題は解決しない可能性がある．中国語の言語モデルを訓練する場合を仮定しよう．中国語の語彙はだいたい20万語程度[4]であり，トライグラムモデルの訓練には $200{,}000^3=$

3. 統計的言語モデル　37

8×10^{15} のパラメータが必要となる．訓練に使えそうな中国語のウェブページはインターネット上に約100億ページあり，1ページは1,000語程度からなるとしよう．これらをすべて使っても，モデルの訓練に使える単語の数は 10^{13} オーダーにしかならない．したがって，ほとんどの条件付き確率はゼロとなってしまう．われわれはこのようなモデルを「平滑でない」モデルという．実際，統計的言語モデルにおけるゼロ頻度問題は避けて通れないので，これを解決しなければならない．

　統計的言語モデルの訓練のポイントは，統計サンプルが不足しているときに確率をいかに見積もるか，ということにある．1953年，グッド（I. J. Good）がチューリング（そう，あのチューリングだ）の学生だった当時，信頼性の高いデータの発生確率はそのまま用い，信頼性の低いデータの発生確率を実際より低めに見積もって，まだ観測されていない未観測事象（unseen event）の発生確率に割り振るという推定法を提案した．グッドとチューリングは美しい公式を導き出し，後にこれはグッド=チューリング推定[*4]とよばれるようになった．グッド=チューリング推定の原理は以下の通りである．

　「われわれが観測していない事象について，その事象が発生する確率をゼロと考えることはできない．それゆえ全確率の中に，未観測事象に対する確率を割り振る必要がある（図3・1）．それゆえ，観測した事象の全確率は1未満となる．すなわち，観測したすべての事象の発生確率を割り引く必要があり，このとき，統計データが信頼できない場合ほど大きく割り引く．」

図3・1　左と右の状態を比較すると，右では未観測事象に対する確率を想定している

4）Google IME を参考にした．
*　訳注4：グッド=チューリング推定は1990年代まではよく使われていたが，現在はあまり使われていない．

以下，コーパスの各単語の出現確率を例にあげて，グッド=チューリング推定を説明する．

コーパス中に r 回出現する単語が N_r 個，一度も出現しない単語が N_0 個あるとする．コーパスのサイズを N とすると，

$$N = \sum_{r=1}^{\infty} rN_r \qquad (3 \cdot 11)$$

となることは明らかである．コーパス中で r 回出現する単語の相対頻度(relative frequency) は rN_r/N と書ける．何ら最適化処理を行わないとすれば，この相対頻度から各単語の出現確率を見積もることとなる．

いま r が比較的小さいとき，そのデータの信頼性は低くなる．したがって，r 回出現する単語の出現確率を求める際，グッド=チューリング推定では r ではなく，(3・12)式で計算される d_r を用いる．

$$d_r = (r+1)\frac{N_{r+1}}{N_r} \qquad (3 \cdot 12)$$

したがって，

$$\sum_r d_r N_r = N \qquad (3 \cdot 13)$$

となる．

一般に，1回しか出現しない単語の数は2回出現する単語の数よりも多く，2回出現する単語の数は3回出現する単語の数よりも多い．この法則をジップの法則という．図3・2に，小さなコーパスにおける N_r と r の相関を示す．

グラフからわかるように，r が大きくなると N_r は小さくなる．すなわち $N_{r+1}<N_r$ である．したがって一般には $d_r<r$ かつ $d_0>0$ となる．これにより，コーパスにない単語にもあらかじめ小さいがゼロでない値を設定し，ゼロ頻度問題を解決することができる．このとき，出現頻度のかなり低い単語の出現確率を引き下げる．すなわち実際の自然言語処理においては，一定のしきい値よりも出現頻度の大きい単語については出現確率を引き下げず，しきい値を下回る単語に対してのみ出現確率が引き下げ，出現しない単語の確率をゼロからかさ上げする．

このとき，r 回出現する単語の出現確率は d_r/N とおける．そこで，その単語の出現頻度が一定のしきい値を超えれば，確率はコーパス中の頻度と同じにな

3. 統計的言語モデル　39

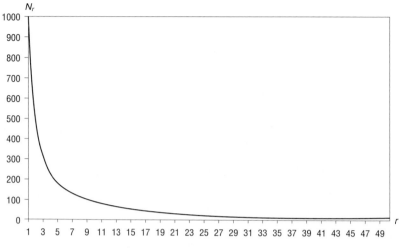

図 3・2 ジップの法則：r 回出現する単語の数量 N_r と r の相関

り，頻度がしきい値を下回ると確率はコーパスの頻度を下回る．出現回数が少なくなるほど，確率の引き下げ幅は大きくなる．また，コーパスに現れない単語に対しても，小さな確率を割り振ることにする．こうすることで単語の出現確率を平滑化できる．

単語の組 (w_{i-1}, w_i) が出現する条件付き確率 $p(w_i|w_{i-1})$ も同様に計算することができる．w_{i-1} の後に w_i が出現する条件付き確率の総和は 1 であるから，

$$\sum_{w_i \in V} p(w_i|w_{i-1}) = 1 \qquad (3 \cdot 14)$$

になるはずである．

まれにしか出現しない単語の組の出現確率は，グッド＝チューリング推定で見積もる必要がある．すなわち，$\sum_{w_{i-1}, w_i \text{ seen}} p(w_i|w_{i-1}) < 1$ として，これまで出現していない単語の組に対して確率を割り振る．このような考え方に立ち，バイグラムモデルの確率は以下のようになる．

$$p(w_i|w_{i-1}) = \begin{cases} f(w_i|w_{i-1}), & \#(w_{i-1}, w_i) \geq T \text{ のとき} \\ f_{\text{gt}}(w_i|w_{i-1}), & 0 < \#(w_{i-1}, w_i) < T \text{ のとき} \\ q(w_{i-1}) \cdot f(w_i), & \text{それ以外のとき} \end{cases} \qquad (3 \cdot 15)$$

T はしきい値で 8〜10 を設定する．関数 f_{gt} はグッド=チューリング推定に基づく相対頻度であり，(3・16)式とすれば (3・14)式が成り立つ．

$$q(w_{i-1}) = \frac{1 - \displaystyle\sum_{w_i \text{ seen}} p(w_i | w_{i-1})}{\displaystyle\sum_{w_i \text{ unseen}} f(w_i)} \qquad (3 \cdot 16)$$

この平滑化法は IBM のカッツ（S. M. Katz）によりはじめて提唱され，カッツ平滑化とよばれる．同様に，トライグラムモデルに対して，確率は以下の公式で計算される．

$$p(w_i | w_{i-2}, w_{i-1}) = \begin{cases} f(w_i | w_{i-2}, w_{i-1}), & \#(w_{i-2}, w_{i-1}, w_i) \geqq T \text{ のとき} \\ f_{gt}(w_i | w_{i-2}, w_{i-1}), & 0 < \#(w_{i-2}, w_{i-1}, w_i) < T \text{ のとき} \\ q(w_{i-2}, w_{i-1}) \cdot f(w_i | w_{i-1}), & \text{それ以外のとき} \end{cases}$$

$$(3 \cdot 17)$$

この式は N グラムモデルまで一般化できる．

　ナイ（Hermann Ney）らは，カッツ平滑化をさらに改良した．原理が似ているので詳しくは述べないが，興味のある読者は参考文献 4 を読むとよい．

　単語の出現頻度は，二つの単語の組み合わせの出現頻度よりも平均的にはるかに大きく，大数の法則に従って，相対頻度は確率分布に近づく．同様に，二つの単語の組み合わせの相対頻度は，三つの単語の組み合わせに比べて出現頻度がより大きく，確率分布に近づく．同時に，低次の N グラムモデルにおけるゼロ頻度問題は高次の N グラムモデルに比べれば容易である．それゆえ，低次モデルと高次モデルの線形結合でモデルを平滑化する方法が過去には採用されていた．この方法を削除内挿法とよび，(3・18)式を用いる．この式中の λ は正の数で，和が 1 となる．削除内挿法の効果はカッツ平滑化に比べて効果が小さく，現在はそれほど用いられていない．

$$p(w_i | w_{i-2}, w_{i-1})$$
$$= \lambda(w_{i-2}, w_{i-1}) \cdot f(w_i | w_{i-2}, w_{i-1}) + \lambda(w_{i-1}) \cdot f(w_i | w_{i-1}) + \lambda f(w_i) \qquad (3 \cdot 18)$$

3・2・3　訓練データの選び方

　モデルの訓練でもう一つ重要なのは，訓練データ，すなわちコーパスの選択である．モデルが学習する言語とその応用先の関連が薄ければ，モデルの効果はかなり損なわれてしまう．たとえば，ある言語モデルの応用先がネット検索である場合，モデルを訓練するデータは，たとえそれがノイズや誤りを含んでいても，雑多なウェブデータや検索語でなければならず，伝統的・模範的な新聞記事などではない．

　ここにテンセント社の検索部門で起こった事例を紹介しよう．テンセントの検索部門では，当初，中国共産党の機関紙である人民日報を使ってモデルの訓練を行っていた．訓練データとして言葉が上品で，ノイズがないとして開発者が採用したのだが，実際には検索と結果のミスマッチが続出した．そこで，ノイズを多く含んでいるものの，一般のウェブページを学習に用いるようにした．すると訓練データと応用先が一致したため，検索の精度は向上した．

　通常，データによる学習は多ければ多いほどよい．前項で紹介した平滑化によってゼロ頻度問題や小確率問題を解決できるとはいえ，データが多いほど確率モデルのパラメータの精度が向上する．高次モデルはパラメータが多く，訓練に要するデータもそれに伴って多くなる．残念ながら，すべての応用事例に対して訓練データが十分に揃っているわけではなく，たとえば機械翻訳に必要な二カ国語対訳データがまだきわめて少ない場合[*5]，高次モデルを追求する意味はそれほどない．

　訓練に用いるデータと応用先が一致しており，データが十分にある状況下では，ノイズの大小はモデルの精度に対して一定の影響がある．すなわち，モデルを訓練する前にデータの前処理を行う必要がある．一般には，パターン化できない少量のランダムなノイズの除去は高くついてしまうため，通常そのような処理は行わない．ただしパターン化された大量のノイズ，たとえばウェブページ中に大量に存在する記号などは除去する必要があり，処理は比較的容易である．したがって開発費用が限られている場合，訓練に用いるデータに対して必要に応じノイズ除去を行う．データの重要性については，第32章で詳述する．

＊　訳注5：現在ではかなりの量の対訳データがある．

■ ま と め

　統計的言語モデルは非常に簡潔で，理解もしやすい．しかしその根底にある学問はきわめて深く，「探究」で紹介したように専門家が何年もかけて研究してきたものである．数学の美は，複雑な問題を簡潔にできるところにある．

参 考 文 献

1. A. M. Turing, "Computing Machinery and Intelligence", *Mind*, LIX (236), 433–460 (1950); doi:10.1093/mind/LIX.236.433
2. S. M. Katz, "Estimation of probabilities from sparse data for the language model component of a speech recogniser", *IEEE Transactions on Acoustics, Speech, and Signal Processing*, **35** (3), 400–401 (1987).
3. F. Jelinek, "Statistical Methods for Speech Recognition (Language, Speech, and Communication)", MIT Press (1998).
4. R. Kneser and H. Ney, "Improved backing-off for M-gram language modeling", Proceedings of ICASSP'95, **1**, 181–184 (1995).

4

単 語 分 割
テキストを単語に区切る方法

　第1版における本章の表題は「中国語における単語分割」だったが，本版ではあえて中国語に限定しない．テキストを単語に区切る「単語分割」は中国語のみならず日本語，韓国語，タイ語その他のアジア言語に共通で，しかもアルファベットからなる言語（英語やフランス語）でも似た問題がある．英語における構文解析で句，つまりある一つの意味を示す単語のまとまりであるフレーズを探すことと，中国語における単語分割は同じような問題なのである．これらの問題に対処するための手法は共通なので，本章では中国語を例に用いて説明する．

4・1　中国語における単語分割の変遷

　第3章で，統計的言語モデルを用いた自然言語処理についてふれた．単語は意味をもつ最小の単位で，アルファベットを用いる言語であれば単語の間にスペースが入るため，単語の区切りは直接把握できる．しかしアジア言語には，中国語，日本語，タイ語などのように単語と単語の間に明確な区切りを入れないものがある（韓国語では名詞と動詞の間に区切りを入れるが，短い単語の間には入らない）．したがって，文に対してまず区切りを入れて，言語処理を進めることになる．

　単語分割とは文を単語に区切ることである．切れ目なく文字がつながっている文章，たとえば「中国航天官员应邀到美国与太空总署官员开会（中国の宇宙開発の関係者がアメリカに招かれ，NASA の関係者と会談する）。」を，斜線で区切って，「中国／航天／官员／应邀／到／美国／与／太空／总署／官员／开会」と単語に分けることである．

　最も簡便な単語分割法は「辞書を参照する」方法である．この方法をはじめ

44

に提唱したのは北京航空航天大学の梁南元（Liang, Nanyuan）教授である．文章を左から右に走査し，辞書に記載されている単語に出会ったら複合語（たとえば「上海大学」など）を含めて最も長くなるように区切りを入れ，そのような単語に出会わなければ一字ずつ区切る．この方法により，先の文章は完全に区切ることができる．文章を左から右に走査するとまず「中」の字があり，これでも単語になるので区切りを入れることはできる．しかし次の字は「国」であり，「中」と「国」でさらに長い単語となることから，区切りを「中国」の後に入れる．さらに次の字「航」を組み合わせてもそのような単語は辞書にないことから，区切りを「中国」で確定する．

　この簡単な方法で，区切りの問題は 7, 8 割程度解決する．操作を複雑にしない（すなわちコストをかけない）観点からすれば，十分に効果がある．ただし単純な方法なので，やや複雑な問題となるとお手上げである．1980 年代，ハルビン工業大学の王暁龍（Wang, Qianlong）博士は「辞書を参照する」方法を理論化しようとし，「文章の中に含まれる単語数を最小化する」研究を発展させた．ただし，この方法では二義的な（二つの解釈がとれる場合の）区切りをうまくさばけない．たとえば「発展中国家（発展途上国）」の正確な区切りは「発展 / 中 / 国家」だが，左から右に走査する方法によれば「発展 / 中国 / 家」となり，これは明らかに誤りである．また，なるべく長く区切るというのが必ずしも正確なわけでもない．たとえば「上海大学城书店（上海の大学キャンパス内の書店）」の正しい区切りは「上海 / 大学城 / 书店」であり「上海大学 / 城 / 书店」ではない．同様に，「北京大学生（北京の大学生）」も「北京 / 大学生」であって「北京大学 / 生」ではない．

　第 1 章でふれたが，多義性は言語の発展とともに生まれ，学者を千年にわたって悩ませてきた．古代中国では，テキストへ句読点をほどこして区切ることと，『説文解字』*1 に基づいて多義性を取り除こうとしたが，解釈を一つに収束させることはできなかった．『春秋』の正義や『論語』の注釈も，学者の数だけ解釈があった．単語分割の結果が一つに定まらないことも，また，言語の多義性の一側面なのである．1990 年以前，中国内外の多くの研究者が文法規則を用いて単語分割を一意に定める方法を模索したが，どうやってもうまくいかな

＊　訳注 1：第 2 章訳注 2 参照．

かった．研究者の中には統計データの利用に注意を向けた者もいたが，根本的に正しい理論に基づいた方法には至らなかった．しかし1990年前後，当時，清華大学電子工学系で研究していた郭進（Guo, Jin）博士が，統計的言語モデルを用いて中国語の単語分割の問題を解決し，誤答率を一桁下げることに成功した．統計的言語モデルの応用がカギだったのである．

　郭進博士は，中国大陸で統計的言語モデルを用いて自然言語処理を行った第一人者として成功をおさめた．彼自身の努力もさることながら，彼の特殊な経歴によるところも大きい．彼も私同様コンピュータ科学で学位を取得しているが，研究テーマは主に通信に関連していた．彼の周辺も同じで，イェリネックに相通ずるところがある．

　統計的言語モデルを利用した単語分割法について，数式を使って簡単に概要を説明してみよう．話を簡単にするため，ある文 S が以下の3種類の方法で単語分割できるとする．

$$A_1, A_2, A_3, \cdots, A_k$$
$$B_1, B_2, B_3, \cdots, B_m$$
$$C_1, C_2, C_3, \cdots, C_n$$

$A_1, A_2, A_3, \cdots,\ B_1, B_2, B_3, \cdots,\ C_1, C_2, C_3, \cdots$ はいずれも中国語の単語であり，$k,\ m,\ n$ は一般にそれぞれ異なる数である．最もよい単語分割では，その出現確率は最大となるはずである．すなわち $A_1, A_2, A_3, \cdots, A_k$ を最適な分割だとすれば，その出現確率は

$$p(A_1, A_2, A_3, \cdots, A_k)\ >\ p(B_1, B_2, B_3, \cdots, B_m)$$
$$かつ$$
$$p(A_1, A_2, A_3, \cdots, A_k)\ >\ p(C_1, C_2, C_3, \cdots, C_n)$$

となる．

　このように，第3章で提示した統計的言語モデルを用い，単語分割を行うごとにその出現確率を計算し，確率が最大となる分割の仕方を最適とすればよい．

　実際にこの方法を実現するにはテクニックが必要となる．すべての区切り方についてその出現確率を計算すると，計算量は膨大になってしまう．それゆえ，

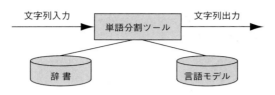

図 4・1　単語分割ツールのしくみ

動的計画法の考え方に基づくビタビアルゴリズムを用いて，最適な単語分割をすばやく見いだす方法がとられる（動的計画法は第 12 章で，ビタビアルゴリズムは第 26 章で詳述する）．この全体を図示すると，図 4・1 のようになる．

郭進博士の報告のあと，国内外の多くの学者が統計的手法を用い，中国語における単語分割を改良していった．特筆すべきは清華大学の孫茂松（Sun, Maosong）教授と香港科技大学の呉徳凱（Wu, Dekai）教授による研究である（参考文献 4）．孫茂松教授は辞書がない場合の単語分割問題で成果をあげ，呉徳凱教授は中国語の単語分割手法を英文に応用し，さらに中英間の機械翻訳において中国語と英語の句の対応づけを行った．

ここで指摘しておかなければならないのは，言語学者のあいだで「単語」の定義が一致しないことである．たとえば「北京大学」を一語と認識する人もいるし，二語と認識する人もいる．妥協案は，単語分割を行うときに，複合語という入れ子構造を考慮することである．すなわち「北京大学」一語で区切ったあとに，「北京」と「大学」に細分化する．この手法は *Computational Linguistics*（計算言語学）誌で最初に発表され，後に多くの類似手法が採用されている．

一般に，中国語の単語分割のサイズ（どれくらい細かく分割するか）は応用先によって異なる．たとえば機械翻訳では，単語を長めに認識する必要があり「北京大学」は一語になる．しかし音声認識では，「北京大学」は通常二語に分ける．このように，応用が異なると用いる単語分割ツールも異なる．創業期のころのグーグルにはエンジニアが少なく，単語分割ツールを本格的に開発する人員を割けなかったため，ベイシス・テクノロジー（Basis Technology）社の単語分割ツールを利用せざるをえず，それは検索に適したものとはいえなかった．後に葛顕平（Ge, Xianping）博士と朱安（Zhu, An）博士という二人のエンジニアがグーグルに加わって，検索に適した単語分割ツールが設計され，検索特有のニーズに応えられるようになった．

単語分割の技術はアジア言語に対するものであり，アルファベットを用いる言語では類似の問題は生じないと考える人は少なくない．実際は意外にも，中国語の単語分割の手法は英語にも応用されており，主に手書き文字認識に用いられている．手書き文字認識では，単語の間のスペースがわかりづらいことがある．中国語の区切りの手法が英単語の識別に役立つのである．

　自然言語処理に用いられている数理的手法の多くは，言語の種類によらず汎用性が高い．グーグルで自然言語処理のアルゴリズムを検討したとき，各言語に簡単に適用できることが肝心だった．そのようなアルゴリズムであって初めて，さまざまな言語による検索に使われるようになる．

　とはいえ，どのような手法にも限界がある．統計的言語モデルを用いて，人力による単語分割に比べて良好な結果が得られたとしても，100%正確を期すことは不可能である．統計的言語モデルは「大衆のアイデア」や「より多くの単語分割の実例」に依存しているため，ある状況下ではそれが正しくないことも起こりうる．また，人為的に創作された両難句，たとえば対聯*2にある「此地安能居住，其人好不悲伤」のような語句では二義性をなくすことはできない[1]．とはいえ実際用いられる文中では，このような事態はまれである．

　最後に，単語分割に関連して二点ふれておきたい．一点目は，この問題はすでに基本的に解決済みということ．すなわち，統計的言語モデルを用いて良好な単語分割をするために必要な技術はすでに確立しており，精力的に研究が行われている分野ではないということである．改良の余地も限られる．もう一点は，英語やその他西洋の言語ではもともと構文解析のほかに単語分割の出番はなかったが，タブレットコンピュータやスマートフォンの普及に伴って手書き認識機能が使われるようになったため，単語分割が必要となった点である．手書きで英語を入力する際に，単語と単語の間を切れ目なく入力するため，われわれが中国語を記述する際，単語と単語の間にスペースを入れないのと同じ状

＊　訳注2：中国で門や柱などに貼ったり吊るしたりする対になった文句のこと．赤い紙や板に2枚に書き分けて貼る．
1）二つの区切り法，すなわち「此地-安能-居住，其人-好不-悲伤」と「此地安-能居住，其人好-不悲伤」では意味が正反対となる（訳注3）．
＊　訳注3：「此地-安能-居住，其人-好不-悲伤」と区切ると，「こんなところ住めるものか，人は悲嘆に暮れる」という意味となり，「此地安-能居住，其人好-不悲伤」と区切ると「ここは安全に住める，人はここを好み悲しみとは無縁だ」という意味となる．

況が生じるためである．それゆえ，もともと中国語の単語分割のために開発された技術が，英語の手書き認識にも転用された．

探究 4・2 結果をいかに評価するか

4・2・1 正しい単語分割とは

単語分割の結果の正否や良し悪しをどう評価するか，ということは容易にみえるがそう簡単なことではない．コンピュータによる単語分割と人間が行った結果とを比較するまでのことと思うかもしれないが，同じ句でも人が変われば単語分割の結果も変わるので話がややこしくなる．たとえば「清華大学」を一語だという人もいれば，複合語であり「清華/大学」の二語に分けるという人もいる．言語学者であればどちらの区切り方がより正確かを判断する基準を示せるかもしれないが，どちらの区切り方にもその理由がある．しかも，どちらの分割がより好ましいかは，用途によっても異なる．

実際，人によって単語分割の仕方はかなり違う．1994 年，私は IBM の研究員とこの研究を進めた．IBM から 100 個の中国語の文が提供され，清華大学 2 年生の学生 30 人にそれぞれ単語分割を行ってもらった．実験を行う前に，単語分割の仕方を揃えるために 30 分間の訓練を行ったにもかかわらず，教育水準の高いこの 30 人の大学生のあいだでも単語分割の一致率は 85～90％にとどまった．

統計的言語モデルが単語分割に用いられるようになる前，コンピュータによる正答率は低く，正確な単語分割にはほど遠かった．個人差が若干影響するとはいえ，人間が行った単語分割との良し悪しは明らかだった．

統計的言語モデルが単語分割に用いられるようになると，単語分割ツールの違いによる差異は個人差と比べてはるかに小さくなり，人間が行った結果と正確さを比較する意味が失われてしまった．異なる単語分割ツールの正確さが95％と 97％だったとしても，どちらがより優れていると判断することは難しい．中国語における単語分割の問題は解決済みの問題で，開発の余地はないといってよい*⁴．統計的言語モデルを用いている限り，ツールによる違いはもは

---

* 訳注 4: これは標準的な中国語（や日本語）については正しいが，大量に生まれる新語や方言を単語として認識するのは現在でも難しい．

4. 単語分割　49

やほとんどない.

4・2・2　どこまで細かく分割するか

　人間が単語分割を行う際に結果が一致しない要因は，個々人がどこまでを単語と認識するかが異なっているためである．中国語において，単語は意味をもつ最小単位であり，さらに分割すると意味が変わってしまう．これは化学において，分子が物性を示す最小単位であることと同じである．分子を原子単位に分割すると，物性が変化してしまうだろう．ここまでは研究者のあいだで異論はない．それゆえ人名「イェリネック」の簡体字表記である「贾里尼克」は4文字で一つの単語となり，それ以上分割すると人名としての意味をなさなくなる．しかし「清華大学」に対しては，学者のあいだで見解が異なる．北京の西部にある特定の大学をさすとして一語とみなす人もいれば，「清華」が「大学」を修飾する名詞句であるとして分割する人もいる．名詞句だとすれば，分割しなければ修飾関係が見えてこないからである．これは単語をどこまで細かく見るかという認識の問題である．

　ここで大切なのは，どの観点が正しいかということではなく，用途に応じてどの程度の細かさが適切かが決まるということである．たとえば，機械翻訳においては，一般に単語は大きく捉えた方がうまくいく．「联想公司」は一つの単語であり，コンピュータメーカーの「レノボ（Lenovo）」をさすことが容易にわかるが，この単語を分割すると翻訳はうまくいかない．「联想」という単語があり，これは「関連のある場面を思い起こす」という意味をもつからである．しかしほかの用途，たとえばウェブ検索などでは，単語の単位は細かい方がよい．「清華大学」は4文字で一つの単語としたとき，「清華」を用いて検索しても「清華大学」は検索にヒットしないこととなり，これでは使えない．

　異なる用途に対して，わざわざ異なる単語分割ツールを用いる必要はない．より好ましい方法は単語分割ツールを多層化し，複数パターンの分割をできるようにすることである．「清華大学」は一語と捉えることも，二語に分割することもでき，あとで用途に応じて細かさを決めればよい．この比較的簡便な方法を以下に紹介しよう．

　まず，基本単語表と複合語表が必要である．基本単語表には「清華」「大学」「贾里尼克」など，これ以上分割できない単語が含まれている．複合語表は複合

語とそれを構成する基本単語から構成される．たとえば「清華大学：清華/大学」，「捜索引擎：捜索/引擎（検索エンジン）」という具合である．

次に，これら基本単語表，複合語表をもとにそれぞれの言語モデルを作る．ここでは，二つのモデルを L1, L2 としよう．

基本単語表と言語モデル L1 をもとに単語分割を行うと，単語が細かく分割された結果が出力される．すなわち，図 4・1 に示した単語分割ツールに文字列を読み込ませると，基本単語列が結果として出力される．一つ付け加えると，基本単語はほぼ決まっており，単語分割の方法もほぼ確定しているので，新語の追加以外に開発要素はない．

さらに，上記の出力をもとに複合語表と言語モデル L2 を用いて二段目の処理を行う．すなわち，図 4・1 に示した単語分割ツールに，一段目の処理で出力された基本単語列を読み込ませ，複合語列を出力させる．このとき単語表と言語モデルという二つのデータベースは一段目と二段目の単語分割で異なっているが，用いる単語分割ツール本体は同じである．

単語分割ツールの正確さについてもう一点補足したい．分割結果の不一致には，ツールそのものによるエラーと単語の細かさの二つの理由が考えられ，ツールのエラーにも二種類ある．一つは，「北京大学生」と「北京大学/生」といった分割箇所の間違い．もう一つは言葉そのものの誤認識，たとえば「賈/里/尼/克」としてしまうことである．これらは明らかな誤りであり，ツールの改良により除去することができる．単語の細かさの不一致については，人力による単語分割の不一致はだいたいはこれが原因である．ツールの良し悪しをこの不一致性で判断しようとすれば，それは誤りではなく，誰の結果と比較するのかという個人差によるところが大きいだろう．用途によっては，複合語の可能性を尽くしたうえで，単語分割を行うこともある．すなわち，テキストデータの収集により，複合語の収集を継続的に行う必要がある（複合語の増加速度は速い）．これが近年の中国語における単語分割の開発課題である．

■ ■ ま と め

中国語における単語分割は，数十年の発展を経て，今日ではほぼ解決済みの問題となった．単語分割ツールが異なれば結果の違いが生じうるとはいえ，この違いは利用データの違いと，どこまで単語を細かく区切るかによる．

参考文献

1. 梁南元，"书面汉语自动分词系统（中国語テキストに対する自動単語分割システム）"，http://jcip.cipsc.org.cn/CN/abstract/abstract299.shtml

2. 郭進，"统计语言模型和汉语音字转换的一些新结果（統計的言語モデルと中国語音声認識に関するいくつかの新しい知見について）"，http://jcip.cipsc.org.cn/CN/abstract/abstract533.shtml

3. 郭進，"Critical Tokenization and its Properties"，https://dl.acm.org/doi/abs/10.5555/972791.972799

4. 孫茂松，"Chinese word segmentation without using lexicon and hand-crafted training data"，https://dl.acm.org/doi/10.3115/980691.980775

5. 呉德凱，"Stochastic Inversion transduction grammars, with application to segmentation, bracketing, and alignment of parallel corpora"，IJCAI'95: Proceedings of the 14th International Joint Conference on Artificial Intelligence, **2**, 1328-1335（1995）.

5

隠れマルコフモデル
自然言語処理における核心的ツール

　隠れマルコフモデル（Hidden Markov Model, HMM）は，明快な数理モデルである．HMM はこれまでに，数多くの自然言語処理の問題をすっきりと解決してきた．その中には，複雑な音声認識や機械翻訳といった問題が含まれる．これらの複雑な問題が簡単なモデルで鮮やかに解決できることこそが，数理モデルの素晴らしさである．

5・1　通信と自然言語処理の密接な関係

　第 1 章と第 2 章でみてきたように，情報のやりとりは質・量ともに，人類および文明の進化とあわせて発展してきた．自然言語は人間が情報を交換するためのツールであり，言語と通信は本来，密接に関わりあってきたものである．通信の本質は，情報の伝達とその解読過程にある．しかし，自然言語処理に関する当初の研究は，構文解析や意味解析，知識の表現に集中しており，通信の原理との関わりにまでは行き届かなかった．しかし，自然言語処理の問題を通信の解読問題に帰着することで，難題がすんなりと解決したのである．

　はじめに，典型的な通信システムをみてみよう．発信者（人や機械）が情報を発信すると，何らかの媒体（空気や電線）を信号として伝わっていく．それは言葉の音声であったり，電話の信号であったりするのだが，この過程は広義の符号化にあたる．受信者（人や機械）はあらかじめ決められた方法により，受信した信号から発信者の送信した情報を復元するが，この過程は広義の復号化にあたる．図 5・1 に典型的な通信システムを示した．このシステムには，ヤーコブソン（Roman Jakobson）の提唱した通信の六要素が含まれている[1]．

5. 隠れマルコフモデル　53

図 5・1　通信モデル

　図中 $s_1, s_2, s_3, \cdots$ は発信された信号であり，たとえば携帯電話から送られた信号である．それに対し，$o_1, o_2, o_3, \cdots$ は受信機で受けた信号である．通信における復号化とは $o_1, o_2, o_3, \cdots$ から $s_1, s_2, s_3, \cdots$ を復元することである．

　このプロセスと自然言語処理，たとえば音声認識にはどのような関連があるだろうか．視点を変えてこの問題を考えてみよう．いわゆる音声認識は，聞き手が話者の表現したい意思を推測することである．これは，通信において，データの受け手が信号を解析して理解し，発信元から送られてきたデータを復号することと同じである．われわれが普段話すときは，脳が発信源となっている．声帯や空気は，電線や光ケーブルのようなデータが伝搬する通信路になる．耳は情報の受信機であり，聞こえる音は送られてきた信号を伝える．音の信号から話者の意思を解析するのだから，情報の受け手がコンピュータであれば，まさに音声認識である．

　その他の自然言語処理の応用も同様に理解できる．中国語から英語への翻訳において，話者は中国語で話しているが，通信路を伝播してくる符号は英語である．機械翻訳とは，コンピュータを用いて英語のデータを受信し，話者が中国語で発話した意思を推測することにほかならない．同様に，もし誤った文から話者の正確な意思を推測する場合，これは自動誤り訂正にあたる．このように，自然言語処理は通信における復号化と似ている．

　通信において，受信した信号 $o_1, o_2, o_3, \cdots$ から，いかにしてもとの情報 $s_1, s_2, s_3, \cdots$ を推測するのだろうか？　もともと所有している情報に基づいて，最も可能性の高い情報を探し出せばよい．確率論の言葉で記述するなら，$o_1, o_2, o_3, \cdots$ が知られているという条件のもとで，次の条件付き確率

$$p(s_1, s_2, s_3, \cdots | o_1, o_2, o_3, \cdots)$$

---

1) ヤーコブソンの通信の六要素とは，発信者（データ元），通信路，受信者，データ（情報），コンテキスト（前後の文脈）および符号化をさす．

が最大値となる $s_1, s_2, s_3, \cdots$ を選び出せばよい．すなわち，

$$s_1, s_2, s_3, \cdots = \operatorname*{argmax}_{s_1, s_2, s_3, \cdots} p\,(s_1, s_2, s_3, \cdots | o_1, o_2, o_3, \cdots) \qquad (5 \cdot 1)$$

ここで，arg は argument（引数）の略であり，条件付き確率 p を最大とする系列を示す．

（5・1）式を直接求めることは困難だが，間接的に計算することはできる．まず，ベイズの公式を用いると，（5・1）式の確率 $p(s_1, s_2, s_3, \cdots | o_1, o_2, o_3, \cdots)$ は下記のように変換される．

$$
\begin{aligned}
&p\,(s_1, s_2, s_3, \cdots | o_1, o_2, o_3, \cdots) \\
&= \frac{p\,(o_1, o_2, o_3, \cdots | s_1, s_2, s_3, \cdots) \cdot p\,(s_1, s_2, s_3, \cdots)}{p\,(o_1, o_2, o_3, \cdots)}
\end{aligned}
\qquad (5 \cdot 2)
$$

ここで，$p(o_1, o_2, o_3, \cdots | s_1, s_2, s_3, \cdots)$ はデータ列 $s_1, s_2, s_3, \cdots$ が信号 $o_1, o_2, o_3, \cdots$ に変換される確率で，$p(s_1, s_2, s_3, \cdots)$ は $s_1, s_2, s_3, \cdots$ を送信する確率，$p(o_1, o_2, o_3, \cdots)$ は $o_1, o_2, o_3, \cdots$ を受信する確率である．

式が長くなってしまったので問題がかえって複雑になったように見えるかもしれないが，じつは非常に簡単になっている．まず，$o_1, o_2, o_3, \cdots$ が発信される確率は，いったん発信されてしまえば定数 1 となる．すると，（5・2）式は

$$
\begin{aligned}
&p\,(s_1, s_2, s_3, \cdots | o_1, o_2, o_3, \cdots) \\
&= p\,(o_1, o_2, o_3, \cdots | s_1, s_2, s_3, \cdots) \cdot p\,(s_1, s_2, s_3, \cdots)
\end{aligned}
\qquad (5 \cdot 3)
$$

となり，残った 2 項は，隠れマルコフモデルを用いて取り扱えるのである．

5・2　その数理と音声認識での成功

隠れマルコフモデルはマルコフ（図 5・2）によって発明されたのではなく，1960 年代から 70 年代にかけてアメリカの数学者レオナルド・E・バウム（Leonard E. Baum）らにより提唱された内容がもととなっている．よって，隠れマルコフモデルの訓練方法はバウムらの名前にちなんで，バウム＝ウェルチアルゴリズムとよばれている．

隠れマルコフモデルを説明するには，マルコフ連鎖の説明から始める必要がある．19 世紀に入ると，確率論は相対的に，静的な状態の確率変数に関する研

5. 隠れマルコフモデル　　55

図 5・2 ロシアの著名な数学者アンドレイ・マルコフ

究から，時間発展する動的な確率過程の研究へと進化した．哲学的には，人間の認識の飛躍でもあった．しかし，時間発展する過程は静的な状態より複雑である．まず，ある時刻 t に対応する状態 s_t も時間変化する．わかりやすい例をあげると，$s_1, s_2, \cdots, s_t, \cdots$ を北京の日ごとの最高気温とすれば，s_t は時間変化する確率変数となる．次に，任意の s_t は，周囲の状態に依存する．この例でいえば，最高気温は前日のそれと関係している．このように，この時間変化には二つの不確実性がある．マルコフはこの問題を簡略化して，一つのモデルを作った．すなわち，s_t の確率はその前の状態のみに依存する，

$$p(s_t|s_1, s_2, s_3, \cdots, s_{t-1}) = p(s_t|s_{t-1})$$

という仮定である．いいかえれば，その日の気温は前日の気温とは関係するが，前々日とは関係しないとする．この種の仮定は現実と合わない場合もあるが，これまで解決できなかった問題に対して近似的な解を与えることができる．この仮定は後にマルコフ性とよばれるようになり，この仮定に基づくプロセスをマルコフ連鎖とよぶ．図 5・3 は離散的なマルコフ連鎖の一例である．

このマルコフ連鎖において，四つの円は四つの状態を表している．間を結ぶ矢印は状態の遷移を示し，矢印の上の数字は遷移確率を示す．たとえば，状態 m_1 から状態 m_2 へは矢印は 1 本しかなく，遷移確率は 1.0 である．これは，m_1 からは m_2 へのみ遷移できることを示す．m_2 からは矢印が 2 本出ており，m_3 か m_4 に移ることになる．m_3 への遷移確率は 0.6 で，m_4 への遷移確率は 0.4 で

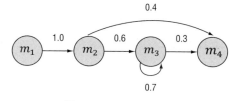

図 5・3 マルコフ連鎖

ある．すなわち $p(s_{t+1}=m_3|s_t=m_2)=0.6$，$p(s_{t+1}=m_4|s_t=m_2)=0.4$ である．

マルコフ連鎖は，ランダムに選択された初期状態から，遷移のルールに則って，後の状態が決定される機械とみなすことができる．時刻 T までの状態の系列が $s_1, s_2, s_3, \cdots, s_T$ だとする．この系列の中で，ある状態 m_i の出現回数を $\#(m_i)$ とし，m_i から m_j に遷移する回数を $\#(m_i, m_j)$ とすれば，m_i から m_j への遷移確率は $\#(m_i, m_j)/\#(m_i)$ で計算できる．それぞれの状態は，直前の状態にのみ関係している．たとえば図中の状態 m_3 から状態 m_4 への遷移確率は，m_3 にどのようにたどり着くかに関係なく 0.3 となる．

隠れマルコフ連鎖は，マルコフ連鎖の拡張である．この場合，任意の時刻 t における状態 s_t を直接知ることはできないため，観察者は $s_1, s_2, ..., s_T$ へのそれぞれの遷移確率を知る方法はない．しかし，隠れマルコフモデルでは時刻 t に信号 o_t が出力され，o_t は s_t とのみ関係している．これは出力の独立性仮説とよばれる．隠れマルコフモデルの仕組みは図 5・4 の通りである．図中 $s_1, s_2, \cdots$ は観察者からは見えないが，マルコフ連鎖を形成している．バウムはこれを「隠れ」マルコフモデルとよんだ．

マルコフ仮定と出力の独立性仮説に基づいて，ある特定の状態列 $s_1, s_2, s_3, \cdots$ から信号 $o_1, o_2, o_3, \cdots$ が出力される確率を，次のように計算できる．

$$p(s_1, s_2, s_3, \cdots, o_1, o_2, o_3, \cdots) = \prod_t p(s_t|s_{t-1}) \cdot p(o_t|s_t) \quad (5 \cdot 4)$$

(5・4)式は，既出の (5・3)式にとてもよく似ている．実際，

$$\begin{aligned} p(o_1, o_2, o_3, \cdots | s_1, s_2, s_3, \cdots) &= \prod_t p(o_t|s_t) \\ p(s_1, s_2, s_3, \cdots) &= \prod_t p(s_t|s_{t-1}) \end{aligned} \quad (5 \cdot 5)$$

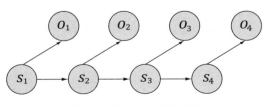

図 5・4　隠れマルコフモデル

と書き表し，（5・3）式に代入すれば，（5・4）式が得られる．このように，通信における解読問題は隠れマルコフモデルを用いて解決できる．自然言語処理問題の多くは通信における解読問題と等価であり，これらも隠れマルコフモデルを用いて解決できる．上記の式の最大値を求め，そこから単語列 $s_1, s_2, s_3, \cdots$ を導き出すには，ビタビアルゴリズムを用いればよい．このアルゴリズムについては第26章で詳しく述べる．

なお（5・3）式の $p(s_1, s_2, s_3, \cdots)$ は言語モデルであり，第3章「統計的言語モデル」で紹介済みである．

$p(s_1, s_2, s_3, \cdots | o_1, o_2, o_3, \cdots)$ は，自然言語処理の応用分野によってさまざまな呼ばれ方をする．音声認識では「音響モデル」，機械翻訳では「翻訳モデル」，校正する際には「訂正モデル」といわれる．

隠れマルコフモデルが最初に成功をおさめたのは音声認識の分野においてであった．1970年代，当時IBMワトソン研究所のイェリネック率いる研究グループで，主にカーネギーメロン大学を卒業したてのベイカー夫妻（James and Janet Baker）[2]が中心となり，音声認識の誤答率を隠れマルコフモデルを用いることで30％から10％へと下げられることを報告した．80年代末には李開復博士が隠れマルコフモデルを用いて，世界初の多語彙対応連続音声認識システム Sphinx（スフィンクス）を開発した．その後，隠れマルコフモデルは機械翻訳，スペルミス検出，手書き認識，画像処理，遺伝子解析などITのさまざまな領域で成功をおさめ，最近30年では株価予測や投資にも応用されている．

私が初めて隠れマルコフモデルにふれたのは，30年以上前にさかのぼる．講義「ランダムウォーク」（当時清華大学で悪名高き講義だった）で初めて出会ったのだが，応用には思い至らなかった．その何年か後，同大学で王作英（Wang, Zuoying）教授の指導の下で音声認識の研究を行い，教授は数十編の論文を私に渡してくれた．その中で最も印象に残ったものが李開復とイェリネックの論文で，論文中の思想はまさに隠れマルコフモデルであった．複雑な音声認識問題を鮮やかに解決しており，この数理モデルの威力にひたすら感嘆したものである．

---

2) この二人は李開復の兄（姉）弟子にあたる．後に二人は共同でドラゴン・システムズ（Dragon Systems）社を設立したが，二人ともすでに離れている．

探究 5・3 隠れマルコフモデルの訓練

必要な知識： 確率論

隠れマルコフモデルに関しては，次の三つの基本的な問題がある．

1. モデルを立てて，特定の出力系列の確率をいかに計算するか．
2. 特定の出力系列に対し，最も確からしい状態の系列をどのように見いだすか．
3. データが十分にあるときに，隠れマルコフモデルのパラメータをどのように見積もるか．

一つ目の問題は比較的簡単である．前向き・後ろ向きアルゴリズムを利用すればよい．ここでは省略するが，興味のある読者はイェリネックによる"Statistical Methods for Speech Recognition（Language, Speech, and Communication）"[3]を参照するとよい．二つ目の問題も，ビタビアルゴリズムを用いることで解決できる．これは第26章で紹介する．三つ目の問題こそ，ここで取り上げる隠れマルコフモデルの訓練に関する問題である．

隠れマルコフモデルを現実の問題に適用するには，s_{t-1} から s_t に移る遷移確率 $p(s_t|s_{t-1})$ と状態 s_t から信号 o_t が出される出力確率 $p(o_t|s_t)$ を知っておく必要がある．これらの確率が，隠れマルコフモデルのパラメータである．

条件付き確率の定義から，これらの確率はそれぞれ次のように表せる．

$$p(o_t|s_t) \,=\, \frac{p(o_t, s_t)}{p(s_t)} \tag{5・6}$$

$$p(s_t|s_{t-1}) \,=\, \frac{p(s_{t-1}, s_t)}{p(s_{t-1})} \tag{5・7}$$

（5・6）式で記述される出力確率は，各出力に対応する状態が注釈づけされた十分なデータがあり，状態 s_t が現れた回数，状態 s_t から信号 o_t が出力された回数がわかれば計算できる．すなわち，

3）MIT Press（1998）刊行.

5. 隠れマルコフモデル　59

$$p(o_t|s_t) \approx \frac{\#(o_t, s_t)}{\#(s_t)} \qquad (5 \cdot 8)$$

と書ける．人力で注釈づけされたデータを用いることから，この方法を「教師あり学習」という．(5・7)式の遷移確率は，第3章で取り上げた統計的言語モデルの中の条件付き確率と同様な式なので，訓練方法も同じである．すなわち，

$$p(s_t|s_{t-1}) \approx \frac{\#(s_{t-1}, s_t)}{\#(s_{t-1})} \qquad (5 \cdot 9)$$

となる．

　教師あり学習の訓練は，注釈づけされた十分な量のデータがあることが前提である．残念ながら，音声認識における学習のように，この前提が成り立たない応用が少なくない．音声認識では十分な発話データが得られなければ，モデルを訓練するのに必要なデータは得られない．ほかにも，データは得られるかもしれないが，そのためのコストが高くつく場合もある．たとえば，中国語と英語のあいだの機械翻訳では，大量の中国語と英語を対照させる必要があるが，そのような対照表を一つ一つつくろうとするとコストが非常に高くつく．そのため，隠れマルコフモデルを訓練するさらに実用的な方法は，膨大な出力信号 $o_1, o_2, o_3, \cdots$ からモデルパラメータの $p(o_t|s_t)$ および $p(s_t|s_{t-1})$ を直接推算する「教師なし学習」とよばれる方法である．とくに重要なのは，バウム＝ウェルチアルゴリズムである．

　異なる隠れマルコフモデルから同じ出力がされること，すなわち，同じ出力信号が異なるモデルから出力されることは往々にしてある．しかし，θ_2 と θ_1 がいずれも隠れマルコフモデルのパラメータであるとして，出力がモデル M_{θ_2} からなされる確率とモデル M_{θ_1} からなされる確率は異なるはずである．バウム＝ウェルチアルゴリズムは，その中で最も確からしい隠れマルコフモデル M_θ を探索するアルゴリズムである．

　バウム＝ウェルチアルゴリズムの考え方は，次の通りである．

　まず，O を出力するモデルパラメータを探す（明らかにこれは必ず存在し，遷移確率 p と出力確率 q が均一であれば，モデルはどのような出力もありうる．その中には O も含まれる）．初期モデルを M_{θ_0} として，さらによいモデル

を探す．§5・3冒頭の一つ目と二つ目の問題が解決できれば，M_{θ_0} から O が出力される確率 $p(O|M_{\theta_0})$ は計算できる．そしてモデル M_{θ_1} が

$$p(O|M_{\theta_1}) > p(O|M_{\theta_0}) \tag{5・10}$$

を満たせば，より確からしいモデル M_{θ_1} にたどり着く．この操作を繰り返し，確率が上げ止まったところで探索を終了する．これがバウム=ウェルチアルゴリズムである．詳細は参考文献2を参照されたい．

バウム=ウェルチアルゴリズムでは，計算を繰り返すごとに新しいモデルパラメータが設定され，出力の確率（目的関数）の期待値が最大化されるため，このプロセスは期待値最大化（Expectation-Maximization, EM）アルゴリズムとよばれている．EMアルゴリズムは局所的に収束する部分を最適解とする．そのため，必ずしも全体の最適解とは一致しない．したがって，自然言語処理への応用において，教師なし学習のバウム=ウェルチアルゴリズムによる学習で見いだされたモデルは，教師あり学習の場合と比べて，最適化効果が小さい傾向がある．これは，前者では必ずしも全体最適解に到達しないためである．しかし目的関数が凸関数〔たとえば情報エントロピー（第6章参照）のように〕であれば，最適解は1点に絞られ，EMアルゴリズムにより最適解に到達できる．第27章「神のアルゴリズム：期待値最大化アルゴリズム」の中で，再びEMアルゴリズムにふれる．

■ まとめ

隠れマルコフモデルは通信分野で，後に音声認識分野において，自然言語処理と通信の橋渡しとして適用された．現在，隠れマルコフモデルは機械学習における主要ツールの一つになっている．隠れマルコフモデルを訓練するうえで，バウム=ウェルチアルゴリズムとビタビアルゴリズムが必要である．

参考文献

1. L. E. Baum and T. Petrie, "Statistical Inference for Probabilistic Functions of Finite State Markov Chains", *The Annals of Mathematical Statistics*, **37**(6), 1554-1563 (1966).
2. L. E. Baum and J. A. Eagon, "An inequality with applications to statistical estimation for probabilistic functions of Markov processes and to a model for ecology", *Bulletin of the American Mathematical Society*, **73**(3), 360-363 (1967).

3. L. E. Baum and G. R. Sell, "Growth transformations for functions on manifolds", *Pacific Journal of Mathematics*, **27**(2), 211–227 (1968).

4. L. E. Baum, T. Petrie, G. Soules, N. Weiss, "A Maximization Technique Occurring in the Statistical Analysis of Probabilistic Functions of Markov Chains", *The Annals of Mathematical Statistics*, **41**(1), 164–171 (1970).

5. F. Jelinek, L. Bahl, R. Mercer, "Design of a Linguistic Statistical Decoder for the Recognition of Continuous Speech", *IEEE Transactions on Information Theory*, **21**(3), 250–256 (1975).

6

情報の量と働き

　これまで情報について述べてきたが，まだまだつかみどころがない．情報量が「多い」あるいは「少ない」というが，そもそも情報量とは何か．50万字を超える『史記』の情報量はどれほどなのか．あるいは，シェークスピア全集の情報量はどうだろうか？　また，情報が「役に立つ」というが，情報の働きを客観的に測ることができるのだろうか？　これらの疑問に答える理論はあるのだろうか．何千年ものあいだ，人類は満足のいく回答を見いだすことはできなかったが，1948年に至ってようやくシャノンが答えた．彼は有名な論文「通信の数学的理論（A Mathematical Theory of Communication）」の中で，情報におけるエントロピーの概念を提唱し，情報の量そして情報の働きに関する問題を解決したのである．

6・1　情報の量を測る：エントロピー

　情報の量と不確実性には直接的な関係がある．不確実なこと，あるいは，知らないことについて知ろうとするとき，情報を収集する必要がある．逆に，知りたいことについてすでに十分調べがついていれば，そのことを明らかにするための情報の上積みはそれほど必要ない．見方を変えれば，情報の量は不確実性の大小の裏返しである．

　それでは，情報の量をいかにして測るのか？　一つ例をあげよう．2014年[*1]のサッカー・ワールドカップで優勝したチームはどこか．あなたはワールドカップを見逃して，実際に観戦などして結果を知っている人に「どのチー

＊　訳注1：原書2版は2014年に刊行された．

6. 情報の量と働き　　63

ムが優勝したか」と尋ねるとしよう．聞かれた相手は直接答えを言わず，あなたの質問に「はい」か「いいえ」でしか答えてくれない．しかも質問のたびに1元*2徴収されるとしたら，優勝チームを割り出すまでにいくらかかるだろうか．まず，チームに1から32までの番号を振る．それから，「優勝チームは1〜16番の中にあるか」と質問し，そこで「はい」の答えが帰ってくれば，次に「優勝チームは1〜8番の中にあるか」と質問する．この質問の答えが「いいえ」であれば優勝チームは9〜16番の中にある．質問を5回繰り返せば，優勝チームを特定できる．このような尋ね方をすれば，優勝チームの情報量は5元の価値があるといえるだろう．

　もちろん，シャノンは金銭ではなく「ビット（bit）」を用いて情報量を測った．1ビットは0または1を表し，8ビットで1バイト（byte）である．先の例でいえば，「優勝チームはどれか」という情報量は5ビットになる（もし64チームが競うゲームであれば，質問の手間が1回増えるので6ビットになる）．情報量は可能な状態の対数に対応する（$\log_2 32 = 5$, $\log_2 64 = 6$）[1]．

　じつはこの場合，5回も質問する必要はない．スペイン，ブラジル，ドイツ，イタリアといったチームが，日本，南アフリカ，韓国といったチームよりも優勝する可能性が大きいためである．そのことを織り込んで，はじめの質問で32チームを16チームずつ等分するかわりに，優勝しそうなチームで1グループ，その他のチームで1グループとわければよい．そのうえで，優勝したチームが優勝しそうなグループの中にいるか否かを問えばよい．いいかえれば，チームの優勝確率があらかじめ分かれば，より短い手順で答えが得られる．ここで，それぞれのチームの優勝確率が等しくない場合，「優勝チームはどれか」という情報量は5ビットよりも少なくなる．シャノンは，このような場合の情報量が以下のように表せることを示した．

$$H = -(p_1 \cdot \log p_1 + p_2 \cdot \log p_2 + \cdots + p_{32} \cdot \log p_{32}) \qquad (6 \cdot 1)$$

pは32チームそれぞれの優勝確率である．シャノンはこれに「エントロピー」と名付け，記号Hで表し，単位をビットとした．32チームの優勝確率が等しけ

---

　*　訳注2：中華人民共和国における通貨単位．2024年9月の為替レートでは，1元は約20円（日本円）である．
1）以後，特記しない限り，本書中の対数の底は2とする．

れば，エントロピーは 5 ビットとなる．これは，計算して簡単に確かめられる．
(6・1)式の最大値が 5 であることも証明できる．任意の確率変数 X（たとえば
冒頭で例にあげたワールドカップの優勝チーム）について，そのエントロピー
は (6・2)式のように定義できる．

$$H(X) = -\sum_{x \in X} p(x) \log p(x) \qquad (6・2)$$

　不確実性が増すと，エントロピーも増す．すなわち変数が定まるのに必要な
情報量も増える．情報量の定義に，なぜエントロピーという言葉を用いるの
か？　これは，定義式が熱力学に出てくるエントロピーによく似ているためで
ある．この点は章の最後にふれよう．

　エントロピーの概念を用いると，章頭で提起した問題「50 万字の中国語の書
籍の情報量はどれくらいか」に答えることができる．中国の常用漢字[*3]は
7,000 字あり，どの字も同じ頻度で使用されているならば一つの漢字は 13 ビッ
トで表せる．実際には，7,000 字のうち 10% が通常のテキストの 95% 以上を占
める．したがって，前後の文脈を考慮せず，それぞれの漢字の出現頻度のみを
考慮すれば，個々の漢字の情報量は 8〜9 ビットとなる[*4]．前後のテキストの
相関を考慮すれば，個々の漢字の情報量は 5 ビット程度となるだろう．した
がって，50 万字からなる中国の書籍の情報量は 250 万ビットとなる．手頃なア
ルゴリズムを用いて圧縮すれば，この書籍を 320 キロバイト（kilobyte, kB）の
ファイルとして保存できる．一方，この書籍を直接 2 バイトの文字コードでテ
キストに保存すると，約 3 倍の 1 メガバイト（megabyte, MB）のファイルとな
る．この 2 種類の量の違いが，情報理論でいう「冗長性」である．50 万字から
なる中国の書籍の情報量として，250 万ビットはいわば平均的であり，同じ長
さの書籍でも含まれる情報量は異なる可能性があることに注意が必要である．
重複した内容が多ければ，情報量は減少し，冗長性がさらに増す．

　＊　訳注 3：第 1 章注 3）および訳注 3 参照．
　＊　訳注 4：1 バイト（byte）は 8 ビットに相当する．ここで「700 字が用いられる確率が
　　　95%，残りの 6,300 字が用いられる確率が 5%」を，はじめの 700 字について用いられる確
　　　率が均等に 0.95/700，残りの 6,300 字について 0.05/6300 として計算すると，漢字 1 字当
　　　たりの情報量は 9.9 ビットとなる．ここでいう 8〜9 ビットという数字は，実際の使用頻度
　　　を反映したものと考えられる．

6. 情報の量と働き　65

また，言語が異なれば冗長性も大きく異なる．中国語は，ほかの言語と比較して冗長性の低い言語であるといわれている．英語の書籍を中国語に翻訳すると，字の大きさが変わらなくても本の厚みが薄くなることに気づく．これは中国語の冗長性の低さを示している．中国語の文章の情報エントロピーについて興味のある読者は，私が王作英教授と共著で電子学報に公表した「中国語の情報エントロピーと言語モデルの複雑度（汉语信息熵和语言模型的复杂度）」を参照されたい[2]．

6・2　情報の働きとは

古くから，情報と不確実性の除去は互いに関係している．情報には得られる「知識」という意味と，「判断のよりどころ」という意味があるが，後者の効用はとくに不確実性の除去にある[*5]．戦時中であれば，1ビットの「情報」は千軍万馬に相当することもある．第二次世界大戦中，ナチスドイツの兵がソ連モスクワに迫っていたとき，スターリンにはヨーロッパに動かせる兵力はなかった．西シベリアの中ソ国境に60万人の兵力を集結させていたが，動かしていなかった．ドイツと同様に枢軸国である日本が軍事戦略として北上してソ連に侵攻するか，南下してアメリカと開戦するかをソ連が知らなかったためである．南下すれば，ソ連は日本軍の攻撃はないものとして，60万の大軍をアジアから撤収し，モスクワでの会戦にまわすことができる．実際に日本は南下を選択し，直接ハワイの真珠湾に向かっていたのだが，ソ連はそのことを知らなかった．スターリンは憶測に頼ることはできなかった．もし誤れば，その影響は甚大である．ここでいう憶測とは，コイン投げにも似て，主観的な判断も入ってしまう．最終的には，伝説のスパイであるゾルゲがモスクワに送った「日本は南下する」という1ビットの情報が，無限の価値をもつ「情報」となった．そこでソ連は西シベリアの軍団をヨーロッパ戦線に移した．その後の展開を述べる必要はあるまい．

---

2) https://www.nstl.gov.cn/paper_detail.html?id=1d2265912c2eef5cf6bedd031deef7e7

＊　訳注5：中国語には information に相当する言葉として「信息」と「情報」がある．前者は日本語の情報に近く，後者は適切な判断・意思決定をするために情報を分析して得られた知見（インテリジェンス）といった意味をもつ．したがって，ここでは中国語の「情報」に相当する部分を「情報」として区別した．

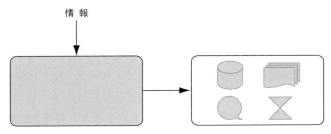

図 6・1 情報はシステムの不確実性を除去する唯一の手段である（情報を得る前，箱の中は文字どおりブラックボックスだが，情報を得ることによって箱の中の仕組みを知ることができる）

　この故事の背後にある情報理論の原理を抽象化・普遍化して図示すると，図6・1のようになる．
　一つの事実（たとえば先の例では，日本の内閣の戦略決定についてソ連で知りえていること）には任意性または不確実性があり，仮定を U とおくと，外部から不確実性を除く唯一の方法は情報 I を入れることである．情報量において $I>U$ ならば不確実性は除去でき，$I<U$ ならば不確実性の一部が解消し，別の新たな不確実な状態が生じる．すなわち，

$$U' = U - I \tag{6・3}$$

となる．逆に，情報がなければ，どのような数式を用いても数字を操作しても，不確実性を除去することはできない．この素朴な結論は非常に重要だが，研究現場でさえ一部の半可通な専門家から見過ごされてしまうことがあるので強調しておく．ほとんどの自然言語処理，情報や信号の処理は，すべからく不確実性を取り除くプロセスである．本書のもととなったブログの読者の多くは，ウェブ検索の例を取り上げることを希望していたので，ここでも，ウェブ検索を例として情報の働きを説明しよう．
　ウェブ検索の本質は，数十億ページものウェブページから，ユーザーが入力した検索語句にもっとも合致する数ページを探し出すことにある．数十億ページの可能性は，非常に大きな不確実性 U をもつ．そこから数ページを選ぶには，不確実性をほぼ除去する（すなわち $U' \ll U$）か，完全に除去する必要がある（ナビゲーション検索がよい例で，一番目に表示される結果が最もユーザー

6. 情報の量と働き　　67

のニーズに合致する）．したがって，ウェブ検索の本質も，情報を利用して不確実性を除去していくプロセスなのである．ここで，提供される情報が多くない場合，たとえば検索語句が「中国」や「経済」といったごく一般的なものであれば，これらに関連するページはきわめて多く，ユーザーはどれを選択すればよいかわからないだろう．このようなときの正しい対処法は，ウェブページの質といった隠れた情報も参照することである．それでも不確実性が大きければ，もう一度ユーザーに何が知りたいのかを問うことにする．以上が検索の基本である．よくない対処法は，追加の情報を仕入れずに，これらの検索語句で数字や数式を弄ぶことである．このような方法では効果が上がらず，検索結果がいたずらに多く返されても得られるものは少ない．さらによくない方法は，人為的な仮説を入れることで，もはや当てずっぽうと何ら変わらない．このような検索の結果，一部のユーザーの嗜好に合う結果が返されてかりそめの満足は得られるが，結果は何の役にも立たない（先の例における「憶測」のように）．情報を合理的に利用し，数式や機械学習のアルゴリズムを弄ばないことが，よい検索を行う上で肝心である．

　得られる情報が増えれば，どんな事象の不確実性も小さくなる．このときの情報とは，先の例でいうところの，日本の内閣の戦略決定といった知りたい事柄に直接関わる情報である．また，ある種の情報は，関心のある事柄に間接的に関連し，その情報を得ることで関心事への理解が深まる場合もある．たとえば第3章で取り上げた自然言語処理の統計的言語モデルにおいて，ユニグラムモデルでは単語の確率分布を通して不確実性を除去している．バイグラムモデルやさらに高次モデルでは文脈の情報も利用して，前に用いられている単語から次の単語を予測する．数学を用いて，このような「相関」した情報が不確実性を除くことを厳密に証明することができる．そのために，「条件付きエントロピー」という概念を導入する．

　X と Y を任意の確率変数とし，X について知りたいとする．X の確率分布 $p(X)$ を既知とすると，X のエントロピーは

$$H(X) \ = \ -\sum_{x \in X} p(x) \log p(x) \qquad (6 \cdot 4)$$

で表される．

　X の不確実性は（6・4）式で表される．Y の確率分布もわかっているとして，

Y と X がともに起こる確率を結合確率，異なる Y の値それぞれに対する X の確率分布を条件付き確率という．条件 Y における X の条件付きエントロピーは，結合確率 $p(x,y)$ と条件付き確率 $p(x|y)$ を用いて，次式のように定義できる．

$$H(X|Y) = -\sum_{x \in X, y \in Y} p(x,y) \log p(x|y) \qquad (6 \cdot 5)$$

§6・4 の「探究」を用いると $H(X) \geqq H(X|Y)$ が証明できる．これは，情報 Y を得ると X の不確実性が低下するということにほかならない．統計的言語モデルにおいて Y が一つ前の単語とすれば，数学を用いて，バイグラムモデルの不確実性がユニグラムモデルよりも小さいことを証明できた．同様に，二つの条件付きのエントロピーは次式で定義できる．

$$H(X|Y,Z) = -\sum_{x \in X, y \in Y, z \in Z} p(x,y,z) \log p(x|y,z) \qquad (6 \cdot 6)$$

$H(X|Y) \geqq H(X|Y,Z)$ も証明できる．すなわち，トライグラムモデルはバイグラムモデルよりも優れたモデルであることが証明される．

最後に，面白い問題を一つ．上式 $H(X) \geqq H(X|Y)$ や $H(X|Y) \geqq H(X|Y,Z)$ で等号が成り立つのはどのような場合だろうか．等号が成り立つということは，情報が増加しても不確実性が低下しないということである．そのようなことはあるのだろうか．答えは Yes である．情報を得ても，それが知りたい事柄と何の関係もなければ，等号が成立する．先のスターリンの例に戻ると，ゾルゲの送った情報が北アフリカ戦線のドイツとイギリスの軍事行動に関するものであったなら，その種の情報がいくらあったところで，スターリンの懸念を解決できなかっただろう．

本節をまとめるとこうなる．「情報の働きは不確実性を除くことにあり，自然言語処理の多くの問題は相関する情報を探し出すところにある．」

6・3　情報の相関を測る：　相互情報量

前節では取得した情報が研究対象に「関係がある」とき，不確実性が減少することを述べた．「関係がある」という言い方は曖昧で，科学的でないため，「相関性」として定量化できないだろうか．たとえば「今日，北京で雨が降る」ことと「過去 24 時間の北京の大気の湿度」は，相関が大きいことが常識として

図 6・2 「蒸し暑いですね，じき雨が降りますね」
蒸し暑さと降雨は相関が大きい

わかるが，果たしてどれだけ大きいのだろうか．また，「過去 24 時間の北京の大気の湿度」は「サンフランシスコの天気」と相関は大きくないだろうが，この二つを無関係なものと言い切れるだろうか[3]．シャノンは情報理論の中で「相互情報量」を提唱し，相関性を定量化しようとした（図 6・2）．

二つの任意の事象 X と Y があるとし，相互情報量を次式のように定義する．

$$I(X;Y) = \sum_{x \in X, y \in Y} p(x,y) \log \frac{p(x,y)}{p(x)p(y)} \qquad (6 \cdot 7)$$

この式は複雑にみえるかもしれないが，次の結論さえ覚えておけばよい．簡単な計算により，相互情報量は前節で紹介した確率変数 X の不確実性，いいかえれば X の情報のエントロピー $H(X)$ と，条件 Y のもとでの X の不確実性，すなわち条件付きエントロピー $H(X|Y)$ の差として表せる．

$$I(X;Y) = H(X) - H(X|Y) \qquad (6 \cdot 8)$$

---

[3] バタフライ効果（訳注 6）の理論によると，これらの相関は思いのほか小さくない！
＊ 訳注 6：「北京で今日蝶が羽を動かして空気をそよがせたとすると，来月ニューヨークでの嵐の生じ方に変化が起こる」など，カオス理論で扱うカオス運動の予測困難性，初期値鋭敏性を端的に表したもの［出典：ジェイムズ・グリック 著，大貫昌子 訳，『カオス——新しい科学をつくる』，新潮文庫（1991）］．

すなわち，条件YのもとでXの不確実性が減る度合いによって，相関性は定量化できる．相互情報量は0から$\min(H(X), H(Y))$までの値をとり，XとYが完全に一致していれば$I(X;Y)$は$H(X)$〔$H(X)=H(Y)$〕となり，相関がまったくなければ$I(X;Y)$は0となる．

自然言語処理において，二つの事象すなわち言語に特徴的な相互情報量は，簡単に計算できる．十分なデータがあれば，$p(X, Y)$，$p(X)$，$p(Y)$を推算し，相互情報量を算出することは難しくない．したがって，相互情報量は言語の相関性をみるのに広く用いられる．

たとえば，機械翻訳の難題の一つ，言葉の両義性の問題の解決に用いられている．ブッシュ（Bush）はアメリカの元大統領の名字でもあるし，灌木（かんぼく）ややぶの意味もある〔笑い話だが，2004年に大統領選を争った民主党候補者はケリー（Kerry）だったが，機械翻訳により「アイルランドの牝仔牛」と翻訳された．英語にそういう意味があるのだ〕（図6・3）．

そのような単語をいかに正確に翻訳するか．人間はごく自然に文法を使いこなし，単語を解析しているが，今でもこのような問題をすんなり解決できる解析法はない．ブッシュは人名にも「やぶ」にもなる．どちらも名詞なので文法上の問題はないからだ．「大統領が目的語であれば，主語は人である」など，ルールを決めておけばよしとする人がいるかもしれない．しかし，このように対処するとルールが多くなり，例外も多くなる．たとえば，国際機関の持ち回りの議長は国家であって人ではない．最も簡単かつ実用的な方法は相互情報量

図6・3　テレビ討論におけるブッシュとケリー
　　　　（「やぶ」大統領と「牝仔牛」上院議員）

を用いることである．具体的な解決法は以下のようになる．まず，大量のテキストから，ブッシュ大統領の名前と一緒に出てくる単語，たとえば大統領，アメリカ，議会，ワシントンといった単語をあらかじめ探しておき，同様に「やぶ」の意味に使われている場合に一緒に出てくる単語，たとえば土壌，植物，野生といった単語をあらかじめ探しておく．この双方を組み合わせ，人名のブッシュと訳す場合には一緒に出てくる単語が前者である，とすればよい．この方法はゲール（William Gale），チャーチ（Kenneth Church），ヤロウスキー（David Yarowsky）らにより提唱された．

　1990 年代，ヤロウスキーはペンシルベニア大学の自然言語処理の大家であるマーカス教授[7] の博士課程の学生であり，AT&T ベル研究所のチャーチ研究室などに入り浸っていた．しかし卒業を急ぐため，ゲールらの支援を受けつつ，言葉のもつ両義性に対して最速かつ最善の解決法を見いだした．この簡単な方法の効果は，まわりをいたく驚かせた．ヤロウスキーは，マーカスの平均的な学生が 6 年かかるところをわずか 3 年で学位を取得した．

探究 6・4　確率分布の類似を測る：相対エントロピー

必要な知識：確率論

　情報のエントロピーと相互情報量について紹介したが，これらは情報理論の基礎であり，情報理論は自然言語処理において中心的な役割を果たす．ここで情報理論のもう一つの重要な概念「相対エントロピー」を紹介し，自然言語処理への応用を紹介しよう．

　相対エントロピーは文献によっては「交差エントロピー」ともよばれ，英語では提唱者にちなんでカルバック=ライブラー情報量と命名されている．相対エントロピーは相関性を測る指標でもあるが，変数の相互情報量とは異なり，二つの関数の類似性を測るのに用いられる．定義は (6・9)式の通りで，相対エントロピーは必ずゼロ以上の値をとる．

$$KL(f(x) \| g(x)) = \sum_{x \in X} f(x) \cdot \log \frac{f(x)}{g(x)} \geq 0 \qquad (6 \cdot 9)$$

＊　訳注 7：第 22 章参照．

読者には式の中身以上に，以下の3点に着目してほしい．

1. 関数 f と g が同一であれば，式の値（相対エントロピー）はゼロとなる．
2. 相対エントロピーが大きいということは，関数の違いが大きいことを意味する．小さければ違いは小さい．
3. 確率分布や確率密度関数において，それぞれの値がほとんどゼロでも，log をとることでその絶対値は大きくなるため，相対エントロピーは双方の分布の差異を反映する．

また，相対エントロピーは可換ではない．すなわち

$$KL(f(x) \| g(x)) \neq KL(g(x) \| f(x))$$

このことは不便な場合もあるので，対称化するためにイェンセンとシャノンは以下のように相対エントロピーを定義した．

$$JS(f(x) \| g(x)) = \frac{1}{2} \Big[KL(f(x) \| g(x)) + KL(f(x) \| g(x)) \Big] \qquad (6 \cdot 10)$$

相対エントロピーはまず，信号処理に用いられた．二つの確率的な信号について，両者の相対エントロピーが小さいほど互いに似ており，相対エントロピーが大きいほど違いが大きくなる．その後，情報処理の研究者は，相対エントロピーを双方のデータの類似度を測るのに用いるようになった．たとえば，ある文章が別の文章の引き写しであったりリライトされたものであれば，双方の文章の単語頻度分布の相対エントロピーは小さく，0に近づく．グーグルの自動応答システムにおいて，われわれはイェンセン=シャノン式を用いて答えの類似度を定量した．

相対エントロピーは自然言語処理において多用されており，二つの異なるテキストに用いられている単語の文法および語法上の確率分布を定量し，同義に用いられているか否かを判定するのに用いたりしている．ほかにも，相対エントロピーを用いて，情報検索における重要な概念である単語の重み付けされた用語頻度とテキスト逆頻度指数（TF-IDF）を得る．TF-IDF については第11章「検索語句とウェブページをどう関連づけるか」でさらに紹介する．

6. 情報の量と働き　　73

■ まとめ

　エントロピー，条件付きエントロピーおよび相対エントロピーは，言語モデルと非常に密接に関係している．第3章で言語モデルについて説明した際，モデルの良し悪しをいかに定量化するかについてはあえて論じなかった．しかし，これらエントロピーこそ，その定量化にあたる．言語モデルによって音声や機械翻訳の誤りを減らせるのであれば，「音声認識システムや機械翻訳ソフトウェアを用いてテストしたとき，これらの誤答率がより低くなるのがよい言語モデルである」と考えるのは自然だ．今日の音声認識や機械翻訳の開発でもそうした考えに基づいている．しかし，言語モデルを評価する上では，誤答率による評価は直接的でなく，便利でもなく，適切とはいえない．そもそもイェリネックらが言語モデルを研究していた当時，音声認識も機械翻訳もなかったのである．言語モデルは文脈から単語を予測するのに用いられる．モデルがよければ予測があたり，予測する単語の不確実性が減少する．

　情報エントロピーは不確実性を測るものなので，情報エントロピーを用いれば統計的言語モデルの良し悪しを定量化できることが推測できるだろう．文脈を利用する高次の言語モデルに対しては条件付きエントロピーを用いるべきであり，モデルを学習して確率分布を求めるには，相対エントロピーの概念が必要になる．イェリネックは条件付きエントロピーと相対エントロピーから出発して，言語モデルの複雑度を定義し，言語モデルの良し悪しの評価に用いた．複雑度は物理的な意味が明確であり，前後の文脈が決まっている条件下での，文の各位置で選択できる単語の平均数である．モデルの複雑度が低ければ，各位置の単語が決まりやすくなり，よいモデルといえる．

　李開復博士は自身の発明した音声認識システム Sphinx についての論文の中で，「言語モデルを用いない場合（0グラムモデル）はモデルの複雑度は997となり，これは各位置に997の単語が入りうることを意味する．単語の組み合わせを使うが，確率は考えない一様分布のバイグラムのモデルを用いれば，複雑度は60まで低下する．これでも言語モデルを用いない場合に比べて十分よいモデルといえるが，さらに確率を考慮すると複雑度は20まで低下し，よりよいモデルとなる．」と述べた．

　情報理論の数学的な基礎をさらに知りたい読者はスタンフォード大学のコ

バー（Thomas Cover）教授による『情報理論――基礎と広がり（Elements of Information Theory）』を参照されたい（参考文献 1）．コバー教授は当代で最も権威のある情報理論の専門家である．

　本章をまとめると，情報エントロピーは情報を定量化するのみならず，情報理論の基礎でもある．通信，データ圧縮，自然言語処理において重要な役割を果たす．情報エントロピーの物理的な意義は，情報システムにおける不確実性を定量化するものであり，この点において，熱力学におけるエントロピーと概念が似ている．なぜなら，熱力学におけるエントロピーは無秩序さを測るパラメータであるが，これは見方を変えれば不確実性を測るパラメータでもあるからだ．科学において，似ても似つかぬものがじつはとてもよく似ているという類似性が多くみられることの好例でもある．

参 考 文 献

1. T. M. Cover and J. A. Thomas, "Elements of Information Theory", Wiley (1991); ISBN 0-471-06259-6 ［邦訳: 山本博資ほか 訳，『情報理論――基礎と広がり』，共立出版 (2012)］
2. Kai-Fu Lee, "Automatic Speech Recognition: The Development of the SPHINX System", Springer (1989).
3. W. A. Gale, K. W. Church, D. Yarowsky, "A Method for Disambiguating Word Senses in a Large Corpus", *Computers and the Humanities*, **26**, 415–439 (1992).

7

現代言語処理を拓いた
イェリネック博士

本章を謹んでフレデリック・イェリネック博士
(1932 年 11 月 18 日～2010 年 9 月 14 日)に捧げる.

　ブログ「グーグル黒板報」に「数学之美」シリーズの連載を始めたとき,読者の興味をひくために,数学の原理を自然言語処理に応用して成功した大家や学者を紹介しようと心がけた.ただ単にエピソードや,よもやま話にふれたかったのではない.情報領域を研究しようとする若い研究者にこれら成功者の事例を紹介することで,大家の思考法や,いかにして成功を収めたかというプロセスを伝えたかった.昨今の物欲至上の中国社会において,学術界は浮き足立ち,若者は成功を収めようと焦り,遠大な大志を抱く若者は孤独を感じているのではないだろうか.この状況は第一次世界大戦後のフランスにおけるロマン・ロランを思い起こさせる.ロマン・ロランは物質的な豊かさでなく,高尚な魂を追求した若者を『3 人の巨人の伝記』[1],[*1] として著し,巨人の息吹を読者に伝えた.いま,私も大家の人となりを志のある若者に伝えたい.まず,フレデリック・イェリネック(Frederick Jelinek, 図 7・1)から始めることにしよう.

　前章までで少なからず,イェリネックに言及してきた.それは現代の音声認識や自然言語処理に彼が深く関わってきたからである.ここでは,そうした彼の学術的な貢献ではなく,人間としてのイェリネックについてふれたい.以下に述べるのは,私自身が彼に接した経験に基づくものである.

---

1)『ベートーヴェンの生涯』(1903 年),『ミケランジェロの生涯』(1906 年),『トルストイの生涯』(1911 年)をさす.
* 訳注 1: 中国ではこれらの三つの伝記が『3 人の巨人の伝記(巨人三传)』としてフー・レイ(傅雷)により翻訳されたものが有名である.

7・1 少年時代

フレデリック・イェリネック（私は彼をフレッドとよんでいた）は，チェコのクラドノ[2]の裕福なユダヤ人家庭に生まれた．父は歯科医であった．ユダヤ民族の伝統を踏襲し，フレッドの両親も教育を重視し，息子をイギリスのパブリックスクールに送り込もうとした．また，ドイツ語を学ばせるため，ドイツ人の女家庭教師をつけようとした．しかし第二次世界大戦によって，両親の夢は無残に打ち砕かれた．彼らは家を追われ，プラハに流れ着いた．父は収容所で亡くなり，フレッドは終日市中で浮浪し，学業は滞った．戦後，フレッドが学校に復学し

図7・1　イェリネック

たとき，小学校課程は補修が必要，成績も惨憺（さんたん）たるものですべてDだった．彼は復学して同級生に追いついたものの，小学校でAをとることはなかった．

1946年，フレッドの母親は一家でアメリカに移住することを決意した．アメリカではフレッド一家はきわめて貧しく，一家の収入は母親のウエートレスの給料にかかっており，フレッドは十代にして工場でのアルバイトで家計を助けていた．当然，彼は教室や家で安穏と過ごせたわけはなく，教科書を見る時間もろくになく，大学に上がるまで彼の勉強時間はいまの学生の半分もなかっただろう．ちなみに，私も小学校（文化大革命の真っ最中だった）から中学校（80年代）に至るまで，いまの学生の半分も勉強していなかった．そういうこともあり，われわれは小中学生が受験勉強にいそしむいまのスタイルをまったくよしとしなかった．

フレッドと私は，少年時代の教育に関し，いくつかの点で意見が一致した．

2）クラドノはチェコの首都プラハから25キロメートルほど離れた小都市である．

まず，小学生から中学生・高校生*2のあいだは勉強にそれほど時間を費やす必要はなく，むしろこのときの人間同士のふれあいや生活能力が後の一生を決めるのだということ．そして，中学・高校において多くの時間をかけて習得することは，大学にいけば短い時間で習得できるということ．大学に進学すると，理解力が増す．たとえば，中学・高校で500時間かけて習得したことは，大学にいけば100時間もあれば習得できる．したがって，小学校から高校にかけてたくさん勉強したところで，大学に入るとその利点は急速に失われてしまう．三つ目に，学習と教育は生涯にわたるプロセスであること．中学・高校の成績が優秀だったアジア系の学生は，アメリカの一流大学に入学した後，えてして興味をもって勉学を行うアメリカ育ちの学生に比べて振るわなくなる．これは，アジア系の学生には学習を持続する力が欠けているからである．四つ目に，本に書いてあることは早くから学んでも後から学んでもさしつかえないが，成長過程は逃すと取り返しがつかなくなること（したがって，特別クラスのやり方は意味がない）．現在，中国の「よい」学校ではおそらく99％の子どもたちが，同世代のころの私やフレッドと比べて，多くの時間を勉学に費やしているが，その子どもたちは私やフレッドほどの学術的な貢献をなすことは99％ないだろう．これは教育のかかえる問題である．

　イェリネックは十代で，父親のように無実の罪を着せられた人たちのための弁護士を志望した．しかしアメリカに来てまもなく，自分のきつい外国なまりでは法廷で苦労するだろうことに思い至った．その次に医者を志望し，まがりなりにも父の職業を継ごうとした．ハーバード大学医学部進学を想定したが，8年間の高額な学費（4年間の本科教育と4年間の医学部教育）をまかないきれないと判断した．ちょうどそのときマサチューセッツ工科大学（MIT）で，東欧系の移民として彼に学費を奨学金として全額支給することとなった．そこで彼は，MITの電気工学科に進学した．彼のなりたいものはいろいろ変わったが，成功に向けて努力する姿勢は一生変わらなかった．

　MITで，イェリネックは世界的な教授に数多く出合った．その中には情報理論のシャノンもいたし，言語学者のヤーコブソン（彼は通信の六要素を提唱し

＊　訳注2：原文では「中学」と書かれている．中国では中等教育を初級中学（日本の中学に相等），高級中学（高中，日本の高校に相当）が担う．「高等学校」は日本の大学に相当する．

た)[3]もいた．後にイェリネックの妻となるメラニアもチェコからアメリカに移住し，ハーバード大学に入学した．フレッドはよく近隣のハーバードに行き，彼女が講義を理解する助けとなった．そこで，彼は偉大な言語学者ノーム・チョムスキー（Noam Chomsky）の講義をたびたび聴講した．これら3人の大家がイェリネックの後の研究の方向性，すなわち「情報理論を用いて言語問題を解決すること」に大きな影響を与えたといってよい．私は常々，自分の領域で世界一流に到達したければ，周囲にも一流の人間がいなければならないと感じている．イェリネックは幸運にも若いときからこれらの大家にふれ，後の研究において同世代人から一歩先んじることができた．

フレッドはMITで学位を取得した後，ハーバード大学で1年教え，後にコーネル大学に移って教授になった．コーネル大学を選んだ理由は，求職時にコーネル大学にいた言語学者のチャールズ・ホケット（Charles Hockett）とたく意気投合したからだった．当時ホケットは，イェリネックと情報理論の言語問題への応用について共同研究しようともちかけていた．しかし，イェリネックがコーネル大学に赴任してみると，ホケットの興味は言語学から歌劇の創作に移っていた．イェリネックの言語学者に対する悪印象はここに始まっている．さらにIBMに移ってからも，言語学者がいろいろ理屈をこねるものの，することなすことが彼には中途半端にみえ，言語学者に対する印象はたちまち最悪となった．彼は「言語学者をひとり追い出すごとに，私の音声認識システムの識別率が上がる」[4]とさえ言った．この話は後に広く人の知るところとなり，音声認識や言語処理を手がける人の中で知らない人はいないものとなった．

7・2 「ウォーターゲート事件からモニカ・ルインスキーまで」

この表題は奇をてらってつけたものではなく，イェリネックが1999年の国際会議ICASSP[5]で報告した題目である．すなわち，ウォーターゲート事件が発覚した1972年は，彼がちょうど統計的音声認識と自然言語処理の研究を開始したときであり，モニカ・ルインスキー事件がもとで当時のクリントン大統領

3）第5章参照．
4）"Every time I fire a linguist, the performance of the speech recognizer goes up."
5）音響，音声および信号処理に関する国際会議（International Conference on Acoustics, Speech and Signal Processing）．

7. 現代言語処理を拓いたイェリネック博士　　79

が弾劾に追い込まれたのは ICASSP のちょうど 1 年前だった.

イェリネックはコーネル大学で 10 年ひたすら情報理論の研究に専念し, ついに自然言語処理の理論を突き詰めた. 1972 年, イェリネックはサバティカル（研究休暇）を取得し, IBM ワトソン研究所ではからずも音声認識研究室を主宰することとなったが, 2 年後にそのまま IBM にとどまることを選択した. IBM で, 彼のグループは空前絶後といっていいほど強力なメンバーだった. その中には著名なバール（L. Bahl）, 音声認識で著名な会社ドラゴン・システムズ創業者のベイカー夫妻, 最大エントロピー法の開発で名をあげたデラ・ピエトラ兄弟（V. J. and S. A. Della Pietra）, BCJR 法をイェリネックとバールとともに提唱したコック（J. Cocke）とラヴィヴ（J. Raviv）, 機械翻訳の統計モデルを提唱したブラウンらがいる. 当時もっとも若かったラファティ（John Lafferty）も, いまや押しも押されもしない研究者である.

1970 年代の IBM は, 90 年代のマイクロソフトや, エリック・シュミットが経営を行っていた 2000 年代ごろのグーグルのように, 優秀な科学者に自由に研究をさせていた. そのようなのびのびとした環境で, イェリネックらは統計的音声認識の枠組みを構築した. 前世代の科学者らが音声認識の問題を人工知能やパターン認識の問題とみなしていたのに対し, イェリネックはこの問題を通信問題としてとらえ, 音響モデル・言語モデルともに隠れマルコフモデルを用いて, 音声認識の問題を鮮やかに解決した. この枠組みはいまに至るまで音声認識・言語認識に多大な影響を与えており, 音声認識を実用に堪えるものにしただけではなく, 今日の自然言語処理の基礎を築いた. イェリネックは後にアメリカ工学アカデミーの会員に推挙され, テクノロジー誌において 20 世紀の 100 人の発明家の一人に選ばれた.

イェリネックに先立ち, シャノンらが統計的手法を自然言語処理に応用しようとしたとき, 大きく二つの越えがたい障壁があった. 一つは強大な計算能力をもつコンピュータ, もう一つは機械に読み込ませる言語データ（コーパス）である. 最終的に, 先達たちは統計的手法を用いた自然言語処理を放棄せざるをえなかった. ところが, 70 年代の IBM には, 能力はいまのレベルに及ばないものの, 計算機ですでにいくらかのことはできるようになっていた. イェリネックが同僚とともに解決しなければならない問題は, いかに大量のテキストを読み込ませるかであった. これは, いまならば問題にならないが, 当時は

80

ウェブサイトもなく，ほとんどの書籍に電子版はなく，あったとしてもそれぞれの出版社が所有していたため，これらの収集はきわめて難しかった．当時，国際的な業務は，世界中に張り巡らされた電信網を介して電信として行われていた．IBMの研究者は電信のテキストから自然言語処理研究を進めた．

　振り返れば，統計的自然言語処理が70年代にIBMで確立したのは，歴史的な必然性があったといっていいだろう．まず，IBMだけがデータを処理しうる強大な計算機やデータをもっていた．そして，イェリネックらがその領域で10年あまり研究を行っており，当時まさにIBMにいたということ．さらに，70年代のトーマス・ワトソン・ジュニア時代，IBMは最高潮の時代で，基礎研究への投資も大きかった．したがって，当時若くて見どころがあり，数学の基礎能力が足りていれば（これはイェリネックらが研究者を採用する必要条件だった），IBMに入社すべきであり，そうすれば前途洋々だった．

　イェリネックとバール，コック，ラヴィヴの顕著な貢献はBCJRアルゴリズムで，これは今日のデータ通信においてもっとも広く使われているアルゴリズムの一つ（もう一つはビタビアルゴリズム）である．面白いのは，このアルゴリズムが発明されて20年後にようやく応用につながったことである．IBMではこのアルゴリズムをIBMのなした人類への最大の貢献の一つにあげており，アルマデン研究所の入口に掲げている．残念なことに，このアルゴリズムを発明した4人ともすでにIBMを去っている．あるとき，IBMの通信部門でこのアルゴリズムを用いる必要があり，スタンフォード大学の専門家を招き講義してもらうことになった．この専門家がIBM研究所の業績展示を目にしたとき，感慨もひとしおだったそうである．

　1999年にアメリカのフェニックスで開催されたICASSPで，イェリネックは「ウォーターゲート事件からモニカ・ルインスキーまで」と題した大会報告を行い，音声認識における30年の進展を，IBMでの研究を主として，さらに後の私の業績も含めてジョンズ・ホプキンス大学における業績にもふれつつ総括した．

　ずいぶん経ってから，私とスペクター[6],[*3]は，音声認識の基礎が，それまで

6）IBMやグーグルの研究担当副社長を歴任した．
＊　訳注3：§2・2参照．

7.　現代言語処理を拓いた イェリネック博士　　81

研究が先行していたAT&Tベル研究所やカーネギーメロン大学ではなく，IBMで確立されたのかを議論した．スペクターは，IBMにそのような研究の蓄積がなかったために，色々なしがらみがなかったのだろうと結論した．それも一つだが，私がこのとき強調したのは，歴史の偶然の背後には数多くの必然があり，統計的自然言語処理がIBMで誕生したのは偶然にみえるが，当時のIBMは計算能力に長けており，さらに世界でもっとも優秀な頭脳が集積していたためでもあるということだった．

7・3 「学習は生涯にわたるプロセス」

　拙著『浪潮之巓』*⁴の中でもふれたのだが，1980年代末から90年代初頭はIBMにとって苦難の時期であり，当時の経営者であったガースナーが研究開発経費を大幅に削減した時期であった．不幸にも，音声認識や自然言語処理関係の研究もガースナーの削減リストに載っていた．イェリネックとIBMの一部の傑出した研究者の一団は，90年代初頭にIBMを離れた．この中には後にウォール街で大きな成功を収めた人が数多くおり，億万長者になった人もいる．イェリネックはすでに引退してもいい年になっていたし，老後を安泰に過ごせるだけの蓄えもあった．しかし彼は何もせずに過ごすことができない人で，学問に取り組む気迫に満ちており，1994年ジョンズ・ホプキンス大学に世界的に名をはせることになる自然言語処理・音声認識センター（Center for Language and Speech Processing, CLSP）を設立した．

　イェリネックがジョンズ・ホプキンス大学に赴任する前，この大学は医学系では世界的に有名な大学であったが，工学系の学科では世代交代が進んでおらず，第二次世界大戦前のMITやカリフォルニア工科大学と比肩していたころとは比べようもなく，音声認識や自然言語処理を研究するような学科は設置されていなかった．イェリネックはその状態から始めて，3年のうちにCLSPを世界一流の研究センターに育てあげた．彼は主に二つの大きなことと，二つの小さなことを成し遂げた．まず，アメリカ政府の研究管理部門に多額の研究費を申請し，毎年夏にその費用で著名な研究者や学生を世界中から20～30人

＊　訳注4：「推薦の辞」訳注1参照．

CLSPに招き，共同研究を行った．こうしてCLSPを音声認識・自然言語処理研究における世界的な研究センターの一つとした．二つの小さなこととは，まず，当時見込みのある若手の研究者を募集したことである．この中には，自然言語処理研究で名をあげたヤロウスキーやイーベイ（eBay）社の研究担当副社長となったブレアがいる．もう一つは，自身の影響力を使って，夏季休暇中に学生を世界中の優良企業へ実習に派遣したことである．その学生らが優秀であるという評判を通して，CLSPの人材育成における名声を確立した．十数年後，アメリカ政府は国家の安全保障に対する必要性から一流大学の中に情報処理関連の中核的な研究センター（Center of Excellence）を設立することを決定した．イェリネック率いるジョンズ・ホプキンス大学の研究者たちは，長年のライバルであるMITやカーネギーメロン大学を打ち負かしてセンター設立の予算を獲得し，この学術領域における指導的な地位を確立した．

　イェリネックは勉学においてきわめて厳格であり，学生に対する要求も厳しかった．彼は学生を厳しく淘汰し，残った学生も卒業まで時間がかかることが多かった．しかし一方で，自身の影響力を用いて学生の勉学や事業が円滑に進むよう配慮した．イェリネックは学生一人一人に，ラボ所属1日目から卒業するまでのすべての学費・生活費を提供した．また，一人一人の学生に実習の機会を与え，博士課程において大企業で少なくとも1回は実習できることを保証した．彼のもとで博士号を取得した学生は，みな有名な研究所へと巣立っていった．たとえばIBM，マイクロソフト，AT&Tやグーグルといった具合である．外国籍の学生の英語能力を引き上げるため，イェリネックは自ら英語教師を雇うこともした．

　イェリネックの周辺には教え子やかつての部下が，学会では彼の手法を採用して研究を行う多くの研究者がおり，多士済々であった．そのような人たちの中にはグーグルの研究本部長となったノーヴィグ（Peter Norvig）やペレイラ（Fernando Pereira）がいる．彼らは世界の主要な大学や企業内研究所に散らばり，一つの学派を形成するようになった．そこで，イェリネックは精神的な領袖であった．

　イェリネック教授の教えは，学問と実業のあいだにいる私にも大いに役立っている．彼が私に何度も言ったのは，「何をしてはいけないか」ということだった．これは奇しくも「投資の神様」バフェットが投資家たちに昼食会の席上に

7. 現代言語処理を拓いたイェリネック博士　　83

て行う助言の同工異曲である[7),*5]. バフェットの助言とは「あなたたちはみな聡明だから, するべきことを助言する必要はない. 私はただ, すべきでないことを伝えよう（これで間違いが少なくなる）.」すべきでないことこそ, バフェットが一生かけて得た教訓なのである. イェリネックもまず「すべきでないこと」を伝えたが, それは IBM で同僚とともに検討し, うまくいかなかった経験から得たことだった.「すべきこと」については, 自分で探せるだろうと. このようにして, 彼は, 私が無駄なことに費やす時間を省いてくれた. そして, 彼の思考法は私の一生の財産となった.

イェリネックの生活は質素で, 愛車は 20 年以上乗っている古いトヨタ車で, 学生の車よりも古かった. 毎年, 学生と同僚の教授を家に招待し, 卒業生も交えたパーティーとなることもあった. ここでは, 一切仕事にふれず, コン・リーの映画（彼の妻はコロンビア大学の映画の教授である）についてと研究者のゴシップ, たとえばスタンフォード大学のコバー教授がラスベガスで歓迎されないのはなぜか, といったことを話した. ただ, 彼の家のパーティーの食事は人参とセロリのみであまりよいものでなかった. その後, イェリネックは同僚のミラー教授にパーティーを頼むようになった. ミラー教授宅では豪華な食事を料理できるシェフを雇い, よい酒も多く置いていたため, このパーティーはミラー教授宅で開かれるようになった.

イェリネックの妻, メラニア夫人はコロンビア大学の映画の教授で, その影響で彼ははやくから中国映画を見るようになっていた. 中国映画が世界に進出し始めたとき, ヒロインは女優コン・リーが演じることが多かった. そこで彼は, あれだけ大きい国でなぜヒロインがコン・リーだけなのか不思議がったものだ. また, イェリネックが中国のものと早くから認識していたのは清華（チンファ）大学とチンタオビールだった. 彼はよくこの二つを混同し, 香港科技大学のファン教授（Pascale Fung）の前でも 2 回それをやらかした.

イェリネックの話は明快で, 誤解の余地がなかった. 彼の前で学術的な話をするときには, 十分厳密でなければならず, そうでなければ弱いところをずけずけとついてきた. はじめに述べた言語学者に対する偏見に満ちた批判のほか

7）バフェットは毎年 1 回投資家とランチをともにするが, この参加権はオークションでの落札による. 収益は慈善活動に寄付される.

＊　訳注 5： なおこの昼食会は 2022 年で終了した.

にも，世界的な大家に対してずけずけと批判することが少なくなく，業界では広く知られていた．同時に成果を出した人に対する賛辞も惜しまなかった．1999年，私は国際会議Eurospeechにて最優秀論文賞を受賞したが，イェリネックはラボで私を見かけるなり「君を誇りに思う（We are proud of you）」とほめてくれたし，のちにもそういうことは多々あった．イェリネックの40年あまりの学界生活の中で，ほとんど敵をつくったことはなかった．これは奇跡といってよい．これは，大きなことを成し遂げたこともさることながら，彼がフェアな人間であると認められていたためだと私は考えている．

　ほんとうに，イェリネックは隠居暮らしにそぐわない人であった．私は彼が週末にラボで研究しているところをよく見かけた．70歳を過ぎても頭脳は鋭敏であり，毎日決まった時間にラボに来ていた．2010年9月14日，彼はいつものようにオフィスに来たが，不幸なことに心臓発作のために自らのデスクで死去した．私は訃報に接して大変悲しみ，ショックを受けた．というのも，その数カ月前に私がジョンズ・ホプキンス大学に彼を訪ねたとき，彼は健康そのものだったのだ．彼はまわりが引退生活に入りだした頃，世界に冠たる自然言語処理・音声認識センター（CLSP）を創設し，そこで生涯最後の日まで研究をしていた．何年も前，私はイェリネックと「学習は生涯にわたるプロセスである」と話していたが，彼はまさにその生き方を実践したのである．

　グーグルに勤務する彼の多くの学生や友人，そしてグーグルはジョンズ・ホプキンス大学に資金を提供し，イェリネック奨学金を設立した．この領域で研究を志す大学生は，この奨学金を申請できる．

8

簡 潔 の 美
ブール代数と検索インデックス

　これから何章かにわたって，検索に関係する技術を紹介していく．本書は，ブログ「グーグル黒板報」に掲載した記事に基づいていることはすでに述べた．そのブログの読者の中には，グーグル独自の検索技術を知りたかったのに，数学的な原理にしかふれなかったため，少なからず失望した人がいたようである．にもかかわらず本書でも，やはり原理の話にとどめる．その主な理由は，第一に本書は一般の読者を想定しており，検索エンジンを開発しているエンジニアだけを想定しているわけではないということ．一般の読者にとっては，数学がこのようなエンジニアリングにいかに役立っているかがわかる方が，なじみのないアルゴリズムに対してあれこれ論じるよりもはるかに意義が大きいだろう．第二に，技術には術的側面と道的側面があり，具体的にさばく方法が「術」，原理原則が「道」といえるならば，本書の目的は「道」を説くことであって「術」を説くことではないということ．検索技術は開発から普及まできわめて速く，いったんその速さについていけなくなると再び追いつくのは容易ではない．検索の本質，精髄であればいつでも論じることができるのだが．第三に，私に「術」を習得する近道を教えてくれという人は多いが，そんな近道はないということ．1万時間にわたる訓練と努力あるのみである．よい検索エンジンをつくろうとすれば，最低でも毎日 10〜20 の「よくない」検索結果を解析する必要があり，その積み重ねでのみ感覚が身につく．グーグルの検索エンジンの技術責任者はシングハル（Amit Singhal）だったが，いまでも「よくない」検索結果の解析を行っている[*1]．検索エンジンのエンジニアは，アメリカにも中

＊　訳注 1：第 13 章参照．なお，シングハルは 2016 年にグーグルを退職した．

国にも数多くいるが，シングハルのレベルまでやり込んでいないのではないだろうか．一つのアルゴリズム，一つのモデルのみに頼ってほかの方法を検討しようともしないのだとすれば，とてもそのレベルには達しない．

さて，話を検索エンジンに戻そう．検索エンジンの原理はきわめて簡単である．検索エンジンに求められることは，ウェブページを自動的にできるだけ多くダウンロードし，すばやくインデックス（索引）を付け，ウェブページの順位付けを行うことである．したがって私は，テンセント社に加わってからというもの，テンセントの検索サービスをウェブページのダウンロード，インデックス付け，ソートの三つの基本的な機能に整理した．これが検索の「道」である．これら三つの基本操作をすばやく行い，サービスを実現することが，検索の「術」である．

テンセントで検索エンジンの更新を行った際，すべての検索のインデックスを改め，統一しなければならなかった．そうでなければ検索の質・量の向上が砂上の楼閣になってしまう．ここでも同じように，検索技術の紹介をインデックスから始めることとする．これが一番の基礎，最も重要なことだからである．

8・1　論理と数学の融合 ブール代数

二進法は世界で最も簡単な計数法といえる．用いるのは二つの数字（0 と 1）のみである．数学的な明快さからいえば，二進法は普段用いている十進法よりも合理的でさえある．もっとも，われわれには 10 本の指があり，二進法や八進法に比べて使いやすかったため，進化や文明発展のプロセスにおいて十進法を採用した．二進法の歴史は意外と古く，中国の古代陰陽道は二進法の雛形といってよい．二進的な計数法は紀元前 2 世紀から 5 世紀にかけてインドの学者らによって完成されたが，0 と 1 を用いたものではなかった．17 世紀に入り，ドイツの偉大な数学者であるライブニッツ（Gottfried Leibniz）が現在の二進法，すなわち 0 と 1 を用いた計数法を確立した．二進法は，計数法のほか，論理として「真」「偽」を表すこともでき，インデックスに大変有用である．そしてブール代数は簡単な論理演算法である．今日の検索エンジンがいかに賢く，知能的だ（この言葉は人を惑わすところがあるが）といったところで，その実，根本はブール代数の枠組みから出ていない．

ブール（George Boole）は 19 世紀の中学の数学教師だったが，後にアイルラ

ンドのコークにあるカレッジの教授となった．しかし生前は，*Cambridge Mathematical Journal*（ケンブリッジ数学誌）上に論文を発表していたにもかかわらず，数学者としては認められていなかった（イギリスで，このように生前科学者として認められていなかった人として，著名な物理学者ジュールがいる．ジュールは生前すでに王立科学アカデミー会員であったが，彼の職業はビール商だった）．ブールは仕事のかたわら数学の論文を読み，数学の問題を考えることを好んだ．1854 年，「論理と確率の数学的な理論の基礎となる思考法則の研究（An Investigation of the Laws of Thought, on which are founded the Mathematical Theories of Logic and Probabilities)」を上梓し，この中で初めて論理問題を数学的に解決する方法を述べた．これ以前，論理は数学の問題とみなされてこなかったうえ，いまでもユネスコ（UNESCO）では論理と数学を厳格に分けている．

　ブール代数はきわめて簡単で，演算要素は二つしかない．1（真）と 0（偽）である．基本的な演算も「AND」と「OR」および「NOT」の 3 種類のみである（後に，この三つの演算はいずれも NOT-AND 演算に変換できることがわかったのだが）．すべての演算は真理値表で表せる．

　表 8・1 は，AND で演算される二つの要素のどちらかが 0 であれば，演算結果は 0 となることを示す．双方の要素が 1 であれば，演算結果が 1 となる．たとえば「太陽は西から登る」ということは偽（0）となり，「水は流れる」ということは真（1）である．したがって「太陽は西から登り，かつ水は流れる」は偽（0）となる．

　表 8・2 は，OR で演算される二つの要素のどちらかが 1 であれば，演算結果は 1 となることを示す．双方の要素が 0 となって初めて演算結果が 0 となる．たとえば「張三はゲームで 1 位となった」が偽（0），「李四はゲームで 1 位となった」が真（1）であるとすると，「張三か李四がゲームで 1 位になった」は

表 8・1　「AND」演算の真理値表

AND	1	0
1	1	0
0	0	0

表 8・2　「OR」演算の真理値表

OR	1	0
1	1	1
0	1	0

表 8・3　「NOT」演算の真理値表

NOT	
1	0
0	1

真（1）となる．

表8・3のNOT演算は1を0に，0を1に変換することを示す．たとえば，「象牙は白い」を真（1）とすれば，「象牙は白くない」は偽（0）となる．

こんな簡単な理論が，現実的な問題をどのように解決するのだろうか？ブールと同時代の数学者も同様に考えた．実際，ブール代数が提唱されて80年あまり，まったく使いみちがなかったのである．1938年にシャノンが修士論文の中でブール代数を用いて電気回路のスイッチングを実現したときに初めて，ブール代数がデジタル回路の基礎となった．加減乗除やべき乗などの数学演算と論理演算が二進法のブール演算に移し替えられた．これがよりどころとなって，人類はスイッチング回路を用いて最終的に電子計算機に到達した．第1章でふれたが，数学の発展は実際のところ抽象化と概念化のプロセスである．抽象化された数学は生活からどんどん遠ざかっていくようにみえるが，まわりまわってわれわれが活用できるところに行き着くのである．ブール代数はまさにそうなった．

ここで，文献検索とブール代数の関係をみてみよう．ユーザーが入力した検索語句に対し，検索エンジンはウェブページなどの文書ファイルが検索語句を含むか否かを判断し，含まれていれば論理値「真」（または1）を，含まれていなければ「偽」（または0）を返す．たとえば，原子力の応用であって，原子爆弾の製造法の文献を除外する場合，検索式を「原子力 AND 応用 AND（NOT 原子爆弾）」と組む．すなわち

原子力を含み，応用を含み，原子爆弾を含まない

必要な文献はこれら三つの条件をすべて満たす．個々の文書ファイルは，各条件に対して真または偽の値をとる．先述の真理値表に従って，それぞれの文書ファイルが求めるものか否かを算出する．こうして論理と計算が融合する．

ブール代数の数学における意義は，物理学における量子力学の意義に相当する．いずれも，われわれの世界に対する認識を，連続的な状態から離散的な状態に押し広げた．ブール代数の「世界」において，すべてのものは量子化され，連続的なものは離散化し，その演算「AND」「OR」「NOT」は伝統的な代数学とはまったく異なるものである．現代物理の教えるところによれば，われわれの世界もまた連続ではなく量子化されている．宇宙の基本粒子は有限であり，

googol（10 の 100 乗）よりも少ない[1],[2].

8・2　検索の主役 インデックス

　検索エンジンを利用すると，0.0 何秒かのうちに数千，数万，さらには数億の
検索結果が返されることに驚かされる．コンピュータがファイルをそんなに速
く走査できるわけではない．からくりがある．ここでいうからくりとは，すな
わち「インデックス」である．書籍に索引（インデックス）がある，あるいは
図書館に蔵書目録（インデックス）があるのと同様である．グーグルのプロダ
クトマネジャーへの面接試験に，「自分の母親に検索エンジンを説明してくだ
さい」というものがあった．ほとんどの候補者はインターネット，検索といっ
たプロダクトの技術の解説を試みるが，その方法では通らない．よい回答は，
図書館の蔵書カードを引き合いに出す説明である．インターネット上の個々の
ウェブページは図書館の個々の蔵書に対応し，図書館の書架で本を 1 冊ずつ探
すことはできないにしても，蔵書カードを介して蔵書の位置を知ることができ
き，あとでその書架に行って本を探せばいいのである．

　図書館の蔵書カードそのものを用いて論理演算を行うことはできない．しか
し，情報検索をコンピュータで行う時代になり，図書検索はカードではなく
データベースから行うようになった．データベースを管理するシステムの SQL
は複雑な論理演算に対応しているが，基盤となる原理はいまに至るまでブール
代数の演算である．早期の文献検索システムでは，入力する検索語句が厳密に
ブール代数に従わなければ機能しなかった．そのときに比べれば今日の検索エ
ンジンは大変進歩しており，ユーザーの検索入力をブール演算に対応するよう
自動で変換できる．しかし，基本的な原理は変わらない．

　文書ファイルの最も簡単なインデックスは，ある語句が文書中にあるか否か
を二進表示する方法である．文書ファイルの数だけ位取りがあり，それぞれの
位が一つの文書ファイルに対応する．その語句があれば 1，なければ 0 とする．

---

[1] https://www.universetoday.com/36302/atoms-in-the-universe/ によれば，宇宙の中の原子
　　の数は $10^{78} \sim 10^{82}$ 個と推算されている．最小の基本粒子（クォーク，電子，フォトンなど）
　　をもとに数え直し，ダークマターや暗黒エネルギーを考慮に入れても 10^{86} を超えることは
　　ないだろう．
[2] グーグルの社名は googol に由来しており，インデックスが最大の検索エンジンであるこ
　　とを示している．

たとえば「原子力」に対する二進コードが 0100100011000001... だとすれば，2, 5, 9, 10, 16, … 番目の文書ファイルに「原子力」が含まれることを示す．このプロセスは膨大な数の文書ファイルを量子化する過程といえる．この二進表示はきわめて冗長である．同様に「応用」に対する二進コードが 0010100110000001... とすれば，「原子力」と「応用」を含む文書を検索する場合，二つの二進コードについて，ブール代数の AND 演算を行えばよい．この結果は 0000100000000001... となり，5 番目と 16 番目の文書ファイルが要件を満たす．

コンピュータのブール演算はきわめて高速である．現在最も安価なマイクロコンピュータでさえ，1 クロックで 32 ビットのブール演算を行い，1 秒間に数十億クロックもの処理を行う．しかも，二進法の数字の大部分は 0 なので，1 となる部分のみ記録すればよい．このように，検索エンジンのインデックスは巨大な表となり，それぞれの行が一つの語句に対応し，その語句を含む文書ファイル番号が一組の数字となって紐づけされる．

検索エンジンにおいて，一つのウェブページが一つの文書ファイルに対応する．インターネットのウェブページは膨大であり，単語も当然きわめて膨大な数にのぼるため，インデックスもテラバイトオーダーとなる．早期の検索エンジン，たとえばアルタビスタ（AltaVista）やそれ以前では，コンピュータの速度，容量の制約から，重要かつカギとなる単語を用いたインデックス付けしかできなかった．いまでも学術論文の投稿において，著者は 3〜5 個のキーワードを提供するよう要求される．このやり方では，まれにしか現れない単語や付属語に対してはインデックス付けがされず，これらの単語をキーワードとして論文を検索しても結果が得られない．以前の検索エンジンでも同じことだった．いまではどのような検索語句に対しても結果が表示されるよう，どの検索エンジンもあらゆる単語に対してインデックス付けするようになっている．ただ，このプロセスは大変困難である．

インターネット上に 100 億のウェブページがあり，語彙が（かなり控えめに見積もって）30 万とすると，インデックスは少なくとも 100 億×30 万 = 3000 兆となる[3]．ほとんどの単語の出現回数が限られるとして，圧縮比を 100：1 と

3）実際はもっと多い．

しても 30 兆である．ウェブページの順位付けのため，インデックスに単語の
出現場所，出現回数などの情報を追加する必要もある．そのため，インデック
ス全体は大変膨大なものとなり，一つのサーバーに収まりきるものではない．
そこで，これらのインデックスは複数のサーバーに分散して保存する．一般的
な方法は，ウェブページの通し番号に基づいてインデックスを複数に分割し，
異なるサーバーに保存することだ．ユーザーからの検索リクエストは各サー
バーに送信され，それぞれのサーバーで並列処理される．その後，処理結果を
統合し，最終結果がユーザーに返される．

　インターネット上の情報量が増大し，ウェブ 2.0 時代に入り [*2]，利用者が生
み出す情報も増大した．グーグルは膨大な数のサーバーを所有するが，それで
もデータの増大による圧力にさらされている．そこで，ウェブページの重要性
や質，アクセス数に基づき，使用頻度に応じて重みを付けたインデックス付け
を行っている．よく使われるインデックスはアクセス速度が速く，追加情報も
多く，データは頻繁に更新される．しかし，あまり使われないインデックスは
アクセスも遅く，更新もそれほど行われない．検索エンジンのインデックス付
けはこのように複雑だが，原理は依然ブール代数に基づいている．

■ ま と め

　ブール代数はとても簡潔だが，数学およびコンピュータの発展に対する意義
は大きく，論理と数学を統一したのみならず，われわれの世界観を一変させ，
デジタル化時代をもたらした．ここでは，偉大な数学者ニュートンの言を引い
て結びとする．

　真理は諸物の多様さや混乱のうちにあらず，つねに簡潔さのうちにあり．
　"Truth is ever to be found in simplicity, and not in the multiplicity and confusion
　of things."

---

　* 　訳注 2：本書のもととなる連載は 2006 年に始まった．Web2.0 は，オライリー社の経営
　　者ティム・オライリー（Tim O'reilly）が 2005 年に提唱した，当時主流化が見込まれた（そ
　　して今日 GAFA に代表される企業が提供している）ウェブサービスを特徴づけようとした
　　概念の総称．ロングテール，ユーザー参加，分散性などを特徴とする［出典：https://www.
　　oreilly.com/pub/a/web2/archive/what-is-web-20.html］．

9

巡回を最適化
グラフ理論とウェブページ収集

　離散数学は現代数学の重要な分野であり，コンピュータ科学の数学的な基礎
をもなす．数理論理学，集合論，グラフ理論，抽象代数といった4分野がそれ
にあたる[*1]．数理論理学はブール代数に基づいており，第8章で紹介した．こ
こでは，グラフ理論とウェブページの収集を行うウェブクローラーとの関係を
紹介する．ちなみに，グーグル・トレンド（Google Trends）で「離散数学」を
検索すると面白いことがわかる．すなわち，中国では武漢，西安，合肥，南昌，
南京，長沙，北京といった都市でこのトピックに対する関心が高いのである．
これは，南昌を除けば大学生の多い都市に該当する[*2]．

　第8章で検索エンジンにおけるインデックス付けにふれた．一方，ウェブ
ページはインターネットを介してどのように自動的にダウンロードされるのだ
ろうか？　そこにはグラフ理論の巡回アルゴリズムが用いられている．

9・1　つながりを検索 グラフ理論

　グラフ理論の起源は大数学者オイラー（Leonhard Euler）にさかのぼる．
1736年，オイラーはプロシアのケーニヒスベルク（大哲学者カントの故郷で，
現在はロシアのカリーニングラードにあたる）を訪れ，そこで，図9・1の橋を
1回ずつ渡ってすべての橋を渡りきることに誰も成功していないということを

---

* 　訳注1：『ブリタニカ国際大百科事典』によれば，「有限でかつ離散的な，非計量の分野
　を対象とする数学」で，集合論，整数論，グラフ理論，組み合わせ論などの分野を含む，
　としている．
* 　訳注2：グーグルは2010年に中国における検索サービスから撤退した．ここに述べら
　れている検索結果はそれ以前のものと考えられる．

9. 巡回を最適化　93

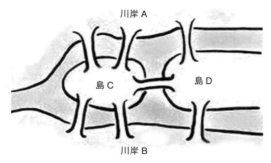

図9・1　ケーニヒスベルクの七つの橋

耳にした．オイラーはそれが不可能であることを証明し，論文として公表した．これがグラフ理論の始まりである．なぜ不可能なのかは§9・3・1「探究」で取り上げる．

　グラフ理論で用いる図は，節点（ノード）とその間を結ぶ線（エッジ）からなる．ちょうど都市を節点とみなし，都市の間を結ぶ高速道路を線とすれば，高速道路網はまさに「グラフ」となる．グラフ理論を用いたアルゴリズムは多いが，最も重要なのは巡回アルゴリズムである．これは，グラフ上の各節点を

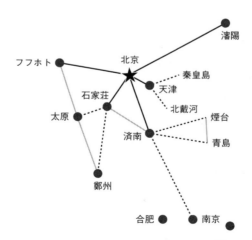

図9・2　北京周辺の中国国家高速道路網[*3]

＊　訳注3：2012年以前の整備状況を反映している．

いかにして通るかというものである．中国国家高速道路網（図9・2）でいえば，まず北京を出発し，各都市を訪問する．北京と直接つながっているのは，天津，済南，石家荘，瀋陽，フフホトである（図9・2の黒線）．

北京を出発し，順次これらの都市を訪問することを考える．まず訪問するのは北京と直接つながっている天津，済南などだろう．図中，たとえば北戴河，秦皇島は天津を介して北京とつながっており，青島，煙台，南京は済南を，太原，鄭州は石家荘を介して北京とつながっている（図9・2の破線）．北戴河や秦皇島，煙台といった，別の1都市を介して北京とつながっている都市も巡回して初めて，図中の都市をすべて訪問したことになる．このような訪問の順位付けを「幅優先探索（breadth-first search，BFS）」という．まず直接つながっている都市をすべて訪問し尽くすことを優先する順位付けとなるためである．図9・3に幅優先探索による訪問順を示す．

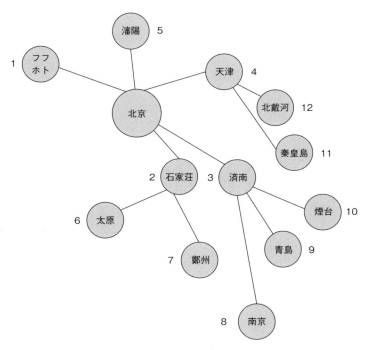

図9・3　幅優先探索による訪問順序．数字は訪問順を示す．

9. 巡回を最適化　　95

もう一つの方法は，北京を出発して，つながっている都市を逐次訪問していく方法である．たとえばまず済南を訪問し，つぎに南京を訪問する．南京からつながっている都市はないので，済南に戻ってまだ訪問していない都市を探す．この方法は「深さ優先探索（depth-first search，DFS）」という．1本の道を行き着くところまで進む方法だからである．図9・4にこの方法による訪問順を示す．

　どちらの方法を使っても，すべての都市を訪問することはできる．これらの方法を用いない場合でも，訪問済の都市は記録しておき，重複や訪問漏れがないようにしておく必要がある．

9・2　ウェブページを収集 ウェブクローラー

　ここからは，グラフ理論の巡回アルゴリズムと検索エンジンの関係をみていくことにしよう．インターネットは，ウェブページを節点，「ハイパーリンク」

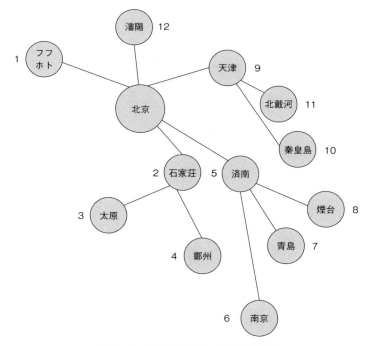

図9・4　深さ優先探索による訪問順序

を節の間をつなぐ線とする大きな「グラフ」である．ウェブページ中の下線付き青字部分には対応する URL が埋め込まれており，そこをクリックすると，ブラウザは埋め込まれている URL を介して対応するウェブページにとぶ．この埋め込まれた URL がハイパーリンクである．ハイパーリンクがあれば，どこのウェブページから出発しても，グラフ理論の巡回アルゴリズムを用いて，自動的にリンク先にアクセスしてそのウェブページを保存できる．このような機能をもつプログラムを「ウェブクローラー」といい，「ロボット」と記される場合もある．世界初のウェブクローラーは，当時マサチューセッツ工科大学（MIT）の学生であったグレイ（Matthew Gray）が 1993 年にプログラムしたものである．彼は，自分のプログラムを「インターネットの放浪者（WWW Wanderer）」とよんだ．以降ウェブクローラーは複雑になっていったが，原理は変わらない．

　ウェブクローラーがウェブページ全体をダウンロードするプロセスは以下の通りである．あるポータルサイトから出発するとして，まずトップページをダウンロードする．そしてトップページを解析し，ページ内のハイパーリンクをすべて検出し，ポータルサイトから直接リンクされているすべてのウェブページにたどり着くまで繰り返す．テンセントのポータルサイトから始めるとすれば，そこからリンクされているテンセントメール，テンセントニュース，テンセント経済などのページにたどり着くまでに相当する[*4]．さらにこれらのウェブページにアクセスし，ダウンロードならびにトップページとの関連を解析し，リンクの張られているウェブページを探す．コンピュータは休みなくこの作業を行うことで，インターネット全体をダウンロードできる．ダウンロードしたウェブページはその旨を記録して，重複してダウンロードすることを防ぐ．ウェブクローラーでは，ウェブページがダウンロード済みか否かの情報を「ハッシュテーブル」に記録する．

　現在，インターネットはきわめて巨大なので，ウェブページのダウンロード作業は数台のコンピュータで完了できるものではない．グーグルは 2013 年当時，1 兆ページものウェブページにインデックス付けを行っており，更新頻度の高いウェブページだけでも 100 億ページにのぼった．ウェブページのダウン

＊　訳注 4：著者はグーグルから一時期テンセント社に移っていた．

ロードに1ページ1秒かかるとすると100億ページで317年，1兆ページで32000年かかり，これは人類が文字を用いて記録しだした歴史の6倍の時間となってしまう．したがって，商業用のウェブクローラーには数千台あまりの端末を高速ネットワークで相互接続されたものが必要となる．複雑なネットワークをいかに組み立て，各端末の並列処理をいかに進めるかが，ネットワークやプログラムの設計のカギとなる．

探究 9・3　グラフ理論にまつわる二つのトピックス

9・3・1　オイラーの七つの橋の証明

ケーニヒスベルクの七つの橋は，それぞれの陸地を節点で，橋を線で示すと，図9・5で表される．

それぞれの節点につながる線の数を節点の次数と定義する．

定理：一つのグラフにおいて，すべての線を1回だけ通って節点をまわりきる場合，それぞれの節点の次数は偶数でなければならない[*5]．

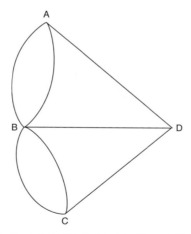

図9・5　ケーニヒスベルクの七つの橋問題の抽象化グラフ

＊　訳注5：出発点と終点が異なる場合，二つの節点について奇数の次数が許容される．

証明：グラフの中のそれぞれの線を1回ずつ通るとすれば，それぞれの節点に対し，節点に入る線があれば同時に出る線が必要となる．節点に入る回数と出る回数は等しいため，それぞれの節点において入る線と出る線の数は等しい．それぞれの節点をつなぐ線は入りと出の対となるため，各節点の次数は偶数となる．

図9・5において，節点の次数はみな奇数である．したがってこのグラフにおいて，どの節点から出発してもすべての線を1回ずつ通ることはできない．

9・3・2　ウェブクローラーのプログラムの要点

「どのようにウェブクローラーを構築するか」これは，グーグルにいたときに面接試験でよく使っていた問題だった．私がこの問題をたびたび出題することを，面接試験の応募者たちは知っていた．それでもこの問題は，応募者のコンピュータ科学の理論の基礎やアルゴリズム，情報処理の素養をみる上で有用だったので，この問題を使い続けた．この問題の妙味は，完璧な回答も間違った回答もないが，よい回答とよくない回答，実行可能な回答とそうでない回答があり，質問をいくらでも深められるところにある．優秀な応募者はウェブクローラーに携わった経験がなくとも回答を引き出せるのに対し，あまり出来のよくない三流のエンジニアでは，ウェブクローラーに携わった経験があっても，その仕組みについて周到に考えを巡らすことができない．

ウェブクローラーを実装するには，細々としたことを考えなければならない．なかでも大きい問題は，第一に，幅優先探索と深さ優先探索のどちらを用いるかである．

理論上は，どちらのアルゴリズムを用いても（ここでは時間を考慮しないとする）「静的」なウェブページであれば，ダウンロードに要する時間は同程度だ[1]．とはいえ現実にはインターネットは静的ではありえないし，検索エンジンにおけるウェブクローラーには「限られた時間に多くの，最も重要なウェブページをダウンロードする」ことが求められる．最も重要なウェブページとは，

---

1) 要する時間は節点（ウェブページの数量，V）と線（リンクの数量，E）の線形関数で表せる．すなわち $O(V+E)$ である．

明らかにウェブサイトのトップページである．もしウェブクローラーが小さく，限られたウェブページしかダウンロードできないとしたら，まずすべてのトップページをダウンロードし，その後対象を広げ，トップページと直接リンクしているページをダウンロードすべきだろう（図9・2でいうところの，北京と直接つながっている都市に対応する）．なぜなら，これらのウェブページは，作り手も重要だと認識しているためである．このような前提のもとでは，明らかに幅優先探索の方が深さ優先探索よりも優れている．実際の検索エンジンのウェブクローラーにおいて，単純に幅優先探索が採用されているわけではないが，ページをダウンロードする順位付けは幅優先探索をとることが原則である．

　それでは，深さ優先探索は使われていないのだろうか．そうとも言い切れない．ここは，ウェブクローラーの分散構造とネットワーク通信の「ハンドシェイクコスト」に関係している．ここでいうハンドシェイクとは，ウェブクローラーのサーバー端末とウェブサイトが置かれているサーバー端末が通信を確立するプロセスをさす．この通信の確立にも時間を要するため，ハンドシェイクプロセスが増えるとダウンロード効率は低下する．実際のインターネット上のウェブクローラーは千台あまりのサーバーで構成される分散型システムである．あるウェブサイト全体に対しては特定の1台，あるいは数台がダウンロードを担う．ダウンロードをはじめの5%のみ行い，別のウェブページに移った後，再び戻ってきて残りのダウンロードを行うというやり方ではなく，一つのウェブサイトのダウンロードが完了してから次に移る．こうすることでハンドシェイクの回数をかなり減らせる．一つのウェブサイトを完全にダウンロードしてから次に移るというやり方は，深さ優先探索的といえる．

　結論をいうと，ウェブクローラーがウェブページを巡回する順序は単に幅優先探索，深さ優先探索どちらと言い切れるほど簡単ではなく，もっと複雑な方法でダウンロードの優先順位付けを行っている．ダウンロードの順位付けを行うサブシステムはスケジューラーといい，あるウェブページのダウンロードが完了したあと，次にどのページをダウンロードするか決定する．スケジューラーは，認識しているがダウンロードに着手していないウェブページのURLを記憶しておく必要があり，これは優先度付きキューとして格納されている．このようなインターネット巡回法は幅優先探索に近い．したがって，ウェブク

100

ローラーはより幅優先探索の要素が大きいといえよう.

第二の問題は，ページの解析と URL の取得である.

前述の通り，一つウェブページをダウンロードしたら，その中に埋め込まれている URL を抽出し，ダウンロードする対象のウェブページとしてリスト化する必要がある. この操作はインターネットの普及し始めた時期には，ウェブページがいずれもハイパーテキスト言語で記述されていたため，難しいことではなかった. URL はハイパーテキスト中に明示されており，取得も容易だったからである. しかし現在では，URL の取得は以前ほど直接的ではない. これはウェブページが少なからず JavaScript のようなスクリプト言語で記載されていることによる. ウェブページのソースコードを閲覧しても，直接テキストとして明示されておらず，スクリプトを実行してようやく取得できる. したがって，ウェブクローラーによるページ解析が複雑にならざるをえず，模擬的なブラウザを使って隠れた URL を読み取らなければならなくなる. ウェブページ中のスクリプトには煩雑なものもあり，その解析は困難である. これらのページはブラウザから開ければ解析できるので，ブラウザの中心部分を扱うエンジニアがウェブクローラーの解析プログラムをつくれればよいのだが，そのようなことができるエンジニアはそれほど多くない. あるウェブページが検索エンジンに収録できていないとすれば，ウェブページ内のスクリプトが原因でウェブクローラーによる解析がうまくいっていない可能性がある.

第三の問題は，ダウンロード済みの URL を一つの表として記録することである.

インターネット空間を一つのグラフとみなせば，ウェブページを節点として，多くのハイパーリンクが線として節点をつないでいる. ハイパーリンクをたどっていく際，同一のウェブページを何度も通過することがありえるが，重複ダウンロードを防ぐにはダウンロード済み URL リストの作成が有効である. ダウンロード済みのウェブページに行き当たったら，そこを飛ばせばよい. URL リストをハッシュテーブルとして取り込んでおけば，ウェブページがリスト中にあるか否かを検索すればすむ. ダウンロードしていないウェブページに行き当たったら，ダウンロードして同時にそのウェブページの URL をリストに記録するが，これは簡単な操作ですむ. とはいえ，1 台の端末でリストを作成して更新することは難しくないが，千台もの端末で一つのリストを維持する

のは容易ではない．まず，そのようなハッシュテーブルは1台の端末に収まり
きらない．さらに，ウェブページをダウンロードした端末がそのURLをハッ
シュテーブルに通知しなければならないが，異なる端末が重複して作業するた
め，ハッシュテーブルを記憶する端末との通信がウェブクローラーのシステム
のボトルネックとなる．このボトルネックをいかに解消するかが，われわれが
面接応募者を選抜するための試験問題となった．

　この解決法はいくつかあり，絶対的な正解というものはないが，よりよい方
法はある．それは，2種類の技術を組み合わせる方法である．まずそれぞれの
ダウンロードサーバーの役割分担，すなわち担当するURLの範囲を明確にす
る．そうすればダウンロードのスケジュールを組むに当たり，どのサーバーが
どのウェブページをダウンロードするのかがわかるので，多くのサーバーがダ
ウンロードの要否を重複して判定する事態を防ぐことができる．このようにし
て担当するURLの範囲を明確にして，次に，URLのダウンロードの可否の判
断をバッチ処理化する．そうすればハッシュテーブル（ダウンロードサーバー
とは別のサーバーとする）にまとめて大量のクエリを送信したり，ハッシュ
テーブルの内容をまとめて更新するという処理が可能となる．こうして通信回
数を大幅に減らすことができる．

■　ま と め

　グラフ理論が出現してかなりの時間が経つ．現実世界では（道路図，鉄道図
のように）数千点の節点からなるグラフがある．グラフ上の巡回問題はかつて
簡単な問題とみなされ，産業界でこの分野を専門とする人はあまり多くなかっ
た．コンピュータ専門の学生でさえ，ほとんどの人はグラフ理論が実際に役立
つことを体感できなかった．研究がまったく使えそうにみえなかったためであ
る．しかしインターネットが出現し，グラフ理論の巡回問題の応用が一躍ひら
けた．数学的手法にはこのようなことがよく起こり，当初使い道がないと考え
られていたものに，ある日突然応用がひらけることがある．そのようなブレー
クスルーが起こることを信じて，世界中で多くの人が生涯かけて数学を研究し
ている．

10 ページランク
ウェブページを順位付けする
グーグルのアルゴリズム

　検索エンジンは，ユーザーの検索リクエストに対し，何千万ウェブページに
ものぼる結果を返すこともある．そのとき，返されたページをどのように並べ
れば，ユーザーが最も欲する情報の順位を高めることができるのだろうか？
この問題に答えることで，検索エンジンの質が決まる．本章と次章はまさにこ
の問題に対する回答である．一言でいえば，検索リクエストに対する結果の順
位付けは二組の情報により決まる．すなわち，ウェブページの質に関する情報
と，入力した検索語句とウェブページの相関性に関する情報である．本章では
ウェブページの質，次章では検索語句とウェブページの相関をどう定量するか
についてそれぞれ紹介する．

10・1　多数決でページの質を決める

　周知の通りグーグルの革命的な発明は，ウェブページをランク付けする
「ページランク（PageRank）」アルゴリズムである．この技術の登場により，
1998 年前後から検索の質が飛躍的に向上し，検索結果の順位付けがうまくい
かないという従来の課題がまがりなりにも解決された．その結果，グーグル検
索の質がよいとして評判をよんだ．このアルゴリズムこそが，グーグルに成功
をもたらしたともいえる．もっとも，このような言い方はページランクアルゴ
リズムのもたらしたものをやや誇張しているきらいはあるが．

　じつは，膨大な数にのぼるウェブページの検索結果の順位付けを真っ先に試
みたのは，グーグルではなくヤフー（Yahoo!）である．ヤフーの創始者である
ヤン（Jerry Yang）やファイロ（David Filo）は当初，目録分類方式でユーザー
にインターネット検索を行わせようとした（このあたりのいきさつは拙著『浪

10. ページランク　103

潮之巓』に詳しい）．しかし，当時のコンピュータは記憶容量にも計算速度にも限界があり，ヤフーをはじめ当時の検索エンジンには共通の課題があった．収録されているウェブページが少なく，ウェブページに頻出する内容に関した，限られたキーワードでしかインデックスが作れなかったのである．当時，検索によって必要なウェブページにたどりつくのは困難だった．1999 年当時でさえ，一本の論文を検索するのにいくつもの検索エンジンを使わなければならなかった．後に，ディジタル・イクイップメント・コーポレーション（DEC）がアルタビスタ（AltaVista）という検索エンジンを開発した．1 台のアルファサーバーを用いているだけにもかかわらず，収録しているウェブページはこれまでのどの検索エンジンよりも多く，ウェブページにある単語すべてにインデックスが付けられていた．しかし，アルタビスタは検索結果こそ多く返したものの，検索語句に対して関連のない検索結果も多く，意味のある検索結果にたどりつくまでにかなり手間取った．すなわち，初期のアルタビスタはある程度ウェブページの収録数の問題を解決できたものの，検索結果の順位付けはうまく行えなかったのである．同時代に検索エンジンを出した企業に，インクトミ（Inktomi）社がある．両社ともウェブページの質を検索順位に反映させようとしていろいろな試みをし，うまくいったものもあったが，数学的に完成されたものではなかった．この方法は，ウェブページへのリンクやリンク先を表すテキスト（アンカーテキスト）をまがりなりにも用いる方法で，当時公開されていた技術である．1996 年，私がジョンズ・ホプキンス大学に在学していた当時，上級生のスコット・ワイス（Scott Weiss, 後にウィリアム・アンド・メアリー大学で教鞭をとる）が博士論文で，リンクの多寡を検索順位に反映させる一因子として取り扱うことをテーマとしていた．

　ウェブページの質の定量化について数学的に完成させたのは，グーグルを創業したペイジ（Larry Page）とブリン（Sergey Brin）である．グーグルのページランクはどう順位付けをしているのだろうか？　一言でいうならば，多数決である．たとえば，李開復博士を探しているときに，100 人が「自分が李開復だ」と名のり出たとしよう．誰が本物だろう．名のり出た人がみな「李開復」だったとして，どの「李開復」を本当に探しているのだろうか．最も確からしいのは，ほかの誰もが「その人だ」という人だろう．シノベーション・ベンチャーズ（創新工場，李開復博士の興した会社）のその人こそ，探していた李

104

図 10・1 みんな言っている.「あれが李開復だ」

開復博士である（図 10・1）.

　インターネット上において，あるウェブページにほかのウェブページから多くリンクが張られていれば，そのページは一般的に認められ信頼されていることの証しであり，順位が上がる．これがページランクの核心となる考えである．もっとも，グーグルにおいて実際に用いられているページランクアルゴリズムはもっと複雑である．たとえば，リンク元のウェブサイトを重み付けする．ランクの高いページからのリンクがより信頼性が高いとし，これらのリンクに重みを付けることで，ランクの高くないページからのリンクを区別している．これは株主総会における議決権に似ている．20%の株式を保有している株主と，1%しか保有していない株主とでは，議決権の重みが明らかに異なる．ページランクにおいてもこのような要素を考慮し，ランクの高いウェブサイトからのリンクに重みを付けている．

　一つ例をあげると，あるウェブページ Y に対してリンクがページ $X_1, X_2, \cdots, X_K$ から張られている場合，ページランクはそれぞれのウェブページの重み付けの和となる．図 10・2 の例では，ウェブページ Y のページランクは，リンク元の重みを反映して $0.001+0.01+0.02+0.05=0.081$ となる．

　ペイジもブリンも，どちらがこのアイデアにより貢献したのかはあまり語らないが，私は，このアイデアはペイジのものだと思う．次の問題は X_1, X_2, X_3, X_4 の重みの定量である．ペイジはこの重みこそページランクだと考えたのではないだろうか．ここでややこしいのは，ページランクを決める計算にページランクそのものが必要となることである．これはまさに，「鶏が先か，卵が先か」の問題である．

　この問題を解決したのがブリンで，彼はこの問題を行列の掛け算の問題に置

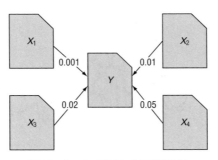

図10・2 ページランクの計算方法

き換え，反復計算を用いて解決した．まず，それぞれのウェブページのページランクが同じであると仮定し，これを初期値としてページランクを算出する操作を繰り返す．彼らは，この方法を用いると，初期値によらずページランクは真の値に収束することを証明した．このアルゴリズムは誰が使っても同じ結果が得られるのである．

理論上はこの問題を解決できたが，さらに実際の問題に突き当たった．インターネット上のウェブページは多数あり，ここでいう行列の成分はその二乗に膨らむ．ウェブページが10億（10^9）あれば，行列の成分は10^{18}個である．これだけのサイズの行列計算はきわめて膨大になってしまう．ただし，ほとんどの値が0であるため，ペイジとブリンは疎行列の計算テクニックを用いて計算を大幅に簡略化し，実際にページランクを計算できるようにした．

インターネット上のウェブページが増えると，ページランクの計算量も増大し，多くのサーバが必要となる．グーグルでは当初，ページランクの並列計算をなかば手作業で行っていたため，ページランクの更新は頻繁には行えなかった．2003年，エンジニアのディーン（Jeffrey Dean）とゲマワット（Sanjay Ghemawat）が並列計算ツールのMapReduce（マップリデュース）[*1]を開発し，ページランクの計算を完全に自動化することで計算時間も短縮でき，更新周期もかなり短くなった．

私がグーグルに入社したあと，ペイジとわれわれ新人エンジニアが懇談する機会があった．その年の話題は「ブリンとともに，どのようにページランクの

---

* 訳注1：第29章参照．

アルゴリズムを考えついたか」ということであった．ペイジはこのように言った．「当時われわれはインターネットを大きな地図のようにとらえ，それぞれのウェブページを点とみなし，リンクを点と点を結ぶ線とみなした．私は，インターネットを地図か行列で記述できるという発見を博士論文にできるかもしれないと思ったんだ」ページランクの「Page」は，ウェブページでもあり，本のページでもあり，ペイジの名前でもあった．われわれは，それこそが「ブリンアルゴリズム」ではなく「ペイジアルゴリズム」になった理由なのではないかと笑ったものだ．

　ページランクアルゴリズムの優れているところは，インターネット全体を「全体」として対処できることである．そこには期せずして，システム論の観点が入っている．それに対し，以前の情報検索の多くは各ウェブページを個別のものとして取り扱い，ほとんどの人はウェブページの内容と検索に使われる単語にもっぱら着目し，ページ間の関係をなおざりにしていた．ペイジやブリンと同じころにページ間のリンクをウェブページの質に関連付けようとした人はいたが，そのアプローチは表面的で，根本的な解決には至らなかった．

　ページランクが当時の検索結果に与えた影響は非常に大きかった．1997〜98年当時，ほかの検索エンジンであれば10の検索結果のうち意味のあるもの，関係のあるものは2,3個にすぎなかった．ところが当時のスタンフォード大学のラボにあったグーグルでは，10中7,8個の検索結果が意味のあるものだった．これはちょうど，iPhoneとノキアの携帯くらい大きな質的な違いだった．この質的な違いによって，グーグルはほかの検索エンジンを蹴散らしていった．いまでは，どの検索エンジンを用いても10中7,8個は関連のある検索結果が得られる．ユーザーのクリックする回数が最も有用なデータであり，技術開発による検索の質の向上は限られてしまい，ユーザーからはそれぞれの検索エンジンの違いは見えづらくなっている．このような事情が，後発のマイクロソフトなどを参入しづらくしたのだろう．

探究 10・2　ページランクの計算方法

必要な知識：線形代数

ベクトル B を $1, 2, \cdots, N$ 番目までのウェブページのページランクとし，

$$\boldsymbol{B} = (b_1, b_2, \cdots, b_N)^{\mathrm{T}} \tag{10・1}$$

行列 A をページ間のリンクの数を表すとする.

$$
A = \begin{bmatrix}
a_{11} & \cdots & a_{1n} & \cdots & a_{1N} \\
\cdots & & & & \cdots \\
a_{m1} & \cdots & a_{mn} & \cdots & a_{mN} \\
\cdots & & & & \cdots \\
a_{N1} & \cdots & a_{Nn} & \cdots & a_{NN}
\end{bmatrix} \qquad (10 \cdot 2)
$$

ここで, a_{mn} は m 番目のページに対して n 番目のページから張られているリンクの数である. A は既知, B が未知で, B がわれわれの求めるページランクである.

さらに, B_i を i 回目の反復結果とする. すなわち,

$$
B_i = A \cdot B_{i-1} \qquad (10 \cdot 3)
$$

とする. B の初期値 B_0 について, ページの重みが等しく $1/N$ だとする. すなわち,

$$
B_0 = \left(\frac{1}{N}, \frac{1}{N}, \cdots, \frac{1}{N} \right)^{\mathrm{T}}
$$

と仮定しよう.

(10・3)式の (計算量は膨大だが) 簡単な計算を行うことで, $B_1, B_2, \cdots$ が得られる. またこの計算を繰り返すことで, (証明は省略するが) B は一定のベクトルに収束する. すなわち B_i は限りなく B に近づく. このとき, $B=AB$ となる. したがって, 連続する反復データの B_i と B_{i-1} の差が十分に小さくなったところで反復計算を終了し, アルゴリズムは収束する. 一般には反復計算を 10 回繰り返すと, ほぼ収束する.

ページ間のリンクは, インターネット全体の規模に比べるときわめてまばらであるから, ページランクを計算するには, ゼロ頻度問題やきわめて小さい確率の事象を平滑化[*2]する必要がある. ページランクはベクトル量であり, 平滑化処理には十分に小さな定数 α を用いて記述できる. このとき, (10・3)式は

---

* 訳注2: §3・2・2参照.

次のように書き換えられる.

$$\boldsymbol{B}_i = \left[\frac{\alpha}{N} \cdot \boldsymbol{I} + (1 - \alpha) \boldsymbol{A} \right] \cdot \boldsymbol{B}_{i-1} \qquad (10 \cdot 4)$$

式中 N はウェブページの数，α は十分小さな定数で，$\boldsymbol{I}$ は単位行列である.

　ページランクの計算はすなわち，行列のべき乗計算である. この計算は細かく分割すれば，多くの計算機を用いて並列処理で容易に計算できる. 行列の掛け算に対する具体的な並列処理法は，第29章で紹介するグーグルの並列計算ツール MapReduce の紹介の中で再度ふれることにしよう.

■ ま と め

　グーグルの検索エンジンは当初と比べて複雑になり，かなり進歩している. しかしページランクは，グーグルのアルゴリズムの中で依然として最も重要である. 学術界では，文献検索に最も貢献したアルゴリズムの一つとして認められており，多くの大学の情報検索課程で取り上げられる. ペイジはこのアルゴリズムのおかげで30代にしてアメリカ工学アカデミーの会員に選ばれ，ジョブズ（Steve Jobs），ゲイツ（Bill Gates）につぐ中途退学者会員となった. ページランクアルゴリズムが特許として権利化されたことで，二つの結果がもたらされた. まず，ほかの検索エンジンがゲームのルールを遵守し，権利化された特許を侵害しなかったため，当時弱小企業であったグーグルにとってこの特許はよい盾となった. さらに，グーグルの株の1％超を保有していたスタンフォード大学に対し，10億ドルを超える収益をもたらしたのである.

参 考 文 献
1. S. Brin and L. Page, "The Anatomy of a Large-Scale Hypertextual Web Search Engine", http://infolab.stanford.edu/~backrub/google.html

11

検索語句とウェブページを
どう関連づけるか

　第 8, 9 章ではウェブページを自動でダウンロードする方法やインデックス付けについて，第 10 章ではウェブページの質を測る方法（ページランク）について述べた．ここでは，検索語句に対して，どのようにして最適なウェブページにたどり着くかを述べる．この三つの仕組みがわかれば，コードさえ書ければ，学校なり研究現場なりで使える自分専用の検索エンジンを組めるようになるだろう．

　2007 年，ブログ「グーグル黒板報」にこの章の内容をアップした当時は，データよりも技術とアルゴリズムが重要で，ウェブページと検索語句の関連づけの決め手はアルゴリズムだった．しかし現在，商用検索エンジンは膨大なユーザーのクリック履歴を取り込んでいる．検索語句への関連づけに最も貢献しているのは，ユーザーが検索を行い，ウェブページをクリックした履歴データから得られる確率モデルである．今日，検索エンジンの質を決める要素は，この履歴データのほか以下の 4 点にまとめられる．

1. 完全なインデックス．どんな料理上手でも米がないとご飯が炊けないように，ウェブページがインデックス付けされていなければ，どんなアルゴリズムを用いてもそのページにはたどり着けない．
2. ウェブページの重み付け，たとえばページランク．第 10 章でふれたように，現在ではページランクの役割は 10 年前と比べて相対的に小さく，ウェブページの重みはさまざまな観点から多角的に評価されている．ウェブページの権威性もその一つである．ゴシップサイトにはページランクが高く評価されるものがあるが，その権威性は低い．

110

3. ユーザーの嗜好．これもわかりやすい．ユーザーが異なれば嗜好も異なる．よい検索エンジンは，同じような検索語句が入力されても，ユーザーに応じた結果を返せる．

4. ウェブページと検索語句の関連づけ．すなわちこの章で述べる内容である．

　第8章で「原子力の応用」に関するウェブページの検索を例にあげた．検索の第一ステップは，インデックスの中から三つの単語が含まれるウェブページを探すところから始まる．今日ではどんな検索エンジンを用いても数十万から百万以上の検索結果を返してくるし，グーグルに至っては1000万もの検索結果を返してくる．それでは，どの検索結果を上位にもってくるのか？　内容が充実しており，かつ「原子力の応用」と関連の高いウェブページをもってくるべきだろう．第10章ではウェブページの質の測り方を説明した．ここではもう一つのカギとなる技術，ウェブページの内容と検索語句の関連づけについて紹介しよう．

11・1　検索キーワードの重要度を測る TF–IDF

　「原子力の応用」には三つの単語「原子力」「の」「応用」が含まれる．これら三つの単語が頻出するウェブページの方が，関連が高いといえるだろう．ただしこの方法には落とし穴がある．キーワードをより多く含む長いページほど検索されやすくなるのである．そこで，キーワードの出現回数を規格化するため，たとえば出現回数をウェブページの文字数で割る必要がある．このパラメータをキーワードの「用語頻度（term frequency, TF）」という．あるウェブページが1,000語から成り立っているとして，その中で「原子力」が2回，「の」が35回，「応用」が5回出てくるとすれば，それぞれの単語の用語頻度は0.002，0.035，0.005となる．これらの数値を足した0.042が「原子力の応用」という検索語句に対するこのウェブページの用語頻度となる．

　それゆえ，ウェブページと検索語句の関連を定量化する簡単な方法は，これらキーワードの用語頻度を足し合わせることである．具体的には，ある検索語句中に N 個のキーワード $w_1, w_2, \cdots, w_N$ があり，それぞれの用語頻度が TF_1，$TF_2, \cdots, TF_N$ だとする（前述の通り TF は term frequency の略号）．すると検索語句とウェブページの内容の関連度は

$$TF_1 + TF_2 + \cdots + TF_N \qquad\qquad (11 \cdot 1)$$

となるが，少し引っかかることがある．この例において，「の」の頻度は全体の80％を占めるが，「の」はウェブページの主題とは何ら関わりがない．このような単語を「ストップワード」とよび，これらの用語頻度を関連度の評価に含めない．ストップワードにはほかに「〜である」「〜と」「〜の中」「〜の」など数十ある．ストップワードの頻度を除外すると，ウェブページと検索語句の関連度は 0.007 となる．そのうち「原子力」が 0.002，「応用」が 0.005 の重みをもつ．

ここにもう一つのポイントがある．「応用」は一般的な言葉だが，「原子力」は専門用語で，関連度のランク付けにおいて「原子力」の方が「応用」より重要であるべきだろう．したがって，それぞれの単語に対する重み付けは，以下の二つの条件を満たす必要がある．

1. トピックを予測するキーワードであるほど重みを増やし，そうでなければ軽くする．キーワード「原子力」が出現すればそのウェブページの関連度が大きいことがわかるが，キーワード「応用」の出現のみでは関連度はわからない．「原子力」の重みは「応用」よりも大きくなければならない．
2. ストップワードの重みは 0 とする．

キーワードが記載されているウェブページがきわめて限られていれば，そのキーワードがそのまま検索目標となり，その重み付けを大きくすべきである．逆に，キーワードがさまざまなウェブページで頻出するようであれば，重みは軽くしなければならない．

大まかにいえば，検索に用いるキーワード w が含まれるウェブページが $D(w)$ だけあるとすれば，$D(w)$ が大きくなれば w に対する重み付けを小さくし，逆もまたしかりである．情報検索において最も多く用いられる重み付けは「逆文書頻度（inverse document frequency，IDF）」であり，定義は $\log[D/D(w)]$ で，D はウェブページ全体の数である．たとえば，D を 10 億とすれば，ストップワードの「の」はどこのウェブページにも出てくるであろうから $D(w)$ も 10 億となり，「の」の IDF は $\log$（10 億/10 億）＝$\log 1$＝0 となる．専門用語「原子力」が 200 万のウェブページ中に現れるとすれば，$D(w)$＝200 万となり，

112

IDF＝log 500＝8.96 となる．「応用」という単語が 5 億ページ中に出てくるとすれば IDF は log 2＝1 となる．

すなわち，ウェブページ中で 1 回「原子力」という単語に行き当たる的中率は，9 回「応用」という単語を見いだす的中率に相当する．IDF を用いることで，関連度を計算する式は，単語の用語頻度の和から重み付き用語頻度の和に変わる，すなわち

$$TF_1 \cdot IDF_1 + TF_2 \cdot IDF_2 + \cdots + TF_N \cdot IDF_N \qquad (11 \cdot 2)$$

これまでの例で，ウェブページと「原子力の応用」の関連度は 0.0161 と計算できる．その内訳は，「原子力」が 0.0126，「応用」が 0.0035 だ．この割合はわれわれの感覚に合うだろう．

TF-IDF は，情報検索において最も重要な発明とみなされている．検索や文献分類，その他の関連分野にも幅広く応用がきく．TF-IDF の歴史は波乱に満ちて面白い．IDF の概念をいちはやく提唱したのはケンブリッジ大学のカレン・スパーク・ジョーンズ（Karen Spärck Jones）[1]で，彼女は 1972 年に「用語の特殊性の統計的解釈と情報検索への応用」という論文で IDF の概念を提唱した．ただし，なぜ IDF がほかでもなく対数関数 $\log[D/D(w)]$ として記述され，たとえば平方根関数 $\sqrt{D/D(w)}$ などでは記述されないということを理論的に証明せず，さらに研究を深めることもしなかった．後に発表された TF-IDF の論文において彼女の論文が引用されないことも多く，この概念への彼女の貢献を知らない人も多い．同年，同大学のロビンソンが彼女の研究を 2 ページの記事で解説したが，あまりよい解説ではなかった．その後，コーネル大学のサルトン（Salton）が論文を多く執筆し，さらに TF-IDF の情報検索への応用を論じた書籍を出版したため，もともと大家であったサルトンの名声をさらに確立することとなった（情報検索における世界的な賞にはサルトンの名前が冠されている）．そのため，サルトンの著書や論文が引用されることが多く，情報検索において最も重要な概念もまたサルトンにより提唱されたとみなされている向きがある．とはいえ，ジョーンズの貢献が忘れ去られたわけではない．2004

---

1) カレン・スパーク・ジョーンズはケンブリッジ大学のコンピュータ科学者．彼女のスローガン「計算機は男たちだけに任せておくには重要すぎる（Computing is too important to be left to men.）」は，プログラミング業界で広く知られている．

年には，*Journal of Documentation* 誌の 60 周年記念号にスパーク・ジョーンズの最初の論文が再掲された．同誌上にてロビンソンがシャノンの情報理論を引用して解説している．この解説は，内容に誤りはないものの文章が冗長（18ページにわたる）で，簡単なことを難しく論じているきらいがある．情報理論の研究者はかねてから指摘していたのだが，いわゆる IDF の概念とは，特定条件下におけるキーワードの確率分布の相対エントロピー（カルバック=ライブラー情報量，詳細は第 6 章「情報の量と働き」参照）である．このように，情報検索の関連度もまた情報理論に通じる．

現在の検索エンジンは TF-IDF に対してさまざまな最適化をほどこしており，関連度はさらに正確になっている．しかし，自前で検索エンジンを組むくらいであれば TF-IDF で十分である．ページランクアルゴリズムと組み合わせることで，検索結果のランキングは個々の検索語句に対する関連度とページランクの積によってほぼ決定される．

探究 11・2 TF-IDF の情報理論的根拠

必要な知識：情報理論・確率論

検索語句（クエリ）の中のおのおののキーワード w に対する重みは，キーワードがクエリに対して提供する情報量 I によって決められるべきである．簡単な方法は，それぞれのキーワードの情報量を重みとすることである．すなわち

$$I(w) = -p(w) \log p(w)$$

$$= -\frac{TF(w)}{N} \log \frac{TF(w)}{N} = \frac{TF(w)}{N} \log \frac{N}{TF(w)} \tag{11・3}$$

ここで，N はコーパス全体のサイズであり，省略可能な定数である[*1]．(11・3) 式は次のように簡略化できる．

$$I(w) = TF(w) \log \frac{N}{TF(w)} \tag{11・4}$$

しかし，(11・4) 式には欠点がある．二つの単語の用語頻度 TF が同じである

---

* 訳注 1：異なる語 w, w' について $I(w), I(w')$ の大小を比べる際には省略することができる．

として，一つ目の単語が特定の記事内に集中的に現れ，もう一つの単語が多くの記事に分散して現れる場合，前者の単語はより特徴的なので，このようなキーワードに対する重みは大きくならなければならない．そして，その重み付けが計算式に反映されなければならない．したがって，理想的な重み付けは以下のようになる．

1) 記事のサイズを単語数 M に揃える．すなわち，コーパスの全体サイズ N をウェブページの総数 D で割り，M は下式で定義される．

$$M = \frac{N}{D} = \frac{\sum_w TF(w)}{D}$$

2) キーワードが記事の中にあるか否かが重要である．一つの記事の中で1回しか現れなくても何回も現れても，「ある」のだ．こうすれば，ある単語はウェブページの全記事の中で $c(w) = TF(w)/D(w)$ 回現れるか，あるいは現れない（ゼロ回）か，となる．$c(w) < M$ であることに注意すると，(11・4)式は (11・5)式のように変形できる．

$$TF(w) \log \frac{N}{TF(w)} = TF(w) \log \frac{MD}{c(w)D(w)}$$
$$= TF(w) \log \left[\frac{D}{D(w)} \frac{M}{c(w)} \right] \tag{11・5}$$

これを，TF-IDF〔$TF(w) \cdot \log[D/D(w)]$〕と情報量 $I(w)$ を使って，もう一度書き下す．TF-IDF と情報量の差は (11・6)式の第二項である．$c(w) < M$ なので第二項はゼロよりも大きく，$c(w)$ に対して減少関数となる．

$$TF\text{-}IDF(w) = I(w) - TF(w) \log \frac{M}{c(w)} \tag{11・6}$$

見てわかるように，キーワードの情報量 $I(w)$ が大きくなると TF-IDF の値も大きくなる．またキーワード w の文献中の用語頻度が上がると第二項が小さくなり，TF-IDF の増加につながる．この結論は，情報理論と照らし合わせて正しい．

■ ま と め

　TF-IDF はキーワード検索の重要なパラメータであり，たしかな理論的根拠もある．したがって，検索に精通していない場合でも TF-IDF を採用すれば一定の効果を上げられる．現在，それぞれの検索エンジンはキーワードの重み付けにおいて，TF-IDF の基礎の上に若干の改良，微調整を加えている．しかし，原理上 TF-IDF からそれほど離れているわけでない．

参考文献

1. K.S. Jones, "A statistical interpretation of term specificity and its application in retrieval", *Journal of Documentation*, **28**(1), 11-21 (1972).
2. G. Salton and M.J. McGill, "Introduction to modern information retrieval", McGraw-Hill (1983).
3. H.C. Wu, R.W.P. Luk, K.F. Wong, K.L. Kwok, "Interpreting TF-IDF term weights as making relevance decisions", *ACM Transactions on Information Systems*, **26**(3), 1-37 (2008).

12

有限オートマトンと動的計画法
地図とローカル検索の核心技術

2007年,「グーグル黒板報」に初めて本書のもととなる「数学之美」シリーズを掲載したとき,位置検索やローカル検索サービスはそれほど普及していなかった.スマートフォンも出まわっておらず,ローカルな情報ともまったくリンクしていなかった.地図サービスに関わるインターネットの利用度合いも,ウェブ検索全体の中では垂直検索[*1]の一つに過ぎなかった.今日では,ローカルな生活情報に関わるサービスはますます重要となっている.自分の居所を割り出し,地図を調べ,目的地への行き方を調べるといった位置情報サービスはその基礎となっている.ここでは章立てを減らすため,有限オートマトンと動的計画法を合わせて,地図およびローカル検索サービスについて一つの章にまとめた.

2008年9月23日,グーグルとT-モバイル(T-Mobile),HTC社は,アンドロイドをOSに用いた3GスマートフォンG1を発表した.G1は前年に発表されたiPhoneに外見も使い勝手も遠く及ばず,値段もそれほど安いわけではなかったが,それでも多くのユーザーをつかんだ.G1の決め手は全地球測位システム(GPS)を用いたナビゲーション機能だった.GPSは2000年前後には車に搭載され利用されていたが,サービス料が高価であった.2004年,私はマゼランの携帯ナビゲーションシステムを購入したが,当時1000ドルもした(執筆時は200〜300ドル).その後,同様の機能を搭載したスマートフォンも現れたが,使えたものではなかった.G1のナビゲーション機能は当時の衛星によ

---

* 訳注1:垂直検索とは,ある特定の要素のみを検索する機能をさす.グーグル・スカラー(Google Scholar)などがその例である.

るナビゲーションと同等で，さらに有限オートマトンを利用した住所識別システムが搭載されていた．その結果，誤字などがあるとエラーを起こす厳格なGPSシステムよりもきわめて使いやすく，マゼランなどのナビゲーションシステムはG1が発表された当日，株価が4割下落した．

　スマートフォンの位置情報やナビゲーション機能は，三つの基盤技術から成り立っている．1点目はGPSを利用していることで，この点は従来のナビゲーションシステムと変わらないため，ここでは立ち入らない．2点目は住所の識別で，本章の第1節で紹介する．3点目は入力された始点と終点を用いて，最短・最速経路を地図上に表示することであり，§12・2で紹介する．

12・1　住所の解析と有限オートマトン

　住所の識別と解析はローカル検索サービスに欠かせない技術である．住所情報の正確さを判断し，そこから地理情報を正確に抽出（省，市，地番など）する．これは簡単にみえて煩雑である．たとえばテンセント社の深圳の住所は，郵便や荷物に記載されているものだけでも下記の通りさまざまである．

> 広東省深圳市テンセントビル
> 広東省518057深圳市南山区科技園テンセントビル
> 深圳市518057科技園テンセントビル
> 深圳市518057南山区科技園テンセントビル
> 深圳市南山区科技園テンセント
> 深圳市南山区科技園テンセント本社518000（郵便番号違い）
> 広東省深圳市科技園中一路テンセント
> ⋮

　これらの住所はどれも完全ではないものの，配達員が住所を正しく読み取ってくれているおかげで，郵便や荷物が届けられている．しかし，これらの住所記載を解析器で読み込むことは容易ではない．その原因は，一見簡単にみえる住所の記述が，やや複雑な文脈依存の文法に則っていることにある．たとえば下記二つの住所について，

> 上海市北京東路××号
> 南京市北京東路××号

同じ「北京東路××号」であっても，上海市なのか南京市なのかで指定する住所はまったく異なる．第3章で述べたように，文脈依存文法の解析は複雑かつ時間を要し，解析器はいつも正しく機能するとは限らない．よいモデルがなければ解析器は住所を識別できないため，それを利用できる状況が著しく限られることになる．たとえば住所が下記のように記述されている場合には使えない．

（深圳市）深南大道と南山大路の交差するところから西に 100 m[1]

幸い，住所の文法は文脈依存文法のうちでも比較的簡単なので，識別法や解析法はいろいろあるが，最も有効なのは有限オートマトンである．

有限オートマトンは有向グラフの特殊型といえる（第9章のグラフ理論関連部分を参照）．有限オートマトンは，状態（節点，ノード）および状態と状態をつなぐ有向線（矢印，エッジ）からなる．図12・1に示したのは，中国の住所表示を識別するための簡略化した有限オートマトンである．

有限オートマトンには開始状態と終了状態が一つずつあり，中間状態がそれらをつないでいる．有向線によって，一つの状態から次の状態へ遷移する．たとえば図12・1では，遷移前の状態が「省」で，区や県の名前と関連づけられれば「区・県」の状態に移る．もし「市」の情報と関連づけられれば「市」の状態に移る．ある住所が，オートマトンの開始状態からいくつかの中間状態を経て終了状態までたどり着ければその住所は有効だし，そうでなければその住

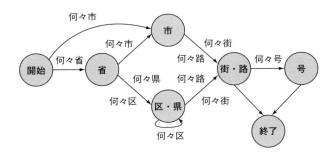

図12・1　住所を識別する有限オートマトン

---

[1] このように住所を記載している店舗は多い．

12. 有限オートマトンと動的計画法　119

所は無効である．たとえば「北京市双清路83号」は有効で，「上海市遼寧省馬家庄」は市の情報の後に省の情報がくるので無効となる．

　住所の識別に有限オートマトンを用いる際，二つの問題の解決がカギとなる．一つは，有効な住所を用いた有限オートマトンの確立，もう一つは，そのオートマトンを用いた住所文字列のマッチングアルゴリズムの確立である．幸い，どちらも既存のアルゴリズムで対応できる．住所を識別する有限オートマトンが確立したら，ウェブページから住所情報を抽出し，ローカル検索のデータベースを作成する．同様に，ユーザーの検索語句を解析して住所情報を抽出する．住所以外のキーワードこそ，ユーザーが探している対象である．たとえば，ユーザーが入力した検索語句「北京市双清路近くのレストラン」から，グーグル・ローカル（Google Local）[*2] は自動的に，「北京市双清路」という住所情報と「レストラン」を探していることを認識する．

　この有限オートマトンによる住所識別には，実用上の問題がある．読み込んだ住所が標準からずれている場合や，タイプミスがある場合，有限オートマトンでは融通がきかずに打つ手がないことである（有限オートマトンがコンピュータ科学において早期に成功をおさめたのは，プログラミング言語の字句解析においてであった．プログラミング言語にエラーがあってはならないため，曖昧さを加味した処理は必要がなかった．ただし自然言語では曖昧さが大きく，簡単な文法で記述することはできない）．

　この問題を解決するため，曖昧さを考慮したマッチング処理を進めつつ，正確な住所を記述した文字列を出力する処理の可能性を見きわめようとした．このような処理を実現するためのツールとして，研究者は確率的有限オートマトンを提唱した．この確率的有限オートマトンは，本質的に離散的なマルコフモデル（第5章参照）と同じである．

　1980年代以前，多くの人が確率的有限オートマトンを用いていたが，必要とするオートマトンをおのおので組み立てていた．90年代以降，有限オートマトンが自然言語処理に広く応用されるようになったため，多くの研究者が汎用的な有限オートマトンのプログラムライブラリの作成に力を入れた．その中でも最も成功したのがAT&Tのメイヤー・モーリ（Mehryar Mohri），フェルナン

＊　訳注2：現在はグーグル・マップサービスなどに統合されている．

ド・ペレイラ（Fernando Pereira），マイケル・ライリー（Michael Riley）である．彼らは多くの時間を費やして有限オートマトンを作る C 言語のライブラリを作成した．AT&T にはこれらのツールを学術界に無償で提供するよき伝統があり，彼ら 3 人は自分たちが心血注いで開発したこれらのツールを，研究者のコミュニティの中で共有した[2]．惜しむらくは，ほどなくして AT&T の研究所からそのような雰囲気は失われてしまい，3 人とも研究所を離れたことである．モーリはニューヨーク大学の教授に，ペレイラはまずペンシルベニア大学のコンピュータ科学科長を務めた後，グーグルの研究部長に就任した．ライリーはグーグルの研究員となった．この間，AT&T の研究所はライブラリを長らく公開してこなかった．モーリらは先立ってライブラリの詳細なアルゴリズムを公開していたものの，運用に関する細部までは公開しきれていなかった[2]．その間，学術界では多くの研究者がライブラリの再構築を試みたが，AT&T のライブラリの効率（すなわち演算速度）には到底及ばなかった．これは残念なことだった．しかしその後，世界的なソフトウェアのオープンソース化の潮流を受けて，AT&T もソースコードの公開に踏み切った．有限オートマトンのプログラムはわかりにくく，プログラマには原理や技術の細部にわたる理解と，さらにプログラミング能力そのものが求められる．したがって，もとの公開されたコードをそのまま使う方がよいだろう．

　ここでいっておくべきことは，有限オートマトンの用途は住所の識別にとどまらず，非常に広範囲にわたることである．グーグルの製品で，有限オートマトンを用いたものにグーグル・ナウ（Google Now）[*3] がある．これはスマートフォンの個人情報サービスアプリである．グーグル・ナウの基盤は有限オートマトンであり，位置情報やカレンダー，（有限オートマトンの状態に対応した）その他の情報，ユーザーの音声または文字入力をその場で行い，ユーザーの質問に答え，ユーザーの期待するサービス（ナビゲーションや通話発信など）を提供する．グーグル・ナウの検索エンジンは AT&T の有限オートマトンライブラリと，機能のうえでは完全に等価である．

2）https://cs.nyu.edu/~mohri/pub/csl01.pdf
＊　訳注 3：グーグルのアンドロイドに対応するバーチャルアシスタント機能で，グーグル・アシスタント（Google Assistant）に継承されている．

12・2　グローバルナビゲーションと動的計画法

　グローバルナビゲーションのカギとなるアルゴリズムは，計算科学のグラフ理論における動的計画法である．

　グラフ理論で扱う「グラフ」は，節点とそれを連結する線からなる．線の長さや重みを考慮する場合は「重み付きグラフ」という．たとえば中国国家高速道路網は，重み付きグラフの好例である（図12・2）．都市は節点に，道路が線に対応する．図中の線の重みは距離や走行時間，通行料などに対応する．グラフ理論の応用に，最短経路の探索問題がある．たとえば，北京から広州に至る最短経路，あるいは最も早く到達する経路を探索するとしよう．最も愚直なやりかたは可能な経路をすべて探索し，その中から最短（最速）経路を選ぶことである．この方法は，グラフ中の節点が数点であれば対処できるが，都市（節点）が数十を超えると，計算が複雑すぎてコンピュータを用いても手に負えなくなる．これは，探索しうる経路の数が節点の数に対して指数関数的（幾何級数的）に増えるためである．接点となる都市が一つ増えれば，複雑さは倍になる．ナビゲーションにこの愚直な方法は不向きである．実際には，どんなナビゲーターであれナビゲーションソフトであれ，数秒のうちに最適なルートを割り出すことができる．なぜだろうか．

　それは，動的計画法（dynamic programming, DP）を採用しているからであ

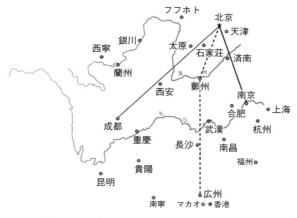

図12・2　中国国家高速道路網は特殊な重み付きグラフである

る．動的計画法の原理は実に簡単である．先ほどの，北京から広州への行き方の最短経路探索を例にとろう*4．問題をひっくり返して，「すでに最短経路を割り出した（この経路を経路1とする）」と仮定しよう．この経路が鄭州を通るとして，北京から鄭州にいたる経路（たとえば北京→保定→石家荘→鄭州）を子経路1とする．このとき子経路1は，北京から鄭州に至る最短経路のはずである．もし最短経路でなければ，ほかのさらに短い経路（たとえば北京→済南→徐州→鄭州，この経路を子経路2とする）を子経路1と置き換えられ，北京・広州間はさらに短くなる．しかしこれは，当初の仮定（経路1が最短であること）と矛盾する．矛盾が生じた理由は子経路1より短い子経路2が存在する，としたためである．

具体的にこの計算を行うには，北京から広州の最短経路を求める前に，北京から鄭州の最短経路を求める必要がある．もちろんこの理屈には抜けがあり，最短経路が鄭州を通らなければならない理由はない．しかし，最短経路は図12・3で示した線（ウルムチ，西寧，蘭州，西安，鄭州，済南を結んだ横断線）

図12・3 北京から広州に行く経路は，図中の弧（横断線）のどこかを通らなければならない

---

* 訳注4：次頁の訳注5も参照．

12. 有限オートマトンと動的計画法 123

のどれかを横切るのは確実である．

したがって，北京から広州に至る最短経路は，図 12・3 で示した横断線上のどれかの都市（ウルムチ，西寧，蘭州，西安，鄭州，済南）を通る．このように，「最短経路を求める」問題は，「局所的な最短経路を求める」という小さい問題に分解できる．この横断線を北京から広州に移動させながら計算し，広州で止めることで最短経路が求まる[*5]．これが動的計画法の原理である．最短経路の計算量は動的計画法を用いると著しく減少する．上の例では，線上の都市が 10 都市となるように横断線を加え，北京から広州に至るまで最大 15 の都市（すなわち 15 本の横断線が引かれた状態）を経るものとすると，計算量は $10 \times 10 \times 15$ [*6] となる．最短ルートを網羅的に調べようとすると 10^{15} 通り [*7] の計算が必要となり，単純化による差はきわめて大きい．

的確な数理モデルを用いることで，一見複雑で計算量の大きくなりそうな問題について計算量を著しく軽減できる．これは数学の巧みな応用である．

---

* 訳注 5：まず，北京から横断線 1 上にある 10 都市までの最短経路を求める（下図左）．次に，より広州に寄せた地点に横断線を移動させ（横断線 2 とする），この上にある 10 都市までの北京からの最短経路を求める（下図中，右）．このとき，横断線 1 と横断線 2 の都市間の全経路 10×10 通りを計算し，すでに求めた北京から横断線 1 の各都市までの最短経路と足し合わせて，どれが最短経路となるかを決める．このプロセスを，横断線を広州まで移動させながら繰り返す．

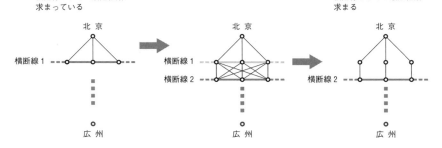

* 訳注 6：横断線上の 10 都市ずつを結んで計算するため，横断線のあいだの都市間の組み合わせは 10×10 だけある．15 本の横断線があれば計算量はその 14 倍となり，末端部分（北京から一つ目の横断線，および最後の横断線から広州）を考慮すると総計算量は 10×10×15 で説明できる（訳注 5 の図参照）．
* 訳注 7：計算量は 15 の横断線上の各 10 都市から 1 都市ずつを選ぶ組み合わせ計算に相当する．

探究 12・3 有限状態トランスデューサ

必要な知識: グラフ理論

有限オートマトンの応用は住所の識別にとどまらず,音声認識システムにも用いられている.ほかにも,コンパイラや数学的な論理回路設計にも重要な役割を果たしている.ここでは,有限オートマトンの厳密な数理モデルについて述べる.

定義(有限オートマトン): 有限オートマトンとは以下の5要素からなる.

Σ は入力された文字の集合

S は空でない有限状態

s_0 は S の特殊な状態で,開始状態

δ は $S \times \Sigma$ から S への遷移,すなわち $\delta: S \times \Sigma \rightarrow S$

f は S の特殊な状態で,終了状態

遷移関数 δ は変数に対して,状態と文字の組み合わせを返す.いいかえれば,ある状態において受け入れられない文字がある場合(たとえば図12・1では市の情報の後に省の情報がくる場合),有限オートマトンはエラー信号を返す.有限オートマトンにおいて,s_0 から f までたどりつけば,有限オートマトンによりルールにあった系列が成立したことになり,そうでなければ系列が誤っていることになる(図12・4).

有限オートマトンは音声認識や自然言語の理解においても重要なはたらきを

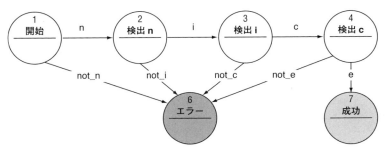

図 12・4 有限オートマトン中,状態と文字が合致しない場合,エラー信号が返される

するが，ここで用いられる有限オートマトンは特殊なもので，重み付き有限状態トランスデューサ（weighted finite state transducer, WFST）とよばれる．以下，WFSTの構造と用法を述べる．

有限状態トランスデューサ（finite state transducer, FST）の特徴は，図 12・5 に示されるように，入力文字と出力文字によって有限オートマトン中の各状態が定義されるところにある．

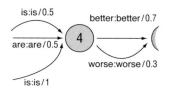

図 12・5　有限状態トランスデューサ

状態4の定義は，「is または are を受入れ，better か worse を返す」ことである．この状態では，前後の文字によらず，「あるとき」に前の文字が is または are，後ろの文字が better または worse であれば有限オートマトンが機能する．状態は異なる入力および出力をもつことができ，これらの入力および出力の可能性が異なる場合，すなわち異なる重みが付与されれば，対応する有限状態トランスデューサは重み付けされる．第3章で取り上げたバイグラムモデルと比べると，ある単語の前後の二つの組が WFST の状態に対応していることに気付くだろう．このように，WFST は自然言語処理の解析ツールであり復号化ツールとなる．

音声認識では，識別された文章を WFST で表すことができる（図 12・6）．

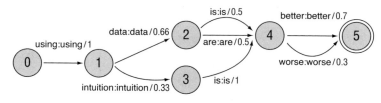

図 12・6　ある文章の識別結果．文意は「データを用いるのはよりよく，直感を用いるのは好ましくない」

WFSTにおける一つの経路は候補となる文章で，確率が最大となる経路が文章の識別結果となる．この原理は，すでに紹介した動的計画法である．

■ ま と め

有限オートマトンや動的計画法の応用は非常に広く，ナビゲーションや地図サービスにとどまらない．音声認識やスペルミス検出，ピンイン入力法，工場における制御や生物学における配列解析などで重要な役割を果たす．ピンイン入力法への応用については，第21章で再度紹介する．

参考文献

1. M. Mohri, F. Pereira, M. Riley, "Weighted finite-state transducers in speech recognition", *Computer Speech and Language*, **16**(1), 69–88 (2002).

13 アミット・シングハル
グーグルのカラシニコフをデザインした男

「世にある軽火器の中で最も有名なのはカラシニコフ（図13・1）である．決して詰まることがなく，丈夫で，どんな環境でも使用でき，信頼でき，殺傷力が高く，使いやすいからだ．」ニコラス・ケイジ主演の映画「ロード・オブ・ウォー（Lord of War）」の冒頭のセリフである．覚えのある読者もいるだろう．

図13・1 カラシニコフ（AK-47）．中国の56式サブマシンガンのモデルでもあった．全世界で7500万丁，派生型なども含めれば1億丁製造されているとされる．

私は，コンピュータ科学におけるよいアルゴリズムとは，カラシニコフのように，簡潔で，効果的で，信頼性が高く，読みやすく（または操作しやすく），解釈しやすくあるべきで，不合理さのないものと考えている．グーグルのフェローであり，アメリカ工学アカデミーの会員でもあるアミット・シングハル（Amit Singhal）博士は，グーグルのまさにそのようなカラシニコフの設計者だった．ちなみに，グーグルの内部ランキングアルゴリズム Ascorer の A は彼の頭文字に由来している．

私はグーグルに入社した日から4年間，シングハルと実り多い共同作業を楽しんできた．彼は私にとって素晴らしいメンターであり，友人でもあった．シ

ングハル，マット・カッツ（Matt Cutts，中国のユーザーには FBI の捜査官だと勘違いしている人もいるが，彼は違う），マーティン・カスキール（Martin Kaszkiel），そして私は一丸となってウェブ検索におけるスパムの問題を調査し，解決した[1]．スパムには大なり小なり商業的な意図が込められている（利益が絡む以上当然である）．そこで，検索に商業的意図があるか否かを正確に見きわめる分類器を構築する必要があった．私は，学術的な研究から技術開発に至るまで，すべてにおいて完璧な解決策を求める．使い勝手のよい美しい分類器を設計することは難しいことではないが，その実装と訓練に3～4カ月かかると見込んでいた．当時のグーグルには MapReduce のような並列計算ツールはなく，複雑な機械学習にはたいへん時間がかかったからである．一方，シングハルは簡潔で効果的な解決策で充分と考え，私に「そのような分類器を実装するのにどのくらい時間がかかるか」と尋ねた．私は，土日で十分だと答え，月曜日には分類器を完成させた[2]．そのうえで，完璧な分類器を実装するのにもっと時間をかけるべきかを尋ねた．シングハルは結果を見て，「これで十分，十分．簡潔で使い勝手のよいアプローチが工学では一番だよ」と返してきた．この原則に従い，ほかの問題についても簡潔で実用的な解決策を検討し，1～2カ月でスパムの数を半減させることができた．当時，グーグルのエンジニアリング担当副社長だったウェイン・ローゼン（Wayne Rosing）と賭けをして，スパムを40パーセント減らすことができれば，褒美として，家族4人（社員4人だけではなく）を連れて5日間の休暇でハワイに行かせてくれることになっていた．このアンチスパムのアルゴリズムが稼働した後，ローゼンはその約束を守った．ブリンからも「どうやってこの短期間でこれだけの機能を実装したのか」と聞かれたので，「とても簡潔な方法だ」と答えた．ブリンはこの分類器を評して「ああ，カラシニコフの自動小銃みたいだ」と言った．この分類器は，非常に小さく（メモリをほとんど使わない），非常に高速（数台のサーバーで世界中の検索を処理できる）に設計されており，私がグーグルを辞めた後も依然使われている．この技術は，アンチスパム分野においてグーグルが初めて取得した米国特許となった．

---

1) アンチスパムアルゴリズムについては，第18章で詳しく取り上げる．
2) グーグル創業当時，週末は休みではなかった．

シングハルと私はその後，中国語，日本語，韓国語の新しいランキングアルゴリズムの設計と実装など，多くのプロジェクトに携わった．2002年には，グーグルは70言語での検索をサポートしていたが，すべて一つのランキングアルゴリズムで処理していた．国際化への対応は，インターフェイスの翻訳と文字符号化の適応に限られていた．シングハルは私に，中国語，日本語，韓国語のためのまったく新しい検索アルゴリズムの開発を依頼してきた．正直なところ，ある言語に特化した検索には興味がなかったのだが，社内で自然言語処理を研究していた中国人は私だけで，当時の日中韓の検索結果は英語に比べて非常にお粗末だったので，担当することになった．前回の経験に基づき，今回は簡潔なアルゴリズムを設計することにした．非常に効果的なアルゴリズムができ上がったが，メモリも多く消費した．グーグルのサーバー数はいまほど多くなかったので，全体の10%にも満たないトラフィックしかない三つの言語のために，サーバーを追加することは不可能だった．そこでシングハルは，メモリを非常に消費する言語モデルを，追加のサーバーを必要としないフィッティング関数に置き換えることを提案してきた．しかしこの方法では，もとの方法に比べて検索の質の向上は8割程度にとどまる．私にはそのことが面白くなかった．しかしシングハルに，「この方法であれば，少なくとも2カ月早く中国のユーザーが新しいアルゴリズムを利用でき，ユーザー体験も向上する．そのことがまさに重要なのだ」と説得された．「そのためにわれわれが残り2割のメリットを一時的に諦めることになったところで，ユーザーにとってはさらなる改良でしかないのだ」とも．私は彼の意見をいれて，2003年のはじめに，中国語，日本語，韓国語に特化して設計した最初の検索アルゴリズムをリリースした．一年後にはグーグルのサーバーが増強され，モデルのサイズ圧縮も進み，日中韓三カ国語対応の完璧な検索アルゴリズムも公開できた．ユーザーの問題の8割を先に速やかに解決し，残りの2割を後まわしにするというやり方で物事を進めていくシングハルのスタイルは，この業界で成功するための秘訣でもある．多くの失敗は，能力が低いからではなく，間違った方法で物事を行うために起こる．はじめから大がかりで全面的な解決策を追求すると，時間をかけても完成には至らない．

　シングハルが簡潔で効果的な解決策を見つけることにこだわるのは，簡潔なスタイルを追究する故である．2003年から2004年にかけて，グーグルはマイ

ター（MITRE）[3]や AT&T，IBM の研究所など，世界中の有名な研究室や大学から自然言語処理の研究者を多数採用した．そのうち少なからぬ研究者がシングハルの設計した各種「カラシニコフ」アルゴリズムに対し，精度を上げ，同時に複雑化した改良を加えようとしたが，シングハルの簡潔なアプローチの方が常に最適解に近く，はるかに速く動いた．これらの「無駄な試み」を行った人々の中には，ウディ・マンバー（Udi Manber）のように世界的に高名な研究者も含まれる．

　マンバーは 2006 年夏，グーグルに入社した．マンバーは世界的にも検索を専門に研究したさきがけの一人で，大学教授，ヤフーの首席研究者，アマゾンのアルゴリズム最高責任者（Chief Algorithm Officer, CAO, このポジションはちょっと退屈そうだ）および検索エンジン A9 の最高経営責任者（CEO）を歴任した．マンバーは入社すると，十数人の科学者とエンジニアを集めて，機械学習の手法を駆使してシングハルのこれらの簡潔なモデルを改良しようとした．半年間，マンバーの仕事には何ら進展がなく，一年後には完全にこの努力を放棄し，それ以来，人事管理の仕事に転向していった．2008 年，グーグルは多額の資金を投じて，世界的に著名な音声認識や自然言語処理の専門家であるペンシルベニア大学のコンピュータ科学科長のペレイラを招聘した．ペレイラは AT&T にいたときシングハルの直属の上司であり，AT&T の名高い有限オートマトンをつくった一人である[*1]．ペレイラとシングハルは，優れたコンピュータ検索がどのようなものであるかについて，まったく異なる認識をもっていた．ペレイラは，最高の検索アルゴリズムは，正確に検索する前にまずテキストの意味を理解することが優先されると考えた．この場合，検索の質の向上には，テキストの構文解析がカギとなる．一方，シングハルは，飛行機が鳥のように飛ぶ必要がないのと同じように，コンピュータが人間のすることを学ぶ必要はないと考えた．グーグルでは二人の関係性が逆転しており，シングハルが上司であった．シングハルはもともと，ペレイラがグーグル検索の質をより高いレベルに導くことを期待していたが，ペレイラの考え方とシングハルの

3）世界的に著名なインテリジェンス関連研究所．主なミッションはアメリカの国防総省，国家安全保障局（National Security Agency, NSA）などからの委託により研究を行うほか，機密情報管理も行う．
＊　訳注 1：第 12 章参照．

13．アミット・シングハル　　131

それは明らかに違いすぎた．これらを組み合わせた技術開発は神経のすり減る作業であった．最終的には，グーグルがダウンロードしてインデックス付けしたすべてのテキストの構文解析を行い，解析結果をグーグルのインデックスに利用可能な資源として追加するところまでをペレイラが担当し（作業量は膨大だ），その後，各プロジェクトのエンジニアが構文解析で得られた情報を利用するかどうかを決定することとして妥協した．検索以外のいくつかのプロジェクトでは，私自身が担当した自動質疑応答プロジェクトを含め，ペレイラの構文解析に基づいた情報が利用されたこともあった．しかし，ウェブ検索においては，それらの解析結果が活用されることはあまりなかった．

　シングハルが簡潔な解決策にこだわるもう一つの理由は，各ステップやアプローチの背景にある理由を説明しやすいため，うまくいかないときの修正や，今後の改善目標を見つけやすいことにある．今日，業界全体の検索の質は，ページとブリンが検索に取り組み始めた 2000 年前後よりもはるかに向上しており，大きな改善はもはや見込めない．検索の質の改善は，すべからく非常に微妙なものになっている．通常，あるタイプの検索を改善する方法は，往々にして別のタイプの検索にわずかにマイナスの影響を与えることになる．その方法がマイナスの影響を与える理由やメカニズムを明らかにし，それを回避するためには，「そうなる理由」を明確にしておくことが大切である．これは，非常に複雑な手法，特にブラックボックスのような機械学習に基づく手法では不可能だ．そして，すべての改善に得失があり，その差が小さければなおさら，検索の質は長期的にも大幅に改善される可能性は低いだろう．シングハルは，検索の質向上のための方法に対して，明確な理由づけを求める．理由が明確でない場合，将来的には潜在的な問題を抱え込むリスクがあると考えるからである．この点において，マイクロソフトやヤフーが検索の質の向上をブラックボックスのように扱うのとはまったく異なっていた．基本的に，シングハルのアプローチにより，グーグル検索の質は長期的に着実に向上した．もちろん，グーグルが検索に関するあらゆるデータをどんどん蓄積していく中で，機械学習の手法を使って検索エンジンのさまざまなパラメータを調整していくことは，手動で修正をかけるよりも明らかに効果的である．2011 年以降，シングハルは検索の質を向上させるために機械学習やビッグデータに頼ることも主張するようになったが，同時に，機械学習から出てくるパラメータや数式について，

エンジニアが合理的な物理的説明ができなければ，新しいモデルやパラメータを用いた製品を出すべきではないとした.

このように，シングハルがいつも簡潔で効果的な方法を見いだせるのは，直感に優れているためでも，ましてや運に恵まれているためでもなく，何より豊富な研究経験に裏打ちされているためである．シングハルは駆け出しのころに検索の第一人者であるサルトン教授[*2]に師事し，卒業後はAT&Tの研究所で働いた．そこで同僚二人とともに半年で中型の検索エンジンを構築した．この検索エンジンによりインデックス付けされるページ数は商用エンジンによるものよりはるかに少ないものの，精度はきわめて高かった．AT&Tにいたころから，シングハルは検索問題の詳細を慎重に研究し，簡潔だが効果的な解決策を編み出してきたが，それらは熟慮の末に生まれたものであった．そして彼は，グーグルのフェローになっても常に生データにふれ，毎日うまくいかなかった検索結果の例を解析している．これは，検索研究をしている若いエンジニアが見習うべきことだと思う．実際，中国の検索エンジニアの多くは，成功したシングハルよりも，検索の失敗事例の解析に費やす時間がはるかに少ないのではないだろうか.

シングハルはまた，若者には失敗を恐れず，挑戦することを強く勧めている．かつて，大学出たてのエンジニアがグーグルのサーバーに，エラーが出るプログラムを誤ってアップロードしてしまって途方に暮れたことがあった．シングハルは，自身の冒した最大の過ち，すなわち，すべてのウェブページの関連性スコアをゼロにして，すべての検索結果がランダムになってしまったことを引き合いに出して彼女を慰めた．このエンジニアはその後，グーグルの数多くの良質なサービス開発に携わった.

AT&Tの研究所に在籍していたとき，シングハルはすでに学術界での地位を確立していた．しかし，ただ実験をしたり論文を書いたりするだけでは満足できず，AT&Tの研究所を辞して当時110人しかいなかったグーグルに移り，その才能を活かしてグーグルの検索エンジンのランキングアルゴリズムを書き換え，改良を続けた．シングハルは二人の子供の面倒をみなければならなかったため，研究集会にはあまり参加しなかった．それでも彼は学術界において，最

＊　訳注2：第11章参照.

13. アミット・シングハル　　133

も権威のあるインターネット検索の専門家として広く認められてきた．2005年には，シングハルはコーネル大学コンピュータ科学科の40周年記念式典にて，優秀な卒業生として招かれた．アメリカ工学アカデミーの会員であり，レイド（RAID）の発明者でもあるランディ・カッツ（Randy Katz）教授も同式典で表彰された．

シングハルと私は性格もライフスタイルも大きく異なる．彼は基本的にベジタリアンで，少なくとも過去の私は彼の家族の食事があまり口に合わなかった．一つだけ似ているとすれば，簡潔なスタイルを貫いているということだ．

2012年，シングハルはアメリカ工学アカデミーの会員に選出され，グーグルの検索担当上級副社長に就任した[*3]．同じ年に，彼は私をグーグルに呼び戻したが，一点だけ要求した．それは，マイクロソフトよりも5年先駆けたプロジェクトを開始することだった．

＊ 訳注3：シングハルはこの後，2016年に退職した．

14

余弦定理とニュース記事の分類

　世の中には想像のつかない組み合わせというものがある．「余弦定理」と「ニュースの分類」もそれだ．この二つは相いれないようにみえて，密接に関係している．ニュースの分類は余弦定理に大きく依存しているのである．

　2002 年夏，グーグルは独自のニュースサービスを開始した．これらのニュース記事は，従来のメディアと異なってジャーナリストが書いたものでも人間が編集したものでもない．さまざまなニュースサイトからコンピュータによって整理・分類・集約されたもので，すべて自動生成されたものである．ここで重要な技術となるのが，ニュースの自動分類技術である．

14・1　ニュースの特徴ベクトル

　ニュースの分類，より一般的にいえば，テキストの分類とは，似たようなニュースを同じカテゴリに分類することである．ニュースデスクはまずニュースを読み，主題（トピック）を特定し，最終的にそのトピックに応じて分類する．ビジネスマンや知ったかぶりのコンピュータ専門家の中には，コンピュータはニュースを読むことができると主張する人もいるが，そのようなことはどだい不可能である．基本的に，コンピュータは高速に計算することしかできない．コンピュータがニュースを「計算する」（「読む」のではない）ためには，ニュース記事を計算可能な数値の集合にして，任意の二つのニュースの類似度を計算するアルゴリズムを設計する必要がある．

　まず，ニュースを記述するための数値の集合（またはベクトル）をつくる方法をみてみよう．ニュースは情報を伝えるものであり，言葉は情報の運び手である．ロシアの作家トルストイの『アンナ・カレーニナ』冒頭の言葉を借りれば，「同じ種類のニュースに使われる言葉は似かよったものであり，違う種類

のニュースは違う言葉を使う」[1]. ニュースは多くの言葉からなるが, その言葉の中には意的に重要なものもあれば, そうでないものもある. そのような意味で, 自立語は助詞や助動詞といった付属語より重要である[*1]. 次に, 実際の言葉の一つ一つの重要性を測る必要がある. ここで第 11 章「検索語句とウェブページをどう関連づけるか」で紹介した用語頻度–逆文書頻度（TF-IDF）を用いれば, 重要な言葉の TF-IDF 値は大きくなるはずである. そして, ニュースのトピックに関連する自立語の TF-IDF 値も大きくなると期待できる.

これでニュースのトピックをどのように数値化すればよいかわかった. いよいよ, ニュース記事に使われているすべての自立語について TF-IDF 値を計算する. この値は, それぞれの自立語についてコーパスに収録されている語彙順で算出され, その結果がベクトルで得られる. まず 64,000 語[2)]からなるコーパスについて, 表 14・1 に語彙の表を示す.

あるニュース記事について, 単語番号順に TF-IDF 値を算出すると, 表 14・2 のようになる.

コーパス内の単語がニュースに出てこなければ, 対応する値を 0 とする. こ

表 14・1 語彙と単語番号の対応表

単語番号	漢字（簡体字）
1	阿
2	啊
3	阿斗
4	阿姨
⋮	⋮
789	服装
⋮	⋮
64,000	做作

表 14・2 あるニュース記事に対応する TF–IDF 値

単語番号	TF-IDF 値
1	0
2	0.0034
3	0
4	0.00052
⋮	⋮
789	0.034
⋮	⋮
64,000	0.075

---

1)「幸福な家庭はすべて互いに似かよったものであり, 不幸な家庭はどこもその不幸のおもむきが異なっているものである.」［出典：トルストイ 著, 木村 浩 訳,『アンナ・カレーニナ』, 新潮文庫（1972）]

* 訳注 1：原文では中国語の文法に沿って,『意味をもつ実語の方が,「的, 地, 得」のような助詞や「之乎者也」のような虚詞よりも明らかに重要である』と説明されている.

2) コーパスのサイズを 65,535 語以内に制限すれば, コンピュータでは 2 バイトで 1 語を表せる.

136

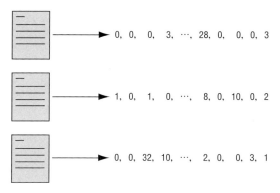

図 14・1 おのおののニュース記事は特徴ベクトルに変換される

のようにして 64,000 個の数字からなる 64,000 次元のベクトルが生成し，これをニュースの特徴ベクトルとよぶ（図 14・1）．各ニュース記事はこのような特徴ベクトルで表すことができ，ベクトル内の各成分の大きさは，ニュース記事のトピックに対する各単語の貢献度を表す．特徴ベクトルを用いることで，コンピュータによりニュースの類似度を定量化できる．

14・2 ベクトル間の距離を測る

どこの国でも「国語」，とくに作文の授業では，教師は主題にあわせた言葉を使うように，ことあるごとに指導している．何千年にもわたって人類はそのような「書き方」をつくりあげてきたのである．同じ種類のニュースであれば，特定の単語が多く使われ，ほかの単語の頻度は低くなる．たとえば金融に関するニュースでは株式，金利，債券，資金，銀行，価格，上昇といった単語が頻出する．一方で，二酸化炭素，宇宙，詩，大工，ノーベル，肉まん，などの単語はあまり出てこない．二つのニュース記事が同じカテゴリに属する場合，その特徴ベクトルは共通する成分では値が大きく，ほかの成分の値が小さくなる．逆に同じカテゴリに属さなければ，用いられる単語が異なるため，特徴ベクトルの値の大きな成分は一致しないはずである．このようにして，二つのニュース記事のトピックが近いかどうかは，対応する特徴ベクトルが「似ているか否か」で判断できることがわかった．では，二つの特徴ベクトル間の類似度を定量化するにはどうすればよいのだろうか．

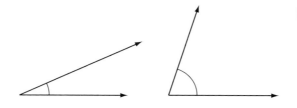

図 14・2　ベクトルのなす角度は，二つのベクトルがどれだけ互いに近いかを示す尺度である．図の左側の二つのベクトルはより近く，右側の二つはより離れている．

　線形代数を勉強したことがあれば，ベクトルが多次元空間の原点からの有向線分であることを知っているだろう（図 14・2）．

　ニュースに対応する特徴ベクトルについて，各成分の値はテキストの長さに応じて異なる．当然，1 万字の文章は 500 字の文章よりも各成分の値が大きくなるので，単純な成分比較にはあまり意味がない．ただし，ベクトルの向きは非常に重要である．二つのベクトルの方向が同じということは，二つのニュース記事の中で同じような単語が用いられていることを意味する．すなわち，ニュース記事の類似度は，対応する二つの特徴ベクトルのなす角度を計算することによって定量化できる．ここで，二つのベクトル間の角度を計算するのに余弦定理が用いられる．たとえば，先の図 14・2 では，左の二つのベクトル間の角度が小さいので，距離は近いといえるし，逆に右の二つのベクトル間の角度は大きく，距離は遠い．

　余弦定理は，三角形の 3 辺と任意の角度の関係を説明する．すなわち，三角形の 3 辺が与えられると三角形の各角度を求めることができる（図 14・3）．三角形の 3 辺を a, b, c とし，対応する角を A, B, C とすると，角度 A の余弦は (14・1)式で表すことができる．

$$\cos A = \frac{b^2 + c^2 - a^2}{2bc} \qquad (14・1)$$

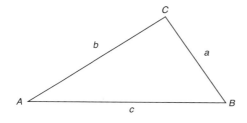

図 14・3　余弦の計算

三角形の辺 b, c を A を起点とする二つのベクトルとみなすと，(14・1)式は(14・2)式となる．

$$\cos A = \frac{b \cdot c}{|b| \cdot |c|} \tag{14・2}$$

ここで，分母は二つのベクトル b と c の長さの積であり，分子は二つのベクトルの内積である．具体的な例をあげると，ニュース X とニュース Y に対応するベクトルの成分がそれぞれ

$$x_1, x_2, \cdots, x_{64000} \qquad \text{および} \qquad y_1, y_2, \cdots, y_{64000}$$

であるとすれば，X と Y のなす角度 θ の余弦は (14・3)式のように書ける．

$$\cos \theta = \frac{x_1 y_1 + x_2 y_2 + \cdots + x_{64000} y_{64000}}{\sqrt{x_1^2 + x_2^2 + \cdots + x_{64000}^2} \cdot \sqrt{y_1^2 + y_2^2 + \cdots + y_{64000}^2}} \tag{14・3}$$

この場合はベクトルのすべての成分が正であるので，余弦は 0 から 1 の間の値をとる．すなわち角度は 0 度から 90 度の間の値となる．二つのニュース記事のベクトル間の角度の余弦が 1 となれば，二つのベクトルのなす角は 0 度となり，二つのニュース記事が同一であることを意味する．角度の余弦が 1 に近ければ，二つのニュースは類似しているとしてグループ化することができる．逆に角度の余弦が小さければベクトルのなす角が大きく，二つのニュース記事は無関係といえる．そして角度の余弦が 0 であれば，二つのベクトルは直交（90 度）しており，二つのニュースはまったく無関係な内容といえる．

このように，ニュース記事をコーパスの語彙順に整理した数字列（特徴ベクトル）で表すことができ，さらに特徴ベクトルの類似度を計算する式があるので，これらを使ってニュースを分類するアルゴリズムを議論できる．具体的なアルゴリズムは二つある．一つは比較的簡単なもので，あるニュースカテゴリの特徴ベクトル（$x_1, x_2, \cdots, x_k$）が既知であれば，分類すべきニュース Y について，そのニュース Y とニュースカテゴリの特徴ベクトルとの間の余弦類似度（距離）を計算することで，ニュースを適切なカテゴリに分類する方法である．ニュースカテゴリの特徴ベクトルは，手動でも（非常に手間がかかり不正確），自動でも（後述）作成できる．もう一つのアルゴリズムは少し煩雑で，ニュースカテゴリの特徴ベクトルがない場合に用いる方法である．ジョンズ・ホプキ

ンス大学の学生時代の同窓であるラドゥ・フロリアン (Radu Florian)[3]は, ヤロウスキー教授とともに, 次のような一般的な考え方によるボトムアップ的なアプローチを提唱した[4].

1. すべてのニュース記事間の余弦類似度を計算し, しきい値以上の類似度をもつニュース記事を小集合とする. この手法で, N個のニュース記事がN_1個の小集合にマージできる. もちろん, $N_1<N$となる.
2. 各小集合のすべてのニュースを一つのニュースとみなし, 再び小集合の特徴ベクトルを計算し, 小集合間の余弦類似度を計算する. こうして, より大きなN_2個の小集合にマージする. ここも$N_2<N_1$となる.

この計算を繰り返すことでカテゴリが少なくなり, それぞれのカテゴリがどんどん大きくなる. カテゴリが大きくなりすぎると, カテゴリ内のニュースのいくつかにはほとんど類似性がなくなる. そこで上記の繰り返しを停止し, 自動分類処理を完了する. 図14・4は, フロリアンが提唱したテキスト分類の実際の反復と集約の過程を示している. 図の左側の各点は, 記事の数が多いために接続が密になっている記事を表している. 反復を重ねるごとに小集合の数が減っていき, 小集合の数が少なくなってくると, それらの小集合がはっきりと

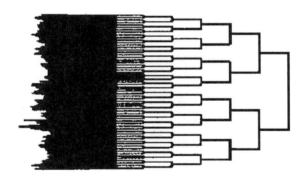

図14・4 テキスト分類集約処理の実際

---

3) IBMワトソン研究所の研究員となった.
4) R. Florian and D. Yarowsky, "Dynamic nonlocal language modeling via hierarchical topic-based adaptation", ACL'99: Proceedings of the 37th Annual Meeting of the Association for Computational Linguistics, 167–174 (1999).

みえてくる.

この分類法にはさまざまな技術が駆使されているので,そうした技術的側面に興味があり,素養のある読者には彼らの論文を参照されたい.

フロリアンとヤロウスキーが1998年にこの仕事をした動機は面白い.当時,ヤロウスキーはある国際会議のプログラム委員会の委員長を務めており,提出された何百もの論文をさまざまな専門家に送付し,査読を経たうえで採否を決定する必要があった.査読の権威性を確保するために,各研究分野の論文は,その分野で最も権威のある専門家に割り当てられる.著者自身が論文の方向性を示しているとはいえ,その範囲が広すぎてあまり参考にならない.ヤロウスキーは千報近くもの論文を閲覧してから配布する余裕はなかったので,論文を自動的に分類する方法を考え出し,学生のフロリアンが実装した.そしてその分類に基づいて査読者を選んだ.この一連のプロセスから,アメリカ人の仕事のやり方がみえてくる.アメリカ人は人間ではなく機械(ここではコンピュータ)を使って仕事をする傾向がある.短期的には多少の余分な作業が必要になるが,長期的には時間とコストを大幅に節約することができるのである.

余弦定理は,このようにニュースの特徴ベクトルを介して分類に結びつく.私自身,中学・高校で余弦定理を勉強したときは,ニュースの分類に使えるとは思いもよらなかった.このような使い方もまた,数学の道具を使いこなす方法なのである.

探究 14・3 余弦を計算するテクニック

必要な知識:数値解析

14・3・1 大規模データの余弦を計算するコツ

(14・2)式を用いて二つのベクトル間の角度を計算するとき,その計算量は $O(|a|+|b|)$ となり,片方のベクトルが長い(このとき $|a|>|b|$ としても一般性は失わない)と仮定すると $O(|a|)$ となる.あるニュース記事との関連性をほかの N 個のニュース記事と比較したい場合,計算量は $O(N\cdot|a|)$ になる.また,N 個のニュース記事について,二つずつ個々に関連を比較する場合は $O(N^2\cdot|a|)$ になる.1回の内積をとるだけでもこれほどの計算量を要する.この操作を反復するので計算量は膨大となる.コーパスのサイズを10万と仮定すれば,ベクトルの長さもそれだけ大きくなる.10万件のニュース記事を分類

14. 余弦定理とニュース記事の分類　141

するとすれば，総計算量は $(10^5)^3 = 10^{15}$ のオーダーになる．1 秒間に 1 億回の計算を行うサーバーを 100 台使用した場合，1 回当たりの計算時間は 10 万秒，1 日がかりの計算となる．この計算を数十回繰り返すと 2, 3 カ月かかることになり，実際にニュース記事をさばききれないことは明らかである．

　幸い，この計算プロセスを簡略化する方法はある．まず，分母（ベクトルの長さ）の計算を繰り返す必要はない．ベクトル a とベクトル b の余弦を計算する際，その長さの計算結果を保存しておけば，ベクトル a と別のベクトル c の余弦を計算するときは a の長さは読み込めばすむ．すなわち，(14・2)式の分子だけを計算すればよいことになり，計算量の 2/3 を節約することができる．ただし，これはアルゴリズムの複雑さを根本的に軽減するものではない．

　次に，(14・2)式の分子すなわち二つのベクトルの内積を計算する際，ベクトル内の非ゼロ成分のみを考慮することに着目する．計算の複雑さは，二つのベクトルのうち非ゼロ成分の少ない方で決まる．ニュース記事の典型的な長さが 2,000 語を超えないとすれば，ニュース記事のベクトルの非ゼロ成分は 1,000 前後となり，これは計算の複雑さをおおよそ 1/100 のレベルに低減できることになる．これで計算時間を数日のオーダーから数 10 分のオーダーに短縮できる．

　さらに，"of"，"is"，"and" のような検索の役に立たない単語や，接続詞，副詞，前置詞などを削除する．§14・2 で解析したように，同じカテゴリのニュースでは特定の単語がよく使われるものの，別のカテゴリのニュースではほとんどそれらは使われない．したがって，検索に関わらない単語を除いた後，異なるカテゴリのニュースについて対応するベクトルの成分を並べたとき，「どちらもゼロではない」場合はかなり限られるはずである．片方の成分がゼロならば，何を掛けてもゼロなので乗算の手間を省くことができる．このようにして，計算時間もさらに数倍短縮することができる．そのため，10 万件のニュース記事を二つずつ比較しても，計算時間はわずか数分ですむことになる．何十回も反復計算を行っても，1 日で計算を終えることが可能である．

　これらのテクニックのうち 3 番目にあげた「検索に直接関わりのない語」の削除は，計算速度を向上させるだけでなく，これらの語が分類処理を妨げるノイズとなることから，ニュース分類の精度の向上という点でも大きなメリットがあることを強調したい．これは，通信における低周波ノイズのフィルタリン

グと同じ原理である．これまで述べたことから，ニュースの分類も自然言語処理や通信に相通ずるところが多いことがわかるだろう．

14・3・2　重要な位置にある単語の重み付け

　検索の関連性の計算と同様，その単語が文中のどこに出現するかはニュース記事の分類において重要である．明らかに，記事のタイトルに出てくる単語は本文中でのみ出てくる単語よりも重要であるし，本文中でも文頭，文末に出てくる単語はほかの部分に出てくるものよりも重要だろう．中学・高校での国語の授業や大学の英文学の授業で教師が常に強調していたこと，すなわち特に最初と最後の段落に注意を払うといったことや，各段落の最初の文に注目することにも通じる．このルールは，自然言語処理においても依然有用である．見出しや重要な位置にある単語により重みを付けることで，ニュース記事分類の精度がより向上する．

■　ま と め

　本章で説明したニュース記事の分類法は精度が高く，数百万件もの記事の分類に活用できる．ただし分類対象が数十億件ともなると，計算時間はそれなりにかかってしまう．次章では，より大規模なテキスト処理のための，より高速ではあるが比較的大雑把な方法を紹介する．

15

特異値分解と
もう一つのテキスト分類

　大学で学んでいたころは，線形方程式を解くこと以外に線形代数にどんな使い道があるのか思いもよらなかった．固有値などの行列に関する多くの概念は，日常生活とは縁がなかった．その後，数値解析で行列近似アルゴリズムを学んだが，まだどんな応用がありえるのかわからなかった．当時は卒業に必要な単位のためと割り切ってこれらの授業を受けていたのだが，いまの大学生でも事情はそれほど変わらないだろう．同じような経験をした学生は決して少なくないはずだ．私自身，後に自然言語処理の研究に関わることになって初めて，数学者が提案した行列の概念やアルゴリズムが実用的なものであることに気づいた．

15・1　巨大行列を分解する

　自然言語処理で最も一般的な分類問題は，テキストをトピック別に分類する（たとえば，オリンピックに関するすべてのニュースをスポーツカテゴリに割り当てる）ことと，辞書の単語を意味別に分類する（たとえば，さまざまなスポーツの名前をスポーツカテゴリに割り当てる）ことの2種類である．これらの分類問題は，どちらも行列演算によって円満に，しかも一気に解決できる．行列を使って，この二つの問題がどのように解決できるのか，第14章で紹介した余弦定理とニュース分類の本質から考えてみよう．

　ニュースの分類も含めて「分類」とはクラスタリングの問題で，二つのニュース記事がどれだけ似ているかを計算するのがポイントとなる．そのためには，ニュースをキーワードで代表させ，それを数字の列すなわちベクトルに変換し，最後にこれら二つのベクトル間の角度を求める問題に帰着させる．二

144

つのベクトル間の角度が小さければニュースは関連しているし，直交している
ならニュースは互いに無関係である．理論的には，このアルゴリズムは非常に
美しい．しかし，ニュース記事が長く，キーワードも多く含まれている場合は，
すべてのニュースの組み合わせに対していちいち計算を行い，それを何回も繰
り返すとなるとたいへん時間がかかることになる．そこで，すべてのニュース
記事の関連性を一度に計算する方法が求められる．このアプローチに，行列演
算の特異値分解（singular value decomposition, SVD）を利用する．

では，特異値分解とはどのようなものだろうか．まず，数千数万の記事と数
十万数百万語の単語の関連性を記述するためには，大きな行列が必要である．
この行列では，各行は一つの単語に，各列は一つの記事に対応しており，N 個
の単語と M 個の記事があれば，以下のような $N \times M$ の行列が得られる．

$$
A = \begin{bmatrix}
a_{11} & \cdots & a_{1j} & \cdots & a_{1M} \\
\cdots & & & & \cdots \\
a_{i1} & \cdots & a_{ij} & \cdots & a_{iM} \\
\cdots & & & & \cdots \\
a_{N1} & \cdots & a_{Nj} & \cdots & a_{NM}
\end{bmatrix} \qquad (15 \cdot 1)
$$

i 行目および j 列目の成分 a_{ij} は，j 番目の記事に含まれる，辞書の i 番目に記
載されている単語の重み付けされた用語頻度（たとえば TF-IDF 値）である．
じつはこの行列は，$N=100$ 万，$M=50$ 万として 100 万 × 50 万 = 5000 億もの成
分をもつ非常に非常に大きな行列である．もし本書よりほんの少し大きいサイ
ズのフォントでプリントアウトしたら，西湖二つ分[*1] に相当するだろう！

特異値分解とは，図 15・1 に示すように，上述の大きな行列を三つの小さな
行列の積として表すことである．図 15・1 の例では，100 万 × 100 の行列 X，
100 × 100 の行列 B，100 × 50 万の行列 Y の積としている．これら三つの行列の
成分数の合計はたかだか 1.5 億であり，もとの成分数の 1/3,000 以下である．
対応するメモリ量と計算量が，3 桁圧縮される．

三つの行列には，非常に明確な物理的な意味がある．最初の行列 X は，単語
を分類した結果である．各行は単語を表し，各列は意味的に類似した単語のク

＊　訳注 1： 中国杭州にある湖．二つ分の面積は日本の諏訪湖くらい．

15. 特異値分解ともう一つのテキスト分類　　145

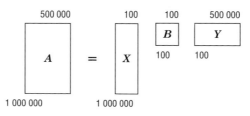

図 15・1 大行列を三つの小行列の積として表す

ラス，略して意味クラスを表す．行内のゼロ以外の各成分は，各意味クラスにおける単語の重要度（または関連性）を示し，値が高いほど関連性が高い．4×2 の小さな行列の例を示す．

$$X = \begin{bmatrix} 0.7 & 0.15 \\ 0.22 & 0.49 \\ 0 & 0.92 \\ 0.3 & 0.03 \end{bmatrix} \quad (15 \cdot 2)$$

この行列は四つの単語と二つの意味クラスからなる．最初の単語は第 1 の意味クラスとの関連性が高く（関連度 0.7），第 2 の意味クラスとの関連性が低い（関連度 0.15）．二つ目の単語はその逆である．三つ目の単語は第 2 の意味クラスにのみ関連しており，第 1 の意味クラスにはまったく関連しない．四つ目の単語は，二つの成分が 0.3 と 0.03 で各カテゴリとの関連性はあまり高くないが，第 1 の意味クラスには比較的関連性があり，第 2 の意味クラスとはほぼ無関係である．

最後の行列 Y は，テキストの分類結果である．各列はテキストに，各行はトピックに対応する．この列の各成分は，異なるトピックに対するテキストの関連性を示す．再び小さな 2×4 の行列を使って説明する．

$$Y = \begin{bmatrix} 0.7 & 0.15 & 0.22 & 0.39 \\ 0 & 0.92 & 0.08 & 0.53 \end{bmatrix} \quad (15 \cdot 3)$$

この行列は四つのテキストと二つのトピックに対応する．一つ目のテキストは明らかに第 1 のトピックに関連している．二つ目のテキストは第 2 のトピックとの関連性が高く（関連度 0.92），第 1 のトピックとの関連性も少しある（関

速度 0.15）．三つ目のテキストは，どちらのトピックともあまり関連がないが，第 1 のトピックとの関連性がやや高い．四つ目のテキストは，どちらのトピックにも関連があるが，第 2 のトピックと比較的関連が強い．各列の最大値のみを保持し，残りの値をゼロに変更すると，各テキストはいずれか一つのトピックにのみ帰属されることになる．すなわち，一つ目と三つ目のテキストは第 1 のトピックに属し，二つ目と四つ目のテキストは第 2 のトピックに属することになる．この結果は，第 14 章でふれた余弦定理を用いた分類に似ている．すなわち，各テキストにトピックが割り当てられる．

　真ん中の行列は，意味クラスとトピックの関連を表す．以下の 2×2 行列を用いて説明しよう．

$$\boldsymbol{B} = \left[\begin{array}{cc} 0.7 & 0.21 \\ 0.18 & 0.63 \end{array} \right] \qquad (15 \cdot 4)$$

　この行列 $\boldsymbol{B}$ では，一つ目の意味クラスは第 1 のトピックに関連しており，第 2 のトピックとはほとんど関係がない．一方，二つ目の意味クラスはその逆である．

　このように，行列 $\boldsymbol{A}$ の特異値分解を一度計算すれば，類義語の分類とテキストの分類の両方を行うことができる．さらに，各トピックとそれぞれの意味クラスの関連度も得られる．大変エレガントな結果ではないか！

　ここで残されている課題は，特異値分解をコンピュータでどのように行うかという点である．行列の固有値や数値解析のためのさまざまなアルゴリズムなど，線形代数における多くの概念が大活躍する．数万×数万程度のそれほど大きくない行列の場合は MATLAB（マトラボ）*2 を使って計算することができる．しかし，数百万×数百万のような大きな行列の場合，特異値分解は非常に計算量が多く，多くのコンピュータを用いた並列処理が必要になる．グーグルには MapReduce などの並列コンピューティングツールがあるが，特異値分解は独立したサブ演算への分割が困難なため，グーグル内部でも以前は並列計算を利用した特異値分解はできなかった．2007 年，グーグルチャイナの張智威（Zhang, Zhiwei）博士が数人の中国人エンジニアやインターンを率いて特異値

＊　訳注 2：MATLAB はマスワークス（MathWorks）社が開発する数値解析ソフトウェア．

分解の並列アルゴリズムを実現した．これはグーグルチャイナによる世界的な貢献といえよう．

探究 15・2 特異値分解による次元圧縮

必要な知識：線形代数

　ここでは，特異値分解のアルゴリズムを大まかに説明する．厳密な数学的意味での特異値分解の定義は，行列 A を（15・5）式のように三つの行列の積に分解することである．

$$A_{NM} = X_{NN} \times B_{NM} \times Y_{MM} \tag{15・5}$$

ここで，X はユニタリ行列，Y はユニタリ行列の共役行列である．ユニタリ行列とその共役行列はどちらも正方行列となる．そして，B は対角行列，すなわち対角成分のみに非ゼロ値がある行列となる．ウィキペディアでは以下の例があげられている．

$$A = \begin{bmatrix} 1 & 0 & 0 & 0 & 2 \\ 0 & 0 & 3 & 0 & 0 \\ 0 & 0 & 0 & 0 & 0 \\ 0 & 4 & 0 & 0 & 0 \end{bmatrix} \tag{15・6}$$

$$X = \begin{bmatrix} 0 & 0 & 1 & 0 \\ 0 & 1 & 0 & 0 \\ 0 & 0 & 0 & -1 \\ 1 & 0 & 0 & 0 \end{bmatrix}, \quad B = \begin{bmatrix} 4 & 0 & 0 & 0 & 0 \\ 0 & 3 & 0 & 0 & 0 \\ 0 & 0 & \sqrt{5} & 0 & 0 \\ 0 & 0 & 0 & 0 & 0 \end{bmatrix},$$

$$Y = \begin{bmatrix} 0 & 1 & 0 & 0 & 0 \\ 0 & 0 & 1 & 0 & 0 \\ \sqrt{0.2} & 0 & 0 & 0 & \sqrt{0.8} \\ 0 & 0 & 0 & 1 & 0 \\ -\sqrt{0.8} & 0 & 0 & 0 & \sqrt{0.2} \end{bmatrix} \tag{15・7}$$

X と Y が両方ともユニタリ行列であることは簡単に確認できる．

特異値分解を厳密に行う場合，行列の次元が小さくなることはない．ただし，対角行列 B の成分の多くは，ほかの成分と比較して非常に小さいか，あるいは単にゼロであるため，それらの値を省略することができる．そうすると特異値分解の後，超巨大な行列は前節で示したように，三つの次元縮小した行列の積として表せることになる．

特異値分解は一般的に 2 段階で行われる．まず，行列 A を双対角行列[1]に変換する．この過程の計算量は $O(NM^2)$ である．ここでは $N>M$ と仮定しているが，そうでなければ $O(MN^2)$ となる．もちろん，行列の成分の大半が 0 であることから，計算量はさらに圧縮される．次に，双対角行列を特異値で分解した三つの行列に変換する．この段階の計算量は，最初の段階に比べて無視できるほど小さい．

テキスト分類において，M はテキストの量に，N は辞書サイズに対応する．特異値分解の計算にかかる時間と，余弦定理を使ってテキストの類似度を計算するのにかかる時間（1 回の反復）を比較すると，両者は同じオーダーだが，特異値分解による分類は複数回の反復計算を必要としないため，計算時間ははるかに短くなる．ただし特異値分解には一つ大きな問題がある．すなわち，この計算では行列全体をメモリに保存する必要があるため，大量のメモリを必要とすることである．余弦定理を用いた分類では，そのような問題は起こらない．

■ まとめ

特異値分解は，前章で紹介したテキストの特徴ベクトルの余弦からの距離を利用したボトムアップ分類法に比べて，計算を毎回反復する必要がないため，（実際には）より高速に結果が得られる．しかし，この方法で得られた分類結果はやや粗いので，膨大な量のテキストの処理を行う粗い分類に適している．実際には，特異値分解を行って粗い分類結果を得てから，テキストの特徴ベクトルの余弦を用いて，粗い分類結果に対して数回の反復処理を行うことで，より正確な結果を得ることができる．このように，二つの方法を組み合わせて使用することで，両者の利点を十分に生かして時間を節約し，良好な精度を得ることができる．

1）2 通りの対角成分がゼロでなく，ほかの成分がゼロである行列．

15. 特異値分解ともう一つのテキスト分類

参 考 文 献

1. J.R. Bellegarda, "Exploiting latent semantic information in statistical language modeling", *Proceedings of the IEEE*, **88**(8), 1279–1296 (2000).

16

情報のフィンガープリント

16・1　情報の「指紋」

　第6章「情報の量と働き」で，ひとくくりの文章に含まれる情報が情報エントロピーであることを述べた．この情報を失うことなく符号化する場合，情報エントロピーよりも圧縮するのは不可能である．圧縮後，情報量はむしろ多くなる．しかし，二つのテキストあるいは二つの画像を区別したいだけなら，大きな情報量は不要である．どのような種類の情報（テキストであれ，音声，ビデオ，画像などであれ）に対しても，短い乱数を割り当て，ほかの情報と区別するためのフィンガープリント（指紋）とすることができる．アルゴリズムさえきちんと設計できていれば，異なる情報のフィンガープリントが一致することはほぼありえない（だから「指紋」なのである）．情報のフィンガープリントには暗号化，情報圧縮，その他の処理など幅広い使い方がある．

　第9章「巡回を最適化」では，同じウェブページを繰り返しダウンロードすることを防ぐため，訪問済みの URL をハッシュテーブルに記録する必要があることにふれた．しかし URL を直接文字列としてハッシュテーブルに格納することは，メモリ容量の浪費，検索時間の無駄につながる．グーグルにせよ，ソウソウ（搜搜, soso.com）やバイドゥ（百度, baidu.com）にせよ，検索エンジンで「呉軍 数学之美」を検索すると，対応する URL は 100 文字以上の長さになる．下記はバイドゥのリンクである．

　http://www.baidu.com/s?ie=gb2312&bs=%CA%FD%D1%A7%D6%AE%C3
　%C0&sr=&z=&c1=3&f=8&wd=%CE%E2%8E%FC+%CA%FD%D1
　%A7%D6%AE%C3%C0&ct=0

16. 情報のフィンガープリント　　151

2010 年までにインターネットのウェブページの総数は 5,000 億ページに達した．ウェブページのアドレスの平均的な長さを 100 文字，すなわち 100 バイト（B）と仮定すると，5,000 億個のウェブアドレスを保存するには，それだけで少なくとも 50 テラバイト（TB），つまり 5,000 万メガバイト（MB）の容量が必要になる．ハッシュテーブルのストレージ効率が一般的に 50% 程度であることを考えると，実際に必要なメモリは 100 TB を超える．サーバー 1 台当たりのメモリが 50 ギガバイト（GB，2010 年現在のレベル）として，全 URL を保存するには 2,000 台ものサーバーを必要とする．また，これらの URL を格納するサーバーが多数あるとしても，URL の長さが可変であるため，文字列として検索するのは効率が悪い．

　そこでこれら 5,000 億の URL を 128 ビットの二進数，すなわち 16 B の整数空間にランダムに割り振る関数が必要になってくる．これは，上記の非常に長いバイドゥの URL に，以下の乱数を割り当ててくれるような関数である．

8932494329843984329805454543

　この方法で，各 URL はもとの 100 B の代わりに 16 B に，すなわち URL を格納するために必要なメモリ量が 1/6 以下に圧縮される．この 16 B の乱数を URL 情報の「フィンガープリント」という．乱数を生成するための十分なアルゴリズムがあれば，二つの文字列に同じフィンガープリントが割り当てられることは，人間の指紋と同様に，ほぼないことを証明できる．フィンガープリントは固定長 128 ビットの二進数なので，URL の文字列に比べれば探索にかかる負荷が著しく軽減される．ウェブクローラーがウェブページをダウンロードする際，訪問したアドレスをフィンガープリントに変換してハッシュテーブルに格納する．ウェブクローラーが新しい URL に出会うたび，コンピュータはフィンガープリントを計算し，そのフィンガープリントがすでにハッシュテーブルにあるかを調べて，ウェブページをダウンロードするかを判断する．このフィンガープリントを用いた検索は，URL の文字列検索よりも数十倍高速である．それほど収集を行わないウェブクローラーであれば 64 ビットの二進数でこと足りるため，メモリと計算時間をさらに節約できる．

　上記の URL（文字列）情報のフィンガープリントは，一般的に二段階で計算される．まず，文字列を「特殊で非常に大きな（桁の多い）整数」とみなす．

コンピュータの中ではすべての文字が整数として格納されているので，このステップは簡単である．次に，情報のフィンガープリントを生成するための重要なアルゴリズムである疑似乱数生成器を用いて，先に述べた長い整数を特定の長さの疑似乱数に変換する．ちなみに，最も古い疑似乱数生成器を提案したのは，コンピュータの父であるフォン・ノイマンである．彼のアプローチは簡単で，もとの整数を二乗し，間の数桁を返すものだった．たとえば，4桁の二進数1001（10進数で9に相当）の場合，その二乗は01010001（10進数で81）である．その先頭と末尾を除去して真ん中の0100（10進数で4）を得る．もちろん，この方法では完全な乱数ではなく，二つの異なるURLから同じフィンガープリントが得られる場合がある．現在はメルセンヌ・ツイスタアルゴリズムがよく用いられている．

　情報フィンガープリントの応用は，URLのダウンロード履歴のチェックにとどまらない．この技術は暗号技術といわば双子の兄弟の関係にある．情報フィンガープリントの特徴はその不可逆性，すなわちフィンガープリントからはもとの情報を復元できないことにある．これは，インターネットを介した暗号化通信に必要な特徴である．たとえば，ウェブサイトはアクセス元のユーザーの端末のクッキー（Cookie）によって，異なる端末からのアクセスを識別できるが，このクッキーはまさに情報フィンガープリントにあたる．ウェブサイトからは端末を利用しているユーザー情報にアクセスできるわけではないので，ユーザーのプライバシーは保たれているといえる．しかしクッキーそのものは暗号化されていないため，クッキーの解析によって，どの端末からどのようなウェブサイトにアクセスしたかを解析することはできる．情報セキュリティを保障するため，たとえば銀行のウェブサイトなどでは暗号化されたHTTPSが採用され，これらのサイトを訪問したユーザーのクッキーは暗号化される．暗号化の信頼性は，同じフィンガープリントをもつ情報にたどり着く難しさ，たとえばハッカーがあるクッキーからもとのユーザー情報にたどり着く困難さの度合いによって決まる．先述のメルセンヌ・ツイスタアルゴリズムは暗号化という意味では明らかに役不足である．もとの情報とそこから生成するフィンガープリントの間にある種の相関があり，ひとたび解読されるとすべて解読されてしまうためだ．

　インターネット上の暗号化には暗号論的に安全な疑似乱数生成器が用いられ

る．標準的なアルゴリズムは MD5 や SHA-1 で，さまざまな長さの情報を 128 ビットや 160 ビットの二進乱数に変換する．これまで SHA-1 は破られることのない乱数生成アルゴリズムと考えられていたが，中国の王小雲（Wang, Xiaoyun）教授により脆弱性が証明されたことは特筆すべきだろう．とはいえ，実際にこの暗号を破って情報を盗み出せるか，ということはまた別問題である．

16・2　情報フィンガープリントの使い方

　情報フィンガープリントには長い歴史があるが，ここまで広く利用されるようになったのはインターネットの普及に伴う最近 20 年のことである．

　ウェブクローラーが，この情報フィンガープリントを用いて，ウェブサイトがダウンロード済みか否かを判断していることは先に述べた．このほかにも，情報フィンガープリントはインターネットから自然言語処理に至るまで幅広い応用がある．ここではそのいくつかを取り上げる．

16・2・1　集合が同じであることを判定する

　ウェブ検索では，二つの検索がまったく同じ単語を使用しているかを判断したい場合がある（順序は異なってもよい）．たとえば，「北京 中関村 スターバックス」と「スターバックス 北京 中関村」のように，この二つの検索ではまったく同じ単語が使われている．より一般的には，「二つの集合が同じかどうか（たとえば，同一人物が二つの異なるメールアカウントを用いてスパムメールを送っているかどうか，など）を判断したい」と言いかえられる．この問題にはさまざまな解決方法があり，絶対に正しいまたは間違っているとは言い切れないが，最良の方法，ましな方法，および愚直な方法がある．

　最も直接的だが愚直な方法は，この集合の要素を一つずつ比較することであり，N を集合の要素の数とすると．この方法の時間計算量は $O(N^2)$ である．採用面接でこの回答をもち出すエンジニアを，私は絶対に採用しない．

　もう少しましなのは，二つの集合の要素を順位付けして並べ直し，後に順次比較する方法である．この方法では $O(N \log N)$ の時間計算量を要する．さらに第一の集合をハッシュテーブルに入れ，第二の集合の要素を 1 個ずつハッシュテーブルの要素と比較することもできる．この方法の時間計算量は $O(N)$

となり最良といえるが[1]，空間計算量（メモリ量）$O(N)$ を確保しなければならず，コードは複雑になり完璧ではない.

この問題に対処する最良の方法は，二つの集合のフィンガープリントを計算し，比較することである. すなわち，要素 $e_1, e_2, \cdots$ からなる集合 $S = \{e_1, e_2, \cdots, e_n\}$ に対して，集合そのもののフィンガープリント $FP(S) = FP(e_1) + FP(e_2) + \cdots + FP(e_n)$ を求める. ここで，$FP(e_1), FP(e_2), \cdots, FP(e_n)$ はそれぞれ要素 $e_1, e_2, \cdots, e_n$ のフィンガープリントである. 加法の交換法則から，集合のフィンガープリントは要素の順番には関係しない. 二つの集合の要素が同じであれば，集合のフィンガープリントも一致する. 要素が異なるにもかかわらずフィンガープリントが一致する確率はきわめて小さく，無視できる. この確率がいかに小さいかについては §16・3「探究」で説明しよう.

情報フィンガープリントを用いれば，空間計算量すなわちメモリを確保しておく必要もなく，最適なアプローチであるといえる.

二つの音声ファイルの情報フィンガープリントからウェブ上の曲が海賊版であるか否かを判断するなど，似たような応用例は数多くある.

16・2・2　集合が本質的に同じであることを判定する

よく考えると，こんな疑問が生じるかもしれない.「二つのメールアカウントをもつスパム送信者がいるとして，それぞれのアカウントから送信した先のメールアドレスがすべて一致してしまうと，同じ送信者が異なるアカウントで送信していることが容易に識別できてしまう. だからそんな愚かなことはしないのではないか」と. 裏を返せば，二つの送信先アドレスリストを微妙に異なるものにしておけば，同一性判定をくぐり抜けられるのではないか. この問題を解決するためには，二つの集合が本質的に同じかどうかを判定する方法を少し修正すればよい.

まず二つのアカウントの送信先アドレスリストから，たとえば「24」で終わるものなど，同じルールでランダムに数個のメールアドレスを選ぶ. これらのフィンガープリントが一致すれば，両方のアカウントから送信された送信先ア

---

1)　$O(N)$ の時間計算量は必要である. すべての N 個の要素を調べ上げる必要があるからである.

16.　情報のフィンガープリント　　155

ドレスリストは本質的に同一とみなせる．抽出するアドレスは通常数個に限られるので，二つの送信先アドレスリストが，80％あるいは90％重複しているか否か，容易に判断できる．

集合が本質的に同一であることを判定するアルゴリズムには，ウェブ検索における二つのウェブページの比較など，多くの実用的な応用がある．二つのウェブページ全体を最初から最後まで比較するのは，計算に時間がかかり，不要である．そこで各ウェブページのいくつかの単語を選び，まず，ウェブページの特徴的な単語のセットをつくる．そして，特徴語集合の情報フィンガープリントを計算して比較すれば十分だ．二つのウェブページに出てくる単語のうち，双方に頻出する単語はそもそもよく用いられる単語なので，記事の特徴づけに用いることはできない．逆に，一度しか出てこない単語もノイズの可能性が大きく，特徴的な単語とはいえない．残りの単語のうち逆文書頻度（IDF）[*1]の大きい単語は識別性が高いことがわかっているので，それぞれのウェブページの中から IDF が大きい単語をいくつか見つけ，その情報フィンガープリントを計算して比較すればよい．二つのウェブページが同じ情報フィンガープリントをもつならば，それらは本質的に同じウェブページといえる．ある程度の許容幅をもたせた指標として，グーグルは，同一性判定のための情報フィンガープリント，すなわち「類似性を表すハッシュ（SimHash）」を使用している．この類似性ハッシュの原理については，この後の「探究」で詳しく述べる．

また，このアルゴリズムを改良し，記事が別の記事からの盗用か否かの識別に用いることもできる．すなわち各記事を断片化し，断片に含まれる特徴語の集合をつくり，上記の方法を用いてそのフィンガープリントを計算する．グーグルはこの原理を利用して，オリジナルと転載（コピー）記事を正確に識別するプロジェクトを研究所内で立ち上げた．

16・2・3　ユーチューブの著作権侵害対策

グーグルが所有するユーチューブ（YouTube）は世界最大の動画サイトであり，中国国内の動画サイトとは異なり，コンテンツの提供やアップロードはす

＊　訳注 1：第 11 章参照．

べてユーザー自身が行っている．ユーザーには，NBC*2 やディズニーなどの
メディア企業のほか，個人ユーザーも含まれる．個人ユーザーの動画のアップ
ロードに対してあまり制限はないのだが，売り物のコンテンツをコピーして
アップロードするケースがあとを絶たない．このような事態に対処できなけれ
ば，ユーチューブの生存に関わる問題となってしまう．

　何百万本もの動画から，別の動画の海賊版を探し出すことは容易ではない．
数分の動画でもそのサイズは数メガバイトから数十メガバイトあり，かつそれ
が圧縮されている場合もある．そのファイルを 1 秒間に 30 フレームの画像と
して復元すると，膨大なデータ量となってしまう．そのため，二つの動画を直
接比較して似ているかどうかを判断することは到底できない．

　映像のマッチングには，キーフレーム抽出と特徴抽出の二つのコア技術があ
る．MPEG*3 映像（NTSC*4 モニタで再生）は 1 秒間に 30 フレームあるが，1
フレームごとの差はほとんどない（そうでなければ動画が大変ぎこちなく見え
てしまう）．一般的には，1 秒に 1 フレーム程度しか完全な画像はなく，これを
キーフレームとよぶ．残りのフレームは，キーフレームと比較した差分のみを
格納する．キーフレームは，ニュースのタイトルと同じように，動画にとって
重要である．したがって，動画を処理する際の最初のステップはキーフレーム
を見つけること，次のステップはキーフレームを情報フィンガープリントの集
合で表すことである．

　この情報フィンガープリントができてしまえば，コピー動画の検出はウェブ
ページが同じか否かの判断と似た操作となる．グーグルがユーチューブを買収
した後，グーグルの研究者により開発された海賊版対策システムは非常にうま
く機能している．同じ動画のオリジナルとコピーを見つけられるようになった
ので，グーグルは面白い広告戦略を開発した．すべての動画に広告を挿入する
ことができるが，広告からの収益はすべて，コピーされた動画に広告が挿入さ
れている場合でも，オリジナルの動画に提供されるというものである．これに

＊　訳注 2： NBC（National Broadcasting Company）はアメリカの主要テレビネットワーク
　　の一つ．
＊　訳注 3： MPEG（Moving Picture Experts Group）は，動画や音声の圧縮方式の一つで，
　　もともと共同標準化の組織名だったものが規格名として転用されている．
＊　訳注 4： NTSC（National Television System Committee）は，規格を策定した「全米テレ
　　ビジョンシステム委員会」の略号で，ここでも委員会名称が規格名に採用されている．

16. 情報のフィンガープリント　　157

より，他人の動画をコピーしてアップロードしているサイトは収入を得ることができなくなる．利益を上げられなければ，海賊版やコピーをもかなり減らせるだろう．

探究 16・3　情報フィンガープリントにまつわる二つのトピックス

必要な知識： 確率論・組み合わせ論

16・3・1　フィンガープリントが重複する可能性は？

情報フィンガープリントは疑似乱数によって生成される．疑似乱数なので，二つの異なる情報に対して同じフィンガープリントを生成しうる可能性がゼロではないが，非常に小さい．ここでは，どの程度小さいかを評価してみよう．

0から$N-1$の範囲で，合計N個の疑似乱数を発生させるとする．128ビットの二進数であれば，$N=2^{128}$と非常に大きな数になる．二つのフィンガープリントがランダムに選ばれた場合，両者が一致する確率は$1/N$，異なる確率は$(N-1)/N$である．さらに三つ目のフィンガープリントを選択する際，フィンガープリントが重複しないためには$N-2$個の候補から選ぶしかないので，三者が相異なる確率は$(N-1)(N-2)/N^2$となる．以下，k個の情報に対応するフィンガープリントがいずれも異なる確率は

$$p_k = \frac{(N-1)(N-2)\cdots(N-k+1)}{N^{k-1}}$$

となる．

p_kは，kが増加するにつれて減少する．すなわち，情報が多いほどフィンガープリントが重複する確率は高まる．もし$p_k < 0.5$となれば，フィンガープリントの重複が1回以上（重複の期待値が1以上）起こることになる．では，そのようなkはどの程度大きいのだろうか．

この条件は，「$k+1$個以上のフィンガープリントで重複の期待値が1を超える」と読み替えれば，

$$p_{k+1} = \frac{(N-1)(N-2)\cdots(N-k)}{N^k} < 0.5 \qquad (16\cdot1)$$

と書ける．いまNが十分大きいとすれば，

$$p_{k+1} \approx e^{-\frac{1}{N}} e^{-\frac{2}{N}} \cdots e^{-\frac{k}{N}} = \exp\left[-\frac{k(k+1)}{2N}\right] \qquad (16 \cdot 2)$$

と書き直すことができ，不等式は

$$p_{k+1} \approx \exp\left[-\frac{k(k+1)}{2N}\right] < 0.5 \qquad (16 \cdot 3)$$

となる．この式からさらに（16・4）式の不等式を導ける．

$$k^2 + k + 2N \log_e 0.5 > 0 \qquad (16 \cdot 4)$$

（16・4）式を k が正であることに着目して解くと

$$k > \frac{-1 + \sqrt{1 + 8N \log_e 2}}{2} \qquad (16 \cdot 5)$$

が得られる．

　N が大きければ，k も十分大きな値となる．もし MD5 フィンガープリント（これには欠点があるが）を用いるとすれば，128 ビットの二進数から構成されるので，重複が見込まれる情報の数 k は $2^{64} \approx 1.8 \times 10^{19}$ 以上となる．つまりは 1800 億の一億倍もの情報にフィンガープリントを付けて，初めて重複がありえる．このように，異なる情報に対して同じフィンガープリントが割り当てられる可能性はほぼ 0 とみなせる．フィンガープリントを 64 ビットとしても，このような重複の起こる可能性はまだ低いといえる．

16・3・2　類似性ハッシュとは

　類似性ハッシュ（SimHash）は，2002 年にモーゼス・チャリカ（Moses Charikar）によって提案された特別な種類の情報フィンガープリントだが[2)]，グーグルがウェブクローラーで使用し，その結果を WWW カンファレンスで発表したことで，本格的に注目を集めるようになった．チャリカの論文はややわかりづらいのだが，類似性ハッシュはそれほど複雑なものではない．ここで

---

2) 参考文献 1 を参照.

は，ウェブページをダウンロードする際に，グーグルがダウンロードの重複を避けるために用いた例を紹介する[3]．

あるウェブページ内で単語 $t_1, t_2, \cdots, t_k$ が用いられており，個々の単語の重み（たとえば TF-IDF 値）が $w_1, w_2, \cdots, w_k$ だとする．まずこれらの単語の情報フィンガープリントを計算するが，ここでは説明を簡単にするためフィンガープリントを 8 ビットの二進数とする（実際には 8 ビットでは小さすぎて重複が多くなり，使えない）．ハッシュを用いた類似度の計算は以下二つのステップに分かれる．

一つ目のステップは，8 ビットの二進数であるフィンガープリントを 8 個の実数 $r_1, r_2, \cdots, r_8$ に変換する（このプロセスを「展開」とよぶことにする）．8 個の実数は以下のように決定する．

まず $r_1, r_2, \cdots, r_8$ の初期値を 0 として，単語 t_1 のフィンガープリント（8 桁）について，i の位が 1 であれば単語 t_1 の重み w_1 を r_1 に加え，0 であれば r_1 から重み w_1 を差し引く．たとえば，t_1 のフィンガープリントが 10100110 とすれば，この展開処理を経て r_1 から r_8 は表 16・1 のように定まる．

表 16・1 最初の単語 t_1 を展開した後の
実数 $r_1 \sim r_8$

情報フィンガープリント	数 値
r_1	w_1
r_2	$-w_1$
r_3	w_1
r_4	$-w_1$
r_5	$-w_1$
r_6	w_1
r_7	w_1
r_8	$-w_1$

次に，2 番目の単語 t_2 について展開する．t_2 のフィンガープリント（00011001 とする）を用いて，先に求めた $r_1 \sim r_8$ に t_2 の重み w_2 を足し引きする．はじめの位は 0 なので，r_1 から t_2 の重み w_2 を引く．以下 $r_2, \cdots, r_8$ に対し

---

3) 参考文献 2 を参照．

て同様に処理すると表 16・2 の通りになる.

表 16・2 単語 t_1 および t_2 を展開したあとの
$r_1 \sim r_8$ の値

情報フィンガープリント	数 値
r_1	$w_1 - w_2$
r_2	$-w_1 - w_2$
r_3	$w_1 - w_2$
r_4	$-w_1 + w_2$
r_5	$-w_1 + w_2$
r_6	$w_1 - w_2$
r_7	$w_1 - w_2$
r_8	$-w_1 + w_2$

ウェブページ内のすべての単語について展開を行うと,最終的に八つの数字 $r_1, r_2, \cdots, r_8$ が得られる.その結果得られる数字を表 16・3 の数値列に示す.

表 16・3 ウェブページのすべての単語を展開し,$r_1 \sim r_8$ の
八つの数字が得られたら,正数を 1,負の数を 0 にする

情報フィンガープリント	数 値	二進数
r_1	-0.052	0
r_2	-1.2	0
r_3	0.33	1
r_4	0.21	1
r_5	-0.91	0
r_6	-1.1	0
r_7	-0.85	0
r_8	0.52	1

二つ目のステップでは,一つ目のステップで得られた八つの実数を 8 桁の二進数に変換する(このプロセスを「収縮」とよぶ).このステップは簡単で,正数には 1 を,そうでなければ 0 を割り当てる.こうしてウェブページに対応する 8 桁のハッシュが得られる.表 16・3 の通り,SimHash=00110001 となる.

この類似性ハッシュには,ハッシュが近ければウェブページも類似しているという特徴がある.二つのウェブページが同一であれば,ハッシュは必ず一致

16. 情報のフィンガープリント　　161

する．重みの小さい単語のうち数個だけが異なり，その他の単語が一致しているのであれば，ハッシュはほぼ一致するはずである．さらに，ハッシュが一致しなくともその差が小さければ，対応するページがよく似ていることにも注意すべきだ．64 ビットのハッシュを用いた場合，違いが 1 ビットか 2 ビット程度ならば，ページの内容が重複している可能性は 80% 以上である．このように，ウェブページの類似性ハッシュをあらかじめ記憶しておけば，新たなウェブページのハッシュから既出か否かを判断でき，インデックスを作成し直すという二度手間を省くことができる．

情報フィンガープリントの原理は簡単で使いやすい．そのため用途は非常に幅広く，膨大なデータを処理しなければならない今日では不可欠なツールとなっている．

■ ま と め

情報フィンガープリントとは，文字，画像，音声，動画などの情報を多次元の二進空間（または二進数）に写像する関数である．この関数がうまく機能すれば，異なる情報は異なる点に写像される．したがって，写像先の二進数がもとの情報の唯一無二の「フィンガープリント（指紋）」となるのである．

参 考 文 献

1. M.S. Charikar, "Similarity estimation techniques from rounding algorithms", STOC'02: Proceedings of the 34th annual ACM Symposium on Theory of Computing, 380–388 (2002).
2. G.S. Manku, A. Jain and A.D. Sarma, "Detecting near-duplicates for web crawling", WWW'07: Proceedings of the 16th international conference on World Wide Web, 141–150 (2007).

17

暗号の数理
テレビドラマ「暗算」と公開鍵暗号

　2007 年に放送された中国のテレビドラマ「暗算」[*1] は，出演者の演技も含めてドラマとして大変楽しめた．ドラマ中，暗号学にふれたエピソードがあった．エピソードそのものは悪くなかったが，暗号学の取り扱いがやや雑なきらいがあった．とはいえ，今日の暗号学が数学に基づいているというのは確かである．

17・1　暗号の誕生

　暗号の歴史はおおよそ 2000 年前にさかのぼり，ローマの名将ジュリアス・シーザー（Julius Caesar）が，敵に情報を傍受されないように用いたのがはじまりだといわれている．シーザーの用いた方法は簡単なもので，アルファベットを表 17・1 のようにずらして用いたとされている．

　たとえば，ABKTBP という敵にとっては意味不明な暗号は，表 17・1 の暗号

表 17・1　ジュリアス・シーザーの暗号対応表

平　文	暗　号	平　文	暗　号
A	B	⋮	⋮
B	E	R	P
C	A	S	T
D	F	⋮	⋮
E	K		

---

　*　訳注 1: 連続テレビドラマ「暗算（邦題: プロット・アゲインスト）」（中国中央テレビ 2006 年放送，全 40 話）．1930 年代から 1960 年代にかけての中国国家公安部スパイ対策機関の無名な英雄たちを描くサスペンスドラマ．なお訳文中，本テレビドラマのタイトルは「暗算」で統一した．

17. 暗号の数理　163

対応表を通すと CAESAR という平文（暗号化される前の通信文，暗号学における用語）に解読できる．この暗号作成法はシーザー暗号として知られており，これを使う玩具はいまでも売られている（図 17・1）．

図 17・1　シーザー暗号として販売されている玩具

情報理論を学べばわかるが，このような暗号は多くの暗号文を傍受し，現れる文字の頻度を数えれば，破ることができる*[2]．コナン・ドイルは，『シャーロック・ホームズ』シリーズの「踊る人形」でこのトリックを紹介している（図 17・2）．近年では，スパイドラマの脚本家もこの手の初歩的な暗号を使うことがある．たとえば，『康熙字典』*[3] のページ番号や文字の並び順を暗号対応表に見立て，その数字に対応したレストランのメニューに記載された価格を用いて

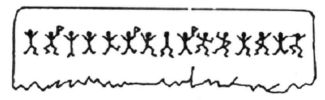

図 17・2　踊る人形：神秘的に見えるが解読は簡単

---

*　訳注 2：シーザー暗号に代表される単文字換字式暗号では，文字や文字列の頻度統計が解読の大きな手がかりになる．とくに単語が区切られているときには，短い語や特有の形をしている単語に注目して，容易に解読可能なことが知られている [たとえば一松 信 著，『暗号の数理（改訂新版）』，講談社ブルーバックス（2005）より]．

*　訳注 3：中国・清時代の皇帝 康熙帝（こうきてい，在位 1661-1722）の勅令により編さんされた字典で，1716 年に完成した．漢字を部首別に分類し，さらに画数順に読み方，意味，用例を示すという構成になっており，この体裁が日本の漢和辞書に引き継がれた．

164

情報を伝える，といったように．繰り返すが，情報理論を学んだことがあれば，この手の暗号解読に暗号対応表は必要なく，暗号データを多く収集するだけでよい．

ジュリアス・シーザーの時代から20世紀初頭までの長いあいだ，暗号解読の技術は遅々として進まなかった．なにしろ解読はほとんどが経験的な作業といってよく，そこに数学が応用できるとは考えられなかったためである（もちろん当時は情報理論もなかった）．しかしその歩みの中で，よい暗号化とは，暗号文から平文に変換する法則を統計的に導き出すことができない方法だということが徐々にわかってきた．経験豊富な暗号作成者は，一般的な単語を複数のコードに対応させることで，解読者が統計的にパターンを見いだしづらくなるよう工夫した．たとえば，中国語の「是」というありきたりな単語に対応する暗号が0543しかなければ，解読者は「0543」が頻繁に用いられることに気づくだろう．しかし，0543, 0373, 2947などの10個の暗号が「是」に対応し，その都度ランダムに1個が選ばれているとすれば，特定の暗号が突出して出現しているようにはみえなくなり，これら10個の暗号が「是」に対応していることを見破りづらくなる．ここにはすでに平易な確率論の原理が使われている．

よい暗号は，既知の平文と暗号文の対応関係から，新たな暗号文の内容を推測できないものでなければならない．数学的にいえば，暗号化は関数の演算，復号化は逆関数の演算とみなせる（図17・3）．このとき，平文が独立変数，暗号文が関数値にあたる．すなわち，暗号化におけるよい関数とは，いくつかの独立変数と関数値から関数そのものが割り出せるものであってはならない．第二次世界大戦前の暗号には見るべきものはないし，歴史上この手の配慮に欠けた暗号の例にはこと欠かない．たとえば，第二次世界大戦における日本軍の暗号設計にはかなり問題があり，アメリカ軍は日本側の暗号を大部分解読できて

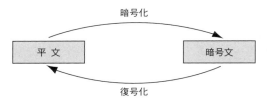

図17・3　暗号化と復号化は，関数と逆関数とみなせる

いたという．ミッドウェー海戦の直前，アメリカ軍が傍受した日本軍の暗号文中に AF という暗号が頻出していた．太平洋諸島のどこかをさしているはずなのだが，見当がつかなかった．そこでアメリカ軍は，支配下にある島々について，一つ一つフェイクニュースを流していった*4．そして「ミッドウェーの水道が壊れた」というフェイクニュースの後，日本の暗号文中に AF を含むメッセージ「AF の水道に問題がある」を傍受し，AF はミッドウェーであると結論づけた．このアメリカ軍の判断は正しく，日本の連合艦隊を待ち伏せすることに成功した．

アメリカの暗号学者であったヤードレー（Herbert O. Yardley，1889-1958）は，第二次世界大戦中，中国の重慶に滞在し，中国政府が日本の暗号を解読するのに協力していた．彼が重慶にいた 2 年間の最大の成果は，日本と重慶にいた日本のスパイのあいだの暗号を解読したことである．日本とスパイのあいだでやりとりされていた何千通ものメッセージを解読することで，国民党内の内通者「独臂海盗（片腕海賊）」が重慶の気象情報を日本に提供していた，というスパイ事件の発覚につながった．ヤードレー（そして中国人女性の徐貞）のおかげで，日本軍による重慶爆撃の被害を大幅に軽減できた．アメリカに帰国したヤードレーは，その体験を『中国黒室（The Chinese Black Chamber）』[1]として著したが，1983 年に機密解除されてようやく出版された．この本を読むと，当時の日本の暗号には重大な欠陥があったことがよくわかる．日本軍と重慶のスパイが使うことにしていた暗号対応表は，1938 年にノーベル文学賞を受賞したアメリカの有名な作家パール・S・バックの著書『大地（The Good Earth）』だったのである．本はたやすく入手できるうえ，暗号電報の受信者は本をみれば容易に復号できた．暗号対応表のページ数は，電報の日付の月数＋日数＋10 を足すだけのとても簡単な式で指定されていた．たとえば，暗号電報が 3 月 11 日に送信された場合，用いる暗号対応表は 24 ページ（3 + 11 + 10）を用いると

＊　訳注 4：アメリカ軍は，AF をミッドウェーらしいと絞り込んだ上で，それを確かめるためだけに，本文にある一文を発信したとされる．多くの島についてフェイクニュースを流すのは暗号の原理に反しており，ミッドウェーに関するフェイクニュースのみを流したと考えるのが妥当である．

1)　H.O. Yardley, "The Chinese Black Chamber: An Adventure in Espionage (1st edition)", Houghton Mifflin Company (1983); ISBN 9780395346488. 雅德利（ヤードレー）著，厳冬冬 訳，『中国黒室：鮮为人知的中日谍报战（中国のブラックチェンバー：知られざる中日谍报战）』，吉林文史出版社（2011 年）；ISBN 9787547207888.

いうように．このような暗号設計は，先に紹介した「暗号化関数は，いくつか
の独立変数と関数値から関数そのものが割り出されることがあってはならな
い」という原則に反している．暗号を一つ破ることができれば，すべての暗号
が解読可能だった．

　書籍『中国黒室』では，日本軍が機密保持の原理原則についていかに無知で
あったかということにもふれている．たとえば，マニラの日本大使館が暗号文
を送信した際，暗号機が途中で停止したため，同じ暗号をそのまま再送したこ
とがあったという．同じ暗号文の再送は暗号学において最大のタブーである
（現在 VPN にログインする際に求められる暗号鍵では，常に異なる鍵が生成さ
れることで繰り返し使用が避けられている．同様にメッセージの暗号化におい
ても，生成する暗号文は毎回違うものでなければならない）[*5]．また，日本の
外務省が暗号作成機を新しいものに入れ替える際，日本本土から離れた領事館
への暗号機の到着がどうしても遅くなるため，そこでは旧型機がそのまま使わ
れることもあったという．その結果，新旧機が混用され，アメリカは新旧両方
の暗号文を傍受できた．アメリカでは日本の旧型機の暗号文はほぼ解読してい
たため，それらを用いて新しい暗号作成機を解析し，無力化することができた．
この結果，第二次世界大戦中，日本の情報はほぼアメリカ側に筒抜けだったの
である．日本の帝国海軍きっての名将であった山本五十六（父が 56 歳のとき
に生まれたため，五十六と名づけられた）は，その結果として命を落とした[2]．
よく「立ち後れる者は痛い目にあう」というが，数学が使えない者も痛い目に
あうのである[*6]．

17・2　情報理論時代の暗号学

　第二次世界大戦中，第一線の研究者が軍や情報機関で仕事をした．たとえば
ウィーナーやアインシュタインはアメリカ軍で兵器開発に関わる仕事をした
し，シャノンやチューリングは暗号に関わる仕事をした．シャノンの仕事とい

　＊　訳注 5：同じ暗号鍵に基づく暗号通信を繰り返すと，通信内容を継続的に盗聴している
　　　攻撃者がいる場合，効率的に暗号鍵を推測できてしまう場合がある［出典：IT 用語辞典「初
　　　期化ベクトル」］
　2）アメリカ側は日本の暗号解読に成功しており，山本五十六の飛行コースを把握していた．
　　　そのうえで戦闘機を出撃させて山本の搭乗機を撃墜した．
　＊　訳注 6：「落后是要挨打的（立ち後れる者は痛い目にあう）」は，中国の箴言．

えば，イギリスのチャーチルとアメリカ側の通話を暗号化することで，ドイツ側に傍受されてもその内容を知られないようにすることだった．チューリングの仕事は逆に，ドイツ人の暗号通信の内容を解読することだった．当時，シャノンとチューリングはベル研究所で一緒にコーヒーをすすったことがあったものの，機密保持のために互いに仕事の話はしなかった．もし話していれば，この二人の聡明な頭脳からさらに偉大な発想が生まれていたことだろう．暗号化や暗号解読の研究の過程で，シャノンは情報理論を提唱した．したがって情報理論は，暗号学の直接の産物だといえる．

　シャノンが提唱した情報理論により，暗号の発展は新たな次元を迎えた．情報理論による最高の暗号とは，傍受されても敵はこちら側に関する知識を増やせない，情報理論の言い方では情報量を増やせない状態を実現するものである．一般的には，暗号のコードが均等に分布し，統計的に独立しているとき，提供される情報量は最小となる．均等な分布からは統計的に情報を得ることが不可能であり，また統計的に独立であれば，敵が暗号化アルゴリズムを知り，平文と対応する暗号文を手に入れたとしても別の暗号の解読にはつながらないため，全体の解読には至らないからだ．テレビドラマ「暗算」で昔ながらの暗号解読者の陳老人が，暗号の一部を解読できたのに全体を解読できなかったのに対し，数学者の黄依依は，敵の暗号が新しい統計的な独立性を盛り込んだ暗号であることを知っていたために，この結果を見越していたという場面がある．私には，この場面が「情報理論に基づいた理想的な暗号」を象徴しているようにみえる．

　情報理論はいまや暗号設計の理論的な基礎であり，現在一般的に用いられている公開鍵暗号方式（非対称暗号化）—— ドラマでは「光復一号」として登場した —— はまさにその理論の上に立っている．

　ディフィー（W. Diffie）とヘルマン（M.E. Hellman）は1976年，暗号学の後の方向性を決定づける論文「暗号学の新しい方向（New Directions in Cryptography）」を発表した．この論文で述べられている公開鍵や電子署名が，今日のインターネットセキュリティの基礎となっている．

　公開鍵暗号としてまずRSA暗号[3]，ラビン暗号[4]，さらにエルガマル暗号[5]，楕円曲線暗号[6]などさまざまな方法が生まれたが，いずれも原理は同じで明快である．これらの暗号の共通点は，以下の通りである．

1. どの暗号でも，二つの異なる暗号鍵，すなわち暗号生成鍵と復号鍵を用いる．

2. 一見無関係に見えるこの二つの鍵は，数学的に関連している．

以下，シーザー（Caesar）という単語の暗号化，平文化を使って，比較的簡単な RSA アルゴリズムを用いて公開鍵暗号の原理を説明しよう．

まず Caesar を，たとえばアスキーコードを用いて数字列に変換しよう．X（Caesar のアスキーコード）＝067097101115097114（三つの数字列でアルファベットが指定される）となる．この平文を暗号化する．

1. 非常に大きな，100 桁程度の二つの素数 P と Q を選び，以下の積を計算する．

$$N = P \times Q \qquad\qquad (17 \cdot 1)$$
$$M = (P - 1) \times (Q - 1) \qquad\qquad (17 \cdot 2)$$

2. M と互いに素の数，すなわち M とは 1 以外の公約数をもたない数 E を選ぶ．

3. $E \times D$ を M で除して 1 余る，すなわち $E \times D \equiv 1 \pmod{M}$[*7] を満たす整数 D を選ぶ．

現在普及している先進的な暗号システムでは，一般に公開鍵として E を用い（誰でも E を用いて暗号化できることから，これを公開暗号鍵とよぶ），D は秘密鍵として公開しない．公開される情報は公開鍵 E と (17・1) 式の N（ただし P と Q は秘密）であり，これらの数字を敵が知っても，それだけでは暗号は解読できない．

---

3) 1977 年，リベスト（R.L. Rivest），シャミア（A. Shamir），エーデルマン（L.M. Adleman）により発明されたため，3 人の頭文字をとってよばれている．
4) 1979 年，マイケル・ラビン（Michael O. Rabin）により発明された．
5) 1985 年，タヘル・エルガマル（Taher Elgamal）により発明された．
6) 1985 年，ニール・コブリッツ（Neal Koblitz）とビクター・ミラー（Victor Miller）により独立に発明された．
* 訳注 7：これらの式は合同式とよばれ，たとえば $E \times D \equiv 1 \pmod{M}$ は，「$E \times D$ を M で除した余りと 1 を M で除した余りが等しい，すなわち $E \times D$ を M で除した余りが 1 である」ことを表す．この式は「$E \times D$ と 1 は M を法として合同である」と読む．なお別の記法として，$E \times D \bmod M = 1$ がある．

17. 暗号の数理　169

これらの鍵を用いて，下の式を用いて平文 X を暗号化して Y を得る．

$$X^E \equiv Y \pmod{N} \qquad (17 \cdot 3)$$

ただし秘密鍵 D がなければ，神といえども Y から平文 X を復号することは不可能である．一方で秘密鍵 D があれば，フェルマーの小定理を用いて簡単に復号して平文 X を得ることができる[7]．

$$Y^D \equiv X \pmod{N} \qquad (17 \cdot 4)$$

このプロセスを図 17・4 に示す．

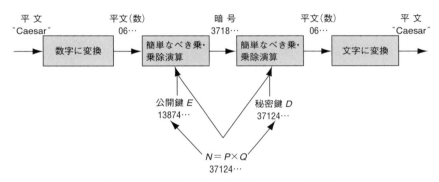

図 17・4　公開鍵を用いた暗号化プロセスの模式図

公開鍵暗号の利点をまとめると，次のようになる．

1. 簡単であること．なにしろ掛け算と割り算ですむのだ．
2. 信頼性があること．公開鍵方式で得られる暗号文は統計的に独立であり，一様分布であることが保証されている．すなわち，平文と対応する暗号文をいくら手に入れたところで，そこから何らかの対応関係を読み取って，次の暗号文を解読することはできない．さらに重要なのは，暗号化に必要な

---

7) フェルマーの小定理には 2 種類の説明法がある．
　i) 素数 P に対し，P と互いに素な自然数 N は
　　$N^{P-1} \equiv 1 \pmod{P}$
　　を満たす．
　ii) 素数 P に対し，P と互いに素な自然数 N は
　　$N^P \equiv N \pmod{P}$
　　を満たす．

N と E は誰でも見られるが，鍵 D を持っている人だけが暗号を解読でき，そうでなければ暗号化した本人でさえ解読不能だという点である．このようにして，たとえ暗号化した本人が反乱に巻き込まれたとしても，暗号システム全体は安全である（冒頭に紹介したシーザー暗号化では，暗号に関わる人からひとたび漏洩されると，暗号システム全体が公開されてしまう）．

3. 柔軟性があること．公開鍵 E と秘密鍵 D の組み合わせをいくらでも作れて，異なった暗号文を作成できる．

　さて，この暗号はどの程度破りづらいのだろう．まずもってこの世の中で永遠に破れない暗号というものはなく，むしろどれだけ長く暗号が破られずにいるかということがカギである．これまでの研究で，公開鍵暗号を破る最適な方法は N の素因数分解，すなわち $N=P\times Q$ となる P および Q を見いだすことにあることがわかっている．素因数分解は，コンピュータを用いてそうした数字の組み合わせをいちいち試していくことが，愚直だが唯一の方法だ（試すのにもエレガントな方法と愚直な方法があるが，エレガントな方法を用いても多くの数を試さなければいけない）．じつのところこれは並列コンピュータの演算速度の問題であり，P と Q がどちらも「非常に大きな」数でなければならない理由がここにある．50 年間この素因数分解ができないということが保証されれば，その暗号は使えるものとみなせる．数年前に破られた RSA-158 暗号は，以下のように因数分解された．

39505874583265144526419767800614481996020776460304936454139376051579
35562652945068360972784246821953509354430587049025199565533571020979
9226484977949442955603
= 33884958374667213943683932046721815228158303686049930480849258 4055
5281177 × 116588234066712599031483765583832708181310122581463926 0043
95209941313443341629245 36139

　公開鍵暗号の他のアルゴリズム，とりわけラビンアルゴリズムは原理的に RSA アルゴリズムとよく似ている．しかし，アルゴリズムが異なればその解読法は異なってくる．公開鍵暗号はどのアルゴリズムも完全に解読することはきわめて困難である．しかし残念なことに，公開鍵暗号は原理的に非常に信頼性

が高いものの，個々の暗号化プロセスを実装する上で少なからぬ脆弱性をもつ．そこでハッカーはアルゴリズムへのハッキングから，実装における脆弱性を突く攻撃へと移っている．「RSA 暗号化システムに対する 20 年に及ぶ攻撃（Twenty Years of Attacks on the RSA Cryptosystem）」において，このような状況が分析されている[8]．

　話をドラマ「暗算」に戻そう．数学者の黄依依が「最初の解読において計算を重ねた結果，ゼロにできなかった，割り切れなかった」と言う部分がある．1960 年代には公開鍵の暗号化計算はなかったが，後の暗号解読にも通じる方法を用いたのだろう．すなわち，大きな数 N の素因数分解を試みたが失敗した，ということではないか．2 回目の計算ではゼロになったと言っており，これは $N=P \times Q$ の素因数分解に成功したことを示唆しているのだろう．もちろん，このような計算はそろばんではできないことなので，この点については誇張が入っていると考える．「暗算」にはもう一つよくわからない点があり，それはドラマ中で言及される「光復一号」暗号の「誤差」についてである．暗号に誤差などありえず，もしあれば復号器を通しても暗号は解読不能だろう．私は，ここでいう「誤差」は暗号化プロセスの実装における脆弱性をさしたもので，それにより暗号の機密性が破られたことを言っているように思う．先にふれた「RSA 暗号化システムに対する 20 年に及ぶ攻撃」では，アルゴリズムの原理としては遺漏がないにもかかわらず，実装において脆弱な暗号システムの例がいくつかあげられている．なお，ドラマ中，現代暗号の父としてフォン・ノイマンにふれているが，これは完全な間違いで，むしろシャノンであるべきだろう．フォン・ノイマンの貢献は，現代のコンピュータの発明とゲーム理論への貢献であり，暗号にはかかわっていない．

　いずれにしても，われわれが使用している，いわゆる最も信頼性の高い暗号化の背後にある数学の原理は，きわめて単純で神秘とは無縁である．RSA アルゴリズムであれラビンアルゴリズムであれ，後のエルガマルアルゴリズムであれ，大きな素数をいくつかもってきて掛け算と割り算，べき乗計算をするのに尽きる．今日注目を集めている楕円曲線暗号もその原理はまったく複雑ではな

8）D. Boneh, "Twenty Years of Attacks on the RSA Cryptosystem", *Notices of the American Mathematical Society*, **46** (3), 203–213 (1999)．

いが，第31章のビットコインやブロックチェーンの解説の中で取り上げる．とにかく第二次世界大戦後，こうした単純な数学的原理によって，暗号を破ることが格段に困難になった．米ソ両国は冷戦期，相手の情報を得ようと互いに多大な労力を費やしたが，暗号が破られることによる重大な情報漏洩はついに起こらなかった．

■ ま と め

　第6章の情報理論において，情報によりシステムから不確実性が除去できると述べた．すでに獲得した情報を用いて，システムの不確実性を取り除くプロセスが復号化にあたる．暗号システムの具体的な設計方法は，いかに実装するかを競っている段階だ．多くの可能性があり，今後も進化し続けるだろう．しかし，敵がいくら暗号文を入手しても，すでに入手している情報システムの不確実性を取り除けない状態が暗号技術の究極であることに変わりはない．これを実現するためには，暗号文が互いに独立していることだけでなく，暗号文が完全にランダムな配列であることを実現する必要がある．この考え方にこそ，学術的な研究の余地がある．情報理論の誕生後，研究者らはこの線に沿って優れた暗号システムを提案してきた．その中で公開鍵暗号は，目下最も用いられている暗号化なのである．

17. 暗号の数理　　173

18 輝くもの必ずしも金ならず
検索エンジンの質を高める 二つのアプローチ

　検索エンジンを使う際，ユーザーが求めるものは役に立ち信頼に足る情報であって，字面の上で関連があるというだけではない．とはいえ残念ながら，どの検索エンジンを用いても得られる結果は完璧ではなく，大なり小なりノイズを含むものになってしまう．ノイズの中で人為的なもの，とくに検索エンジンのページランキングに対する不正（スパム）にはもっとも気を遣わなければならないが，ほかにもユーザー自身が故意か否かを問わず生成する，膨大な量の不正確な情報も含まれる．これらのノイズを 100% 除去することはできないにせよ，優れた検索エンジンは可能な限りこれらを除去した上で，ユーザーに対して，知りたいことと関連があり，かつ正確な検索結果を返さなければならない．

　本章では，検索エンジンのスパム対策と検索結果の権威性[1]の問題について節を分けて述べる．

18・1　検索エンジンのスパム対策

　検索エンジンがあれば，それを悪用する試みもある．その結果，検索上位に上がってきたページがユーザーの求める信頼できる情報ではなく，むしろ商売っ気が前面に出たスパムであることがよくある．まさに「輝くもの必ずしも金ならず」[2]である．

　そのようなイカサマは多いが，その目的はただ一つ，自分のウェブページの

---

* 　訳注 1：権威性は，ここでは多くの人々に支持されるものであることを意味する．グーグルはウェブコンテンツを複数の要因に基づいて評価しており，「権威性」はそのうちの一つ．
* 　訳注 2：シェークスピア『ヴェニスの商人』の "All that glitters is not gold." に由来する．

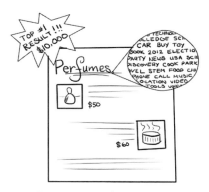

図 18・1 私に 1 万ドルください．あなたのサイトを
グーグルの 1 ページ目にランクインさせます．

ランキングを不当につり上げることである．初期にはとにかくキーワードをひたすら繰り返す手が採られた．デジタルカメラ販売サイトであれば，ブランド名（ニコン，キヤノン，コダックなど）を繰り返し表記するといった具合に．目端の利くイカサマ師はユーザーに気取られぬように非常に小さなフォントを使って，背景に埋もれてその仕掛けを見えづらくした（図 18・1）．もっとも，この手のイカサマは簡単に見分けがつくので，ランクからは排除できた．

ページランクの仕組みができあがった後，イカサマ師はページのリンク数が多いほどランキングを高められることを発見し，リンクの売買に特化した商売すら生まれた．たとえば，何百ものウェブサイトを作成するが，そのウェブサイトに中身はなく，顧客のウェブサイトへリンクを張ってあるだけだ．この手口ではイカサマ師自身が表に出ないうえ，彼らの顧客のページの内容自体に問題もないので，簡単には検出できない．そのためキーワードを繰り返し表示する手口よりもはるかに巧妙である．とはいえこのような手口もばれてしまう．この手のリンクサイトは，商売を維持するためにリンクをたくさん売る必要があるため，かえって露見しやすい（偽札づくりで儲けようとして，偽札を大量に流通させると出所が割れやすくなるように）．他にもいろいろな方法があるのだが，ここではふれない．

2002 年，私がグーグルに入社してはじめに手がけた仕事は，まさにこのような検索エンジンへのスパムに対する対策を行うことだった．ちょうど検索エンジンへのスパムが深刻な弊害を引き起こしていた時期だった．当時は，そのよ

うなスパム対策が仕事になるとはみなされず，イカサマ師たちも自分が排除されるとは考えていなかった．われわれは数人で数カ月かけて一気に半数のイカサマ師を排除し，残りの大部分も個々に排除していった（もちろん，この後はこれほど効率的にイカサマ師を排除することはできなかったが）．イカサマ師たちも，まさかわれわれが彼らを排除できるとは思っていなかった．排除されたイカサマ師にはスパム商売から足を洗った人もいたが，大多数は手を替え品を替えスパム稼業を続けた．われわれもそれを見越して手を打った．このように，検索エンジンへのスパムの排除は長い目で見るといたちごっことなっていった．この問題の解決は一筋縄ではいかないが，基本的にグーグルはあらゆるスパムに対して一定期間のうちに排除できているので，検索結果にスパムが入り込む余地を低く抑えられている．

　物事への対処法には「道」と「術」の二つのアプローチがあり，アンチスパムについてもそうである．「術」のアプローチは，さまざまなスパムを観察・解析することである．この方法ではそれほど頭は使わないが，仕事量はどうしても多くなり，普遍性をもつ法則を導き出すことは難しい．このような手法を好むのは，えてして貴重な人手に頼った検索エンジンである．「道」のアプローチでスパム対策を行う場合は，具体的なスパムの事例からその動機・本質に迫ることになる．そうして初めて，本質的に問題を解決できる．

　われわれは通信モデルがスパム対策にも適用できることを見いだした．通信の問題で，ノイズによる妨害を解決するポイントは以下の二つにつきる．

1. 情報源からの信号強度を強化し，ノイズによる妨害を受けにくくする．
2. 情報を受信する際，ノイズをフィルタリングしてもとの情報を復元する．

　検索エンジンへのスパムは，基本的には（検索結果の）ランキング情報にノイズを加えるものなので，スパム対策の第一の方針は，ランキングアルゴリズムのノイズ耐性を高めることにある．そして第二の方針は，信号処理のようにノイズを除去してもとの真のランキングに戻すことである．情報理論を勉強したことがあり，信号処理の経験があれば思い当たるだろう．エンジン音がうるさい車の中で電話をかけるとき，そのままではエンジン音で通話がかき消されてしまうが，車のエンジンの周波数を知っていれば，エンジン音と同じ周波数，同じ振幅でかつ逆位相の信号を加えることで，エンジン音に邪魔されることな

く通話ができる．実際，一部のハイエンド携帯電話には，このようなノイズ除去機能が搭載されている．ノイズの除去プロセスをまとめると，以下のようになる．

　図18・2では，もとの信号にノイズが混入しているが，数学的には二つの信号が畳み込まれた状態である．ノイズ除去の処理は，逆畳み込み処理で，信号処理の上では難しい問題ではない．先の，車の中で電話をかける例でいえば，エンジンサイクルが一定で，かつこのサイクルでノイズが繰り返し出現するような場合，ノイズ除去に必要なのは数秒間信号をキャプチャして得られる情報である．広義には，完全にランダムではなく何らかの規則性さえあれば，ノイズを検出して除去できる（実際，完全にランダムなホワイトガウスノイズは，除去するのが非常に困難である）．

　検索エンジンへのスパムは，電話での通話を邪魔するノイズ同様，ランキングを著しく混乱させるノイズである．しかし，この人為的に加えられたノイズとしてのスパムの影響を除去することは難しくない．イカサマ師の仕込むスパムはランダムではありえないからである（そもそも，あるウェブページのランキングを高めることが目的なのだから）．しかも，スパムの効果が発揮されてランキングが改変されるまで時間を要する以上，スパムの手法が頻繁に変わることはない．したがって，検索ランキングは，一定期間スパム情報を収集して発信源を特定し，スパムの影響を除去して正しいランキングに復元できる．通話時のノイズ除去のためのデータ収集同様，スパム情報を収集している間は，イカサマ師の思うとおりにランキングが操作されてしまうこともある．すなわち，ある特定のウェブページのランキングが「最適化」（スパムによるランキング操作の効果なのだが）されることはあるのだが，その効果は長続きせず，速やかに消失していく．検索エンジンがスパムに対し，検出前は寛容でその後が厳しいということではなく，そもそもスパム検出に至るまでには，それなりの時間を要するからである．

図18・2　通信におけるノイズ除去プロセス

動機という観点では，スパムの意図はウェブページのランキングを上げ，商売につなげることにある．スパムを仕込むイカサマ師（彼らは自身を検索エンジンオプティマイザー，SEOとよぶ）もまた，そこから利益を得ようとしている．この動機が理解できれば，スパムを防ぐための対策につなげられる．ちょうど高ノイズ環境の通話でノイズ除去マイクを使用するのと同じように，商用サイトを含む検索に対しては「ノイズ除去機能を強化した」検索アルゴリズムを利用する．一方，情報の検索として用いるのであれば，静かな環境で音を拾えるような敏感なマイクを用いるのと同様，「敏感な」検索アルゴリズムを用いるとよい．リンクを販売しているサイトは発信リンクが多く，通常のページとはリンクの様子が大きく異なる（リンクを売る側はわからないかもしれないが）．各ページからほかのページへの発信リンク数は，そのサイトの固有の特徴ベクトルとみなすことができ，余弦距離（ここにも！）を計算できる．われわれは，いくつかのサイトの発信リンクベクトル間の余弦距離がほぼ1であることを見いだした．一般的にこのような特徴をもつサイトは，一人の人間が一つの目的，つまりリンクを販売するために構築したものなのである．このパターンを見いだした後，こうしたリンクをもつページが評価されないように，ページランクアルゴリズムを改善した．

　また，スパム防止に用いられるもう一つの数学的ツールがグラフ理論である．グラフでは，直接つながる節点の集合を「クリーク」とよぶ．スパムページでは，ランキングを上げるために相互にリンクを張る必要がある．このことがインターネットの大グラフ中で，多数のクリークが形成されることにつながる．グラフ理論にはクリークを見つけるための特別な方法があり，スパム防止に直接適用できる．これもまた数学の威力である．「術」としてはさまざまな方法があるが，たとえば，スパムのJavaScriptの遷移画面に着目して，その内容を解析するのもその一つである[1]．

---

1) 多くのスパムサイトのランディングページは内容が充実しているが，ページ中にJavaScriptがあり商業サイトなどのスパムサイトへ遷移させる．したがって，ユーザーはこのウェブページにアクセスした後，ランディングページからただちにスパムサイトに誘導されてしまう．ウェブクローラーはこのホームページをダウンロードした際，ランディングページの内容に基づいてインデックス付けを行う．ユーザーが情報を検索するとき，インデックスに基づいてこのランディングページのランキングが上位にくるのだが，実際にユーザーが目にするのは検索内容とは無関係のスパムサイトなのだ．

最後に何点か強調しておきたい．まず，グーグルのスパム検出やランキングの復旧などは，携帯電話におけるノイズ除去同様に自動的に行われ，個人的な感情が入り込む余地はない．ウェブページのランキングを長期間上位に保つには，内容を充実させ，スパムサイトと明確に差別化する必要がある．第二に，ほとんどの検索エンジンに対する「最適化」，すなわちスパムサイトのランキング向上を請け負う人は，大きな市場シェアをもつ検索エンジンのアルゴリズムを相手にスパムを仕込むことになる．スパムを仕込むのにもコストがかかり，かつスパムの市場占有率は5%にも満たないため，経済的に割に合う仕事ではない．そこでシェアが小さく，スパム対策があまりなされていない検索エンジンに対してスパムを仕込むことになるのだが，それで釣られてしまう人はきわめて限られる．

近年，主流の検索エンジンがスパム対策に投資し続ける中で，スパムを仕込むためのコストは世界各国で，徐々に検索エンジン上の広告費と同等かそれを上回るようになった．自社のウェブサイトのランキング向上を目論む企業は，スパムに頼るよりむしろ，検索広告を購入してトラフィックを得ることを選択するようになっている．こうしてイカサマ師とのつながりも疎遠になりつつある．しかし中国ではいくつかのサイトでリンクを販売し，小銭を稼ごうとしているウェブサイトがあり，リンクを取得して販売する中間業者という灰色ビジネスが誕生している．もちろん，キツネは草むらに痕跡や匂いを残しているので，ハンターであれば彼らを追い詰めることができるのだが．

検索エンジンへのスパム対策は，それを運営する企業にとって長期的な課題である．スパム対策の本質は，ページのランキング情報に加わったノイズを取り除くことがポイントとなる．この考えに沿って，検索アルゴリズムの能力を根本的に向上させることができ，スパム対策の労力を半減できる．個々のスパムに対症療法的に対処していては，イカサマ師の思うつぼである．

18・2　検索結果の「権威性」

なぜ検索するのか？　目的は大体二つに絞られるだろう．一つは自分のほしい情報があるウェブページへの誘導であり，これはほぼ解決済みの問題といえる．そしてもう一つは情報そのものの探索である．今日の検索エンジンは，ほぼすべての質問に対し，膨大な量の情報を返すことができる．問題は，この情

報が本当に信頼できるのかということで，たとえば医学的内容が関わる質問のように，ユーザーが専門家からの真面目な回答を必要としている状況ではなおさらである．インターネットの規模が大きくなればなるほど，正確性に欠ける情報も増え続けるので，いかに多くの情報源から確かな情報を見いだすかが，近年の検索エンジンにおける課題となっている．これは私が 2012 年にグーグルに戻って以来の課題でもある．

　グーグルにはページランクなどウェブページの内容を評価する手立てがあるではないか，と思われるかもしれない．そのような手立てで検索結果の権威性の問題は解決できるだろうか．結論からいうと，これは大変難しい．たとえばメディアの中には，大衆のために娯楽を提供することを主な目的とし，情報の正確さを二の次とするところもある．そのようなメディアに掲載される記事はよく書けており，ページランクもそれなりに高いが，もともとがゴシップ記事（アメリカであればピープル誌を出している people.com，中国なら「天涯論壇」）なので，その内容に権威性があるとは限らない．

　次に，インターネット上では一つの問題に対して矛盾した答えがあることがよくある．たとえば，オバマ氏*[3] の出身地についてネット上には 100 近くもの回答があり，氏の政敵の中にはオバマ氏の出生地をケニアという人もいる．当然公式にはハワイなのだが，いったいどれが権威性のある回答なのだろうか．ある程度の分別のつく人なら，政敵のこのような回答の信憑性が低いことは織り込み済みかもしれないが，コンピュータはオバマの政敵が誰かなどわかるだろうか．また非常に専門性の高い質問に対しては，えてして相反する回答や曖昧な回答を目にすることがある．この手の問題に対しては，有名なニュースサイトでさえ権威性のある回答をもち合わせないだろう．たとえば，携帯電話からの電磁波ががんを引き起こすかどうかという問題について，アメリカのニュース専門のテレビ局 CNN は「携帯電話の使用はがんのリスクを高める」と報道し，世界保健機関（WHO）の調査結果を引用したことがあった[2]．これは非常に確かな記事にみえる．しかし，WHO の調査結果は，「携帯電話からの電磁波はグループ B に分類されており，グループ B の電磁波はがんを引き起

　＊　訳注 3：アメリカ合衆国第 44 代大統領．
　2）"Cell phone use can increase possible cancer risk", http://www.cnn.com/2011/ HEALTH/05/31/who.cell.phones/

こす恐れがあるが…，現在までのところ，携帯電話の使用ががんを引き起こすという証拠はない」という内容だった．WHO の調査結果は，WHO の研究では，携帯電話の使用ががんの発症につながる可能性が大きいと述べているだけで，それが確かなのか，どの程度の可能性があるのかについては結論を出していない．一方，CNN の記事も断定しているわけではないが，この記事では携帯電話の使用によりがんのリスクが高くなるように読めてしまう．したがって，「携帯電話の電磁波ががんを引き起こすか否か」という疑問に対する答えを得る上で，CNN の記事は権威性のある情報ではないかもしれない．実際，アメリカがん協会（cancer.org）やメイヨークリニック（mayoclinic.org）[3]のような本当に権威のある医療サイトでは，この質問に対して非常に慎重な回答をしている．これらのサイトからは明確な結論は得られないが，多くの情報を提供し読者の判断に委ねている．これら二つの例からもわかるように，「オバマはケニアで生まれた」「携帯電話はがんを引き起こしうる」といった情報は，質問に対して関連性はあるが，権威性のある情報ではない．

　それでは，権威性はどうやって測るのか？　それを説明するために，まず「言及」という概念が必要になる．下記のようなニュース記事があったとしよう．

<blockquote>WHO の研究によれば，喫煙は人体に有害である．</blockquote>

あるいは

<blockquote>ジョンズ・ホプキンス大学の教授は，受動喫煙も喫煙と同様に人体に有害だと指摘している．</blockquote>

　ここでは，「喫煙の害」というトピックに対し，「WHO」や「ジョンズ・ホプキンス大学」が言及されている．「喫煙の害」について論じているさまざまなニュースや学術論文，ウェブページで，この二つの組織が情報源として繰り返し言及されていれば，この二つの組織がこの話題の権威であるとしてよいだろう．

　「言及」のような情報は，ウェブページ間のハイパーリンクのように一見し

3）メイヨークリニック（Mayo Clinic）はアメリカ最大，最良の医療機関である．

18. 輝くもの必ずしも金ならず　　181

て直接入手できるものではなく，記事の自然な発話の中に暗黙的に含まれていることに注意する必要がある．すなわち自然言語処理によって解析すると，どんな優れたアルゴリズムを用いても計算量はきわめて大きくなる．

　ウェブサイトやウェブページの権威性を計算する上でのもう一つの難しさは，一般的なウェブページの品質（ページランクなど）とは異なり，権威性が検索対象のトピックに関連していることである．たとえば，上記のWHO，メイヨークリニック，アメリカがん学会などは，医療関連トピックスについては権威のある存在だが，金融分野ではそうはいかないだろう．逆にCNNは医療トピックスに関しては権威がないかもしれないが，世論，政治的な観点，ニュース全般においては権威をもつ．このような権威性の特徴，すなわち検索対象との関連性により，権威性を検証する上で必要なメモリ量はかなり大きくならざるをえない．たとえばN個のキーワードがあり，それに対応するM個のウェブページがあるとすれば，メモリの量は$O(M \cdot N)$のオーダーで増えてしまう．一般的に，ページランクなどウェブページの質を評価するだけであれば，メモリ量はM個のウェブページを保存するだけですむので，これと比べると，膨大な量といえる．権威性の計算は今日のクラウドコンピューティングとビッグデータ技術がそろって初めて可能になったのである．

　権威性を計算するプロセスをまとめると以下のようになる．

1. 各ウェブページの（見出しを含む）本文の各文に対して構文解析を行い（構文解析の方法については第25章参照），トピックに関連する句（たとえば「喫煙の害」）と情報源に関連する句（たとえばWHO，メイヨークリニックなど）を見いだす．ここで「言及」のもととなる情報が得られる．何十億ものウェブページの一文一文を解析するので膨大な計算を要するが，幸いグーグルではペレイラらが開発した構文解析ツール*4と多くのコンピュータを用いることで可能となったことは特筆すべきだろう．

2. 相互情報量（第6章参照）を用いて，トピックに関連する句と情報源の関連性を見いだす．

3. トピックに関連する句について，字面が異なっても同じ内容を示すものを

　＊　訳注4：第13章参照．

クラスタリングする．すなわち，「喫煙の害」「喫煙はがんを引き起こすのか」「タバコの危険性」「タールの危険性」などを同じトピックに関連する句として扱う．このクラスタリングを経て，検索されるトピックが得られる．クラスタリング手法には，第15章に述べた行列演算を用いる．

4. 最後に，情報源であるウェブサイトを，サブドメインやサブディレクトリでクラスタリングし，まとめる．なぜこのステップが必要なのか？ 権威のあるサイトであっても，サブドメインの中にはそうでないものもあるからである．たとえばジョンズ・ホプキンス大学のウェブサイトには，医学生の課外活動に関連するページなど，医学とは関係のない内容のサブドメインが多数ある．したがって，権威性はサブドメインまたはサブディレクトリレベルで定量する必要がある．

　以上の四つのプロセスを経て，さまざまなトピックスについてどの情報源（またはどのウェブサイト）が権威をもつかという権威性に関する相関行列が得られる．この行列を計算する際，ページランクの場合のように，権威性の高いウェブサイトの「言及」によって重みを与え，反復アルゴリズムによって収束した権威性相関行列を取得する．権威性相関行列を利用すれば権威性の高い情報源からの情報の検索順位がより高くなり，ユーザーの検索結果への信頼性が増すことになる．

　権威性の計算は，構文解析，相互情報量，句のクラスタリングという，ほかの三つの章で取り上げる手法を用い，いずれも数学に裏打ちされている．このように，検索結果の権威性の尺度もさまざまな数理モデルの上に成り立っているのである．

■ まとめ

　ノイズは広く通信システムにはつきもので，よい通信システムにはノイズを除去して真の信号を復元できる手立てがある．検索エンジンはそのような通信システムの一つであり，スパム防止や権威性の確立はノイズ除去プロセスなのである．そして，この一連のプロセスは数学によって裏打ちされている．

19 数理モデルの重要性

図 19・1 偉大な天文学者 プトレマイオス

数理モデルは大変重要である.この重要性を説明するために,2006年7月,私がグーグルチャイナで行った検索の基本原理に関する社内研修では,30時間たらずのカリキュラムのうち2時間をまるまる数理モデルにあてた.また,2010年にテンセント社に転じてからも,はじめの社内研修で同様の内容を講義している.

コペルニクス,ガリレオ,ニュートンなどの天文学者の中で私が最も尊敬するのは,天動説を完成させたプトレマイオス(Claudius Ptolemy,90-168,図19・1)である.

天文学のルーツは古代エジプトにさかのぼる.ナイル川は年に一度氾濫するため,ナイル下流には非常に肥沃で灌漑が容易な土地がひらけ,これが人類最古の農耕文明の誕生につながった.洪水がおさまり,水のひいた土地はエジプト人に豊作をもたらした.このような農業のスタイルは,ナイル川上流にアスワンダムが建設され,ナイル川下流が洪水にさらされなくなった1960年代まで続いた(エジプトで何千年も続いていた農業のスタイルは,こうして崩壊した).洪水による冠水,そして水のひく時期までを正確に予測するために,6000年前のエジプト人は天文学を発明した(図19・2).われわれとは異なり,古代エジプト人はシリウスと太陽が同時に昇る日を基準に,暦を定めた.古代エジプトは暦を365日とし,閏年はなかったが,太陽とシリウスがほぼ同時に昇る時期の観察から,そのずれは観察されていたとされる.実際,シリウスと太陽

図 19・2 古代エジプトの農耕文明はナイル川の洪水の恵みを受け，その洪水は天文学の誕生を促した

をともに基準として用いた方が，太陽を基準とする太陽暦よりも精度が高い．こうして古代エジプト人は，洪水の到達範囲と時間を正確に知ることができたのである．

　文明の第二の中心がメソポタミア地方に出現したころ，古代バビロニア人は天文学をさらに発展させ，暦に月と季節の概念を取り入れた．同時に五つの惑星（金，木，水，火，土，天王星と海王星は肉眼では見えない）が地球のまわりを単に一方向に周回しているのではなく，逆行も含めて波のように動いていることを見いだしていた．ヨーロッパ言語における planet（惑星）という言葉は，「惑う星」*¹ を意味する．そして惑星の運動は遠日点よりも近日点の方が速いことも観測していた〔図 19・3 は地球からみた金星の動きを示している．『ダ・ヴィンチ・コード』*² にも登場する，金星が約 8 年かけて空に描く五芒星（ペンタグラム）が見て取れよう〕．

　しかし，天文学を生み出して多くの天体の軌道を計算したのは，いまから約 2000 年前，古代ローマ時代に活躍したプトレマイオスである．いまでこそ太陽が地球の周りを回るとした単純ともいえる過ちが強調されるが，プトレマイオスの貢献を真に理解すれば，畏敬の念を抱くほかはない．過去数十年，中国で

　＊　訳注1：古代ギリシア語の「さまよう人（πλανήτης, planētēs）」に由来する．
　＊　訳注2：D. Brown, "The Da Vinci Code", Anchor (2003) ［邦訳：ダン・ブラウン 著，越前敏弥 訳，『ダ・ヴィンチ・コード（上・中・下）』，角川文庫（2006）］．

図 19・3 地球からみた金星の軌跡

はプトレマイオスは常に誤った理論の代表として批判されてきたため，中国人はプトレマイオスの，天文学を介した人類への比類なき貢献をほとんど知らない．かくいう私もアメリカで科学史の本を何冊か読んで，初めて彼の偉大さを知った．数学者，天文学者としてプトレマイオスは多くの発明と貢献をなしたが，どれをとっても科学史上重要な意義をもつ．プトレマイオスは，現在でも利用されている極座標の元となる考え方をあみ出し，現在の地図の記法に通じる経緯線を定義し，黄道を考案し，ラジアンを発明した（中・高生にはやや抽象的にすぎるだろうか）．

とはいえ彼の最大かつもっとも物議をかもした貢献は，天動説の精緻化であった．いまでこそ地球が太陽をまわっていることは明らかだが，当時は，観測に基づいて地球が宇宙の中心であることを当然のこととしていた．古代中国の有名な天文学者である張衡[*3]は渾天説を提唱しており，これは実質天動説なのだが，彼はそれを定量的に記述することはしなかった．図 19・4 および図 19・5 を見てもわかるように，この二つは非常によく似ている．

ただ，張衡は中国人にとっての誇りであり，歴史書でも積極的に取り上げられているのに対し，プトレマイオスは中国ではむしろ唯心論[*4]の代表格と位

---

* 訳注3：張衡（ちょうこう，78-139）は後漢の学者，官僚，詩人．本書にふれられている渾天儀のほか候風地動儀（地震計）を発明したことでも知られる［出典：『世界史小辞典（改訂新版）』，山川出版社（2011）］．
* 訳注4：ここでいう唯心論は，「観念論」と同一視される．すなわち，精神あるいは心は身体から独立した本質的に非物質的な存在者であり，精神による認識が物質的な認識対象に優位するとみる立場と捉える．唯物論との対立構造において，批判的に論じられることが多い［出典：imidas 時事用語辞典］．

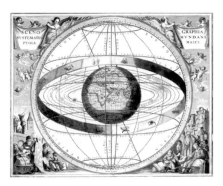 

図19・4　プトレマイオスの天球図　　　　　図19・5　張衡の渾天儀
　　　　（天動説モデル）　　　　　　　　　　　　（天動説モデルに相当）

置づけられている．実際は，天文学におけるプトレマイオスの位置づけは，幾何学におけるユークリッドや物理学におけるニュートンに相当するのである．

　地球からみた惑星の軌道は，実際には不規則である．プトレマイオスは図19・6のように大きな円の上に40～60個の小さな円をおき，これらを用いてすべての惑星の運動の軌道を正確に計算した．ここに彼の偉大さがある．プトレマイオスは，円を完全な幾何学的図形とするピタゴラスの考えを継承し，円軌道に基づいて惑星の軌道の法則を説明しようとした．

　プトレマイオスのモデルの精度は非常に高く，後続の科学者たちを畏敬させた．現在，コンピュータを援用しても，40組の円の方程式を同時に解いていくのは難しいだろう．この難しい計算に思いをいたし，私は心底からプトレマイ

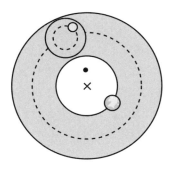

図19・6　プトレマイオスによる大円上の小円の天動説モデル

19．数理モデルの重要性　　187

図 19・7　バチカンのサン・ピエトロ大聖堂にある教皇グレゴリオ 13 世の墓（上部の人物像は，新暦を掲げた教皇グレゴリオ 13 世）

オスに憧れる．プトレマイオスの流れをくみ，ジュリアス・シーザー（ユリウス・カエサル）は天文学者ソシゲネスの進言に基づいて，1 年を 365 日として 4 年ごとに閏年をおいて 1 日加えるユリウス暦を制定した．のち 1500 年にわたって，人々はこの暦に従って農業を営んできた．しかし 1500 年経ってみると，このプトレマイオスの天動説に基づいた暦では 10 日も余分に日にちを加えることとなった．10 日のずれは，ヨーロッパの農業にもなにがしかの影響をもたらす．そこで 1582 年，教皇グレゴリオ 13 世はユリウス暦から 10 日を削り，各世紀の最後の年の閏年を平年に変更し，400 年ごとに閏年を入れることとした．これはまさにわれわれが現在使用している暦であり，ほとんど誤差のない暦となった．グレゴリオ 13 世に記念して，現在ではグレゴリオ暦ともよばれている（図 19・7）．

　グレゴリオ 13 世は，400 年ごとにユリウス暦から三つの閏年を引くことで，正確な暦をいわば「合わせ込んだ」．しかし，教皇の新暦には裏付けとなる理論がなかったため，この「合わせ込み」的な手法ではほかの天体の運動の予測は難しい．グレゴリオ暦は地球の運動の周期を正確に反映していたが，ほかの惑星を予測するものではない．そして，天動説を正しくすることは，プトレマイオスの 40 個の組み合わせ円モデルにさらにいくつかの円を追加することではなく，真実をさらに探求することで初めて可能となる．ポーランドの天文学者コペルニクスは，太陽を中心に置くことで，惑星の運動を計算するのに必要な円が 8〜10 個ですむことを発見し，太陽を中心とする地動説を提唱した．残念ながら，コペルニクスのこの仮定からはプトレマイオスの計算結果よりもよい結果は得られない．すなわち彼のモデルは，プトレマイオスのそれに比べてずれが大きかった．生前，コペルニクスは地動説が教会の怒りをかうことを畏れ，

死の床につくまで自説を発表しなかった．教会は当初，この地動説の革命的な先進性に気づかなかったが，あとになってこの新しい学説が天地創造の教義に抵触する可能性があることに気づき，この学説を禁止し始めた．コペルニクスの地動説が正確さを欠いたこともまた，当時の教会や人々がコペルニクスの学説を邪なものとした主な理由の一つとなった．したがって，地動説が説得力をもって受け入れられるためには，惑星の運動をより正確に記述できることが必須であった．

この仕事を成し遂げたのはヨハネス・ケプラーである．天文学の第一人者の中では，ケプラーは資質に欠け，生涯を通じて数え切れないほどの低レベルのミスを犯している．しかし，彼には他の誰もがもっていない二つのものに恵まれた．一つ目は，師であるティコから受け継いだ膨大かつ，当時の最も正確な観察データである．そして二つ目は，運だ．ケプラーは幸運にも，太陽のまわりの惑星の軌道が実は楕円形であることを発見した．すなわち大きな円の上に複数の小さな円を重ねるのではなく，たった一つの楕円で惑星運動の法則を明確に説明できることを見いだしたのである（図 19・8）．さらにケプラーは三つの法則を提唱した[1]．これらの法則はたいへん簡潔で，三点に集約できた．ただ，ケプラーの知識と技量では，惑星の軌道が楕円形である理由は説明できなかった．

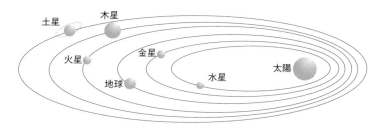

図 19・8　ケプラーの惑星モデル

---

[1] ケプラーの第 1 法則：恒星を周回する惑星の軌道は楕円であり，恒星は楕円の一方の焦点に位置する．
ケプラーの第 2 法則：惑星と恒星を結ぶ動径は等時間に等面積を掃引する．
ケプラーの第 3 法則：太陽を周回する惑星の公転周期の二乗と，惑星の楕円軌道の長半径の三乗の比は一定である．

惑星が楕円軌道で動く理由を説明するという難題は，重力の法則を用いて惑星の運動を最終的かつ明確に説明した，偉大な科学者アイザック・ニュートンが解決の栄誉を担った．

　この惑星の運動に関しては余談がある．ニュートンの時代からかなり下った1821年，フランスの天文学者アレクシス・ブヴァールが，天王星の実際の軌道と楕円モデルを使って計算した軌道に無視できないずれがあることを発見した．もちろん，このずれをプトレマイオスのようにいわば「大円のまわりに小円を追加する」やり方で説明しようとする安易なやり方もあったのだが，このずれの真の原因を探るために，多くの科学者たちが奮闘した．その結果イギリスのジョン・クーチ・アダムスとフランスのユルバン・ルヴェリエは独立に，このずれが当時未発見であった海王星が軌道から天王星を引き寄せることで生じていることを，1861年から1862年にかけて発見した[2]．

　これらの講義を行った当時，私はグーグルチャイナ，およびテンセントのエンジニアを前に，以下のように講義を総括した．

1. 正しい数理モデルは，形式的に簡潔なものでなければならない（プトレマイオスのモデルは明らかに複雑すぎる）．
2. 正しいモデルは，最初は細かく研ぎ澄まされた間違ったモデルほど正確ではないかもしれないが，一般的な方向性が正しいと判断したならば，それにこだわるべきだ（地動説は当初，天動説ほどの正確さはなかった）．
3. 研究開発には，大量の正確なデータが重要だ（第32章「ビッグデータの威力」参照）．
4. 正しいモデルもまた，ノイズに邪魔されて不正確に見えることがある．これはパッチワーク的に補正で補うのではなく，ノイズの発生源を見つけることで，重要な発見につながる可能性がある．

　ウェブ検索の発展において，先に述べた用語頻度−逆文書頻度（TF-IDF）やページランクは，ウェブ検索における「楕円モデル」ともいえる，わかりやすいモデルといえるだろう．

2）天文学者のガリレイは1612年と1613年に2回海王星を観察していたのだが，彼はこれを恒星と誤認し，海王星を発見する機会を逃してしまった．

20

卵は一つのかごに盛るな
最大エントロピー法

「卵は一つのかごに盛るな」*¹ これはリスク分散の大切さを説いた相場の格言で，情報処理においても同じことがいえる．この根底にある数学は「最大エントロピー原理」である．この原理は興味深いが難解なので，あらましの紹介にとどめることにする．

ウェブ検索のランキングのために使われる情報は何百種類もあり，テンセント社にいたころは，これら情報をどのようにまとめて用いるとよいか，エンジニアからよく尋ねられた．情報処理では多種多様だが不確かさのある情報を扱うため，それらをモデルでまとめ上げる必要があることが多い．どのように情報を統合するのか，それだけで立派な学問になる．

まず，ピンイン*² から漢字への変換の簡単な例をあげよう．入力されたピンインが「Wang-Xiao-Bo」の場合，言語モデルを用い，限られた前後の文脈情報（端的には直前の2単語）に基づいて「王小波」と「王暁波」の二つの人名が候補となる*³．しかし，どちらなのかを決めるのは前後の文脈情報を用いても難しい．文章の主題が文学に関するものであれば，作家の「王小波」がより当てはまるだろうし，中台の両岸関係であれば台湾研究を行っている「王暁波」がより合致するだろう．この例では2種類の異なる情報，すなわち文章の主題

---

* 訳注1：卵を一つのかごに盛ると，そのかごを落としたときに卵は全部割れてしまうが，卵を複数のかごに分けて盛っておけば，かごを一つ落としても，すべての卵が割れることはないということ．
* 訳注2：ピンイン（拼音）は中国語をローマ字で表音化したもの．
* 訳注3：王小波（Wang, Xiaobo, 1952-1997）は学者・作家．北京大学および中国人民大学で教鞭を執った．著書に『黄金時代』〔邦訳：桜庭ゆみ子 訳，勉誠出版（2012）〕などがある．

（文学か両岸関係か）と前後の文脈から，どちらがより確からしいかを特定できる．情報を統合する方法には，数万以上の異なるトピックの分割処理や，情報の種類ごとに役割を均等に重み付けするなどのいろいろな方法があるが，いずれも第 19 章で述べた惑星運動モデルにおける「大円の上に小円を重ねる」ようなものである．多くの場合，数十，数百の異なる情報を統合する必要があり，行きづまることは目に見えている．

20・1　多様な情報を合理的に統合

　このような問題に対する最もエレガントな方法は，ちょうど惑星運動モデルの楕円軌道に相当する「最大エントロピー法」である．最大エントロピーというと難しそうに思えるが，われわれが普段から自然とやっていることだ．わかりやすくいえば，「情報のすべての不確実性を維持し，リスクを最小限に抑えること」である．実例をあげよう．

　私はかつて AT&T の研究所を訪問し，最大エントロピー法に関するセミナーを行った際，サイコロを持っていった．聴衆に「それぞれの目が出る確率はいくらか」と聞いたところ，一致して「どの目も等しく 1/6」との答えが返ってきた．この推測はもちろん正しい．なぜか？　この「素性のわからない」サイコロについて，どの目も同じ確率で出ると考えるのが一番妥当だからだ（勝手に韋小宝*4 のサイコロのような，鉛が入ったイカサマを仮定してはいけない）．投資においてもそれが最もリスクの少ない方法だ．情報理論的にいえば「情報の不確実性が最大＝エントロピーが最大の状態」にあたる．さらにこのサイコロに仕掛けをこらして，4 の目が出る確率を 1/3 にした場合，他の目の出る確率がいくらになるかを聞いてみた．今度は聴衆の大部分から 4 の目の出る確率は 1/3，他は 2/15 だと答えが返ってきた．既知の条件（4 の目の出る確率は 1/3）を満たし，かつ他の目の出方についてはわからないので，その確率は等しいとみなすということが理由だ．ここで「4 の目の裏側は 3 である」など，主観やバイアスに基づいた仮定が入り込んでいないことに注意すべきである（実際 4 の目の裏側が 1 の目のものもある）．不明な部分についての確率は

　＊　訳注 4：金庸（きんよう，1924-2018，中国で有名な武侠小説家）の著した武侠小説『鹿鼎記』の主人公．なお金庸は香港の新聞「明報」創刊者としても知られる．

等しいとする直感的な推測は，最大エントロピー原理にも一致する．

　最大エントロピー原理では，ランダムな事象の確率分布を予測する際，既知の条件をすべて満たし，未知の事象については主観的な仮定やバイアスを置いてはならないとする（この「主観的な仮定やバイアスを置いてはならない」ことが重要だ）．このとき，個々の未知の事象に対する確率分布が等しくなり，リスクがもっとも小さくなる．この方法では確率分布の情報エントロピーが最大となることから「最大エントロピー法」とよばれる．格言「卵は一つのかごに盛るな」（卵がすべて割れる/1 個も割れないではなく，できるだけ多くの場合を考えるようにする）は，最大エントロピー原理を簡単に表している．すなわち不確実性に対し，われわれはすべての可能性を考慮しなければならない．

　冒頭のピンインから漢字への変換の例では 2 種類の情報があると述べた．まず言語モデルによれば Wang-Xiao-Bo は王暁波か王小波に変換できること，次に文章の主題に関連して王小波は作家（『黄金時代』の著者）であり，王暁波は台湾の研究者で両岸関係を研究していること．こうした 2 種類の情報の特性を同時に満たす最大エントロピー法を考えることはできる．問題は，この解が存在するかどうかである．ハンガリーの高名な数学者で，情報理論の最高賞であるシャノン賞を受賞したチサール（I. Csiszár）は，このようなモデルは成り立ち，その解が存在し，任意の矛盾しない情報の集合に対して一意に定まることを証明した．しかも，この解は非常に簡潔な形式，すなわち指数関数で記述できる．(20・1)式は，文脈（直前の 2 単語）と文章の主題に基づいて次の単語を予測するための最大エントロピー法である．ここで，w_3 は予測対象の単語（王小波または王暁波），w_1 と w_2 は直前の 2 単語（それぞれ「出版」と「小説家」だとする），すなわちその文脈の大まかな推定値であり，s は文章の主題である．

$$p\,(w_3|w_1, w_2, s) \;=\; \frac{1}{Z\,(w_1, w_2, s)}\,e^{\lambda_1(w_1,\,w_2,\,w_3)\,+\,\lambda_2(s,\,w_3)} \qquad (20\cdot1)$$

ここで Z は規格化因子であり，確率の総和が 1 となるように定める．

　(20・1)式で表されるモデルでは，データを用いて λ と Z を訓練する必要がある．この方法については「探究」でふれる．

　最大エントロピー法は，形式的には大変美しい統計モデルであり，自然言語

処理や金融の分野で多くの興味深い応用がある．以前は計算量が膨大なため，最大エントロピー法の近似モデルが用いられたが，最大エントロピー法の完璧さが失われてしまい，従来手法に及ばなかった．その結果，最大エントロピー法に熱中していた多くの研究者は，この方法を見限ってしまった．情報処理への応用で最大エントロピー法の優位性を初めて実証したのはペンシルベニア大学のマーカス教授[5]の初期の学生で，IBM やマイクロソフト，ニュアンス・コミュニケーションズ（Nuance Communications）[6]社で研究を重ねたラトナパーキー（Adwait Ratnaparkhi）である．彼が成功した理由は，最大エントロピー法を近似的に解くのではなく，自然言語処理問題の中で，品詞タグづけや構文解析など，比較的少ない計算量で最大エントロピー法を当てはめやすい問題に応用したところにある．ラトナパーキーは文脈情報，品詞（名詞，動詞，形容詞）や主語–述語–目的語などの文の要素を最大エントロピー法で組み合わせ，当時世界最高の品詞タグづけシステムと構文解析器を作ることに成功した．その論文は新鮮な衝撃を与えた．ラトナパーキーの品詞タグづけシステムは，いまでも単一手法による最高のシステムといえる．この結果がきっかけとなり，最大エントロピー法を使って複雑な自然言語処理問題を解決することへの新たな機運が生まれた．

　2000 年ころになるとコンピュータの高速化と学習アルゴリズムの向上により，構文解析，言語モデリング，機械翻訳など多くの複雑な問題に最大エントロピー法を適用できるようになった[7]．最大エントロピー法は，単に特徴を組み合わせるだけの方法よりも数％高い効果が得られる．サービスの品質面では数％の違いはユーザーにとってわかりづらいかもしれないが，投資対効果であれば 1％上がれば数億ドル単位の利益となって現れる．それ故，ウォール街は常に新しい技術で取引のリターンを向上させようと貪欲なのである．証券（株式，債券など）の売買には非常に多くの複雑な要素を考慮する必要があり，多くのヘッジファンドが最大エントロピー法を利用し，高い効果を得ている．

＊　訳注 5：第 22 章参照.
＊　訳注 6：ニュアンス・コミュニケーションズ社は音声認識から対話型 AI システムの開発までを手がける企業で，2022 年 3 月にマイクロソフトにより買収された.
＊　訳注 7：2003 年の論文（参考文献 6）で，最大エントロピー法は GIS や IIS アルゴリズムよりも効率的に，標準的な共役勾配（CG）法や L-BFGS 法で簡単に解けることが明らかになり，自然言語処理の基本的な方法の一つとなった．§25・2 も参照.

探究 20・2　最大エントロピー法の訓練

最大エントロピー法は形式こそ簡潔だが，その実装は込み入っており，計算量も膨大である．検索ランキングにおいて 20 種類の特徴 $\{x_1, x_2, \cdots, x_{20}\}$ を考慮しつつ，ウェブページ d をランク付けするとしよう．20 種類の特徴が互いに独立であるとしても，対応する最大エントロピー法は下記の通り長い式となる．

$$p\,(d\,|x_1, x_2, \cdots, x_{20}) \;=\; \frac{1}{Z\,(x_1, x_2, \cdots, x_{20})}\,e^{\lambda_1(x_1,\,d)\,+\,\lambda_2(x_2,\,d)\,+\,\cdots\,+\,\lambda_{20}(x_{20},\,d)} \qquad (20・2)$$

式中の Z は規格化因子で，

$$Z\,(x_1, x_2, \cdots, x_{20}) \;=\; \sum_d e^{\lambda_1(x_1,\,d)\,+\,\lambda_2(x_2,\,d)\,+\,\cdots\,+\,\lambda_{20}(x_{20},\,d)} \qquad (20・3)$$

である．

このパラメータ λ $(\lambda_1, \lambda_2, \cdots, \lambda_{20})$ をモデルの訓練を通して推定するのだが，訓練すべきパラメータの数は膨大である．

最大エントロピー法の訓練として最も原始的な方法に，一般化反復スケーリング（Generalized Iterative Scaling, GIS）とよばれる反復アルゴリズムがある．GIS の原理は単純で，以下のようなステップに要約できる．

1. 反復 0 回目の初期モデルとして，等確率の一様分布を仮定する．
2. N 回目の反復により得られたモデル〔$(\lambda_1, \lambda_2, \cdots, \lambda_{20})$ のパラメータセット〕を用いて，上の 20 種類の情報の特徴量の期待値を求める．求めた特徴量を実データと比較し，差が拡大したパラメータについてはモデルパラメータを小さくし，ほかのパラメータについては大きくする．
3. 収束するまで，ステップ 2 を繰り返す．

GIS は，1970 年代にダロック（J.N. Darroch）とラトクリフ（D. Ratcliff）により提案された典型的な期待値最大化（Expectation-Maximization, EM）アルゴリズムである．ただしこの二人はアルゴリズムの意義を十分に説明しきれなかった．これに明確な意味づけを行ったのが，前節に登場したチサールだ．し

たがって GIS を論じる際，これら二グループの論文が引用される．GIS アルゴリズムは，各反復計算に長い時間がかかり，収束までには多くの反復を要し，安定性に欠ける．そのため 64 ビットコンピュータを用いても収束しないことが起こる．このアルゴリズムが実際に使われることはまれで，アルゴリズムの理解そのものが主な目的となっている．

1980 年代には，IBM に在籍していた天才的なデラ・ピエトラ（Della Pietra）兄弟が GIS アルゴリズムに二つの改良を加え，改良反復スケーリング（Improved Iterative Scaling, IIS）アルゴリズムを提案した．このアルゴリズムは最大エントロピー法の訓練時間を 1～2 桁縮めた．これで最大エントロピー法の実装が可能となったのである．それでも当時，最大エントロピー法を使える環境は IBM にしかなかった．

このように，最大エントロピー法の計算量の多さは依然として障害であった．私はジョンズ・ホプキンス大学の博士課程在籍時に，最大エントロピー法の計算をいかに簡略化し，低減するかずっと考えていた．陳景潤（Chen, Jing Run）[*8] よろしく毎日ペンと紙を抱えて計算に明け暮れた．そしてとうとうある日，ほとんどの最大エントロピー法の訓練時間を IIS よりさらに 2 桁短縮できる変換方法を見いだした．指導教授と黒板を前に 1 時間あまり議論した．論理的におかしいところは特に見当たらず，さらに二日かけて，指導教授は私のアルゴリズムが正しいことを確認した．その後，われわれはかなり大がかりな最大エントロピー法を構築した．この方法は，近似法の積み重ねに比べてかなり優れていた．当時最速の Sun ワークステーション 20 台を使って，文脈情報，文章の主題情報，構文情報を含む言語モデルを並列学習させるのに 3 カ月をかけた[1]．最大エントロピー法は複雑きわまりなく，そのための高速アルゴリズムの実装もまた困難をきわめた．今日に至るまでこのアルゴリズムを効果的に実装できる人は世界で 100 人にも満たないだろう．最大エントロピー法の実装に興味のある人は，私の論文（参考文献 5）を参照してほしい．

最大エントロピー法には簡潔さと複雑さの両側面，すなわち方法は簡潔だが

---

* 　訳注 8：陳景潤（1933-1996）は中国の数学者．整数論に関するゴールドバッハ予想への貢献が知られている．

1）　執筆時現在なら 1,000 台のコンピュータを用いて MapReduce で並列計算を行えば，1 日で計算できる．

実装は複雑，という面がある．機械翻訳などグーグルのサービスの多くに最大エントロピー法が直接または間接的に組み込まれていることは特記すべきだろう．

　ところで，最大エントロピー法のアルゴリズムをはじめに改良したデラ・ピエトラ兄弟はその後どうしたのだろうか．1990 年代初頭イェリネックが IBM を退職した後，彼らは研究の世界を離れて金融界に身を投じ，頭角をあらわした．彼らは IBM で音声認識を行っていた多くの同僚とともに，ルネサンス・テクノロジーズ社に移った．そこは当時こそ小規模な投資会社だったが，今では最も成功しているヘッジファンドの一つとなっている．株価の上昇や下落を決定する要因は数十から数百にも及ぶが，最大エントロピー法に基づくアプローチでは同時に 1 万以上の異なる条件を満たすモデルを作れる．デラ・ピエトラ兄弟ら研究者は，最大エントロピー法などの高度な数学的ツールを駆使して，株価を的確に予測し続けている．1988 年の設立から現在に至るまで，当ファンドのリターンは年平均 34% という驚異的な数字を記録している．つまり，1988 年に 1 ドル投資すれば，20 年後の 2008 年には 200 ドルを超え，すなわちリターンが 200 倍となる．それはウォーレン・バフェット率いるバークシャー・ハサウェイ社をはるかに凌駕するパフォーマンスなのである．同期間，バークシャー・ハサウェイのトータルリターンは 16 倍だった．2008 年の金融危機では，世界の株式市場が急落する中でルネサンス・テクノロジーズは 80％のリターンを記録し，数理モデルの力を見せつけた．

■ ま と め

　最大エントロピー法は，さまざまな種類の情報を一つのモデルに統合できる．形式的には非常に簡潔で美しい．平滑性を確保しつつ，各情報源の制約を満たす唯一のモデルであるなど，多くの点で有用である．これらの優れた特性のおかげで最大エントロピー法の応用範囲はきわめて広い．とはいえ計算量もきわめて大きくなるため，実用に使えるか否かはどれだけうまく実装できるかにかかっている．

参 考 文 献

1. I. Csiszár, "*I*–Divergence Geometry of Probability Distributions and Minimization Problems", *The Annals of Probability*, **3**(1), 146–158 (1975).

2. I. Csiszár, "A Geometric Interpretation of Darroch and Ratcliff's Generalized Iterative Scaling", *The Annals of Statistics*, **17**(3), 1409–1413 (1989).

3. S. Della Pietra, V. Della Pietra and J. Lafferty, "Inducing Features of Random Fields", *IEEE Transactions on Pattern Analysis and Machine Intelligence*, **19**(4), 380–393 (1997).

4. S. Khudanpur and J. Wu, "Maximum Entropy Techniques for Exploiting Syntactic, Semantic and Collocational Dependencies in Language Modeling", *Computer Speech and Language*, **14**(4), 355–372 (2000).

5. J. Wu, "Maximum entropy language modeling with non-local dependencies", 学位論文, https://dl.acm.org/doi/10.5555/936460

6. (訳注 7) F. Sha and F. Pereira, "Shallow Parsing with Conditional Random Fields", Proceedings of HLT-NAACL 2003, 134–141 (2003).

21

漢字入力の数理

アジア言語を含め，アルファベットを用いない言語をどのように入力するかについては試行錯誤があった．しかしここ 30 年，中国をはじめとしたアジア諸言語の入力法は飛躍的に進歩し，いまではパソコンを使う上での障害にはなっていない．中国語の入力法は，過去 35 年のあいだに，発音（ピンイン）表記に基づく入力法から漢字の偏や旁に基づく入力法に変わり，ふたたびピンイン表記に基づく入力法に戻るというプロセスを経てきた．このプロセスは退化というより，むしろ昇華というべきだと思われる．

漢字入力の速さは漢字を符号化する際の平均的な時間の長さに依存し，「どのように入力するか（キーの組み合わせ，入力符号）を考える時間」に「キー入力の回数」を掛けたものである．キー入力の回数を減らすことだけにかまけていると，キーの組み合わせの確定に手間取ることになり，かえって入力の速さを落としかねない．入力効率を向上させるには，これら両方を同時に最適化することが重要で，その裏づけこそが数学である．漢字を入力するのに必要な平均キー入力回数の理論的な下限や，キーの組み合わせを確定するのに要する時間の短縮に至るまで，すべて数学で説明がつくのである．

21・1 中国語入力の試行錯誤の歴史

漢字の入力は，あらかじめ決められた方法による符号化，すなわち漢字を中華人民共和国国家標準規格（GB 規格）や UTF-8 などの文字コードに変換するプロセスである．主な入力ツールはキーボードだが，ほかにも手書き入力パッドやマイクもある．キーボードで文字入力に用いられるのは，一般的にアルファベット 26 文字と 10 個の数字キーおよびいくつかのコントロールキーであ

る．漢字の符号化には，アルファベット26文字でピンインを入力，複数候補からテンキーで一つに決める方法がもっとも直接的である．

　中国語における漢字の符号化は，ピンインの符号化（中国語の標準的なピンインをそのまま用いる）と，同じピンインをもつ漢字から一つを選び出す曖昧性解消の符号化の二つからなる．漢字の符号化はこの二つで決まり，双方の符号化が短くなって初めて漢字の入力が速くなる．中国語の入力法が模索されはじめた当時，ピンイン入力の短縮に努力が集中し，曖昧性解消についてはなおざりにされていた．

　ピンインをすべてそのまま入力するのであれば覚えやすいが，初期に用いられたのはアルファベット2文字に簡略化する入力法であった．入力が短くて済むからである．2文字入力では，子音と母音に対してそれぞれ一つずつアルファベットを割り当てた．中国で初めて漢字入力を可能にしたマイクロコンピュータの中華学習機と長城0520は，それぞれアップルとIBMのシリーズに対応していたが，いずれもピンイン入力に2文字入力方式を採用していた[1]．台湾で用いられる発音記号に対しても同様に2文字入力は有効だった．アップルとIBMのパソコンではキー入力の対応がやや異なるが，初期のマイクロソフトの母音の入力法は表21・1の通りである．

表21・1　ピンイン母音とキーボード文字の対応関係[2]

母　音	iu	ua	er, uan, üan	ue	uai	uo	un, ün	ong, iong
キーボード	q	w	r	t	y	o	p	s

母　音	uang, iang	en	eng	ang	an	ao	ai	ing
キーボード	d	f	g	h	j	k	l	；

母　音	ei	ie	iao	ui, ue	ou	in	iam	
キーボード	z	x	c	ü	b	n	m	

＊　訳注1：中華学習機（正式には中華牌CEC-1型学習機）は1987年に中国の電子工業部が清華大学などの機関と開発したマイクロコンピュータで，青少年の学習用端末として開発された．長城0520（正式には長城0520C-H）は電子工業部傘下の電子技術応用研究所が開発，1985年に1号機が完成したもの［出典：中国計算機学会ホームページ（https://www.ccf.org.cn）］．

＊　訳注2：ここにあげられた発音は多重母音および韻母に相当する［参考：小野秀樹ほか著，『汉语课文』，白帝社（2021）］．

この入力法は，一見，漢字の符号長を縮めているようでいて，入力の速さは
まったく上がらない．入力プロセスの一部を最適化するのと引き換えに，全体
的な効率が損なわれているからである．第一に，ピンインの2文字入力法では，
26個しかないアルファベットのキーボードで50以上の中国語の母音と子音を
表す必要があり，ピンインの符号化における曖昧さが増してしまう．表21・1
にある通り，一つのキーで二つ以上のピンインに対応せざるをえない*3．その
結果，入力に対して複数の漢字候補があがり，多くの候補から入力したい文字
を探す羽目に陥る．つまり「文字を探し出す」ことを繰り返すことになり，曖
昧さを解消する手間がかえって増える．第二に，1回のキー入力にかかる時間
が増してしまう．2文字入力法は不自然なので，ピンインをそのまま入力する
方法に比べて「ピンインを入力用に変換する」手間がかかる．認知科学の研究
によれば，これは思考を遅くするプロセスである．第三に，2文字入力法では
音の近さが反映されていない．二重母音では前鼻母音の an, en, in とそれに相
応する後鼻母音 ang, eng, ing のあいだの2文字入力はまったく異なってしま
い，巻き舌音の ch, sh, zh とそれに対応する平舌音（非巻き舌音の c, s, z）につ
いても同様である．中国では，北京周辺を除けば前鼻音と後鼻音，巻き舌音と
非巻き舌音が区別されないことがよくあり，2文字で入力したピンインの誤入
力ゆえに候補となる字があがらないこともある．このような場合のよい入力法
とは，正確さに欠けるピンイン入力であっても意図する文字を選べるような入
力法である．カメラを扱うのに，皆が皆，絞りやシャッタースピードの設定に
たけているわけではないように，入力においてもユーザーが常に正確に行える
とは限らない．

　そんなこんなで初期のピンイン入力法はあまりユーザーに受け入れられな
かった．そのため，その後さまざまな入力法が雨後の竹の子のように編み出さ
れた．その総数は千を超えるとも，三千を超えるともいわれ，1990年代初頭
には入力法の特許が数千件に上った．みなが入力法の開発にかかずらう余り，中
国のソフトウェア産業の発展が妨げられていると言う専門家もいたほどであ
る．そのとき開発された入力法は，26文字と10個の数字を用いて，6,300ほど

＊　訳注3：たとえば，キーボードの「q」を例にあげれば，表21・1の母音「iu」に対応す
　るほか，本来の子音（字母）q そのものにも対応する．

21. 漢字入力の数理　　201

もある常用漢字を直接符号化するものだった（当時は，一般的に第二級国家標準漢字までが考慮されていた）．26 文字だけでも三つのキーの組み合わせで $26^3 \approx 17{,}000$ 字の漢字を表すことができるので，これらの入力法はいずれも，一つの漢字を二つまたは三つのキーで入力すること，一般的な文字は二つのキーで入力し，そうでない文字は三つのキーで入力することで十分対応できるとしていた．ここまでは理解しやすい．しかし，そんな複雑な入力法を覚えることはほぼ不可能なので，いかに漢字の部首や字画，発音と組み合わせて覚えやすく使いやすくするかがカギとなった．もちろん，それぞれの入力法は「ほかの入力法よりも論理的で入力が速い」と宣伝していた．とはいえ，これらの入力法は情報理論的にはすべて同じレベルのものであるため，優劣はつけがたい．自分たちが開発した入力法がほかの方法よりも速いことを証明するために，結果として単にキー入力の少なさを追求するところに陥ってしまった．ただキー入力の少なさを競っていると，行き着く先は，熟語に対して入力符号を割り当てることとなってしまい，これでは覚えるどころの話ではない．もはや技術の競争ではなく，売り込みの競争となった．一時期，王永民（Wang, Yongmin）の 5 キー入力方式[*4] が優勢なようにみえたが，これは王永民の入力方式が理にかなっていたわけではなく，ほかの発明者（ほとんどがギーク）よりもマーケティングにたけていただけのことであった．いまでは，5 キー入力方式ですら市場から消え，これらの発明家らは全滅したといってよい．

　これらの入力法の問題点は，漢字 1 文字あたりのキー入力を減らすことに注力しすぎて，キーの組み合わせを覚える手間をなおざりにしたことである．すべての文字の入力符号を暗記することをユーザーに求めるのはむちゃな話で，GRE（アメリカやカナダの大学院に進学するにあたり必要な英語の共通試験）6,000 語の暗記よりも難しい．結局，ルールに従ってその場で文字を分解し，入力符号を割り出さなければならなくなる．これは時間がかかるうえ文章を入力する際の思考を妨げる．本書では一貫して，言葉や言語によるコミュニケーションの符号化が，思考や記憶を助けることを強調してきた．入力法が人の思考プロセスを阻害するならば，それは人間の自然な行動と矛盾する．認知科学

　＊　訳注 4：5 キー入力法（中国語では五笔字型輸入法）は王永民（1943-）が 1983 年に発明した．

によれば，人は一度に二つのことに気を配ることはできない．われわれは音声認識を研究した際に多くのユーザーテストを行ってきたが，複雑な入力法を使用する場合には，テキストを参照しながらの入力は速さが半分から4分の1に落ちることを見いだした．1単語あたりの平均キー入力回数を少なくしてもキー入力速度が落ちて，結果として入力そのものが遅くなってしまう．中国のコンピュータ利用者の大多数がこのような入力法を受け入れなかったことは，自然淘汰の結果といえる．

　結局行き着いた方法はピンイン入力，それもピンインの全入力方式だった．この方法では漢字1文字に2回以上のキー入力が必要になるものの，以下三つの理由で入力速度が円滑に保たれる．まず専門的な学習を必要としないこと．次に入力符号が自然で必要なキーを見つける時間が非常に短くてすみ，思考を中断させないこと．そして文字あたりの入力符号が長く，情報の冗長性が生じ，誤入力に対しても意中の字を出力できることである．たとえば前鼻母音のan, en, in と後鼻母音の ang, eng, ing を混同してしまうユーザーでも，「zhan（占）」と入力しようとして「zhang」と入力しかけたとして，その途中で「占」に行き当たって入力を停止できる．2文字入力と異なり誤入力に対する寛容性の余地がある．ピンイン入力方式に残された唯一の課題は，同じ音に複数の漢字が対応することによる曖昧性だ．曖昧性解消のキー入力を含めてもなお，ピンインの全入力方式は，部首などによる漢字の符号化と同程度のキー入力の手間で事足りる．これが，最終的に中国語の入力法として採用されたピンイン入力方式である．次に，漢字を入力するのに必要な最小キー入力回数を分析してみよう．

21・2　漢字1字をキー何回で入力できるか？

　理論的に，漢字をどれだけ速く打てるのだろうか？　ここは情報理論におけるシャノンの第一定理の出番である．

　GB2312[*5]の簡体字文字集合は，中国で一般的に使用されている漢字（簡体字）約6,800文字などで構成される．それぞれの漢字の使用頻度を考慮しなければ，アルファベット26文字の2文字の組み合わせ（26^2）のみでは676文字

　＊　訳注5：第1章訳注3参照．

21. 漢字入力の数理　　203

分しか符号化できない．6,700 文字以上の漢字の符号化にはアルファベット 3
文字の組み合わせが必要になる．頻出漢字には短い入力符号を当て，そうでな
い文字にはより長い入力符号を割り当てれば，入力符号の平均的な長さは短く
できる．個々の漢字の相対的な出現頻度を，(21・1)式のようにおくことにし
よう．

$$p_1, p_2, p_3, \cdots, p_{6700} \qquad (21 \cdot 1)$$

個々の漢字に対応する符号長は (21・2)式で表される．

$$L_1, L_2, \cdots, L_{6700} \qquad (21 \cdot 2)$$

すると，平均符号長は (21・3)式の通りとなる．

$$p_1 \cdot L_1 + p_2 \cdot L_2 + \cdots + p_{6700} \cdot L_{6700} \qquad (21 \cdot 3)$$

シャノンの第一定理によれば，どんな情報も符号長はその情報エントロピー
よりも小さくならない．すなわち，(21・3)式の平均符号長の最小値が漢字の
情報エントロピーで，どのような入力法を用いても情報エントロピーが示す下
限よりも小さくはならない．入力を GB2312 からさらに収録字数の多くなった
GBK*[6] に拡張したところで，GBK にのみ収録されている珍しい漢字の出現頻
度は非常に小さく，平均符号長は GB2312 と比較してあまり長くはならないの
で，本書では GB2312 の文字集合を使用する．

　ここで，第 6 章でふれた漢字の情報エントロピー H についておさらいしよう．

$$H = -p_1 \cdot \log p_1 - p_2 \cdot \log p_2 - \cdots - p_{6700} \cdot \log p_{6700} \qquad (21 \cdot 4)$$

　個々の漢字の出現頻度のみを考慮し，前後の文脈との関連を無視すれば，用
いるコーパスにもよるが，漢字 1 文字あたりの情報エントロピーはおおよそ
10 ビット以内と推定できる．入力法をアルファベット 26 文字に限れば，アル
ファベット 1 文字あたりの情報量は log 26 すなわち 4.7 ビットで，漢字 1 文字
を入力するのに平均 10/4.7 ≈ 2.1 回のキー入力が必要だとわかる．

＊　訳注 6：GBK は中華人民共和国 国家技術監督局標準化司および電子工業部科技与質量
　　監督司より 1995 年に発布された．

漢字1文字ではなく単語を単位として情報エントロピーを計算すれば，漢字1文字あたりの平均情報エントロピーが小さくなる，と見抜ければご明察である．単語単位で入力すれば，平均して漢字1文字あたりのキー入力回数をコンマいくらか減らすことができる．ここでも文脈を考えずに単語を単位として計算すると，漢字1文字の情報エントロピーは約8ビットとなり，単語ごとの平均的な漢字入力は，$8/4.7 \approx 1.7$キー入力ですむ．今日，中国語における入力法が単語単位となっているのはここに理由がある．もちろん，文脈的な関連を考慮に入れて中国語の単語ベースの統計的言語モデル（第3章参照）を開発すれば，各漢字の情報エントロピーは約6ビットまで減らせて，一つの漢字が$6/4.7 \approx 1.3$回のキー入力ですむ．ここまでくれば漢字の入力は英語よりもはるかに速くなるはずだ．

しかし，実際はここまで効率よくなることはない．理由は大きく二つある．まず，情報理論で得られたこの限界に近づけるためには，単語の出現頻度に応じた特殊な符号化が必要である．前節でふれた通り，特殊すぎる符号化では入力に手間がかかりすぎる．さらにそのように非常に大きな言語モデルは，パソコンにインストールできない．したがってこの符号化は理論的には成り立つが，実用的ではない．

現在のピンイン全入力方式における漢字1文字あたりの平均キー入力回数は何回だろうか．漢字の平均ピンイン長は2.98なので，同音多字の区別に文脈を利用できれば1文字あたりの平均キー入力は3回以下に抑えられ，1分間に100文字を入力できる．文脈との関連をより活かすことができれば，文中の漢字のピンインの一部が入力されただけでも意中の文字が提示されるようになり，平均キー入力が3回を切ることも可能である．

次に考えるべきは，いかに前後の文脈を利用するか，である．二十年前のピンイン入力法（たとえば紫光）[7]はこの問題を解決するために大規模な辞書を構築した．辞書に登録する語句は多くなり，語句の字数も多くなり，ついには漢詩（唐詩）をも一つの語句として扱った．この方法は文脈の問題に対してあ

---

* 訳注7：紫光ピンイン入力法（紫光拼音輸入法）は1998年に清華紫光集団により開発された．清華紫光集団は1988年に設立された清華大学科技開発総公司から発展した企業で，2006年に現在の紫光股份有限公司に改組した．現在ソフトウェア関連は別会社の商品となっている．

る程度は役に立ったものの，統計をとってみるとそれほど有用な方法でもない
ことがわかった．中国語では多くの字からなる語句の数は非常に多く，数十万
語にものぼるが，文章はほとんど1文字や2文字の語句からなる．これらの語
句には多くの同音異義語がある．たとえばグーグル・ピンインによれば，「zhi」
の音をもつ漢字は275字にのぼり，「shi-yan」には14の同音異義語がある．こ
れらは単に辞書の収録語数を増やすだけでは解決しない．収録語数を増やすこ
とは経験的・直感的な解決法だが，これは惑星の軌道を完全に説明するのに小
さな円を幾重にも重ねるのと同じことである．現在，文脈を利用する方法は，
「私は〜だ（我是）」などの一般的な句や単語の組み合わせを辞書に登録するこ
とである．だが中国語にはそのような1文字や2文字の語句が4万から5万も
あり，その合理的な組み合わせは数千万，数億にものぼり，これらすべてを辞
書に登録することはできない．したがって，言葉の組み合わせを登録しておく
方法は小さな円を幾重にも重ねるようなもので，結果として正解を表示するか
もしれないが，正しいやり方とはいえない．

　文脈を利用するには，言語モデルに頼ることが最良の方法である．言語モデ
ルは，確率論に基づき，ピンインから漢字への同音異義の変換について最も確
からしい結果を返してくれる．十分なサイズの言語モデルがあれば，情報理論
で与えられた最大の入力速度を実現できる．ただ実際には，コンピュータにそ
んなに多くのメモリ使用を強いるわけにはいかないので，非常に圧縮された言
語モデルのみをユーザーに提供している．使用メモリの圧縮や，ピンインから
漢字への復号が完全でないという理由で言語モデルを用いない入力法もある．
このように，今日の入力法には，理論的に究極と考えられる方法と比べて開発
の余地はかなり大きい．目下，ピンインの入力法は（グーグルにせよ，テンセ
ントやソウフーにせよ）すべて基本的に同じレベルであり，正確かつ効果的な
言語モデルを構築できるかがカギとなっている．言語モデルを使用してピンイ
ンを自動的に漢字に変換するには，適切なアルゴリズムが必要である．これに
ついて次の節で述べよう．

21・3　ピンインを漢字へ変換するアルゴリズム

　ピンインから漢字への変換アルゴリズムはナビゲーションにおける最短経路
探索アルゴリズムと同じで，どちらも動的計画法に基づいている（第12章）．

206

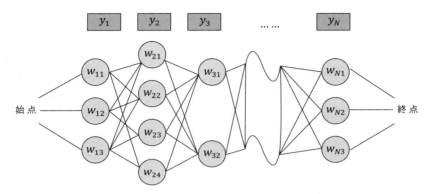

図 21・1 ピンインから漢字への復号を行う格子グラフ

どこが似ているのだろうか．

中国語入力を通信の問題と捉えると，入力法はピンインの文字列を漢字の文字列に変換する解読ツールといえる．ピンインは複数の漢字に対応し，ピンインの文字列に対応する漢字を左から右に並べると有向グラフとみなせ，これを格子グラフ*8 とよぶ（図 21・1）．

ここで，$y_1, y_2, y_3, \cdots, y_N$ はユーザーが入力したピンインの文字列であり，w_{11}, w_{12}, w_{13} は最初のピンイン y_1 に対応する漢字候補（後述の数式ではこれら三つの漢字候補を w_1 で表す），$w_{21}, w_{22}, w_{23}, w_{24}$ は y_2 に対応する漢字候補で w_2 として表す … とする．w_1 から w_N までを組み合わせると多くの文章が生成されるが，それがグラフ中の w_1 から w_N に至る個々の経路に対応している．ピンイン入力法は，入力されたピンインから文脈に応じて最適な文を探し出す．すなわち

$$w_1, w_2, \cdots, w_N = \underset{w \in W}{\operatorname{argmax}} \, p(w_1, w_2, \cdots, w_N | y_1, y_2, \cdots, y_N) \qquad (21 \cdot 5)$$

である*9．

これは図 21・1 中の最短の経路を見つけることに相当する．最短経路を見つけるには，まずグラフ内の二つの節点間の距離を定義することが必要である．

---

* 訳注 8：専門的にはトレリスという．
* 訳注 9：ここで $w \in W$ は，可能な組み合わせ $w_1, w_2, ..., w_N$ を探すことを意味する．

第5章でも出てきた，以下の式を思い出してほしい．

$$w_1, w_2, \cdots, w_N = \underset{w \in W}{\operatorname{argmax}} \; p\,(y_1, y_2, \cdots, y_N | w_1, w_2, \cdots, w_N) \cdot p\,(w_1, w_2, \cdots, w_N)$$

$$\approx \underset{w \in W}{\operatorname{argmax}} \prod_{i=1}^{N} p\,(w_i | w_{i-1}) \cdot p\,(y_i | w_i) \qquad (21 \cdot 6)$$

上の式の確率の対数をとって符号を変え，$d(w_{i-1}, w_i) = -\log p\,(w_i | w_{i-1}) \cdot p\,(y_i | w_i)$ と定義すると，乗法が加法に置き換わり，最大確率を求める問題が最短経路 $\Sigma_i \, d(w_{i-1}, w_i)$ を求める問題に置き換えられる．ピンイン入力法におけるピンインから漢字への変換を，動的計画法を用いて簡単に実装できるのである．これはまさにナビゲーションにおける2地点間の最短距離の探索に対応している．唯一の違いは，ナビゲーションでは節点（都市）間の距離が真の距離であるのに対し，ピンイン文字列から漢字文字列への変換の格子グラフでは二つの節点（単語）w_{i-1} と w_i 間の距離が遷移確率と生成確率の積 $-\log p\,(w_i | w_{i-1}) \cdot p\,(y_i | w_i)$ であることだ．

このピンイン入力法は第12章で取り上げたナビゲーションシステムとは一見何の関係もないようにみえて，その背後にある数理モデルはまったく同じである．数学の素晴らしさはこの優れた汎用性にあり，さまざまな応用に威力を発揮する．

探究 21・4 ユーザーに合わせた言語モデル

必要な知識： 確率論

既存のピンイン入力法は情報理論上の究極にはまだまだ遠く，開発の余地がある．今後ますます有用な入力法が登場してくるだろう．入力速度は一つの評価基準に過ぎず，入力速度が一定のしきい値を超えれば，ユーザーにとっての使いやすさがより重要になってくるだろう．

理論的には，言語モデルのサイズが十分大きければ，ピンイン入力法の平均キー入力回数は情報理論上の究極の値に近づくと考えられる．クラウドコンピューティングで入力できれば実現できるが，個々のユーザーが自身のパソコンを使って入力する場合は現実的とはいえない．そのような場合はむしろ，ユーザーに合わせた言語モデルを構築するのがよい．

そのような言語モデルは，人によってなじんでいる文化が異なり，言葉遣い

から話したり書いたりする内容までその違いが反映されるため，個々人に独自の言語モデルをもつべきとする考えに基づく．

　グーグルで統計をとることで，この考えは正しいと実感した．すなわち，論じる内容はもとより言葉遣いも，地方や文化背景や受けてきた教育により明らかに異なる．したがって，ピンイン入力の際，ユーザーに合わせた言語モデルがあれば，万人向けの汎用言語モデルよりもユーザーに即した単語候補が得られるのではないか．

　ユーザーに合わせた言語モデルを使う際，二つの問題がある．一つはモデルの訓練法，もう一つは汎用言語モデルとどう折り合いをつけるかである．

　ユーザーに合わせた言語モデルを訓練するには，そのユーザーが書いた言葉を十分に集めるのが一番よいが，人が一生に書く量はたかが知れており，それだけでは不十分である．数万語の語彙からなるバイグラムモデルの訓練には数千万語以上のコーパスが必要であり，プロのライターやジャーナリストでさえそれだけの量を書くことはありえない．十分な訓練データがなければ，訓練したとしてもその言語モデルは本質的に役に立たない．とはいえ，ユニグラムモデルの訓練にはそれほど多くのデータを必要とせず，いくつかの入力法では経験的なアプローチが見いだされている．ユーザー辞書は実際には小規模なユニグラムモデルに「組み合わせ」が少々加わったものである（たとえば，ユーザーが「ABC」を定義しているとすれば，それは組み合わせである）．

　よりよい方法は，ユーザーがよく入力するものに合致するコンテンツや句の大規模コーパスを見つけ，それらを用いてユーザーに合わせた言語モデルを訓練することである．このようなコーパスをどう見つけるか．ここは余弦定理とテキスト分類のテクニック（第14章）の出番となる．ユーザーに合わせた言語モデルの訓練は，以下のような段取りになる．

1. 言語モデルを訓練するためのテキストを，トピックに応じて多くの（たとえば1,000個の）カテゴリに分ける．これを $C_1, C_2, \cdots, C_{1000}$ としよう．
2. 各クラスの特徴ベクトル（TF-IDF）$X_1, X_2, X_3, \cdots, X_{1000}$ を求める．第14章参照．
3. ユーザーのテキストについて統計をとり，ユーザーが用いる単語の特徴ベクトル Y を得る．

21. 漢字入力の数理　209

4. Y と $X_1, X_2, X_3, \cdots, X_{1000}$ の余弦（距離）を計算する.

5. ユーザーの言語モデルの訓練データとして，1のうち Y と距離が最も近い K 個のカテゴリのテキストを選ぶ.

6. 5で選んだテキストを用いて，ユーザーに合わせて言語モデル M_1 を訓練する.

　ユーザーの入力に対して，ほとんどの場合 M_1 は汎用モデル M_0 よりもよいモデルとなる. しかし，ユーザーがほとんどふれない内容に対して，M_1 は汎用モデル M_0 よりもはるかに劣る. M_1 の訓練データは M_0 よりも一桁か二桁小さく，カバーしている言葉遣いが限られるからである. したがってこれら二つのモデルの組み合わせがさらによいモデルとなる.

　最大エントロピー法（第20章）でもふれたが，さまざまな特徴量を組み合わせるには最大エントロピー法が好適である. もちろん，最大エントロピー法は複雑で訓練に時間がかかり，個々のユーザーに合わせてこのようなモデルを作るのはコストがかかる. そこで，線形結合を利用した単純化されたモデルを使用しよう.

　M_0 と M_1 をともにバイグラムモデルとして，それぞれのモデルによる (w_{i-1}, w_i) の条件付き確率がそれぞれ $p_0(w_i|w_{i-1})$ と $p_1(w_i|w_{i-1})$ とする. 新しいモデルを M' とすると，計算された条件付き確率は次のようになる.

$$p'(w_i|w_{i-1}) = \lambda(w_{i-1}) \cdot p_0(w_i|w_{i-1}) + [1-\lambda(w_{i-1})] \cdot p_1(w_i|w_{i-1})$$

式中，$0 < \lambda(w_{i-1}) < 1$ は補間パラメータである. 情報エントロピー（言語モデルの複雑さに対応する）は凸関数[1]であるため，線形結合 p' のエントロピーは p_0 と p_1 のエントロピーの線形結合よりも小さい. すなわち，新たに結合されたモデルは不確実性が少ないよりよいモデルとなる. ユーザーに合わせたモデルと汎用モデルの組み合わせが，よりよい新しいモデルをもたらすのである.

　この線形結合モデルは最大エントロピー法を用いるモデルよりもわずかに効果が劣るものの，その約80%の効果が得られる. グーグルのピンイン入力法のユーザーに合わせた言語モデルはこのように実装されている.

---

1) 凸関数とは，$f(tx_1+(1-t)x_2) < tf(x_1)+(1-t)f(x_2)$ の成り立つ関数 f である.

■ ま と め

　漢字を入力する作業自体が人間とコンピュータの通信であり，よい入力法は，知らず知らずのうちに通信の数理モデルに従っている．効果的な入力法を実現するには，意識的に情報理論を学ぶ必要がある．

22 自然言語処理の父マーカスとその優秀な弟子たち

22・1 マーカスの貢献

図22・1 マーカス

　自然言語処理における研究手法の主流が規則に則った（ルールベースの）アプローチから統計的手法へ転換していく上で，イェリネックの先駆的な貢献についてはこれまで紹介してきた．ここでもう一人，このアプローチをさらに進めたミッチ・マーカス（Mitch Marcus，図22・1）の輝かしい業績にふれないわけにはいかない．マーカスの貢献は彼個人の業績というよりもむしろ，ペンシルベニア大学の「LDCコーパス」を通した世界中の研究者への貢献と，多くの優れた弟子を育てたことによる．これらの傑出した弟子には，これまでにも名前をあげたコリンズ（Michael Collins），ブリル（Eric Brill），ヤロウスキー（David Yarowsky），ラトナパーキー（Adwait Ratnaparkhi）などのそうそうたる面々をはじめ，マサチューセッツ工科大学（MIT）やジョンズ・ホプキンス大学といった一流大学でテニュア（終身在職権）をもつ教授や，IBMなどの企業の研究機関に在籍する多くの研究者がいる．武俠小説よろしく弟子たちはみな研究グループを率いているわけで，その師匠は間違いなく偉大な存在である．実際マーカスは筆頭著者として多くの論文を発表したわけではないが，いろいろな意味で自然言語処理分野の父と言ってよい．

イェリネックと同様にマーカスは MIT を卒業し，産業界（AT&T ベル研究所）を経て学術界（ペンシルベニア大学）でキャリアを築いた．マーカスはペンシルベニア大学に着任した当初，統計的手法を用いた構文解析で数々の功績をあげた．この領域はちょうどイェリネックも IBM の科学者たちも手がけていなかった．マーカスが現れる以前，言語学界において統計的手法を用いた自然言語処理は「深い」解析を行うことが難しいということでたびたび批判されたが，マーカスの研究は自然言語の「深い」解析には文法規則を用いる手法よりも統計的手法の方が適していることを示した．しかし研究を進めるにつれ，二つの問題に突き当たった．まず，研究に利用できる統計データが明らかに少ないこと，そして研究者によって使用するデータが異なり，論文で発表された結果を国際的に同じ基準で比較できないことである．

　マーカスは誰よりも早く，自然言語処理研究における標準的コーパス構築の重要性を見抜いていた．そしてマーカスは自身の影響力を駆使して，アメリカ国立科学財団（NSF）やアメリカ国防高等研究計画局（DARPA）に働きかけて研究プログラムを設置し，多くの大学や研究機関と連携して，何百もの標準的なコーパスをもつ言語データコンソーシアム（Linguistic Data Consortium, LDC）を設立した．これらのコーパスの中で最も有名なのはペンツリーバンク（Penn Treebank, PTB）[1]で，当初はウォールストリート・ジャーナルの記事を収集し，手作業で品詞や構文情報などの注釈を付与して，世界中の自然言語処理学者の研究開発のための統一コーパスとして作られた．ペンツリーバンクが広く認知されるようになったため，NSF は資金提供を続け，中国語を含む多くの言語をカバーするコーパスが構築された．各言語について，数十万ないし数百万語の代表的な文があり，それぞれに品詞，構文情報などの注釈が付与されている．LDC は後に音声，機械翻訳などのデータベースを多数構築し，世界中の自然言語処理研究者に共有されている．今日では自然言語処理の論文発表において，LDC のコーパスを用いたテスト結果を記載することが多い．

　機械学習や自然言語処理の分野において過去 20 年間の成果の 8 割は，データの増加によりもたらされている．これらの分野におけるデータ蓄積へのマー

---

1) Penn はペンシルベニア大学（UPenn または Penn と略称される）をさし，ツリーバンクは構文解析の木構造の「銀行（bank）」としての機能をさしている．

カスの貢献は，他の追随を許さない．しかしデータ蓄積への貢献だけがマーカスを「自然言語処理の父」たらしめているわけではない．マーカスは日本の棋界の木谷實[2]のように，弟子を通じて強い影響力を発揮している．

博士課程の学生に，自身の興味あるテーマで研究させること．これが彼が名伯楽たるゆえんである．マーカスの指導する博士課程の学生の研究テーマは，自然言語処理の分野を広くカバーしており，しかもテーマの間にほとんど関連性がない．これは，学生自身が自分の興味で研究テーマを追究しているからであって，マーカスが指定するわけではないからだ．このスタイルは中国の大多数の教授たちとまったく異なる．マーカスは自然言語処理のほぼすべての分野について独自の視座をもっており，学生に興味のあるテーマを考えさせるために既存の資金をあてるなり，新たに資金を申請するなりしている．マーカスは高い視点から研究の方向性の正否を速やかに判断でき，学生は不必要な試行錯誤をする手間を回避できる．それゆえ彼の学生は大変優秀に育ち，中には非常に早く博士号を取得する者もいる．

このようなのびのびとした研究環境のもと，そこで育つ学生は研究や生活においてまったく異なる個性を発揮している．すばやく近道を探してとっつきやすいテーマを仕上げる学生もいれば，馬力にものをいわせたハードワークになじんだ学生もいる．3〜4年で博士号を取得して教授になる弟子もいれば，大学に7〜8年とどまって質の高い博士論文を仕上げる弟子もいる．彼らはみなそれぞれに特徴をもつひとかどの学者として，まったく異なる文化をもつ大学や企業へと適応していく．

マーカス教授はペンシルベニア大学のコンピュータ科学科長を長く務めていたが，2002年にAT&Tの研究所からフェルナンド・ペレイラをスカウトし，後任を譲った．学科長としてのマーカスは専攻の設定に先見の明を示し，規模の小さかったペンシルベニア大学コンピュータ科学科を権威ある強い学科に育て上げた．世界の大学院のランキングでは，広汎な分野をカバーする規模の大きな学科の方が，規模の小さな学科よりも一般には有利である．しかしマーカスは規模を追わずに学科を強くすることを目指した．彼はインターネットに注目

---

2) 日本の著名な囲碁界の名伯楽．石田芳夫，加藤正夫，武宮正樹，小林光一，趙治勲などの弟子を輩出し，弟子たちは1970〜2000年の30年間日本棋院を先導した．

が集まり，多くの大学がインターネット研究を始めたころ，バイオインフォマティクスの重要性を見抜いてペンシルベニア大学に専攻を設置し，ほかの大学に先駆けてその分野の教授を招聘した．彼はさらに，後に学科長となるペレイラをはじめとする関連分野の教授に対し，研究活動の一部をバイオインフォマティクスに割くよう提案した．おかげで，ITバブルが崩壊するころには，多くの大学のコンピュータ科学科がバイオインフォマティクスにシフトしようとしたが，その分野の優秀な教授はなかなかみつからなかった．

　私は幸いにもジョンズ・ホプキンス大学のコンピュータ科学科のボードメンバーとして長年マーカスと同席し，年に2回，コンピュータ研究の方向性について話し合う機会があった．ペンシルベニア大学と同様に，ジョンズ・ホプキンス大学のコンピュータ科学科も小規模で，学科の発展において同じ問題を抱えていた．マーカスが一貫して主張してきたことは，すべてを備えた学科ではなく，世界で最も優れた専門分野をいくつかもつ学科をつくることだった．今日，中国の大学が最も必要としているのは，マーカスのような先見性のあるトップだと私は思う．

22・2　ペンシルベニア大学出身の俊英たち

　世界的な自然言語処理の若手にはペンシルベニア大学のマーカスの研究室出身者が少なくない．彼らの人となりは大きく異なるものの，若くて才能あふれる点で共通している．ここではコリンズとブリルの二人を取り上げて，「大きく異なる」という点を感じてもらえればと思う．

22・2・1　マイケル・コリンズ：完璧の追究

　本書では，よい手法とは簡潔な形式の上に立っていることを述べてきた．けれども自然言語処理の研究者の中には問題を極限まで追究し，どんな抜けも許さず完璧さにこだわる人もいる．そのような仕事は同業者にとって非常に価値のあるもので，そのような研究者もまた必要である．次世代の自然言語処理を担う第一人者であるコリンズもその一人だ．

　コリンズは1993年にケンブリッジ大学で修士号を取得し，そののち自然言語処理の第一人者であるマーカスに師事し，5年以上の歳月をかけて博士論文を完成させ，ペンシルベニア大学で博士号を取得した．マーカスの兄弟弟子の

中では 3 年で博士号を取得したヤロウスキーよりも長くかかったが，大学にとどまり続けたアイスナー（Jason Eisner）よりは短い．しかし博士論文執筆に要した時間のいかんによらず，彼のレベルの博士論文を仕上げた者はいなかった．

　コリンズは在籍中，後に自分の名前を冠することになる自然言語の構文解析器を作成したが，これはあらゆる文章について正確に文法解析できるツールである．前述したように，文法解析は多くの自然言語処理応用の基礎である．当時，コリンズの兄弟子であるブリルやラトナパーキー，弟弟子にあたるアイスナーが，優れた構文解析器を完成させていた．したがって，コリンズがこの分野で成果をあげるのは難しく，このテーマを選ぶべきではなかったというのもうなずける．しかしコリンズは，技術的にとことん突き詰めようとしており，その姿勢はアップルのジョブズが製品をつくり込むさまに通じるものがあった．構文解析器を手がけた彼の兄弟弟子たちにとって，構文解析器の作成は自分たちの理論の検証が目的だった．検証したい理論とは，ブリルにとっては「変換に基づく機械学習法」（後述），ラトナパーキーにとっては最大エントロピー法，アイスナーにとってはオートマトンだった．一方コリンズは何かの実証のために構文解析器をつくろうとしたのではなく，ただ世界最高の構文解析器をつくろうとしたのである．ここが彼らとの違いだった．

　そんな考えのもと，コリンズはかなりの時間を費やして世界最高の構文解析器をつくりあげた．コリンズの成功のカギは文法解析の細部に至るまで入念に研究したことにある．使用した数理モデルも美しく，このツールはまさに完璧な作品といえる．私は研究目的で構文解析器のソースコード開示を依頼し，彼は快諾してくれた．私は特定の応用向けに彼のプログラムを少し修正しようとしたのだが，彼のコードは細部までつくり込まれており，それ以上の最適化は困難だった．コリンズは構文解析器の開発において第一人者どころか二番手，三番手ですらなかった．にもかかわらず，この 7, 8 年のあいだ，構文解析器に絶え間なく改良を加え，ほかの研究者がこの分野で仕事をする気を失わせるほど研究を推し進めたのである！

　コリンズの博士論文は，自然言語処理の分野のお手本ともなっている．優れた小説のように因果がしっかりと書きこまれており，コンピュータや自然言語処理の知識が少しでもあれば，誰でも簡単に彼の複雑なアプローチを読み解く

216

ことができる.

　卒業後，コリンズは AT&T の研究所で 3 年間充実した研究生活を送った．彼はそこで隠れマルコフモデルのための識別的なモデルの訓練法や，畳み込みカーネルの自然言語処理への応用など，世界的に有名な研究を数多く手がけた．3 年後，AT&T は自然言語処理の研究を中止したが，彼は幸いにも MIT で教職につくことができた．MIT 在籍中のわずか 7 年のあいだに，EMNLP の最優秀論文賞を 3 回，UAI の最優秀論文賞を 2 回，CoNLL の最優秀論文賞を 1 回といった具合に，自然言語処理や機械学習の大きな国際会議の論文賞を次々と受賞した．一流の科学者といえどもキャリアのあいだに論文賞を受賞するのは 2〜3 回くらいなものだが，コリンズはそれを年中行事のように受賞していた！　このような業績をあげる研究者はそうそういるものではない．コリンズはとにかく，とことん突き詰めるスタイルをもっている．「細々とした，ともすると退屈な哲学」を好む人がいるとすれば，まさにコリンズはその一人である．

　MIT でテニュアを取得した後，コリンズは 2011 年にコロンビア大学のヴィクラム・パンディット（Vikram Pandit）[3]教授職[4]に移籍した．

22・2・2　エリック・ブリル：簡潔こそ美

　研究スタイルにおいてコリンズと対極にいる典型的な例は，コリンズの兄弟子にあたるブリル，ラトナパーキー，ヤロウスキーである（後者二人は前の章でふれた）．コリンズが産業界から学術界に移ったのとは対照的に，ブリルは学術界から産業界にキャリアを移した．コリンズは大学間を移籍したが，ブリルも産業界に入ってから企業を転々とした．ブリルは，コリンズの研究へのアプローチとは対照的に，常にできるだけ簡潔な方法を見つけようとする．とはいえコリンズもブリルも同じように，どちらも着実に出世している．ブリルは「変換に基づく機械学習」で名をあげた．名前からして複雑そうだが，じつはとても簡潔な方法である．ここでは，ピンイン（発音表記）から中国語への文字

　3）元シティグループ CEO（2007〜2012 年）.
　4）欧米の大学では私人または機関の名前を冠した教授職がある．顕著な業績をあげた教授が務めることが多い．たとえばケンブリッジ大学のルーカス教授職（Lucasian Professorship of Mathematics）はニュートン，ディラック，近年ではホーキングがその職を務めた.

変換の例で説明しよう.

　第一段階：はじめに，各ピンインに対応する最も一般的な漢字を変換候補とする. もちろん変換違いは多々起こりえる. たとえば,「常識（常识，changshi）」が「長識（长识，changshi）」というように.

　第二段階：「偽から真へ」の変換を行う. 文脈に応じて同音異義語を置換するためのすべての規則をあてはめる. たとえば, chang が「長」と変換されている部分について, 次に「識」の字がきていれば「常」に置き換えてみる, ということである.

　第三段階：「精度を上げる」段階で, 事前にタグ付けしたコーパスにすべてのルールを適用し, 有用なものを選び出し, 無用なものを削除する. その後, 有用なものが見つからなくなるまで, 第二段階と第三段階を繰り返す.

　ブリルは自然言語処理研究の多くの分野で, このような簡潔な方法によって良好な成果をあげた. 彼の方法はきわめて簡潔なので, 多くの人がそれにならった. ブリルは私にとって, アメリカで研究を行う上でいわば手本となった研究者である. 私も彼も, 文中の単語を名詞や動詞とタグ付けする品詞タグ付けを, このような簡潔な方法を用いて開発しており, 長年誰もわれわれを超えることができなかった（ついに超えたのは, 後にグーグルに入社したオランダ人のエンジニアで, 同じ手法を使っているが, より突き詰めたものである）. ブリルは後に学術界を離れ, マイクロソフトの研究所に移った. 移籍して1年足らずのあいだに彼一人で, グループのほかのメンバーが何年もかかって行っていたことよりも多くの成果をあげた. 後にブリルは新しいグループに加わり, そこでも生産性の高い研究者であり続けた. 彼の仕事がマイクロソフトに評価されたのは, グーグルのおかげだといわれている. グーグルをライバル視するがゆえに, マイクロソフトは人的・物的資源を惜しまなかったというわけである. こうしてブリルは, マイクロソフトの検索研究の第一人者の一人となった. 研究の面では, 問題をどのように解決するかといった方針を即座に立てられないことはあるものの, 不可能な解決策はただちに排除した. これは, 彼自身が簡潔な研究方法を追究したことと関係している. また彼には, それぞれの方法の良し悪しを短期間で大まかに把握する能力があった.

　コリンズが「純粋に追究」して深さを求める職人肌だとすれば, ブリルはど

ちらかというと「全体像をみる」器用肌である．ブリルはマイクロソフトに移った後，データマイニングと検索の研究領域をつくり，それをマイクロソフトインターネット研究センター（Internet Service Research Center）に発展させ，さらに同社の AdCenter Lab を最高責任者として運営した．2009 年，ブリルはマイクロソフトを退社し，最高技術責任者（CTO）兼研究担当副社長としてイーベイ（eBay）に入社した．

　ブリルは簡潔かつ効果的な方法を見つけるのに長けており，かつ自分の方法を隠しだてしないので，私を含めて多くの研究者が彼に追いつき追い越していった．ブリルはむしろ，人に追いつかれることをよしとしている．なぜなら，ある研究分野で人に追い越されるということは，彼が開拓している分野の意義を示しているわけで，ほかの人が追い越していくときには彼自身別の分野に乗り出しているのである．グーグルは 2005 年に上市した後，マイクロソフトに追われる立場となり，マイクロソフトは検索に力を入れるようになった．当時ブリルは，私に追い越されたことは多々あるものの，二人目の子供が産まれたのは彼の方が先で，この点は永遠に追い越されないだろうと話したものだ．

23

ブルームフィルター
乱数と確率の巧妙な掛け合わせ

23・1 ブルームフィルターの簡潔な仕組み

　ソフトウェア開発を含めた日常生活や仕事において，ある要素がある集合に属するか否かを判断しなければならないことはよくある．たとえばワープロソフトにおける英単語スペルの正否の判断（既知の辞書に載っているかどうか），アメリカ連邦捜査局（FBI）ならば容疑者の名前が容疑者リストにあるかどうか，ウェブクローラーならば訪問済みの URL か否か，などである．一番わかりやすいやり方は，集合の要素をすべてコンピュータに格納しておき，新しい要素を格納済みの要素と直接比較することである．一般にコンピュータ内では集合の要素はハッシュテーブルに格納されている[*1]．この方法の利点は高速かつ正確なことだが，必要なメモリ容量が問題である．集合のサイズが比較的小さければ問題にならないが，サイズが巨大になるとハッシュテーブルとはいえ，膨大な容量となる．たとえば，Yahoo，Hotmail，Gmail などのパブリックメール（電子メール）プロバイダーは，スパムをフィルタリングする必要がある．一つの方法はスパム送信者（スパマー）のメールアドレスを記録しておくことである．しかし，スパマーは常に新しいアドレスを登録するため，世界中に何十億ものスパムメールのアドレスがあり，それらをすべて保存するには大量のサーバーが必要になる．ハッシュテーブルを使用しても，1 億個のメールアドレスが保存されるごとに 1.6 ギガバイトのメモリが必要になる（これには，個々のメールアドレスを 8 バイトの情報フィンガープリントに変換し，ハッ

＊　訳注 1：第 16 章参照．

シュテーブルに格納する．ハッシュテーブルのストレージ効率は一般的に50％程度であるため，一つのメールアドレスあたり16バイトのメモリを要する．すなわち1億個のアドレスを保存するには，1.6ギガバイトつまり16億バイトのメモリが必要となる）．そのため，数十億個のメールアドレスを保存するには，数百ギガバイトのメモリを必要としうる．スーパーコンピュータでもない限り，普通のサーバーでは保存できない[*2]．

ここでは，ハッシュテーブルを1/8〜1/4に圧縮しつつ，同じ機能を発揮する「ブルームフィルター」とよばれる数学的手法を紹介する．

ブルームフィルターは1970年にバートン・ブルーム（Burton Bloom）が提唱した手法で，非常に長い二進数ベクトルとランダムな写像関数（ハッシュ関数）からなる．以下，スパムメールの発信元アドレスのハッシュ化を例に説明しよう．

1億個の発信元メールアドレスを格納する場合を考える．まず16億ビット，つまり2億バイトの成分からなるベクトルを作成し，その成分をすべて0とする．これがブルームフィルターのもととなる．次に各メールアドレスXについて，八つの異なる乱数発生器，すなわちハッシュ関数（$F_1, F_2, \cdots, F_8$）を用いて八つの情報フィンガープリント（$f_1, f_2, \cdots, f_8$）を生成する．さらに別の乱数発生器，すなわちハッシュ関数Gによりこれらの八つの情報フィンガープリントを八つの自然数$g_1, g_2, \cdots, g_8$（いずれも1以上16億以下）の組に変換し，二進数ベクトルの頭から$g_1, g_2, \cdots, g_8$番目の成分を1にする．この操作を1億個の発信元メールアドレスについて行い，対応する成分を1に変換（すでに1の場所はそのままとする）して，ブルームフィルターを構成する（図23・1）．

では，あるメールアドレスYがスパムメールの発信元か否か，ブルームフィルターを用いて検出する方法をみていこう．このアドレスYに同じ八つの乱数発生器（$F_1, F_2, \cdots, F_8$）を使用して八つの情報フィンガープリント$s_1, s_2, \cdots, s_8$を生成する．そして，これらの八つのフィンガープリントを乱数発生器Gに入力し，$t_1, t_2, \cdots, t_8$を得る．アドレスYがスパムのブラックリストに載っていれば，ブルームフィルター上の$t_1, t_2, \cdots, t_8$番目の成分はすべて1となっているは

＊ 訳注2：本書のもととなったブログ「グーグル黒板報」の記事執筆は2000年代にさかのぼり，その当時の状況を反映していると考えられる．

23. ブルームフィルター　221

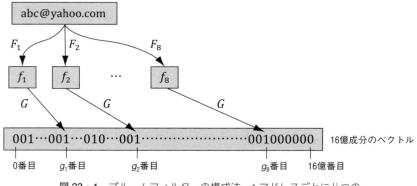

図 23・1 ブルームフィルターの構成法．1アドレスごとに八つの数字の組が生成し，対応する成分を1に置き換えていく．

ずである．逆にどれかの成分が0であればYはブラックリストに含まれていないことがわかる[*3]．

　ブルームフィルターを用いると，ブラックリストに格納されているアカウントを見逃すことはありえない．しかし欠点もある．すなわち，ブラックリストにないメールアドレスでも，ブルームフィルター上ですべての対応成分が1（すなわち上記の例で$t_1, t_2, \cdots, t_8$に対応する値がすべて1）となり，スパム認定されることがありうることである．ただしその可能性（誤識別率）は非常に低い．上記の例で誤識別率は1/1000以下である．なぜ1/1000以下になると言い切れるのかは，この後の「探究」で説明する．

　ブルームフィルターには高速かつメモリを著しく軽減できるという利点があるものの，一定の誤識別率がある．これに対する一般的な対処法は，誤認される可能性のあるメールアドレスを保存し，別の小さなホワイトリストを作成し

---

* 訳注3：ブルームフィルターを用いたメールアドレスの判定法を補足しておく．この場合，t_8番目の成分がブルームフィルター上で0であるため，メールアドレスYはブラックリスト中にないものと判定される．

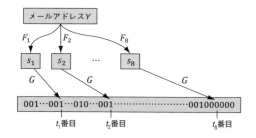

ておくことである.

探究 23・2 誤って識別する確率は？

必要な知識：確率論

すでに述べたようにブルームフィルターには，集合に含まれない要素を集合内にあるとして識別してしまう欠点があり，「偽陽性」として知られる．誤識別の起こる確率は小さいと考えられるが，どのくらい小さいのだろうか．また，無視しても差し支えないのだろうか.

偽陽性の確率の推定は難しくない．ブルームフィルターのサイズが m ビット（先の例では $m=16$ 億），フィルターに含まれる要素（メールアカウント）が n 個（$n=1$ 億），それぞれの要素が k 個（$k=8$）の情報フィンガープリントのハッシュ関数に対応するとしよう．m ビットの成分は 0 か 1 をとる．このとき，特定の成分が 0 になる確率はいくらだろうか．たとえば，ある要素がこのブルームフィルターに挿入された場合，一つ目のハッシュ関数の数値に対応してフィルター内の一つの成分が 1 に変換される．したがって，任意の成分が 1 になる確率は $1/m$，0 のままである確率は $1-1/m$ である.

1 番目の要素が挿入された後，すなわち，k 個のハッシュ関数の数値を反映させた後に，フィルター内の任意の成分が 0 のままである確率は $(1-1/m)^k$ である．さらにフィルターに 2 番目の要素が挿入された後も成分が 0 のままである確率は $(1-1/m)^{2k}$ で，同様に n 個の要素が挿入された後も成分が 0 であり続ける確率は $(1-1/m)^{kn}$ である．逆に n 個の要素をフィルターに挿入した後に成分が 1 となる確率は $1-(1-1/m)^{kn}$ となる.

さて，n 個の要素からなる集合のすべての要素をブルームフィルターに挿入し終えたとする．次に，集合に含まれないある要素について考えよう．情報フィンガープリントのハッシュ関数は乱数を生成するので，一つ目のハッシュ関数の数値に対応する成分が 1 となる確率は上記の確率 $1-(1-1/m)^{kn}$ となる．この要素が偽陽性として誤識別される場合，すべてのハッシュ関数について対応する成分が 1 となるので，このようになる確率は

$$\left[1 - \left(1 - \frac{1}{m} \right)^{kn} \right]^k \approx \left(1 - e^{-\frac{kn}{m}} \right)^k \tag{23・1}$$

23. ブルームフィルター　223

表 23・1 m/n および k を変化させたときのブルームフィルターの誤識別率

[データの出典：https://pages.cs.wisc.edu/~cao/papers/summary-cache/node8.html]

m/n	k	$k=1$	$k=2$	$k=3$	$k=4$	$k=5$	$k=6$	$k=7$	$k=8$
2	1.39	0.393	0.400						
3	2.08	0.283	0.237	0.253					
4	2.77	0.221	0.155	0.147	0.160				
5	3.46	0.181	0.109	0.092	0.092	0.101			
6	4.16	0.154	0.0804	0.0609	0.0561	0.0578	0.0638		
7	4.85	0.133	0.0618	0.0423	0.0359	0.0347	0.0364		
8	5.55	0.118	0.0489	0.0306	0.024	0.0217	0.0216	0.0229	
9	6.24	0.105	0.0397	0.0228	0.0166	0.0141	0.0133	0.0135	0.0145
10	6.93	0.0952	0.0329	0.0174	0.0118	0.00943	0.00844	0.00819	0.00846
11	7.62	0.0869	0.0276	0.0136	0.00864	0.0065	0.00552	0.00513	0.00509
12	8.32	0.08	0.0236	0.0108	0.00646	0.00459	0.00371	0.00329	0.00314
13	9.01	0.074	0.0203	0.00875	0.00492	0.00332	0.00255	0.00217	0.00199
14	9.7	0.0689	0.0177	0.00718	0.00381	0.00244	0.00179	0.00146	0.00129
15	10.4	0.0645	0.0156	0.00596	0.003	0.00183	0.00128	0.001	0.000852
16	11.1	0.0606	0.0138	0.005	0.00239	0.00139	0.000935	0.000702	0.000574
17	11.8	0.0571	0.0123	0.00423	0.00193	0.00107	0.000692	0.000499	0.000394
18	12.5	0.054	0.0111	0.00362	0.00158	0.000839	0.000519	0.00036	0.000275
19	13.2	0.0513	0.00998	0.00312	0.0013	0.000663	0.000394	0.000264	0.000194
20	13.9	0.0488	0.00906	0.0027	0.00108	0.00053	0.000303	0.000196	0.00014
21	14.6	0.0465	0.00825	0.00236	0.000905	0.000427	0.000236	0.000147	0.000101
22	15.2	0.0444	0.00755	0.00207	0.000764	0.000347	0.000185	0.000112	7.46e-05
23	15.9	0.0425	0.00694	0.00183	0.000649	0.000285	0.000147	8.56e-05	5.55e-05
24	16.6	0.0408	0.00639	0.00162	0.000555	0.000235	0.000117	6.63e-05	4.17e-05
25	17.3	0.0392	0.00591	0.00145	0.000478	0.000196	9.44e-05	5.18e-05	3.16e-05
26	18	0.0377	0.00548	0.00129	0.000413	0.000164	7.66e-05	4.08e-05	2.42e-05
27	18.7	0.0364	0.0051	0.00116	0.000359	0.000138	6.26e-05	3.24e-05	1.87e-05
28	19.4	0.0351	0.00475	0.00105	0.000314	0.000117	5.15e-05	2.59e-05	1.46e-05
29	20.1	0.0339	0.00444	0.000949	0.000276	9.96e-05	4.26e-05	2.09e-05	1.14e-05
30	20.8	0.0328	0.00416	0.000862	0.000243	8.53e-05	3.55e-05	1.69e-05	9.01e-06
31	21.5	0.0317	0.0039	0.000785	0.000215	7.33e-05	2.97e-05	1.38e-05	7.16e-06
32	22.2	0.0308	0.00367	0.000717	0.000191	6.33e-05	2.5e-05	1.13e-05	5.73e-06

である.

　$m = 16$ 億，$n = 1$ 億，$k = 8$ を（23・1）式に代入すると，偽陽性の確率はおおよそ 5/10000 となる[*4]．これは，ほとんどの用途において許容範囲内である．表 23・1 は，異なる m/n 比と異なる k の値についての偽陽性の確率を示している〔この表は，ウィスコンシン大学マディソン校の元教授で，現在はグーグルに勤務している曹培（Cao, Pei）氏提供〕．

■ ま と め

　ブルームフィルターの基盤にある数理は，二つの乱数が偶然一致する確率がきわめて小さいところにある．この数理を用いて誤識別率を低く抑えつつ，大量の情報を少量のメモリ空間に格納できる．誤識別を是正するための一般的なアプローチは，別に小さなホワイトリストを作成しておいて情報を保存しておくことにある．ブルームフィルターは簡単な算術演算しか使わないので，高速で使いやすい．

　＊　訳注 4：表 23・1 によれば，$m/n = 16$，$k = 8$ における誤識別率は 0.000574 である．

24

マルコフ連鎖の拡張
ベイジアンネットワーク

24・1　一次元構造からネットワーク構造へ

　これまでに何回か取り上げてきたマルコフ連鎖は，各状態の値が一つ前の状態だけに依存するモデルである．実際には，このようなモデルは非常に粗く，単純すぎる．現実世界における多くの状況は一筋縄の関係ではなく，互いに複雑に入り組んでいる．たとえば心血管疾患とその要因の間の関係も図24・1のように複雑に絡み合っており，1本の鎖では表せない．

　図24・1の有向グラフは，各楕円を個々の状態とするネットワークとみなせる．状態間の矢印は因果関係を示す．たとえば心血管疾患から喫煙への矢印は，心血管疾患が喫煙と関連している可能性を示す．マルコフ性が保持される，す

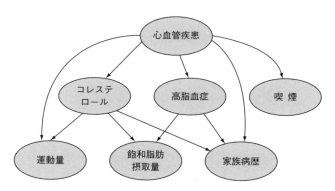

図 24・1　心血管疾患とその要因を記述した単純なベイジアンネットワーク

なわち，各状態は直接つながっている状態にのみ関連しており間接的なつながりは影響しないのであれば，この図は「ベイジアンネットワーク」とよばれる．ここで注意すべきことは，二つの状態AとBの間に直接のつながりがないことは，それらの間に「直接」の因果関係がないといっているに過ぎないことである．状態Aはほかの状態を介して，間接的に状態Bに影響を及ぼしうる．グラフ上に状態AからBへのなんらかのつながりがある以上，これら二つの状態は間接的に関連している．これらの（因果）関係は，すべて定量化された信頼度をもつ．すなわち確率で記述できるということで，ベイジアンネットワークの矢印は重み付きである．マルコフ性によりベイジアンネットワークの計算は円滑に行える．したがって心血管疾患のリスクを定量的に推定できる．

　ネットワークの楕円（各節点）の確率は，ベイズの公式を用いて計算することができる．これがベイジアンネットワークとよばれる所以である．ネットワークの各矢印は信頼度で重み付けされているため，ベイジアンネットワークは信頼度ネットワークともよばれる．上記の例をさらに簡略化して「心血管疾患」「高脂血症」「家族病歴」の三つの状態しかないと仮定しよう．この簡略化された例を使って，ネットワーク内の確率がベイズの公式を用いてどのように計算されるかを説明しよう．単純化のため，図24・2に示すように，各状態は値を「あり（有）」「なし（無）」しかもたないと仮定する．図中の三つの表は，それぞれの状態と状態の組み合わせの値が異なる場合の条件付き確率を表す．たとえば右上の表は，高脂血症発症の確率について，家族病歴が「あり」の場合は0.4，「なし」の場合は0.1であることを示す．

　「家族病歴」「高脂血症」「心血管疾患」の組み合わせによる確率分布を計算するには，以下のベイズの公式を用いればよい．

p(家族病歴の有無, 高脂血症の有無, 心血管疾患の有無)
$= p$(心血管疾患の有無 |家族病歴の有無, 高脂血症の有無)
$\quad \times p$(高脂血症の有無 |家族病歴の有無)$\times p$(家族病歴の有無)　　(24・1)

　上式に表の値を代入すれば確率を計算できる．
　心血管疾患において家族病歴が要因となる可能性を，このベイジアンネットワークを使って計算してみる．

家族病歴, 高脂血症	心血管疾患	
	有	無
有, 有	0.9	0.1
有, 無	0.4	0.6
有, 有	0.4	0.6
有, 無	0.1	0.9

家族病歴	高脂血症	
	有	無
有	0.4	0.6
無	0.1	0.9

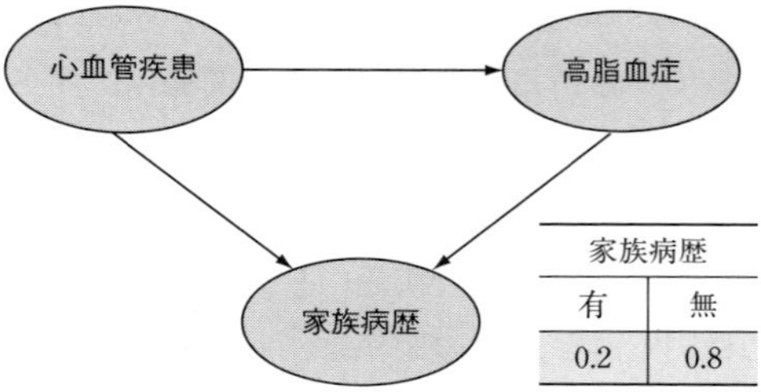

家族病歴	
有	無
0.2	0.8

図 24・2 簡略化されたベイジアンネットワーク．左上の表は家族病歴および高脂血症の有無による心血管疾患発症の条件付き確率を，右上の表は家族病歴の有無による高脂血症発症の条件付き確率を，下の表は家族病歴の有無の確率を示す．

p（家族病歴あり|心血管疾患あり）

$= p$（家族病歴あり, 心血管疾患あり）$/p$（心血管疾患あり） (24・2)

なお式中で用いられる確率は下記の通りである．

p（家族病歴あり, 心血管疾患あり）

$= p$（家族病歴あり, 高脂血症なし, 心血管疾患あり）

$+ p$（家族病歴あり, 高脂血症あり, 心血管疾患あり） (24・3)

p（心血管疾患あり）

$= p$（家族病歴あり, 高脂血症なし, 心血管疾患あり）

$+ p$（家族病歴あり, 高脂血症あり, 心血管疾患あり）

$+ p$（家族病歴なし, 高脂血症なし, 心血管疾患あり）

$+ p$（家族病歴なし, 高脂血症あり, 心血管疾患あり） (24・4)

上記二つの式で表される確率は（24・1）式に図24・2の値を代入すると計算できて，

$$p(家族病歴あり, 心血管疾患あり) = 0.12$$
$$p(心血管疾患あり) = 0.224$$

となる．この結果を（24・2）式に代入すると，p（家族病歴あり|心血管疾患あり）＝54％となる．

このように，家族病歴のある人は人口の20％に過ぎないものの，心血管疾患を発症している割合は54％に達し，家族病歴のない人に比べて発症率がはるかに高くなってしまうのだ．

ベイジアンネットワークの各状態の計算には，マルコフ連鎖同様に一つ前の状態だけが用いられる．ただし，ベイジアンネットワークは連鎖構造にしばられずネットワークの構造（トポロジー）を構築できる点で，マルコフ連鎖よりも柔軟性が高く，状態間の関係をより正確に記述することができる．マルコフ連鎖はベイジアンネットワークの特殊例で，逆の言い方をすればベイジアンネットワークはマルコフ連鎖の拡張にあたる．

ベイジアンネットワークを使用するためには，まずネットワークの構造を決定し，次に，図24・2に示した個々の状態間の遷移確率が必要となる．構造とこれらのパラメータを得る過程をそれぞれ構造学習，パラメータ学習とよび，総称して学習とよぶ．マルコフ連鎖の学習と同様に，ベイジアンネットワークの学習においても既知のデータを用いる．たとえば，これまで取り上げてきた心血管疾患のケースでネットワークを学習させるには，心血管疾患や喫煙，家族病歴などに関する知見が必要になる．ベイジアンネットワークの学習はマルコフ連鎖に比べて複雑で，理論的にはNP完全問題（付録参照），すなわちコンピュータでは計算しきれない問題である．ただし応用先によっては，学習の過程を簡素化し，計算できる場合がある．

注目すべきは，IBMワトソン研究所のジェフリー・ツヴァイク（Geoffrey Zweig）博士とワシントン大学（シアトル）のジェフ・ビルメス（Jeff Bilmes）教授が，ベイジアンネットワークに興味のある研究者が無料で利用できる汎用のツールキットを完成させたことである．

ベイジアンネットワークは，画像処理，テキスト処理，意思決定支援などの多くの応用がある．テキスト処理では，意味の類似した単語間の関係をベイジアンネットワークで記述できる．ベイジアンネットワークを利用して類義語や

24. マルコフ連鎖の拡張　　229

関連する単語を識別でき，グーグル検索と広告の双方に直接応用されている．

24・2　単語分類への活用

　統計学に基づいたモデルはテキストを解析して概念を抽出し，トピック分析に使用できる．このようなモデルは，「トピックモデル」ともよばれる．前の章（第14章および第15章）で述べた通り，記事から特徴ベクトルを取得し，この特徴ベクトルとの余弦類似度（距離）を用いてトピックに対応させることは，統計的トピックモデルの一つである．ここでは，ベイジアンネットワークによって構築されるもう一つのモデル，グーグルの Rephil（リフィル）を紹介する．詳細を明らかにできないので，私なりの言葉で原理を紹介する．Rephil の紹介資料（PR ビデオなど）とややずれていると思われるかもしれないが，原理は外していないつもりである．

　Rephil を紹介する前に，テキストの分類について振り返っておこう．1億件のテキストがあれば，テキストとキーワードの相関行列を特異値分解するか余弦距離を利用したクラスタリングで，1万（この数はエンジニアが設定できる）のカテゴリに分類できる．1件のテキストは一つまたは複数のカテゴリに割り当てられる．同じカテゴリのテキストには共通のキーワードが含まれている．キーワードは手動選択などのさまざまな方法で選択できるが，大規模なデータ処理には自動化が必要である．このように異なるテキストは，キーワードを通して関係性が示され，同じカテゴリに属するか否かが判定される．

　テキストとキーワードの相関行列を90度回転させて特異値分解を行う，または，テキストを次元として単語ごとにベクトルを作成し，そのベクトルのクラスタリングを行うと，テキストではなく単語を分類できる．この単語の分類で得られたクラスターを「概念」という．

　概念には複数の単語が含まれ，単語は複数の概念に属しうる．同じように，一つの文章は複数の概念に，一つの概念も複数の文章に対応しうる．文章，概念（トピック）[1]，キーワードの間のつながりを，図24・3に示すようにベイジアンネットワークを使って構築できる．

　＊　訳注1: 本節では「概念」と「トピック」は同義として扱う．

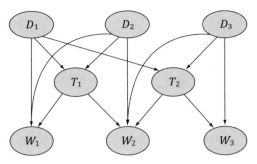

図 24・3 文章（D），概念（トピック）（T），キーワード（W）を記述したベイジアンネットワーク

　図 24・3 において，文章とキーワードの間には直接関係がある．またどちらも概念（トピック）と直接関係していて，文章とキーワードには，概念（トピック）を介した間接的な関係もある．§24・1 の例において，心血管疾患と家族病歴の間の関係をネットワークから引き出せたように，各概念と各単語の関係を介して，単語と単語の間の関係を見いだすこともできる．ただしこの関係が条件付き確率を用いて定量化できるとは限らない．

　2002 年，グーグルのエンジニアはベイジアンネットワークを使って文章，概念，キーワード間のつながりをつくり，数百万個のキーワードを Phil Cluster（フィルクラスター）とよばれる複数の概念のクラスターに集約した．当初はとくに用途が想定されていたわけではなく，将来の情報処理になにがしかの役に立つだろうくらいに考えられていた．この最初の応用は Phil Cluster ができて数カ月後に行われた広告の拡張マッチングだった．初期はキーワードとテキストとの関係のみが考慮され，キーワードと文脈との関係に配慮が行き届かなかった．そのため概念の分類はかなり大雑把で，たとえば「コンピュータ」と「株」，「車」と「大統領の名前」が同じクラスターに集約されていた．そのため Phil Cluster はグーグルの中で広まらなかった．2004 年，グーグルは Phil Cluster の再構築にのりだした．今回はもとの数百倍のデータを使用し，キーワードの類似性も文脈との関係も配慮し，さらに情報の細かさも考慮するようにした．プロジェクト名も「Rephil」に改称した．Rephil は約 1,200 万語を百万あまりの概念に集約した．一つの概念は一般的に十数個から百あまりの単語からなる．Phil Cluster に比べて Rephil の質が格段に向上したため，広告から検

索まですべてに利用された．Rephil のネットワーク構造はオリジナルの Phil Cluster よりもはるかに複雑だが，原理は似ている．

探究 24・3 ベイジアンネットワークの学習

必要な知識： 確率論

ベイジアンネットワークを使用するには，まず構造（トポロジー）を決定しなければならない．この章で取り上げた心血管疾患のような比較的簡単な問題については，専門家が構造を十分決めきれる．しかしちょっと複雑な問題になると，もはや構造を決めるのでさえ，機械学習に頼る必要がある．

最適化されたベイジアンネットワーク構造では，そこで決定された因果関係の系列（たとえば，「家族病歴→高脂血症→心血管疾患」が系列である）において，系列の実現する可能性が最大，すなわち事後確率が最大となるはずである．系列は複数の経路をとりうるが，理論的には，大域的な最適解を得るためにこれらすべての経路を考慮した しらみつぶし探索が必要である．ただし，しらみつぶし探索の計算複雑度は NP 困難（付録参照）なため，一般的には貪欲法が用いられる．すなわち各ステップで最も確からしい方向を探索する．しかし，この方法は局所的な最適解に陥り，大域的な最適解にたどり着かないおそれがある．局所的最適解に陥らないようにする方法の一つがモンテカルロ法である．モンテカルロ法では，ベイジアンネットワーク中で乱数を用いた試行錯誤を幾度も行い，局所最適に陥っていないか確認する．しかしこの方法では計算量が増大してしまう．最近では，情報理論を用い，相互情報の大きい節点の間の直接接続のみを保ちながら，簡略化されたネットワークについてしらみつぶし探索を行い，大域的に最適な構造を求めるという新しいアプローチがとられている．

ベイジアンネットワークの構造を決定した後，節点間の矢印について条件付き確率を用いて計算し，重み付けを行う．このためには訓練データが必要であり，これらのデータ D を観測する確率（すなわち，事後確率）$p(D|\theta)$ が最大になるように，ベイジアンネットワークのパラメータ θ を最適化する．このプロセスが第 20 章で紹介し，第 27 章でより詳しく述べる期待値最大化（Expectation-Maximization, EM）アルゴリズムなのである．

事後確率の計算では，条件 X と結果 Y の間の結合確率 $p(X, Y)$ が算出され

る．学習データは $p(X, Y)$ の間にいくつかの拘束条件を与え，学習されたモデルはこれらを満たす必要がある．第20章で，このようなモデルは，与えられた拘束条件を満たす最大エントロピー法で実装しなければならないことを述べた．したがって，最大エントロピー法に関する学習方法はすべて利用できる．

最後に，構造の学習とパラメータの学習は交互に行うことにふれておきたい．すなわち，まずパラメータを最適化し，次に構造を最適化し，収束するかそれに近い状態となるまでパラメータおよび構造を最適化するのである．

ベイジアンネットワークについてさらに知りたければ，ビルメスとツヴァイクの共著による以下の論文を勧める．

J. Bilmes and G. Zweig, "The Graphical Models Toolkit: An Open Source Software System for Speech and Time-Series Processing", *Proc. IEEE Intl. Conf. on Acoustics, Speech, and Signal Processing* (2002).

またこのテーマをより体系的に理解したければ，スタンフォード大学のコラー (Daphne Koller) 教授による大著 "Probabilistic Graphical Models: Principles and Techniques" (MIT Press, 2009) を読むとよい．本書は1千ページを超え，それなりに値が張る大著なので専門家向けではある．

「数学の美 番外編：ありふれたベイジアンメソッドと魔法のベイジアンメソッド」においても，ベイジアンネットワークの応用例を紹介している[*2].

■ ま と め

数学的にいえばベイジアンネットワークは重み付き有向グラフで，マルコフ連鎖の拡張である．ベイジアンネットワークは，ある意味，マルコフ連鎖の機械的な一次元的制約を克服し，関連するあらゆる事象をその枠組みのもとで統一できる．結果としては単語分類や概念抽出以外にも，生物統計学，画像処理，意思決定支援システム，ゲーム理論など多くの分野で応用されるに至っている．ベイジアンネットワークの原理は簡単で理解しやすいが，そこから導出されるモデルはむしろ複雑といってよい．

---

* 訳注2：原著の一読者によるブログ．

24. マルコフ連鎖の拡張　233

25

条件付き確率場と構文解析

　条件付き確率場は結合確率分布を計算する上で有効なモデルである．かたや構文解析は英語の授業で先生から教わることのように思える．両者はどのような関係にあるのか．まず構文解析の歴史を振り返ってみよう．

25・1　構文解析：数学との融合

　自然言語における構文解析とは，文法に基づいて文を解析し，その文の構文木を作成する「構文解析」をさすが，文の構成要素の意味を解析して（入れ子の箱構造や意味木を）記述する「意味解析」をさすこともある．ここでは前者，つまり文の構文解析について述べる．構文解析ではかつて形式言語学の影響が強く，規則による解析が行われてきた．構文木を構築するとは，規則を用いて，文を構成する単語（木の末端）から文全体（木の根）まで順々に解析して記述することである．解析の方向はボトムアップもトップダウンもありうる．どちらにせよ規則を適用するのに試行錯誤が必要で，どこかで間違えると何歩もさかのぼってやり直さなければならない．そのため計算量が膨大となり，複雑な文章の解析は不可能であった．

　1980 年代以降，ブラウン大学コンピュータ科学科の計算言語学者ユージン・チャーニアック（Eugene Charniak）は，文法規則の確率を計算し，解析対象の文の木構造の確率を最大化するように文法規則を選択するという原則を堅持した．このシンプルでわかりやすい方法により，構文解析の計算量を著しく低減でき，より正確な解析が可能になった．チャーニアックは意図せずに数学と構文解析の橋渡しをしたのである．もう一人の橋渡し役は，マーカス（第 22 章参照）の教え子であるラトナパーキーである．

234

マーカス研の兄弟子にあたるブリルによれば，ラトナパーキーは非常に頭が切れるという．また私の知り合いによれば，彼の強みは優れた実践的な能力にあるという．彼はまったく新しい視点から構文解析の問題にアプローチした．すなわち，構文解析を括弧によって文章をくくっていくプロセスに変換したのである．

第3章で取り上げた文章を例に，ラトナパーキーの手法を説明しよう．

> アメリカ FRB ベン・バーナンキ議長は，昨日 7000 億ドルの救援資金をメディアに表明し，銀行，保険会社ならびに自動車会社に貸し付けるとした．

まずはこの文章を細かく分ける．

> アメリカ FRB/ベン・バーナンキ/議長/は/，/昨日/7000億/ドル/の/救援/資金/を/メディア/に/表明し/，/銀行/，/保険会社/ならびに/自動車会社/に/貸し付ける/と/した/．/

次に，文頭から走査し，句を括弧でくくってゆく．

> アメリカ FRB（ベン・バーナンキ 議長）は/，/昨日（7000 億 ドル）の（救援 資金）を/メディア/に/表明し/，（銀行，保険会社 ならびに 自動車会社）に/貸し付ける/と/した/．/

この後，句をさらに大きな角括弧でくくる．たとえば，［アメリカ FRB（ベン・バーナンキ 議長）は，］は文の主語となる，というように，それぞれの括弧に文の構成要素を与え，さらに括弧で囲む作業を繰り返す．

> ［アメリカ FRB（ベン・バーナンキ 議長）は，］昨日 ［（7000 億 ドル）の（救援 資金）を］［メディア に］［表明し，］［（銀行，保険会社 ならびに 自動車会社）に］［貸し付ける とした．］

これを，文全体が一つの括弧でくくられるまで繰り返す．各括弧はそれぞれ文の構成要素であり，入れ子になっている括弧の関係は，互いに異なるレベルの文の構成要素であることとその関係性を示す．

ラトナパーキーは文中の単語（または文の構成要素）を文頭から走査するにあたり，次の三つの操作のどれに当てはまるかだけを判断するとした．

A1. 左括弧を入れる．たとえば文頭の「アメリカ」の前に左括弧を入れる．
A2. 括弧の中に含める．たとえば「保険会社」は右括弧でくくらない．
A3. 右括弧で閉じる．たとえば「資金を」で括弧を閉じる．

ラトナパーキーは A1〜A3 のどの操作を適用するかを決めるため，統計モデル $p(A|prefix)$ を構築した．ここで，A は操作を表し，$prefix$ は文頭から解析するところまでのすべての単語と文の構成要素を示す．最後にラトナパーキーは最大エントロピー法を用いてこのモデルを実装した．同時に統計モデルを用いて，文の構成要素の種類を予測した．

　この方法は非常に速い．文の構成要素の数は走査を進めるにつれて減っていき，走査回数は文の長さの対数関数として表せ，アルゴリズム全体が文の長さに比例することも簡単に示せる．アルゴリズムの明快さの点では最も優れた方法といえる．

　ラトナパーキーの方法は簡潔だが，同時に驚くべきものでもある（よい方法は形式が簡潔，ということの好例である）．ラトナパーキーこそ，構文解析と数理モデルを真に結びつけたキーパーソンである．この方法が提唱されてから構文解析の趨勢が，経験則的な探索から括弧を使う手法へと移行した．構文解析の精度は統計モデルがどれだけ優れているか，$prefix$ から抽出された特徴がどれだけ有効かにかかっている．第 22 章でマーカス研究室のコリンズの優れた博士論文にふれたが，彼はこの特徴抽出を徹底して研究したのである．

　1970 年代に登場した統計的言語学や統計的言語モデル，および 1990 年代に登場したラトナパーキーらの数理モデルにより，数学と構文解析が組み合わされた．その結果，ウォールストリート・ジャーナルに掲載されるような非常に「標準的」な文章に対する構文解析では，その精度は 80％ を超え[1]，一般人のレベルに達した．2000 年以降，インターネットの普及により，人々のふれるテキストにネットユーザーが作成したテキストが加わり，コンテンツは玉石混淆となった．これらの「あまり整っていない」文章や重大な文法的誤りを含む文章に対しては，コリンズのものを含めて，従来の構文解析器では 50％ の精度にさえ達しなかった．

＊　訳注 1：2024 年現在，精度は 90％ を大きく超えている．

幸い，自然言語処理の応用には，ほとんど「深い」構文解析は必要ない．主要な句とそれらの関係を解析する程度の「浅い」解析で十分なのだ．そこで研究の焦点が語句の深い解析から浅い解析へと移った．1990年代以降，コンピュータの演算能力の向上に伴い，研究者らは新しい数学的モデリングツールである条件付き確率場（conditional random field, CRF）を採用し，浅い解析の精度は95％まで大幅に向上した．そして機械翻訳をはじめとする多くの応用に構文解析が適用できるようになった．

25・2　条件付き確率場

　隠れマルコフモデルにおいて，$x_1, x_2, \cdots, x_n$ は出力の系列（文章における単語の並び順，など）に，$y_1, y_2, \cdots, y_n$ は隠れた状態の系列にそれぞれ対応する．そして x_i はそれを生成した隠れた状態 y_i にのみ依存し，前後の状態 y_{i-1}, y_{i+1} には依存しない（図25・1）．ところが実際には，出力 x_i は前後の状態の双方に関連しうることも少なくない．そこで x_i の y_{i-1}, y_i, y_{i+1} に対する依存性を含めると，モデルは図25・2のように書き換えられる．

　このモデルこそ条件付き確率場である．

　条件付き確率場は隠れマルコフモデルの拡張で，$y_1, y_2, \cdots$ の状態の系列などの特徴を残している．一般的には，条件付き確率場は確率的グラフィカルモデルの特殊例といえる．このグラフでは，節点は x_1 や y_1 のような個々の確率変数で，節点を結ぶ線は相互の依存関係を表し，通常は $p(x_1, y_1)$ のような確率分布を示す．このモデルは，各状態の確率が隣接する状態にのみ依存するマルコフ性に従うという点が特徴だが，これは前章で紹介したもう一つの確率的グラフィカルモデル，ベイジアンネットワークと同じである．違いは，条件付き確率場は無向グラフ，ベイジアンネットワークは有向グラフというだけである．

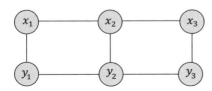

図25・1　隠れマルコフモデルにおいて，出力は対応する状態にのみ依存する

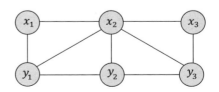

図25・2　より普遍的な条件付き確率場

ほとんどの応用において，条件付き確率場の節点は，状態節点の集合 Y と出力節点の集合 X に分けられる．条件付き確率場の定式化は，これら二つの集合の結合確率分布モデル $p(X, Y)$ に基づく．

$$p(X, Y) = p(x_1, x_2, \cdots, x_n, y_1, y_2, \cdots, y_m) \qquad (25 \cdot 1)$$

このモデルは変数の数が多く，大数の法則に基づいて直接推定するのに必要な十分なデータを得ることができず，$p(x_1), p(y_2), p(x_1, y_3)$ といった周辺分布を用いて，これらの条件をすべて満たす確率分布関数を見つけるほかない．往々にしてそのような確率分布は一つには定まらないが，最大エントロピーの原理を用いて，すべての周辺分布を満たし，エントロピーを最大化するモデルを見つけたい．第20章で述べた通り，このモデルは指数関数である．周辺分布は，指数関数モデルにおける素性（特徴，feature）f_i に対応する．たとえば，対応する周辺分布の特徴は次のようになる．

$$f_i(x_1, x_2, \cdots, x_n, y_1, y_2, \cdots, y_m) = f_i(x_1) \qquad (25 \cdot 2)$$

これは，特徴 f_i が x_1 にのみ依存し，その他の変数によらないことを示している．いいかえれば，ある特徴関数がある変数に対して 0 となるとき，この特徴関数はその変数に作用しない．特徴をモデルに適用すると，次の式が得られる．

$$p(x_1, x_2, \cdots, x_n, y_1, y_2, \cdots, y_m) = \frac{e^{f_1 + f_2 + \cdots + f_k}}{Z} \qquad (25 \cdot 3)$$

浅い構文解析において，この条件付き確率場モデルがどのように機能し，学習されるかをみていこう．

X は観察される出力で，浅い構文解析においては文中の単語や対応する品詞などである．Y は X の出力をもたらす状態で，名詞句，動詞句などの文の構成要素である．第2章で取り上げた「徐志摩は林徽因を好きだ（徐志摩喜欢林徽因）」という最も単純な文を例に，浅い構文解析のモデルを説明しよう．ここで，観察された出力系列は徐志摩/名詞，喜欢/動詞，林徽因/名詞，望ましい状態系列は，「名詞句，動詞句」である．解析プロセスを説明するのに再び図 25・3 に示す通信モデルを用いる．

図 25・4 に示す木構造では，特徴はそれぞれの節点（囲み），同じ層の間の節点の組み合わせ，異なる層の間の節点の組み合わせに相当する．同じ層の間の

図 25・3　構文解析のための通信モデル

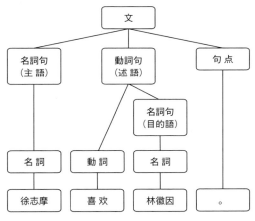

図 25・4　文の木構造

節点の組み合わせとは「徐志摩-喜欢」「動詞-名詞」などをさし，異なる層の間の節点の組み合わせは，たとえば，「名詞句」を「名詞」に，「動詞句」を「動詞と名詞句」に書き換えることをさす．このような特徴を組み込んで，条件付き確率場の確率は次の式を用いて計算できる．

p(徐志摩/名詞，喜欢/動詞，林徽因/名詞，名詞句，動詞句)
$= \exp[f_1$(徐志摩，名詞)
$\quad + f_2$(喜欢，動詞)$+ f_3$(林徽因，名詞)
$\quad + f_4$(徐志摩，名詞，名詞句)$+ f_5$(名詞，名詞句)
$\quad + f_6$(喜欢，動詞，林徽因，名詞，動詞句)
$\quad + f_7$(名詞句，動詞句)$+ f_8$(名詞句)
$\quad + f_9$(動詞句)$+ f_{10}$(動詞，名詞，動詞句)$]$　　　(25・4)[*2]

---

*　訳注2：本書第1版の英訳本 "The Beauty of Mathematics in Computer Science" も参照しつつ，文法用語を和訳した．

ここで，各特徴 $f()$ のパラメータは，第 20 章でふれた最大エントロピー法の学習により求められる．

浅い構文解析に条件付き確率場を初めて当てはめたのは，ペンシルベニア大学博士課程の学生である沙飛（Sha, Fei）とその指導教授（の一人）ペレイラだった[3]．彼らはラトナパーキーのアプローチを継承し，第一層の構文解析，つまり単語から句への自動結合のみを行った．この改良された統計モデルを用いた浅い構文解析の正答率は約 94% だった．これは自然言語処理では，非常に高い値である．

2005 年に李開復博士がグーグルに入社し，朱会灿（Zhu, Huican）と私から中国語検索の仕事を引き継いだ．そして私は会社全体のサービスに用いる汎用構文解析器のためのプロジェクトのリーダーになり，Gparser（G はグーグルの略）を開発した．われわれは沙飛とペレイラの開発した方法と類似の方法をとった（当時ペレイラはまだグーグルに加わっていなかった）が，第一層だけでなく，ラトナパーキーのように木構造の一番上の層までの構文解析を可能にした．基本モデルはやはり条件付き確率場だった．

まず，各層の解析において，モデル $p(X, Y)$ を構築した．ここで，X は文中の単語 $w_1, w_2, \cdots, w_n$，品詞 $pos_1, pos_2, \cdots, pos_n$，各層の文の構成要素の名称 $h_1, h_2, \cdots, h_m$ を示す．一方，Y は操作（左括弧を入れる，括弧の中に含める，右括弧で閉じる）および括弧でくくった際の文の構成要素の新層の名称である．これを展開して書くと（25・5）式となる．

$$p(w_1, w_2, \cdots, w_n, pos_1, pos_2, \cdots, pos_n, h_1, h_2, \cdots, h_m, Y) \qquad (25 \cdot 5)$$

一見網羅的にみえるこのモデルだが，計算する上で大きな問題がある．まずこのモデルは非常に複雑なため，学習方法が問題となる．次に，さまざまな条件の組み合わせが天文学的な数字となり，グーグルのデータをもってしても数回しか表れないような組み合わせが起こりうる．これらの問題にどう対処したか．

まず近似処理を行う．拘束条件の組み合わせ $w_1, w_2, \cdots, w_n, pos_1, pos_2, \cdots, pos_n,$ $h_1, h_2, \cdots, h_m$ を多数の部分集合に分割した．たとえば最後の 2 単語 $w_{n-1}, w_n,$

＊　訳注 3：この研究は第 20 章の参考文献 6 にあたる．§20・1 訳注 7 も参照．

最後の二つの文の構成要素 h_{m-1}, h_m というように．そして各部分集合と予測される操作（および上の層の文の構成要素の名称）との間に信頼できる統計的関係を探し出した．

次にモデルを訓練するにあたり，十分なデータを確保できることに配慮しつつ，拘束条件をすべて満たす最大エントロピー法を探した．

このようにして，われわれは最大エントロピー法を用いて，構文解析器を構築した．

この構文解析器により，インターネット上にある文章に対して浅い構文解析を行って到達した精度は，沙飛とペレイラがウォールストリート・ジャーナルの記事で達成した精度と同程度となった．この構文解析器をアカデミアで開発されたものと比較すると，インターネット上の文章のような「汚い」データの取り扱いにも長じていることは強調してよいだろう．実際それ以来，グーグルの多くのサービスに組み込まれている．

25・3　条件付き確率場の活用：犯罪の防止

条件付き確率場の応用は自然言語処理の分野にとどまらない．従来のさまざまな課題に対しても，驚くべき成果をあげている．

アメリカの大都市において，犯罪は市民にとっても警察にとっても大きな問題で，犯罪を未然に防ぐことが一番の解決策である．しかし，大都市は面積も広く，人口も多く，どこでも突発的に何かが起こっている中で，次の犯罪がどこで発生するかなど，誰にもわからない．昔は警察によるパトロールくらいしか手はなく，その場に居合わせれば現行犯で検挙できるが，そのような「偶然」はそうそう起こりえるものではなく，さしずめ目の見えない猫が死んだネズミに出会うようなものだった．しかし現在，警察は数理モデルを用いてビッグデータを分析し，いつどこで犯罪が発生しやすいかを効果的に予測している．そしてパトロールのターゲットを絞りつつ，犯罪を抑止できるようになっている．

このことを最初に思いついたのはロサンゼルス市警察である．彼らはカリフォルニア大学ロサンゼルス校（UCLA）に依頼して，過去 80 年ほどの 1,300 万件以上の事件（犯罪率が高い）をもとに，条件付き確率場に基づいた数理モデルを構築した．このモデルで予測するのは「いつ，どこで，どのような犯罪

25. 条件付き確率場と構文解析　　241

が発生するかの確率」であり，l, t, c をそれぞれ場所，時間，犯罪の種類として，確率を推定する数理モデルは $p(l, t, c)$ となる．

このモデルにおける時間 t の単位は分である．ロサンゼルス市警察は，位置情報を正確に記述するために，千平方キロメートルあまりの街を約 5 m×5 m の小さな正方形に分割した．犯罪の種類 c は警察署独自の分類方法による．このモデルでは，人の流れ，イベント（スポーツイベント，コンサートなど），天候，失業率など，考慮すべき要因がたくさんあり，これらすべての要因をベクトル $X=x_1, x_2, \cdots, x_n$ として入れる．推定したい確率は，このようなさまざまな要因 X を条件とした，時間，場所，犯罪の種類の分布 $p(l, t, c|X)$ である．この分布は，条件付き確率の公式を使って次のように書ける．

$$p(l, t, c|X) = \frac{p(l, t, c, X)}{p(X)} \qquad (25\cdot6)$$

（25・6）式は，右辺の分母 $p(X)$ は過去のデータから推定される既知の量と考えられるので，分子 $p(l, t, c, X)$ が重要になる．この式と（25・1）式の左辺を比較すると形が非常に似ているので，条件付き確率場を使えばこの確率を推定できることがわかる．

UCLA の教授も数理モデルとして条件付き確率場を採用した．まずモデル全体の出発点として事前の確率分布を用い，これを背景分布とした．これは，外部要因を無視した，与えられた時間と場所での犯罪状況の確率分布である．背景分布は正確さに欠けるので，教授はさらに過去のデータをもとにコンサートと窃盗の関係，強盗と人の流れの関係，スポーツイベントと飲酒運転の関係など，さまざまな特徴を徐々に抽出し，それらを組み合わせて（25・4）式のようなモデルを立て，可能性のある犯罪を予測した[1]．このモデルを訓練するには大量のデータが必要なので，ロサンゼルス市警察は署内の 1,300 万件の犯罪記録をすべて提供し，よりよいモデルとなった．このモデルを使用することで犯罪をある程度予測できるようになり，この地域の犯罪率を 13% 減少できたこ

---

1) アメリカの若者はバーでスポーツ観戦をすることを好み，バーを出た後に飲酒運転をしがちである．したがって，ゲーム終了後は，バー周辺の飲酒運転の可能性が平常時よりも高くなる．

とが後に証明された．これは 2011 年のタイム誌で，年間の最優秀発明の一つ
として取り上げられた．

■ まとめ

　条件付き確率場（CRF）は予測のための非常に柔軟な統計モデルである．こ
の章では自然言語処理，とくに構文解析における応用に焦点をあてたが，応用
はそこにとどまらない．パターン認識，機械学習，バイオメトリクス，さらに
は犯罪抑止にも貢献している．

　最大エントロピー法と同様に，条件付き確率場は形式こそ簡潔だが，実装は
複雑となる．しかし今日では，一般的なエンジニアが利用できる十分な量の
オープンソース・ソフトウェアに恵まれている[*4]．

---

* 訳注 4： 有名なものに岡崎直観博士（東京科学大学教授）の作成した CRFsuite（https://
github.com/chokkan/crfsuite）などがある．

25. 条件付き確率場と構文解析　　243

26

デジタル通信界の巨人
ビタビ博士

　通信業界以外の人には，アンドリュー・ビタビ（Andrew Viterbi）の名前はなじみがないだろう．しかし，この業界に関わっていれば彼の名前を冠した「ビタビアルゴリズム」を知らない人はいない．ビタビアルゴリズムは，現代のデジタル通信で使用されているもっとも一般的なアルゴリズムであり，多くの自然言語処理で復号化にも利用されている．また，ビタビはアーウィン・マーク・ジェイコブス（Irwin Mark Jacobs）とともにクアルコム（Qualcomm）社を設立し，「CDMA ベース」（詳細は §26・2 参照）の第 3 世代（3G）モバイル通信規格の大部分を開発し，第 4 世代（4G）時代のモバイル通信もリードし続けてきた．それゆえ，現代の生活にもっとも影響力のある研究者の一人といえる．

26・1　ビタビアルゴリズム

　私が初めてビタビの名前を耳にしたのは，1986 年のことである．グラフ理論に関するビタビのアルゴリズムを学んだときで，ちょうど彼とジェイコブス博士がクアルコムという二つ目の会社を立ち上げた年だった．それまで彼は，学術界，とくに通信関係とコンピュータアルゴリズムの分野でしか知られていなかった．私がこのアルゴリズムを初めて使用したのは 1991 年に音声認識の研究をしていたときだが，このときクアルコム社は 3G モバイル通信の基礎である CDMA のプロトコルをすでに提案し，完成させていた．そして 1997 年の夏，ジョンズ・ホプキンス大学で初めてビタビ博士に会ったとき，彼はすでに世界的に有名な通信業界の巨人であった．彼はジョンズ・ホプキンス大学の自然言

244

語処理・音声認識センター（CLSP）*1の年会に顧問として参加し，CLSPにおけるわれわれの成果報告を聞いたのだった．彼のいちばんの関心事は音声認識のビジネスとしての見通しで，まさにそれが現在，形になっている．

ビタビ博士（図26・1）はイタリア系ユダヤ人移民で，もとの名はアンドレア・ビタビ（Andrea Viterbi）だったが，アンドレアという名前は英語圏では女性の名前なので，アンドリューと改名した．マサチューセッツ工科大学（MIT）を卒業してから33歳まで，もっぱら研究でキャリアを築いた．防衛企業として名高いレイセオン（Raytheon）社，名門ジェット推進研究所（JPL）で技術者として勤務した後，南カリフォルニア大学で博士号を取得した．その後，カリフォルニア大学（ロサンゼルス校とサンディエゴ校）で教職に就き，デジタル通信という新たな学問分野に取り組み，数年後の1967年にビタビアルゴリズムを発明したのである．

図26・1　研究者にして実業家ビタビ

話を「ビタビアルゴリズムとは何か」に戻そう．これは，第12章で取り上げた動的計画法の，特殊かつもっとも広汎に応用されているアルゴリズムである．動的計画法はあらゆるグラフの最短経路問題を解くのに有力な手法だが，ビタビアルゴリズムは，とくに格子状の有向グラフ（ネットワーク）における最短経路問題を解くために提案された．ビタビアルゴリズムは，隠れマルコフモデルで記述できる問題に威力を発揮するため，今日のデジタル通信，音声認識，機械翻訳，ピンイン−漢字変換，単語分割などの問題すべてに適用できる．これがビタビアルゴリズムが重要なゆえんである．ここでは，ピンインから漢字への変換を例に，ビタビアルゴリズムを説明していこう．

＊　訳注1：§7・3参照．

ユーザーが(ブラインドタッチで)ピンイン $y_1, y_2, \cdots, y_N$ を入力したとして,これが漢字列 $x_1, x_2, \cdots, x_N$ に対応すると仮定する(実際の入力法では入力単位は単語だが,説明を簡単にするため漢字を入力単位とする).ここで x と y の関係は,(26・1)式の通りとなる.

$$x_1, x_2, \cdots, x_N = \underset{x \in X}{\mathrm{argmax}}\, p(x_1, x_2, \cdots, x_N | y_1, y_2, \cdots, y_N)$$
$$= \underset{x \in X}{\mathrm{argmax}} \prod_{i=1}^{N} p(y_i | x_i) \cdot p(x_i | x_{i-1}) \qquad (26 \cdot 1)^{*2}$$

ユーザーから見える入力したピンイン配列は $y_1, y_2, \cdots, y_N$,そのピンイン配列を実現する潜在状態の漢字列が $x_1, x_2, \cdots, x_N$ である.この過程は,図26・2のように表せる.

これは比較的単純な隠れマルコフ連鎖で,状態のジャンプも自己ループもない[*3].$p(x_i|x_{i-1})$ は状態間の遷移確率,$p(y_i|x_i)$ は各状態の出力確率である.さて,このマルコフ連鎖の各状態の出力(ここではピンイン y_i)は確定しているが,各潜在状態の値(ここでは漢字 x_i)は複数ある.たとえば,「zhong」というピンインに対して「中」や「种(種)」のようにいくつかの漢字が対応する.少し抽象化して,状態 x_i がとりうる値を $x_{i1}, x_{i2}, \cdots, x_{ij}$ とおく.図26・2中の状態 x の遷移について x_{ij} を用いて描くと,図26・3のような格子状ネットワークが得られる.

図26・3では,それぞれの状態 x_i は三つまたは四つの値をとるように描かれているが,実際は任意の個数をとりうる.

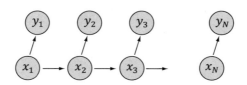

図 26・2 ビタビアルゴリズムを適用するための隠れマルコフモデル

---

* 訳注2:ここで $x \in X$ は,可能な組み合わせ $x_1, x_2, \cdots, x_N$ を探すことを意味する.
* 訳注3:第5章図5・3参照.

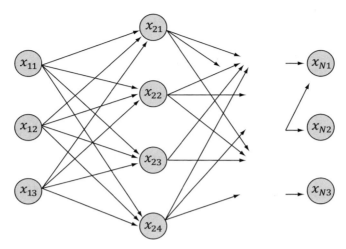

図 26・3 ピンイン配列 Y を実現しうる漢字列 $(x_{1\square} \to x_{2\square} \to \cdots \to x_{N\square})$ 候補を表す格子状ネットワーク

　図 26・3 のネットワークのどの経路を通っても，われわれから見える系列，すなわちピンイン配列 Y が生成される．ただし，それぞれの経路，すなわち漢字列の実現確率は異なるため，もっとも確率の高い経路を見つけなければならない．各経路について（26・1）式を用いて実現確率を計算することは難しくないが，問題はそのように組み合わせた経路の数がきわめて多く，指数関数的に発散しうることである．声調抜きでピンイン一組（たとえば「zhong」）あたり 13 前後の国標漢字[*4] が対応し，1 文の長さを 10 文字と仮定すると，可能な組み合わせの数は $13^{10} \sim 5 \times 10^{14}$ となる．各径路の確率を計算するのに 20 回の乗算（プログラマが有能なら加算ですませられるが）が必要だと仮定すると，計算回数は $5 \times 10^{14} \times 20 = 10^{16}$ 回にのぼる．今日のコンピュータの CPU は，1 秒間に約 10^{11} 回計算することができるとしても，1 文の計算に丸一日を要する[1]．通信や音声認識では，1 文に対応する状態の数が何千何万にものぼるため，このような網羅的な方法ではさばききれない．計算量が状態の数のべき乗となるのではなく，「比例」ですませられるアルゴリズムが必要となる理由である．そ

　＊　訳注 4: 第 1 章注 3) および訳注 3 参照．
　1) Intel Core i7 Extreme を用いたとして．

して，このようなアルゴリズムが1967年にビタビにより最初に提案された．それがビタビアルゴリズムなのである．

ビタビアルゴリズムの基礎は，以下の3点に集約できる（図26・4）．

1. もっとも確率の高い経路（または最短経路）Pが，ある節点，たとえば図26・4中のx_{22}を通過する場合，始点Sからx_{22}までの経路P上のサブ経路Qは，Sとx_{22}の間の最短経路でなければならない．Sからx_{22}までの最短経路としてQと異なるRがあるとすると，Pよりも短い経路が存在することになり，矛盾する．
2. 始点Sから終点Eへの経路は，状態iにおいて，必ずその状態の特定の節点を通過しなければならない（これは当たり前のことだが重要である）．状態iにk個の節点（すなわちx_{i1}からx_{ik}まで）があると仮定すると，Sから状態iの各節点までの最短経路がすべて記録されていれば，SからEに至る最短経路Pはそれらのうちの一つを通過しなければならない．このように，どの状態においても，限られた数の候補経路を考えれば十分である．
3. 上記2点を組み合わせて，状態iから状態$i+1$に遷移する際，始点Sから状態iの各節点までの最短経路がわかっており記録されていれば，始点Sから状態$i+1$のある節点までの最短経路は，「Sから前の状態iの各接点まで

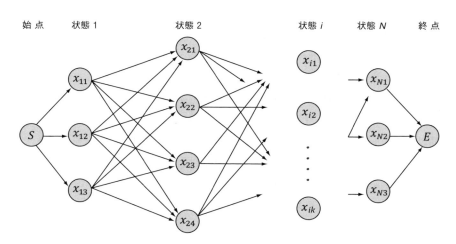

図26・4 開始から終了までの経路は，状態iにおいてどれか特定の節点を通過しなければならない

の最短経路」と「状態 i の各接点から状態 $i+1$ の各接点までの経路」を考えれば十分である.

これら三つの基礎をふまえ,ビタビはアルゴリズムを次のようにまとめた.

最初のステップは,点 S から出発し,状態 1 (x_1) の節点が n_1 だけあるとする.ここで任意の状態 1 の節点を x_{1j} $(j=1\sim n_1)$ で表し,S から状態 1 の各節点 x_{1j} までの距離 $d(S, x_{1j})$ を計算する.まだ状態 1 なので,これらの距離は S から各節点までの最短距離である.

次のステップは,アルゴリズム全体を理解するためのカギとなる.状態 2 (x_2) のすべての節点に対して,S からの最短距離を求める.S から状態 2 のある節点 x_{2i} へは,状態 1 の節点の数 (n_1) だけ経路がある.このときそれぞれの経路の長さは,$d(S, x_{2i})=d(S, x_{1j})+d(x_{1j}, x_{2i})$ となる.$j=1\sim n_1$ の値について,一つ一つ計算して最小値を求める.

$$d(S, x_{2i}) = \min_{j=1\sim n_1} \left[d(S, x_{1j}) + d(x_{1j}, x_{2i}) \right] \qquad (26 \cdot 2)$$

このステップでは状態 2 の各節点に対して n_1 回の計算が必要である.状態 2 が節点を n_2 個もつとすると,S からの状態 2 の各節点までの最短距離を算出するのには $O(n_1 \cdot n_2)$ の計算を要する.

続けて状態 2 から状態 3 へ,そして最後の状態に至るまで,上記の方法に準じて格子全体の最初から最後までの最短経路を求める.計算量は,隣接する二つの状態 i と状態 $i+1$ のそれぞれにある節点の数 n_i および n_{i+1} の積,すなわち,$O(n_i \cdot n_{i+1})$ で見積もられる.各状態の節点の数の最大値が D だとすれば,各ステップでの状態遷移時の計算量は $O(D^2)$ を超えない.状態の数は N なので,ビタビアルゴリズム全体の計算量は $O(N \cdot D^2)$ となる.

ピンインから漢字への入力に話を戻すと,計算量は $10 \times 13 \times 13 = 1690 \approx 10^3$ となり,もとの 10^{16} よりもはるかに少なくてすむ.さらに重要なのは,ビタビアルゴリズムの計算量は状態の数 N に比例することである.通信でも,音声認識でも,タイピングでも,入力が流れ作業で行われ,各状態が音声やタイピングの速度よりも速く処理されている限り(これは大体そうである),入力がどれだけ長くても復号化処理は常にリアルタイムで行える.まさにエレガントといえよう.

26. デジタル通信界の巨人 ビタビ博士　　249

デジタル通信や自然言語処理の基礎となるアルゴリズムの原理は，実際には通信やコンピュータ科学の学生なら誰でも2時間で習得できるほど単純なものだが，1960年代にこのような高速なアルゴリズムを創出できたのは驚くべきことである．このアルゴリズムにより，ビタビはデジタル通信において並ぶもののない地位を確立した．しかし彼はアルゴリズム自体に満足せず，その利用を推し進めた．そのため，まずアルゴリズムの特許を放棄した．さらに1968年にジェイコブス博士とともにリンカビット（Linkabit）社を設立し，アルゴリズムのチップを製造してほかの通信会社に販売した．

この時点ですでにビタビは平均的な科学者よりもはるかに進んでいた．しかしこれはビタビの光り輝く人生の第一歩に過ぎなかった．1980年代，ビタビは「CDMA技術」の無線通信への応用に取り組むことになる．

26・2　CDMA技術：3Gモバイル通信の開発と普及

図26・5　ヘディ・ラマー

アップルがiPhoneを発売して以来，3G携帯電話やモバイルインターネットはテクノロジーの世界や産業界で大きな関心事になっている．ここでもっとも重要な通信技術は，符号分割多元接続（code division multiple access, CDMA）とよばれる技術だ．CDMA技術の発明と普及にもっとも重要な貢献をしたのは，オーストリア・ハンガリー生まれのユダヤ系アメリカ人ヘディ・ラマー（Hedy Lamarr, 図26・5）とビタビの二人である．

史上もっとも美しい科学者として知られるラマーの本業は女優で，副業として周波数変調（frequency modulation, FM）通信技術の発明を行った．ラマーは幼少期（10歳）からダンスとピアノを学び，演技の世界に入っていった．ラマーはピアノを弾きながら，ピアノの異なる鍵盤から発せられる周波数を用いて，信号を暗号化することを思いついた．受信者が周波数変調（FM）のパターンを知っていれば信号を解読できるが，そうでなければ暗号を破れない．知っていれば「ショパンの『英雄ポロネーズ』だ」とわかるメロディーでも，そうと知らなければ雑音と認識するようなものだ．

ラマーと隣人の作曲家ジョージ・アンタイル（George Antheil）は，「秘密保持通信システム」とよばれる FM 通信技術を発明した．この技術では，送信側と受信側があらかじめシーケンス（通常は擬似乱数シーケンス）に合意した上で，通信信号の搬送波周波数を急激に変化させる．メッセージを傍受しようとしても，合意したシーケンスを知らなければ復号できない．ラマーはまず，ピアノの 88 鍵盤の周波数を搬送周波数とし，合意した FM シーケンスをピアノロール[2]上につくり，ピアノロール上のパンチングされた穴の位置によって搬送周波数を変化させた．

この FM 通信技術は CDMA のさきがけであり，1941 年にアメリカで特許が取得された．アメリカ海軍はこれを利用して敵に探知されない無線操縦型魚雷を実装しようとしたが，反対にあい一時棚上げされた．ほどなく第二次世界大戦が終結し，この技術は 1962 年まで日の目をみなかった．ベトナム戦争中，ベトナム軍はアメリカ軍パイロットが撃墜された際に，傍受できない周波数を発信する装置で救援を要請していることに気づいた．この装置を捕獲しても仕組みがわからず，信号も解読できなかったので，当時ベトナムを支援していた中国の顧問団に提供した．中国の顧問団には通信の専門家がおり，その中に私の師匠である清華大学の王作英教授もいた．彼らは，この装置が非常に広い帯域で，暗号化された信号をわずかな電力で送信できることを発見した．この信号の出力エネルギーは非常に低く，傍受困難だった．また傍受できたとしても，暗号を破ることができなかった．しかし受信者にとっては，非常に低いエネルギーで送信された情報を積算でき，かつ鍵がわかっているので復号化できたのである．

この伝送法は，広い拡張周波数帯域を用いるためスペクトラム拡散伝送とよばれ，固定周波数伝送に比べて，以下の三つの利点がある．

1. 干渉や妨害に非常に強い．かつて中国国内で外国の放送を聞くことが禁止されていた時期があった．とはいえ，電波は空中を伝播し容易に受信でき

---

2) ピアノロールは初期のコンピュータで使用されていたテープのように，ピアノを自動演奏するのに用いる巻紙である．ロール上に異なる音符に対応する目を打ち，リールを読み込むことで音符を識別し，ピアノを演奏できる．ちょうど今日の MIDI によるピアノ自動演奏器に似ている．

るので実効性に乏しかった．当局にできることはせいぜい，海外放送の固定周波数をノイズで妨害することくらいだった．しかし，スペクトラム拡散伝送が用いられたとすれば，この手も打てなかっただろう．どの周波数帯域が利用されるかわからないため，妨害しようとするとすべての帯域に干渉せねばならず，国内の通信が遮断されてしまうからである．

2. 前述の通り，スペクトラム拡散伝送による信号は傍受が困難である．

3. スペクトラム拡散伝送は，帯域幅をより活用できる．詳細な説明は控えるが，簡単にいえば，固定周波数による通信は近接周波数との相互干渉のせいで，搬送波周波数の周波数点をあまり密に分布させることができず，二つの周波数点の間の周波数帯域が無駄になる．スペクトラム拡散通信は干渉に強い抵抗力をもつため，周波数帯域をより有効に使える．

　スペクトラム拡散伝送と FM 通信技術は 1960 年代にはもっぱら軍事用に用いられたが，1980 年代以降には民生用途にも転用された．糸口となったのは，モバイル通信の需要である．1980 年代，モバイル通信が急速に発展し始めると，利用可能な帯域がほどなく飽和してしまい，新しい通信技術が必要となった．そこに CDMA 技術が，具体的にはビタビが貢献することになった．

　CDMA 以前は，周波数分割多元接続（frequency division multiple access, FDMA）と時分割多元接続（time division multiple access, TDMA）の二つの技術が使われていた．

　FDMA はその名の通り，通信ごとに異なる周波数を使用するように周波数をスライスする方法で，トランシーバーで利用される．隣接する周波数は相互に干渉する可能性があるため，各チャンネルが十分な帯域幅をもつ必要がある．ユーザー数が増えれば，総帯域を増やす必要があるが，使える周波数帯域が限られている以上，通信人数を限定するか音声の質を落とさなければならない．

　一方，TDMA は同じ周波数帯を時間分割する方法である．各人の（音声）通信データを周波数帯の伝送時間の $1/N$ だけを占めるように圧縮し，同じ周波数帯を複数の人で同時に使うことができる．第 2 世代（2G）モバイル通信の規格は TDMA がベースとなっている．

　CDMA の前身となるスペクトラム拡散伝送では，前述した通り，固定周波数伝送に比べて周波数帯域の利用率が高い．細分化された帯域を多数組み合わせ

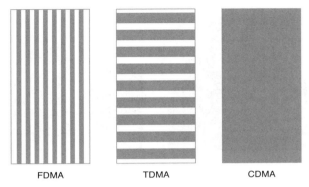

図 26・6 周波数分割多元接続 (FDMA), 時分割多元接続 (TDMA), 符号分割多元接続 (CDMA) 3 者間の利用帯域および時間利用率の違い. 図の濃い部分が利用可能な部分, 白い部分が利用不可能な部分.

て同時に用いて情報を伝送することで, 帯域の利用率を高め, ユーザーの増加に対応したり, ユーザーが一定であれば一人あたりの伝送速度を高められる(図 26・6).

アメリカの大手ワイヤレスキャリアである AT&T 社とベライゾン (Verizon) 社を比べると, 基地局の密度も信号強度も決して AT&T が劣るわけではないにもかかわらず, 通話の音質やデータ通信速度はベライゾン社が優れていた[*5]. これは, AT&T のネットワークがおおむね TDMA を継承していたのに対し, ベライゾンのネットワークが完全に CDMA ベースであったためだった.

ここまで読んで「一人のユーザーが多くの帯域を用いるとして, 複数のユーザーが同時に送信したら混線しないのか」という疑問をもつかもしれない. それぞれのユーザーは異なるパスワードをもっており, 異なる信号を受信する際, 自分のパスワードで解読できない信号をフィルタリングし, パスワードに対応する信号だけを残す. 送信を区別するために異なるパスワードを用いるため, 符号分割多元接続とよぶ.

モバイル通信にこの CDMA 技術を導入した会社がクアルコム社である.

---

* 訳注 5: 本書のもととなったブログ「グーグル黒板報」の記事執筆は 2000 年代にさかのぼり, その当時の状況と考えられる. AT&T も現在, W-CDMA を採用している.

図 26・7　ビタビ博士にアメリカ国家科学賞を授与するブッシュ大統領

図 26・8　南カリフォルニア大学ビタビ工学部

1985 年から 1995 年にかけて，クアルコムは CDMA 通信規格 cdmaOne を開発・改良し，2000 年に世界初の業界主導による 3G モバイル通信規格 CDMA 2000 を発表した．その後，ヨーロッパや日本の通信会社と共同で，世界第二の 3G モバイル通信規格 W-CDMA を開発した．2007 年，数学者・コンピュータ科学者として，ビタビはアメリカの科学技術分野での最高の賞であるアメリカ国家科学賞を受賞した（図 26・7）．

クアルコムは世界最大の携帯電話用プロセッサメーカーで，時価総額の高い半導体企業だが，半導体の製造は行わず研究開発と設計のみを行っている．利益の大部分は特許のライセンス料による．2G モバイル通信の競争ではヨーロッパ企業におくれをとったが，これは高速データ通信がモバイルユーザーにとって最重要事項でなかったにもかかわらず，技術が先走りすぎたためだろう．しかしその技術により，クアルコムは 3G 世代における優位性を確保した．さらに 4G 世代に入ると，モバイル通信における先導にとどまらず，時価総額でインテルを抜いて世界最大の半導体企業となった．

数学者として，ビタビはおそらく世界で 2 番目に裕福な数学者である（もっとも裕福なのは間違いなくルネッサンス・テクノロジーズ社の創設者であるジム・シモンズである）．ビタビは南カリフォルニア大学の最大の資金提供者の一人であり[3]，工学部に彼の名が冠された（図 26・8）．彼の富は，技術が商業的な成功に結びついたことでもたらされた．

3）ビタビは南カリフォルニア大学に 5200 万ドルを寄付した．

■ ま と め

　世界中の多くの研究者にとって，最大の喜びは自分の研究が同業者に認められることで，それが実際に応用されれば望外の喜びとなるだろう．応用までを自ら手がけることは容易ではなく，実現できる研究者は一握りである．そのような研究者には，RISC の発明者であるヘネシー（John Hennessy）や DSL の生みの親であるチオフィ（John Cioffi）がいる．彼らの業績は素晴らしいが，革命的な事業を徹頭徹尾やり抜いたのではなく，自らの得意分野に集中した．ビタビの業績はその点において傑出している．重要な発明にとどまらず，社会全体にその成果が行きわたるよう，それを支えるすべての技術を提供したのである．そのため，多くの企業がクアルコム社が提供する標準規格を回避しようとしたが，徒労に終わった．

27

神のアルゴリズム
期待値最大化アルゴリズム

　これまでいくつかの章で述べてきたように，自動テキスト分類はインターネット上のさまざまな製品やアプリケーションに必須である．ユーザー，単語，製品さらには生体情報や遺伝情報まで，ほぼすべての分類に適用できる．この章では，もう一つの新たな自動テキスト分類法を取り上げ，機械学習でもっとも重要な手法の一つである期待値最大化（Expectation-Maximization，EM）アルゴリズムを説明する．私はこれを「神のアルゴリズム」とよんでいる．

27・1　自己収束する分類法

　第 14 章と第 15 章で，2 種類のテキスト分類法にふれた．テキストを二つずつ比較してクラスタリングするボトムアップ方式（第 14 章）と，あらかじめ定義されたカテゴリへ新規のテキストを分類する方法（第 15 章）である．どちらにも手法としての限界はある．テキストを二つずつ比較してクラスタリングする方法では計算時間が長くなりがちで，あらかじめ定義されたカテゴリへ分類する方法ではクラスター中心が必要になる．ここでは，テキスト分類の新しいアプローチを紹介する．この方法は上述の二つの方法とは異なり，事前に定義されたカテゴリやテキストのクラスタリングを必要としない．代わりに，カテゴリの中心をランダムにいくつか選んだ後，これらの中心を最適化し，可能な限り真のクラスター中心と一致（すなわち収束）させる．この自己収束型の手法はテキスト TF-IDF のベクトル間の余弦距離を利用するが，これらは前の第 11, 14 章で紹介ずみなので，本章では説明しない．

256

自己収束型の分類法は簡単に説明できる．N個のテキストがそれぞれベクトル$V_1, V_2, \cdots, V_N$で表されており，これをK個のカテゴリに分類したいとする．それぞれのカテゴリの中心を$c_1, c_2, \cdots, c_K$とする．ベクトルもカテゴリ中心もいずれも空間の点とみなせる．Kは定数，たとえば$K=100$と決めることもあり，あらかじめ定めずに何種類に分類するかをなりゆきで決める場合もある．分類の手順は以下の通りである．

1. はじめに，ランダムに$c_1, c_2, \cdots, c_K$を設定する．図27・1では$K=3$とし，十字で表している．
2. すべてのテキストの点について，各クラスター中心からの距離を計算し，もっとも近いクラスターに割り当てる（図27・2）
3. 各クラスター中心を再計算する．あるクラスターに属する各点（$v_1, v_2, \cdots, v_M$）が以下の多次元の成分をもつとする．

$$v_1 = v_{11}, v_{12}, \cdots, v_{1d}$$
$$v_2 = v_{21}, v_{22}, \cdots, v_{2d}$$
$$\vdots$$
$$v_M = v_{m1}, v_{m2}, \cdots, v_{md}$$

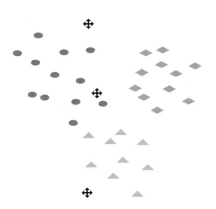

図27・1　初期クラスター中心（3箇所）をランダムに生成する

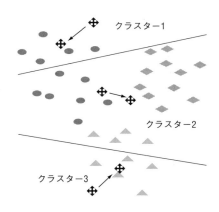

図27・2　各点をクラスター中心との距離で再分類し，分類に基づいてクラスターの中心を再計算する

27. 神のアルゴリズム

クラスター中心を再計算するとは，$v_1, v_2, \cdots, v_M$ の重心をクラスター中心として定義し直すことを意味する．すなわち，再計算されたクラスター中心 w が成分 $w_1, w_2, \cdots, w_d$ をもつとすると，i 番目の成分は下記のように計算できる．

$$w_i = \frac{v_{1i} + v_{2i} + \cdots + v_{mi}}{M} \qquad (27 \cdot 1)$$

新しく計算されたクラスター中心はもとの中心から移動する．その動きを図 27・2 の矢印で示した．矢印の先が新しい中心である．

4. 手順 1〜3 を繰り返し，反復計算の前後でクラスター中心の移動が非常に小さくなれば，計算は収束する．図 27・3 および図 27・4 に示す通りである．

上の例は私が作成した人工的な例だが，図からわかるようにクラスタリング処理は数回の反復で収束する．この方法ならば，予備知識などを前提とせず，純粋な数学的計算のみで自動分類に至る．このような簡単な操作で，果たして本当に分類できるのだろうか．できるとすれば，なぜなのだろうか．

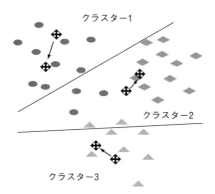

図 27・3　2 回目の計算後の各クラスター中心の位置

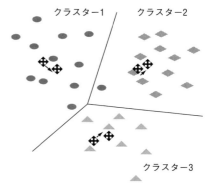

図 27・4　この例では 3 回の反復計算の後，ほぼ収束したとみなせる

探究 27・2 期待値最大化で収束する必然性

必要な知識：機械学習またはパターン分類

まず明確にしておくことは，われわれの用いる距離関数は，同じクラスターについてはより近く，異なるクラスターについてはより遠くなることを十分に記述できるものとする，ということである.

分類が確定したとき，各点から同じクラスターの中心までの平均距離 d が近く，異なるクラスターの中心間の平均距離 D が遠く，近い点同士が一つにクラスタリングされるようにしたい．反復処理の後，d がより小さく，D はより大きくなることが望ましい.

クラスター1からクラスター K にそれぞれ $n_1, n_2, \cdots, n_K$ 個の点があるとする．それぞれのクラスターについて，クラスターを構成する各点からクラスター中心までの平均距離を $d_1, d_2, \cdots, d_K$ とすると，$d=(n_1 \cdot d_1 + n_2 \cdot d_2 + \cdots + n_K \cdot d_K)/n$ となる．ここで，n はすべてのクラスターに含まれる点の総数である．一方クラスター i とクラスター j の中心間の距離を D_{ij} とすると，$D = \Sigma_{i,j} D_{ij} / n(n-1)$ となる．さらにクラスターのサイズ，すなわち各クラスターに含まれる点の数で重みをつけると（27・2）式で表せる.

$$D = \sum_{i,j} \frac{D_{ij} n_i n_j}{n(n-1)} \qquad (27 \cdot 2)$$

クラスター i に属していた点 x が，次の反復処理によりクラスター j に近くなったとする．このとき d（反復後）$<d$（反復前）と D（反復後）$>D$（反復前）の両方を容易に証明できる.

このようにして，反復処理によって，最終的な分類に一歩ずつ近づいていく.

この考え方は，より一般的な機械学習の問題に拡張できる．上記のアルゴリズムは二つのステップと目的関数からなる．二つのステップとは以下の通りだ.

1. 既存のクラスタリング結果に応じて，すべてのデータ（点）を再分類する．分類を数理モデルとすると，クラスター中心（値）と各点のクラスターへの所属がモデルのパラメータとなる.

27. 神のアルゴリズム　259

2. 再分類の結果に基づき新たなクラスターが得られる．目的関数は，各クラスターについて，そこに属する点から中心までの距離 d とクラスター間の距離 D である．

この二つのステップを通して目的関数を最大化する．

一般的に，多くのデータ（点）があれば，この二つのステップを反復してモデルを訓練すればよい．まず個々のデータから既存のモデルに基づいて期待値（expectation）が算出される．これが E ステップである．次に期待値を最大化するためにモデルパラメータが再計算される．上記の例では D と $-d$[*1] について最大化（maximization）を行う．これが M ステップである．この種のアルゴリズムはすべて期待値最大化（EM）アルゴリズムとよばれる．

これまでに紹介した多くのアルゴリズム——隠れマルコフモデルの訓練法バウム＝ウェルチアルゴリズムや最大エントロピー法の訓練法 GIS アルゴリズム——は，じつは期待値最大化（EM）アルゴリズムである．バウム＝ウェルチアルゴリズムにおいて，E ステップでは既存のモデルに基づいて各状態間の遷移確率から各状態がその出力を生成する確率を計算し，M ステップではこれらの確率に基づいて隠れマルコフモデルのパラメータを再推定する．ここでの最大化のための目的関数は観測確率である．最大エントロピー法のための一般的な反復アルゴリズム GIS においては，E ステップでは既存のモデルに従う各特徴の数学的期待値の計算し，M ステップでは実際の観測値に対してこれらの特徴の数学的期待値を比較し，モデルパラメータを調整する．ここでの最大化のための目的関数は情報エントロピーである．

最後に，「期待値最大化（EM）アルゴリズムを用いれば，常に大域的に最適な解が得られるか」を考えよう．最適化する目的関数が凸関数であれば，大域的な最適解が間違いなく得られる．幸いエントロピー関数は凸関数である．しかしクラスタリングで最適化しようとする二つの関数（D および $-d$）や，テキスト分類における余弦距離など，凸関数と言い切れない場合もあり，その場合は大域的な最適解ではなく局所解を与えてしまうことがある[*2]（図 27・5）．

---

* 訳注 1：d としては最小化を目的とする．
* 訳注 2：一般に，§27・1 で説明した自己収束する分類法は，K 平均法（K-means クラスタリング）とよばれる．

260

図 27・5 あちらの山はもっと高くみえるのだが，どうやったら登れるのだろう？

■ まとめ

期待値最大化（EM）アルゴリズムは，訓練データと最大化する目的関数の定義さえあればよい．あとは，コンピュータに任せて反復処理を行い，モデルを訓練するだけである．あまりにも素晴らしいので，神が創りたもうたものとみまごうばかりである．だから私は，これを「神のアルゴリズム」とよぶ．

28

ロジスティック回帰と検索広告

　検索結果とともに表示される検索広告の方が，その他のコンテンツに掲載されるディスプレイ広告よりも収益性が高い．これは，検索者（ユーザー）の明確な意図もさることながら，ユーザーがどの広告をクリックする可能性が高いかを予測し，検索結果ページに挿入する広告を決めているからである．

28・1　検索広告の発展

　検索広告は基本的に三段階の進化を経てきた．第一段階は，入札額に応じて広告主のランク付けを行っていた．これは初期のオーバーチュア（Overture）*1やバイドゥ（百度）の広告システムに代表される．簡単にいえば，より多く支払った企業が優先的に広告を表示する仕組みである．ヤフーはこの仕組みを採用するにあたり，「広告料を支払える企業は優良企業で，ユーザー体験を損ねることはないはず」とした．この論拠は「良貨は悪貨を駆逐する」ことと同義だが，現実はそうではなかった．広告に大金を投じる企業の方がニセモノを販売し，莫大な利益を上げることが多かったのだ．むしろユーザー体験を損ない，これらの広告がまずクリックされなくなり，やがて広告そのものがクリックされなくなってしまった．この状態が続いて，インターネット広告業界そのものが縮小していった．

　この仕組みは一見儲かりそうで，実際は，単位検索あたりの収益（一般的には1,000検索あたりの収益として定量される）でヤフーがグーグルを上回るこ

---

*　訳注1：1997年にGoTo.comとして創業された広告連動型検索エンジン企業．2003年にヤフー（当時）により買収された．

とはなかった．グーグルは，単に入札額の高い広告を前面に出すのではなく，入札額やクリック率（click through rate, CTR）などの要因を組み合わせて，どの広告がクリックされる可能性が高いかを予測し，広告配置を決定した．数年後，自分たちとグーグルの差をみたヤフーとバイドゥが追随して，いわゆる「パナマ（Panama）システム」や「鳳巣系統」を立ち上げた．グーグルの手法も含め，これらが検索広告の第二段階といえる．ここで重要な技術は，ユーザーが広告をクリックする確率を予測する「クリック率予測」である．じつは第三段階もあり，さらに大域的な最適化を行うのだが，本章の内容とは関係しないのでふれない．

クリック率の予測は過去の経験に頼るのが最善である．特定の検索語句に対して，広告 A は 1,000 回表示されて 18 回クリックされ，広告 B は 1,200 回表示されて 30 回クリックされたとすると，クリック率はそれぞれ 1.8% と 2.5% である．A と B の広告料が同じであれば，広告 B を優先して表示するのが合理的にみえる．

しかし，現実はそう単純ではない．まずこの方法は，クリック履歴データの蓄積がない新しい広告には適用できない．

次に，ある程度の期間表示された広告でも，ほとんどの場合，一つの検索語句に対して広告がクリックされる回数はたかだか 2, 3 回であり，統計データとしては不十分である．クリック 3 回が 2 回よりも有意であるとは言えないだろう．あたかもビルから街を見下ろして，男性を二人，女性を三人見つけたから，街の人口の男女比は 2 : 3 と決めつけるようなものである．

さらに広告のクリック数は明らかに表示位置に左右される．トップバーに配置された広告のクリック率は，その下のバーに配置されるときよりも当然高くなる．クリック率を予測する際は，このノイズを排除することが重要になる．クリック率に影響を与える要因は多く，クリック率を求めるときはこれら諸要因を考慮することが重要となる．

これら多くの要因を組み込んで，数理モデルとして統一的に記述するのはきわめて難しい．にもかかわらず，われわれは，データの量が増えるにしたがってモデルの精度を上げられると期待してしまう．初期のころは経験値を補正して近似するアプローチは数多くあったが，個々の要因を統合する試みはどれもうまくいかなかった．やがてインターネット広告業界では，「ロジスティック

回帰モデル」を採用するようになった.

28・2　ロジスティック回帰モデル

　ロジスティック回帰モデルでは，ある事象の発生確率をロジスティック曲線〔値の範囲が $(0, 1)$ の間にある〕に当てはめる．ロジスティック曲線はS字型の曲線で，最初は変化が遅く，徐々に速くなり，また遅くなって最終的には飽和する．単純なロジスティック回帰関数は，次式のように書ける．

$$f(z) = \frac{e^z}{e^z+1} = \frac{1}{1+e^{-z}} \qquad (28・1)$$

グラフは図 28・1 のようになる.

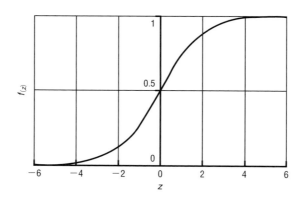

図 28・1　ロジスティック回帰関数の曲線

　ロジスティック回帰曲線の特徴は，独立変数 z の範囲は $-\infty$ から $+\infty$，値は 0〜1 に制限されることである（z が $[-6, 6]$ の範囲を超えると関数の値はほとんど変わらないので，考えなくてよい）．出力が $[0, 1]$ の間に対応するので，ロジスティック回帰関数は確率に関連づけられる．独立変数 z が $(-\infty, +\infty)$ の範囲をとるため，どのような信号の組み合わせでも確率に対応づけられる．
　クリック率の予測問題に戻ろう．クリック率に影響を与える要因が $x_1, x_2, \cdots,$ x_k と k 個あるとする．これらの要因の線形結合は，次のようになる．

$$z = \beta_0 + \beta_1 x_1 + \beta_2 x_2 + \cdots + \beta_k x_k \qquad (28\cdot2)$$

要因 x_i はそれぞれ変数とよばれ，広告の表示位置，検索語句と広告の関連性，広告が表示される時間帯など，確率予測に影響を与えるさまざまな情報を表す（たとえば，広告のクリック率は昼下がりよりも夜の方が若干高い）．係数 β_i は回帰パラメータといい，対応する変数の重要性を表す．β_0 はどの変数にも依存しない特別なパラメータであり，情報がまったく与えられない場合でも妥当な確率分布を提示する．

　簡単な例として，「生花」の検索に関係する広告のクリック率の予測を説明しよう．クリック率に影響しうる要因として，1,000 表示あたりのクリック数（または単位クリックあたりに必要な表示数），検索語句と広告の関連性，ターゲット層の性別などがあげられる．

　x_1 は単位クリックあたりに必要な表示数，x_2 は検索語句と広告の関連性として 0〜1 の値をとる（1 は完全一致，0 は関係なし）とし，x_3 は性別で 1 を男性，0 を女性とする．

　さらに対応するパラメータが $\beta_0=0.01$，$\beta_1=-0.05$，$\beta_2=-1$，$\beta_3=-0.5$ だとする．

　検索語句が「生花」で広告が「バラ」の場合，ユーザーが男性で，対応する変数値は $x_1=50$，$x_2=0.95$，$x_3=1$ だとする．このとき $z=0.01+(-0.05)\times50+(-1)\times0.95+(-0.5)\times1=-3.94$ となり，クリック率は以下のように予測できる．

$$p = \frac{1}{1+e^{-z}} = 0.019 = 1.9\% \qquad (28\cdot3)$$

　ポイントは二つある．一つ目は広告クリックに関連する情報の選び方で，これは検索広告を専門とするエンジニアやデータマイニングの専門家の仕事と指摘するにとどめる．ここでは二つ目のポイント，すなわちパラメータの決定法について述べよう．

　上記のロジスティック回帰関数は 1 層の人工ニューラルネットワークでもあり，学習させるパラメータの数がそれほど多くなければ人工ニューラルネットワークの学習方法はどれでも適用できる．しかし，検索広告のクリック率予測のような問題では何百万ものパラメータを学習する必要があり，効率的な学習

方法が必要となる．(28・1)式の形式をもつロジスティック回帰関数と先に紹介した最大エントロピー法の関数には，関数値や形式に共通点があり，学習方法が似通っている．最大エントロピー法の学習に用いられる改良された反復アルゴリズム IIS は，ロジスティック回帰関数のパラメータの学習にも応用できる．

　広告システムでは，クリック率をうまく予測できれば単位検索当たりの広告収入を何倍にも増やせる．現在のグーグルとテンセントの広告システムは，どちらもクリック率の予測にロジスティック回帰関数を採用している．

■ ま と め

　ロジスティック回帰モデルは，確率に影響を与えるさまざまな要因を組み合わせた指数関数によるモデルである．多くの指数関数によるモデル（最大エントロピー法）と同様の方法で訓練でき，一般化された反復アルゴリズム GIS と改良された反復アルゴリズム IIS で実装できる．ロジスティック回帰モデルは情報処理への応用のほか，生物統計学の分野でも広く利用されている．

29

困難は分割せよ
クラウドコンピューティング

　クラウドコンピューティングは，2005年の段階ではまだ先のことと思われていたが，いまやIT業界以外でも当たり前に使われている．2011年，私は少なくとも7,8回はクラウドコンピューティングのセミナーや規格策定会議に参加したが，当時，クラウドコンピューティングの表層部分はよく理解されているものの，技術の要点にまでは理解が及んでいないと思っていた．しかし今日，クラウドコンピューティングについておおよそ統一的な理解が進んでいる．

　クラウドコンピューティング技術はストレージにはじまり，コンピューティング，リソースのスケジューリング，権限の管理など，幅広い分野をカバーしている．興味のある読者は，拙著『浪潮之巓』のクラウドコンピューティングの章を参照されたい．クラウドコンピューティングのカギは，非常に大きな計算問題を能力の限られた多くのコンピュータに自動的に割り振り，共同作業で解いていくところにある．この問題を解決するグーグルのツールにMapReduce（マップリデュース）とよばれるプログラムがあり，その根底にある原理はごく一般的な「分割統治法」である．私はこれを，個別撃破法とよんでいる．

29・1　分割統治法の原理

　分割統治法はコンピュータ科学の中でもっとも美しい方法といえる．複雑な問題をいくつかの簡単な部分問題に分割して解決するという原理に基づいており，部分問題の解をまとめあげて，もとの問題の解を得る．

29・2　分割統治法から MapReduce へ

　コンピュータアルゴリズムに精通している読者は，マージソートを知っているかもしれない．長さ N の配列 $a_1, a_2, a_3, \cdots, a_N$ のソートを考える．a_i と a_j の2要素比較（バブルソート）を使うと，計算量は $O(N^2)$ になり処理が非常に遅い上，配列が数千億にもおよぶ場合，1台のコンピュータでは処理しきれない．分割統治法では，この大きな配列をいくつかの部分，たとえば $a_1, a_2, \cdots, a_{N/2}$ と $a_{N/2+1}, a_{N/2+2}, \cdots, a_N$ の二つに分割し，それぞれを別々にソートする．これら二つの部分配列がソートされたら端から端までマージして結果を得る．対応するサイズはもとの配列のちょうど半分のサイズで，比べる手間は 1/4 にとどまる．マージ処理の時間を要するものの，節約できる時間ははるかに大きい．ここで同様に，二つに分割された配列は，要素が二つになるまで繰り返し分割する．分割することで全体のソート時間が大幅に短縮され，要する計算量が $O(N^2)$ から $O(N \cdot \log N)$[1] に削減でき，N を 100 万とすると計算時間が 1 万分の 1 にまで短縮される．このソートアルゴリズムは，各サブタスクが完了した後に結果をマージするので，「マージソート」と名付けられている．

　ここで行列 A と B を以下のように仮定しよう．

$$
A = \begin{bmatrix} a_{11} & a_{12} & \cdots & a_{1N} \\ a_{21} & a_{22} & \cdots & a_{2N} \\ \cdots & \cdots & \cdots & \cdots \\ a_{N1} & a_{N2} & \cdots & a_{NN} \end{bmatrix}, \quad
B = \begin{bmatrix} b_{11} & b_{12} & \cdots & b_{1N} \\ b_{21} & b_{22} & \cdots & b_{2N} \\ \cdots & \cdots & \cdots & \cdots \\ b_{N1} & b_{N2} & \cdots & b_{NN} \end{bmatrix}
$$

行列 A と B の積 $C = AB$ は，以下のように計算する．

$$
c_{nm} = \sum_i a_{ni} \cdot b_{im} \qquad (29 \cdot 1)
$$

$(29 \cdot 1)$式の計算を行うには行列 A の n 行のすべての成分と行列 B の m 列のすべての成分を走査する．

---

1) この導出は以下の通り．N 個の要素からなる数の集合をマージソートで並べ替えるのに要する時間を $T(N)$ とすると，$N/2$ 個の要素を並べ替える時間は $T(N/2)$，一方これをマージするのに要する時間は N に比例する．よって $T(N) = 2T(N/2) + O(N)$ となる．この漸化式を解くと $T(N) = O(N \cdot \log N)$ となる．

$$\begin{bmatrix} c_{11} & \cdots & c_{1j} & \cdots & c_{1N} \\ \cdots & \cdots & \cdots & \cdots & \cdots \\ c_{i1} & \cdots & c_{ij} & \cdots & c_{iN} \\ \cdots & \cdots & \cdots & \cdots & \cdots \\ c_{N1} & \cdots & c_{Nj} & \cdots & c_{NN} \end{bmatrix} = \begin{bmatrix} a_{11} & \cdots & a_{1j} & \cdots & a_{1N} \\ \cdots & \cdots & \cdots & \cdots & \cdots \\ a_{i1} & \cdots & a_{ij} & \cdots & a_{iN} \\ \cdots & \cdots & \cdots & \cdots & \cdots \\ a_{N1} & \cdots & a_{Nj} & \cdots & a_{NN} \end{bmatrix} \times \begin{bmatrix} b_{11} & \cdots & b_{1j} & \cdots & b_{1N} \\ \cdots & \cdots & \cdots & \cdots & \cdots \\ b_{i1} & \cdots & b_{ij} & \cdots & b_{iN} \\ \cdots & \cdots & \cdots & \cdots & \cdots \\ b_{N1} & \cdots & b_{Nj} & \cdots & b_{NN} \end{bmatrix}$$
(29・2)

1台のサーバーにこれらの膨大なデータを格納しきれないとすると，面倒なことになる．ここで分割統治法の仕組みをみてみよう．まず行列 A を図29・1に示すように，行数 $N/10$ の10個の小行列 $A_1, A_2, \cdots, A_{10}$ に分割する．

積を各小行列 $A_1, A_2, \cdots, A_{10}$ について個別に計算する．たとえば A_1 についての積は (29・3)式のように書ける．

$$c_{nm}^1 = \sum_i a_{ni}^1 \cdot b_{im} \qquad (29・3)$$

(29・3)式の計算を1台目のサーバーで行うことで C 配列の最初の10分の1の行の成分が得られる（図29・2）．

同様に，ほかの部分行列については，2台目，3台目，…のサーバーで計算する（図29・3）．注意深く考えれば行列 B も行列 A と同じくらい大きく，一つのサーバーに保存できない可能性に気付くだろう．しかし心配はいらない．行列 B を列で分割し，各サーバーは行列 B の10分の1だけを格納すればよい．C_1 の10分の1しか処理できないものの，(29・3)式をそのまま使える．

このように100台のサーバーが必要となるものの，1台では解決できなかっ

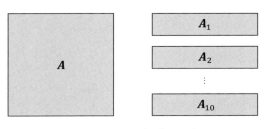

A : $N\times N$ 行列　　$A_1, A_2, \cdots, A_{10}$: $N/10 \times N$ 行列

図29・1　行列 A を10個の部分行列 $A_1, A_2, \cdots, A_{10}$ に行で区切る

29. 困難は分割せよ

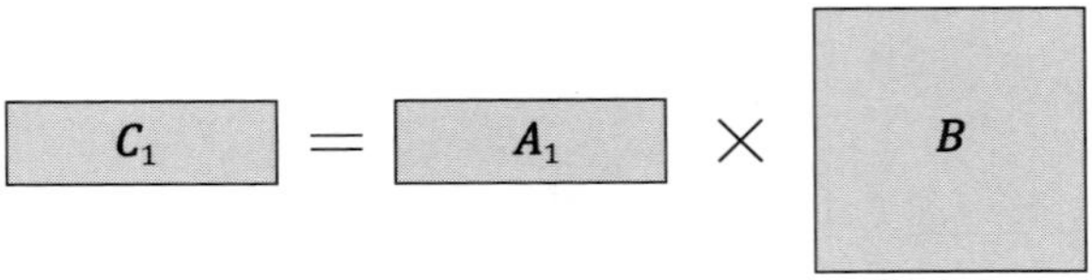

図 29・2 1 台目のサーバーを用いて，はじめの 10 分の 1 の計算を行う

図 29・3 1 台目のサーバーで行った作業（図 29・2）を 10 に分割した．そのうち 5 台目のサーバーによる計算．

た大きな問題を，より小さな問題に分解して解決できる．

上記の例では，サーバーの数は増えているが，各成分 c_{nm} の計算時間そのものは短縮されていない（ここはマージソートと異なる）．しかし使いみちによっては，サーバーの数を増やすことで計算時間そのものを短縮したい場合がある．たとえばリンク解析やログ処理では，行列 C 全体ではなく特定の成分 c_{nm} が必要なことがある．計算時間をコンピュータの台数を 10 倍にすることで短縮しようとすると，分割統治法を用いるのがよい．

行列 A を行ごとに，行列 B を列ごとに分割する．A_1 は A の行の最初の 10 分の 1，A_2 はその次の 10 分の 1，… とし，B についても同様とする．c_{nm} を計算するにあたり計算を 10 分割し，これらを足し合わせて c_{nm} を得る．こうすれば個々の計算量は最終的な計算量の 10 分の 1 となり，利用するコンピュータの数を 10 倍することで計算時間を 10 分の 1 に短縮できる．

$$\begin{aligned}
c_{nm}^1 &= \sum_{i=1}^{N/10} a_{ni} \cdot b_{im} \\
c_{nm}^2 &= \sum_{i=N/10+1}^{2N/10} a_{ni} \cdot b_{im} \\
&\vdots \\
c_{nm}^{10} &= \sum_{i=9N/10+1}^{N} a_{ni} \cdot b_{im}
\end{aligned} \qquad (29 \cdot 4)$$

以上が MapReduce の基本原理である．大きなタスクを小さなサブタスクに分配し，そのサブタスクの計算を完了させる処理を Map という．そして中間の結果を最終的な結果にマージする処理を Reduce という．大きな行列をどのように自動的に分割するか，サーバー間の負荷分散を確保するか，戻り値をどうマージするかは，MapReduce のエンジニアリングになる．

このような考え方は，グーグルが MapReduce を開発する以前から，多くの高性能計算に応用されてきた．かくいう私もジョンズ・ホプキンス大学で最大エントロピー法のモデルを訓練していたとき，同じような問題に遭遇した．そのとき，20 台くらいのサーバー（グーグルのクラウドが出てくる前はかなり贅沢だった）を同時に稼働させ，大きな行列を手作業で分割して別々のサーバーに入力し，その結果を組み合わせた．カリフォルニア大学バークレー校から，オペレーティング・システム（OS）上で各サブタスクの完了をチェックするツールが提供されていたので，Map 処理と Reduce 処理の両方のバッチパイプラインのプログラムを書くだけですんだ．MapReduce ツールではスケジューリングはすべて自動で行われているのに対し，コンピュータのために手作業でスケジューリングを行う必要があったという違いがあるくらいだった．

■ ま と め

ここでは，グーグルの神秘的なクラウドコンピューティングの中でもっとも重要なツールである MapReduce が，じつは一般的なコンピュータアルゴリズムの個別撃破法であることを示した．その原理はきわめて明快で，大規模で複雑な問題を多くの小さな問題に分解し，個別に解決した後に，これらを組み合わせてもとの問題を解決する．この説明からもわかるように，生活の中でよく使われている本当に便利な方法は，往々にして単純明快なのである．

30

人工ニューラルネットワーク
「大規模」で飛躍的に進化

2019年3月26日，計算機学会（Association for Computing Machinery, ACM）は2018年のチューリング賞をディープラーニング研究に貢献したアメリカおよびカナダの研究者，すなわちベンジオ（Yoshua Bengio），ヒントン（Geoffrey Hinton）およびルカン（Yann LeCun）に授与すると発表した．科学技術分野の最高の栄誉は，その分野を最初に切り開いた者よりも，あとから重要な貢献をした幸運な者に与えられることが多いが，ベンジオら三人もまさにそのような幸運に恵まれた．先人らの失敗を教訓にできる程度に彼らがこの分野に遅く参入したといえるし，重要な問題がいまだ解決されていなかったという点で彼らが参入した時期が早かったともいえる．幸運であった理由，それは彼らが提唱した理論が速やかに検証されたことであり，その先陣を切ったのがグーグルであった．

2011年末，グーグルはディープラーニングをベースにした新プロジェクト「グーグル・ブレイン（Google Brain）」を発表した*[1]．この「脳」は超高速で「考える」だけでなく，既存のコンピュータよりも非常に「賢い」ことが宣伝された．非常に「賢い」例としてグーグルはいくつかの例をあげている．たとえば，グーグル・ブレインが行ったディープラーニングにより，音声認識の誤答

  ＊ 訳注1：グーグルのディープラーニングをベースにしたプロジェクト「グーグル・ブレイン（Google Brain）」は，2014年にグーグルに買収されたディープマインド（DeepMind）社と2023年4月に合併し，グーグル・ディープマインド（Google DeepMind）となった．なお，ヒントンは「人工ニューラルネットワークによる機械学習を可能にした基礎的発見と発明に対する業績」により2024年ノーベル物理学賞を，グーグル・ディープマインドの研究員（ハサビスおよびジャンパー）は「タンパク質の構造予測」により2024年ノーベル化学賞をそれぞれ受賞した．

272

率が 13.6％ から 11.6％ に低下したこと．たった 2％ というなかれ．これは音声認識の専門家が約 2 年かけてようやく達成できる値なのである．グーグルは音声認識について新たな研究をしたわけでも，より多くのデータを用いたわけでもない．ただ，音響モデルのパラメータを再学習するために新しい「脳」を使っただけだった．かくもこの「脳」は賢い．この「脳」の基盤の上にアルファ碁（AlphaGo）が開発され，世界最強といわれるイ・セドル（李世乭）九段を下し，2017 年には当時世界ランキング 1 位の柯潔（Ke, Jie）九段を 3 勝 0 敗で下し，人類がコンピュータに碁で勝てなくなる時代が始まった．

　しかしこの「脳」の中身には何ら神秘的なものはない．並列処理を使って，複数の「人工ニューラルネットワーク」を訓練しているにすぎない．ここではまず，人工ニューラルネットワークとは何かをみていこう．

30・1　パターン分類に長けた機械学習

　専門用語にはハッタリに聞こえるものが少なからずあるが，「人工ニューラルネットワーク」もしかりである．少なくとも私が初めてこの言葉を聞いたときにはそう感じた．この言葉を聞いて何をイメージするか？　コンピュータを使って人間の脳をシミュレートするような「人工的」なニューラルネットワークではないだろうか．人間の脳の複雑な構造を考えつつ，人工ニューラルネットワークが非常に深遠なものという先入観をもつのではないだろうか．とはいえ，親切かつ説明の上手な研究者に詳細を小一時間ほど説明してもらえば，「ああ，そういうことか」と納得できるだろう．運悪く「人工ニューラルネットワークを使っている」「人工ニューラルネットワークを研究している」と重々しく言うだけのハッタリ屋に出会ってしまうと，その人に畏敬の念を，果ては劣等感を抱くかもしれない．実は親切なのに口下手なだけかもしれないが，難しい用語やつかみどころのない話に何時間も振りまわされ，こちらは時間を浪費して何も得られないどころか，さらに混乱してしまう．その結果，どうせ自分には関わりのないことだと結論づけてしまう．

　笑い話と思われるかもしれないが，これは私自身の経験による．私はとうとう 1 時間や 2 時間で人工ニューラルネットワークを教えてくれる人に出会えなかった．そしてこのテーマを売りにしている人たちに出会い，わからないままでは気のすまなかった若かりし頃，ある講義を聴講した．しかし時間の無駄に

30. 人工ニューラルネットワーク　　273

しか思えず，2,3回目くらいで講義に行くのをやめた．幸い自分の研究には当面使えそうになかったので，そのうち気にならなくなった．その後アメリカで博士課程に進んだ．当時，寝る前に横になって本を読むのが好きで，手持ちぶさたに人工ニューラルネットワークの教科書を何冊かひっくり返しているうちにわかったような気になった．後に人工ニューラルネットワークを用いた二，三のプロジェクトを経験してようやく体得した．ここまできて「人工ニューラルネットワークとは何か」を振り返ってみると，それほど複雑でもとっつきにくくもなかったのだが，随分とまわり道をしたと思う．

　人工ニューラルネットワークという言葉には，人間の脳を人工的に模倣したような響きがある．さらに「ニューロン」などの生物学的な用語に対して人々は神秘を感じ，バイオニクスや認知科学などを連想し，困惑するかもしれない．じつのところ生物学用語を比喩的に用いこそすれ，これは人間の脳とは何の関係もなく，本質的には先に紹介した有向グラフの特殊な場合にすぎない．有向グラフは節点とそれらを結ぶ矢印からなることにはすでにふれたが，人工ニューラルネットワークの節点にニューロンという新しい用語をあて，矢印をニューロンの間を接続する神経とみなすのである．人工ニューラルネットワークの有向グラフとしての特殊性は，以下のようにまとめられる．

1. 図30・1に示すように，グラフのすべての節点は層状で，各層の節点は矢印を介して前の層の節点と接続できるが，同じ層の節点同士，または層を越えて接続することはできない[*2]．図30・1では3層（XとSとY）の節点しか描いていないが，層の数は任意にとれる．しかし，層が増すほど計算が複雑になるので，実用的な応用では5層以上のネットワークが設計されることはない[*3]．

2. 各矢印には値（重みとよばれる）があり，そこから参照する節点の値を簡単な式で計算できる．たとえば，図30・1では，節点S_1の値は，X_1，X_2の値（それぞれ小文字のx_1，x_2で表される）と，対応する矢印上の重みw_{11}，w_{21}に依存している（この方法については後述する）．

---

[*] 訳注2：スキップコネクションとよばれ，現在ではよく行われる．
[*] 訳注3：本書の出版された2020年以前のことと考えられる．

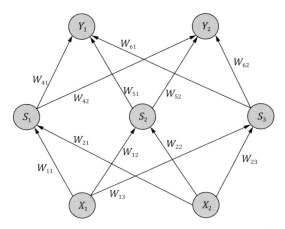

図 30・1 典型的な人工ニューラルネットワーク（3層）

　この分野の書籍や論文では，各節点は次のようにも呼ばれる．図30・1の節点の最下層（X）は入力層とも呼ばれるが，これはさまざまな応用において入力値がこの最下層にのみ割り当てられ，ほかの節点の値はこれらの入力値から直接または間接に得られるからである．図30・1において，S_1の値はX_1とX_2から直接得られ，Y_1の値はX_1とX_2から間接的に得られる．グラフの最下層を入力層とよぶのに対して，グラフの節点の最上層（Y）はこのモデルで得たい出力値が得られるため，出力層とよばれる．中間の層（S）は総称して中間層とよばれる．中間層は外から見えないため，隠れ層ともよばれる．

　これが人工ニューラルネットワークのすべてである．こんな簡単なものが，どのように役に立つのか？　学生に教えているとたいていこんな反応が返ってくる．否，だからこそ，かくも単純なモデルがさまざま分野に応用されるのだ．これはコンピュータ科学，通信，生物統計学，医学，そして金融や経済学（株式市場予測を含む）に至るまで，「知能」に多少なりとも関わる問題は，多次元空間におけるパターン分類問題に還元できるためである．人工ニューラルネットワークが得意とするのはパターン分類だ．人工ニューラルネットワークは，音声認識，機械翻訳，顔認識，がん細胞認識，疾病予測，株式市場予測など，広汎な応用があげられる．

　それでは，人工ニューラルネットワークは，知能に関わる問題をどのように

解決するのだろうか．これまでも何回か取り上げてきた音声認識を例にとろう．音声認識では「音響モデル」を用いることにふれたが，実際の音声認識システムでは，音響モデルは「母音と子音」の組み合わせで構築される[1]．各母音や子音はデータの集合に対応し，これらのデータは多次元空間のある点，ある領域として表せる．音声認識とは，図30・2に示すように，この多次元空間内をいくつかの領域に分割し，一音一音をそこに帰属させるプロセスなのである．

図中に五つの音 a, o, e, t, zh の位置を示したが，パターン分類（音声認識）とは空間を分割して，それぞれの音の領域を区別することだ．

本題に入って，人工ニューラルネットワークがこれらの音をどのように識別するかをみてみよう．単純化するために，空間を二次元とし，識別すべき音を a と e に限ることにする．

パターン分類とは空間を a 側と e 側に分割することで，図30・3の破線が境界線となる．図30・3では音に対応する点が破線よりも左にあれば a，右にあれば e となる．

人工ニューラルネットワークを用いると，この音声認識を行う簡単な分類器（図30・3の破線に相当する）を設計することができる（図30・4）．

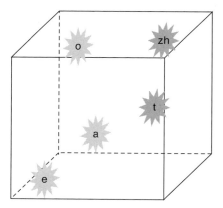

図30・2 多次元空間における母音と子音の a, o, e, t, zh のイメージ

---

1) 実際の音声認識システムでは，個々の母音と子音について前後の音との関係を考慮する必要があるが，ここでは単純化して個々の母音，子音が独立しているものとして扱う．

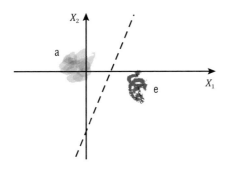

図 30・3 母音 a と e の分布図（二次元モデル）

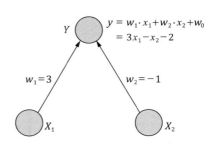

図 30・4 図 30・3 の二つの母音への識別を行うニューラルネットワーク

　これはきわめて簡単な人工ニューラルネットワークである．入力節点は X_1 と X_2，出力節点は Y である．X_1 と Y を結ぶ線の重みを $w_1=3$ とし，X_2 と Y を結ぶ線の重みを $w_2=-1$ とすると，Y の値は二つの入力節点値 x_1 と x_2 の線形結合，すなわち $y=3x_1-x_2$ となる．この関数は一次関数であり，入力ベクトル (x_1, x_2) とそれぞれの線の重みベクトル (w_1, w_2) の内積とみなせる．後の判定を見越して，定数項 -2 をこれに追加する．

$$y = 3x_1 - x_2 - 2 \tag{30・1}$$

　平面上の点 $(0.5, 1)$，$(2, 2)$，$(1, -1)$ および $(-1, -1)$ の座標を第 1 層の二つの節点に入力すると，出力節点でどのような値が得られるだろうか，表 30・1 に示すように出力 Y で得られる値が 0 より大きければ e の音に，小さければ a に対応する．図 30・4 の単純な人工ニューラルネットワークは，図 30・5 の線形分類器 $x_2=3x_1-2$ と明らかに等価である．

　ニューラルネットワークでは図 30・6 に示す通り，Y を中間節点 S にして，

表 30・1　人工ニューラルネットワークによる 4 点の座標を入力した際の出力値

入力値 (x_1, x_2)	出力値 y
$(0.5, 1)$	-1.5
$(2, 2)$	2
$(1, -1)$	2
$(-1, -1)$	-4

30．人工ニューラルネットワーク　　277

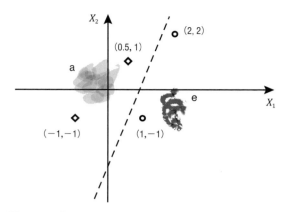

図 30・5 人工ニューラルネットワークを用いた 4 点の分類

二つの節点 Y_1 と Y_2 を出力層として追加できる．Y_1 と Y_2 のいずれかの出力節点がより大きな値を持つ場合，その大きい方を出力値とする．

もし a と e の分布が図 30・7 のように複雑になると，もはや簡単に直線で境界をひけない．そのような場合は，曲線で分割する必要がある．

曲線による分割を行うには，図 30・8 のような人工ニューラルネットワークを設計する．

この人工ニューラルネットワークは，層が一つ増え，各節点の計算式も複雑

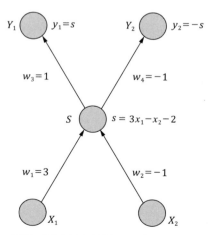

図 30・6 二つの異なる出力節点を追加した人工ニューラルネットワーク

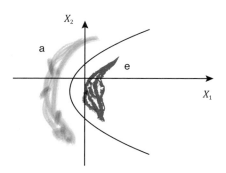

図 30・7 複雑なパターンは直線で分割することができず，曲線で分割しなければならない

になっている．節点 S_2 の計算式が活性化関数とよばれる非線形関数となり，ここでは 2 次関数が用いられている．各節点の値を計算する関数はどのように選ばれるのだろうか．これらの関数をいかようにでも選択できれば，設計された分類器は柔軟性に富むが，対応する人工ニューラルネットワークは一般性に欠け，パラメータの訓練が難しくなる．人工ニューラルネットワークの活性化関数は，入力変数（入力節点の値）の線形な重み付けの総和に対してのみ，非線形変換を実行する．この言い方はわかりにくいかもしれないので，例を使っ

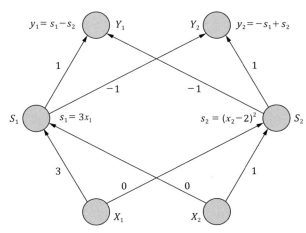

図 30・8 図 30・7 のパターンに対応した人工ニューラルネットワーク（曲線による分割と等価）の設計

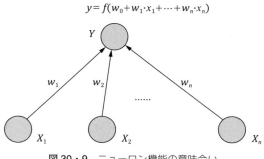

図 30・9 ニューロン機能の意味合い

てわかりやすく説明していこう.

図 30・9 は人工ニューラルネットワークの局所的な図で,節点 $X_1, X_2, \cdots, X_n$ は節点 Y に結合し,それぞれの値を $x_1, x_2, \cdots, x_n$,対応する矢印の重みを $w_0, w_1, w_2, \cdots, w_n$ とする.まず,これらの節点からの線形な重み付けの総和を計算する.

$$G = w_0 + x_1 \cdot w_1 + x_2 \cdot w_2 + \cdots + x_n \cdot w_n \qquad (30 \cdot 2)$$

次に,節点 Y の値 $y=f(G)$ を計算する.第一のステップで G は確定ずみである.したがって,関数 $f(\cdot)$ が非線形関数であっても,一変数関数なのでたいして複雑にはならない.このように二つのステップを組み合わせることで,複雑になりすぎないようにしつつ,人工ニューラルネットワークの柔軟性を確保している.

活性化関数について,どの関数が使用でき,または使用できないかを表 30・2 で例示する.

表 30・2 活性化関数としての使用可否

関　　数	活性化関数として使えるか否か
$y = \log(w_0 + x_1 \cdot w_1 + x_2 \cdot w_2 + \cdots + x_n \cdot w_n)$	使える
$y = (w_0 + x_1 \cdot w_1 + x_2 \cdot w_2 + \cdots + x_n \cdot w_n)^2$	使える
$y = w_0 + \log(x_1) \cdot w_1 + \log(x_2) \cdot w_2 + \cdots + \log(x_n) \cdot w_n$	使えない
$y = x_1 \cdot x_2 \cdot \cdots \cdot x_n$	使えない

図30・8に立ち返ると，得られる分類器は（30・3）式の通りである．

$$3x = (y - 2)^2 + 2 \qquad (30 \cdot 3)$$

この分類の境界は曲線である．理論上，人工ニューラルネットワークが適切に設計されていれば，任意の複雑な曲線（高次元空間の曲面）の境界に対応できる．ここで人工ニューラルネットワークの基本的な理解をまとめておこう．

人工ニューラルネットワークは層状の有向グラフで，入力節点 $X_1, X_2, \cdots, X_n$ からなる第1層（図30・1に示す最下層）が入力情報を受信する入力層である．これらの点の値 $(x_1, x_2, \cdots, x_n)$ を，その出力矢印の重み $(w_0, w_1, w_2, \cdots, w_n)$ に応じて，（30・2）式に従って線形の重み付けの総和をとり G を得る．そして関数変換 $f(G)$ を行って第2層の節点 Y の値を決める．

第2層の節点は第3層の節点に値を渡し，最後の層（出力層という）まで同様な操作を行う．パターン分類では，入力層（画像，音声，テキストなど）の特徴量（座標など）から始め，上記のルールと式に従って層ごとに値を渡していく．最後に出力層では，どの節点が最大値をもっているかによって入力パターンの分類が定まる．

以上が人工ニューラルネットワークの基本原理となる．

人工ニューラルネットワークでは，設計すべき部分は二つだけである．一つ目はネットワークの構造，すなわちネットワークの層数，各層の節点数，節点間の接続方法などだ．二つ目は活性化関数 $f(\cdot)$ の設計で，指数関数などがある．

$$f(G) = e^G = e^{w_0 + x_1 \cdot w_1 + x_2 \cdot w_2 + \cdots + x_n \cdot w_n} \qquad (30 \cdot 4)$$

指数関数が採用されるとき，パターン分類は最大エントロピー法と等価になる．

異なる出力節点で得られた値を確率分布として捉えれば，実質的に人工ニューラルネットワークは，これまで取り上げてきた統計的言語モデルのような確率モデルと同じになることを指摘しておきたい．

ここまで，矢印の重み，すなわち，モデルのパラメータ $(w_0, w_1, w_2, \cdots, w_n)$ をどのように得るかについてはふれていない．これらは多くの機械学習モデルと同様に学習により得られるのだが，次の節で説明しよう．

30. 人工ニューラルネットワーク 281

30・2　ニューラルネットワークの学習

　これまでにふれた機械学習アルゴリズムと同様に，人工ニューラルネットワークの学習には，教師あり学習と教師なし学習の2種類がある．まず教師あり学習をみていこう．

　まず，学習前に，表30・1のような入力値 x_1, x_2 とそれに対応する出力値 y をもつラベル付きサンプル（学習データ）の集合を取得しておく．学習の目的は，重みパラメータ w について，モデルの出力値 $y(w)$ が y と可能な限り一致するような w の集合を得ることである[2]．これを数学的にいえば，次のようになる．

　C をコスト関数とし，モデルから得られた値 $y(w)$（分類結果）と実際のデータ y の隔たりを示すとする．これは，たとえば $C = \Sigma[y(w) - y]^2$（ユークリッド距離）と表すことができる．学習の目標は，パラメータの集合 $\hat{w}$ を求めることである．

$$\hat{w} = \underset{w}{\mathrm{argmin}} \sum [y(w) - y]^2 \qquad (30 \cdot 5)$$

　このように，人工ニューラルネットワークを訓練する問題は最適化問題におきかわる．これは中等数学でいうところの「最大値（または最小値）を求める」問題だ．最適化問題を解くための一般的な方法に勾配降下法がある．アルゴリズムの詳細は紙幅の都合で省くが，たとえを用いて説明する．最大値の探索（ここでは最大値に話をしぼる）は，山登りで頂上を目指すのに似ている[3]．どうすれば最速で頂上にたどり着けるか？　勾配降下法では最速で頂上にたどり着くため「もっとも急な方向」に一歩ずつ進む．

　学習の準備はこれですべてそろった．学習データを用意してコスト関数 C を定義した上で，勾配降下法を用いてコストを最小化するパラメータの集合を探し出せば，人工ニューラルネットワークの学習が完了する．しかし，実際には学習に必要な大量の学習データが得られないことが多いので，かなりの場合，

---

2)「可能なかぎり」とは，モデル $y(w)$ と y が完全に一致しないことを見越しているわけで，機械学習において往々にして起こりうる．
3) 最小値の探索も同じように扱える．谷底に下って行くようなものだから．

教師なし学習によって人工ニューラルネットワークのパラメータを得る必要がある.

　教師なし学習は教師あり学習と異なって入力データ (x) のみを持ち，対応する出力データ (y) はない．モデルによって生成された出力値と正しい出力値との間の誤差が見積もれないため，$(30 \cdot 5)$式のようなコスト関数 C は使えない．したがって，正しい出力値を知らなくても，訓練されたモデルの良し悪しを判断できる（または予測できる）別の（計算しやすい）[4]コスト関数を定義する必要がある.

　このようなコスト関数を設計すること自体が難題で，用途に応じた関数を見つけることが研究者の仕事となる．一般的には，人工ニューラルネットワークは分類問題を解くためのモデルなので，分類後には同じクラスターのサンプル（学習データ）同士が近く，異なるクラスターのサンプルとはできるだけ遠くなるようなコスト関数であるべきだ．先に述べた多次元空間におけるパターン分類問題でいえば，各サンプル点から最適化されたクラスター中心までのユークリッド距離の平均値をコスト関数として用い，言語モデルの条件付き確率の推定では，情報エントロピーをコスト関数として用いればよい．コスト関数が定義されると，教師なし学習は勾配降下法を用いて実行できる.

　強調しておきたいのは，複雑な人工ニューラルネットワークの学習の計算量は膨大で NP 完全問題（付録参照）でもあるため，機械学習の専門家の多くはよい近似法を探索していることである.

30・3　ニューラルネットワークとベイジアンネットワークの比較

　これまでの図が示す通り，人工ニューラルネットワークとベイジアンネットワーク（第 24 章参照）はたいへんよく似ている．図 $30 \cdot 8$ に示されている有向グラフは，ベイジアンネットワークでもある．人工ニューラルネットワークとベイジアンネットワークには，以下のようにいくつかの共通点がある.

1. どちらも有向グラフで，各節点の値は直前の節点にのみ依存し，それより前

　4）コスト関数の計算が簡単でない場合もある.

30. 人工ニューラルネットワーク　　**283**

の節点には依存せずマルコフ性に従う.

2. 両者の学習方法も似ている.

3. 多くのパターン分類問題について二つのアプローチは同程度に有効である. 人工ニューラルネットワークを用いて解決できればベイジアンネットワークを用いても解決でき，その逆もしかり．ただし効率は異なる場合がある．人工ニューラルネットワークとベイジアンネットワークの双方とも統計モデルと考えれば，両モデルの精度は似通っている.

4. いずれの学習にもかなりの計算量を要し，人工ニューラルネットワークを使用する際には心づもりしておかなければならない.

とはいえ，以下のような違いもある.

1. 人工ニューラルネットワークは構造が完全に標準化されているのに対し，ベイジアンネットワークはより柔軟性に富む．グーグル・ブレインが人工ニューラルネットワークを選んだ理由は，この標準化によるところが大きい.

2. 人工ニューラルネットワークの活性化関数は非線形だが，入力変数の線形結合した結果を非線形関数で変換するだけなので，コンピュータでの実装が容易である．これに対して，ベイジアンネットワークでは変数を制限なく任意の関数に組み込めるので，柔軟性があると同時に複雑でもある.

3. ベイジアンネットワークでは前後の文脈を考慮しやすく，音声を文字として認識したり英文を中国語に翻訳したりするような，一連の入力を復号する用途に強い．一方，人工ニューラルネットワークの出力は相対的に孤立しており，個々の単語は認識できるものの，系列としての処理が難しい．したがって，復号関係の用途よりも，音声認識における音響モデルのパラメータの学習や機械翻訳における言語モデルのパラメータの学習など，確率モデルのパラメータの推定が主な用途となる.

　人工ニューラルネットワークとベイジアンネットワークの違いがわかれば，多くの機械学習の数学的ツールは互いに似通っており，実際の問題に見合った便利なツールを当てはめればよいと理解できるだろう.

探究 30・4 「大規模」なディープラーニングへ

必要な知識：コンピュータアルゴリズム・数値解析

　グーグル・ブレインが生み出したのは，大規模な並列処理を行う人工ニューラルネットワークである．大規模である以外，一般的な人工ニューラルネットワークと比べたメリットは理論的にはほとんどない．しかし「大規模」であることが，簡単なツールを非常に効果的にすることはありえる．では「小規模」であることの問題点とは何だろうか．

　それには，人工ニューラルネットワークの発展の歴史にふれる必要がある．人工ニューラルネットワークの概念は 1940 年代に生まれ，コンピュータ上で実現したのは 1950 年代のことであった．著名な人工知能専門家のロチェスターによる業績で，彼は 1956 年に人工知能の概念を提唱した 10 人の研究者の一人でもある[*4]．当時すでにごく簡単な分類問題なら解けたため，この単純なモデルがやがて「知性を生み出す」ことにつながると多くの人が期待した．しかしそれは実現しなかった．1960 年代末，人工知能の第一人者であるミンスキーは，実現しなかった理由を二つあげている．

　第一に，入力層と出力層のみからなる（中間層がない）非常に単純な人工ニューラルネットワークでは，単純な排他的論理和演算もできないこと（排他的論理和演算は線形分離不可能なため）．

　第二に，少し複雑な人工ニューラルネットワークになると，訓練するのに必要な計算量が当時のコンピュータの能力を超え，短期間で実現するのは不可能だったこと．

　理由を一つにまとめると，「人工ニューラルネットワークは小さいと大したことができず，大きいと計算負荷が大きくなる」ことにつきる．1970 年代から 80 年代にかけて，人工ニューラルネットワークは 10 年以上も日の目を見なかった．ムーアの法則に従ってコンピュータの速度と容量が指数関数的に増加し，1960 年代後半に比べて何万倍も速くなった 1990 年代初頭，研究者やエンジニアがようやく，一定規模の人工ニューラルネットワークを訓練できるようになった．人工ニューラルネットワークという言葉は，前世代の研究者らによ

＊　訳注 4：第 2 章参照．

り使い古されており，次世代の研究者らは各国政府から研究費を獲得するため，新しいキーワードとして「コネクショニズム」を編み出した．内実は人工ニューラルネットワークをさしていたのだが．各国政府は巨額の研究費でそれに応えた．開発されたシステムは手書き文字や若干の音声認識を行える程度で大がかりな問題に対し無力だったので，数年間のブームの後で，再び冷え込み，「コネクショニズム」というキーワードのメッキも剥がれたかに見えた．このように，人工ニューラルネットワークの大きさによってできることが決まってくるが，規模を大きくするのはきわめて困難だった．ネットワークの節点間が接続されるため，規模が大きくなると指数関数的に複雑さが増す．

2000年前後，人工ニューラルネットワークはおろか，人工知能の研究が全体的に低迷していた．マイクロソフトの傑出研究員の職にあった鄧力（Deng, Li）博士がかつて私に話してくれたことがある．当時，人工知能研究に携わっていた研究者は学会で大嘘つきよばわりされていて，人工知能の会議には参加者はほとんどいなかった．彼がある人工知能の会議で発表した際，数百人座れる部屋に数人しかいなかった光景に心が折れそうになった．発表したとき，彼はその聴衆に発表の途中で出て行ってしまわないように懇願したが，さらに驚いたのは，その中の一人の老研究者の一言だった．「安心して．私は出て行かない．ただ次の発表者は私だから，あなたも残って聞いてほしい．」

人工ニューラルネットワーク研究がこのように下火だった時期に，本章冒頭で紹介したベンジオ，ヒントン，ルカンの3人はそれぞれの大学で研究を推し進めていた．彼らは確率論と他の機械学習のアルゴリズムを人工ニューラルネットワークに導入し，古くからある機械学習技術を改善し，その応用範囲を広げた．彼らは，「人工ニューラルネットワーク」や「コネクショニズム」という言葉が魅力を失ってしまったことを鑑み，ネットワークが非常に深いという特徴に基づいて「ディープラーニング（深層学習）」という新しい名前を付けた．

ベンジオらには運も味方した．1990年代から2010年まで20年間にわたる半導体技術の発展により，CPUの計算能力は何千何万倍も向上し，さらにクラウドコンピューティングの台頭により，何千何万台ものコンピュータを同時に走らせることができるようになった．そのおかげで人工ニューラルネットワークを利用した大規模計算が可能となったが，現在の計算能力の向上は1970年

代から90年代にかけてのそれとは決定的に異なる．以前はもっぱら計算機1台あたりの能力向上だったため，人工ニューラルネットワークの訓練方法を変更する必要はなかった．それに対し，現在に至る進歩の半分はCPU性能の向上によってもたらされたものの，残りの半分は多くのCPUによる並列処理によってもたらされた．したがって，人工ニューラルネットワークの訓練法を，クラウドコンピューティングを前提に組み替える必要があった．グーグル・ブレインはこのような星のもとで誕生し，クラウドコンピューティングの並列処理技術を駆使した革新性を持っていた．

　グーグル・ブレインではなぜ他の機械学習の手法ではなく，人工ニューラルネットワークを採用したのか？　理由は三つある．

　第一に，人工ニューラルネットワークは多次元ベクトル空間におけるさまざまな形状のパターン分類の境界を理論的に「描く」ことができ，一般性が高いこと．

　第二に，過去20年以上の間にさまざまな機械学習のアルゴリズムが出現して改善が重ねられたのに対し，人工ニューラルネットワークのアルゴリズムは非常に安定しており，ほとんど変わっていないこと．グーグルは自社が開発した計算ツールをできるだけ長く使いたいと考えている．もし改善が重ねられている他の機械学習アルゴリズムを利用する場合，基本的なインフラやそれまでに開発されたツールも常に変更を強いられる．これでは計算ツールがいかに素晴らしくとも，誰も使いたがらない．

　第三に，すべての機械学習アルゴリズム（たとえば，ベイジアンネットワーク）が並列化しやすいわけではないが，人工ニューラルネットワークの訓練アルゴリズムは比較的単純であり，並列実装が容易なこと．

　ではどのように実装するのか．訓練アルゴリズムはグーグルのMapReduceのデザインアイデアと似ている点が多く，どちらも分割統治アルゴリズムを使用している．ただしグーグル・ブレインの方がより複雑である．この点を説明するため，図30・10の5層の人工ニューラルネットワークを例にあげよう．

　図をすっきり見せるために，節点間のリンクをかなり省いている．この人工ニューラルネットワークの訓練はたいへん複雑となるため，このネットワークを模式的に四つに分割した．実際は数千個への分割も可能である．MapReduceとは異なり，各ブロックの計算は互いに依存する部分もあり，上下左右の多く

30．人工ニューラルネットワーク　　287

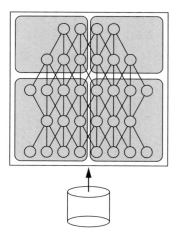

図 30・10　人工ニューラルネットワークを 4 分割して訓練する

のブロックを考慮しなければならない．より多くのブロックへ分割した場合，相互接続の総数はブロック数の 2 乗にほぼ比例する．この場合，ブロック間の計算はより複雑になるが，本来単一のサーバーで処理しきれなかった大きな問題を，一つのサーバーで処理できる小さな問題に分解できる利点がある．

　グーグル・ブレインでは，人工ニューラルネットワークのパラメータを並列に訓練し，かつ計算量を減らすために二つの改善を行った．まず先に説明した勾配降下法ではなく，確率的勾配降下法を採用した．このアルゴリズムは勾配降下法のようにすべてのサンプルに対してコスト関数を計算するかわりに，ランダムに抽出した少量のデータを用いてコスト関数を計算する．精度は多少犠牲になるものの，計算量を大幅に削減できる．訓練データ量が膨大で従来の勾配降下法では反復あたりの計算時間がかなりかかってしまうため，計算時間と精度をバランスさせて，比較的高速なこのアルゴリズムを採用している．次に訓練の反復回数を減らした．グーグル・ブレインでは一般的な勾配降下法よりも収束が速い L-BFGS 法（limited-memory Broyden–Fletcher–Goldfarb–Shanno method）を採用した．原理的には確率的勾配法と似ているが，やや複雑な方法である．この方法は各反復のステップサイズを最終ゴールへの「近さ」に応じて調整でき，二階微分の計算を行うため反復のたびにやや計算量が多くなるものの，数回の反復で収束する．また L-BFGS 法はより並列実装に向いている．

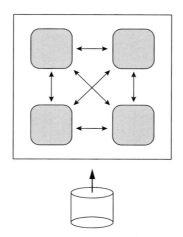

図30・11 大規模人工ニューラルネットワーク訓練問題を，関連付けられた小規模問題群に分割する

　この二つの改良により，計算量が一見膨大にみえる人工ニューラルネットワークの訓練を行えるようになった（図30・11）．

　次に，ストレージはどのように行われるのだろうか．学習データは入力側のみがアクセスするため，入力側のローカルサーバーに格納される．一方，各計算モジュールが学習を行うたびに得られるモデルパラメータ p は，図30・12 に示すように各回の学習ごとに一箇所に集約され（Δp），次の学習を開始する際に各計算モジュールに引き渡される必要があるため（p'），モデルパラメータ p は計算モジュールとは別の，パラメータサーバーに格納される（図30・12）．

　以上がグーグル・ブレインによる全体の設計原理であり，アルゴリズムを書き下すと以下のようになる．

1. パラメータの取得と受け渡しの二つの作業を定義する．
2. n 番目のサーバーについて，以下を繰り返す．
   ルーチン開始
   3. パラメータおよびデータを取得する．
   4. コスト関数の勾配を計算する．
   5. ステップサイズを計算する．

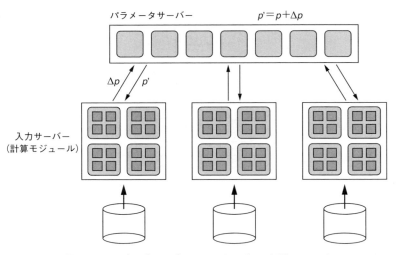

図 30・12　グーグル・ブレインによるデータ転送イメージ

6. 新しいパラメータを計算する．
7. 新しいパラメータを受け渡す．
ルーチン終了

■ まとめ

　人工ニューラルネットワークは，形式は簡潔だが，分類のための強力な機械学習ツールであり，簡潔さの中に数学の美しさを改めて感じさせる．実生活で本当に役立つツールは，必然的に形が簡潔になることの典型である．

　人工ニューラルネットワークは他の機械学習のツールと密接な関係があり，それらを一気通貫で理解できるところが数学の素晴らしさといえる．

　グーグル・ブレインの生み出したものは思考する「脳」ではなく，計算能力に非常に長けた人工的なニューラルネットワークである．頭がよいというより，大変強力な計算機というべきだろう．別の言い方をすれば，計算能力の向上に伴って，膨大な量を単純な数学的手法で処理することで，非常に複雑な問題を解くことができるようになったといえる．

参 考 文 献

1. Q. V. Le, M. A. Ranzato, R. Monga, M. Devin, K. Chen, G. S. Corrado, J. Dean, A. Y. Ng, "Building High-level Features Using Large Scale Unsupervised Learning", ICML'12: Proceedings of the 29th International Conference of Machine Learning, 507–514 (2012).

2. A. Frome, G. S. Corrado, J. Shlens, S. Bengio, J. Dean, M. A. Ranzato, T. Mikolov, "DeViSE：A Deep Visual-Semantic Embedding Model", NIPS'13: Proceedings of the 26th International Conference on Neural Information Processing Systems, **2**, 2121–2129 (2013).

31

ブロックチェーンと
楕円曲線暗号
ビットコインを生み出した数理

　2013 年，ビットコインという政府の信用も実体的価値の支えもない「暗号資産（仮想通貨）」が，突然 30 ドルから 1,000 ドルへ，ほどなく 2 万ドル近くに急騰した．ビットコインを所有していない人々がその背後にあるブロックチェーン技術を学び始め，さまざまな暗号資産を発行して機会に乗じようとした．2017 年には暗号資産のバブルがピークに達し，各種暗号資産の価値は合計 5,000 億ドルに達した．5,000 億ドルは 2008 年の世界金融危機において，中国政府が経済刺激策として拠出した総額に相当する．しかし，金銀担保もなく，政府の信用裏書もなく，明確な用途もない暗号資産はゲームでしかない．まもなくビットコイン以外のさまざまな暗号資産の価値は，ほぼゼロになった．現在，通貨交換や財産移転を支援できるビットコインや独自の貨幣発行に技術的なサポートを提供できるイーサリアムといった実用的用途のある暗号資産は，基本的な価格を維持できている．とはいえ，その価格はジェットコースターのような乱高下を繰り返している．

　「暗号資産」の将来性について質問されることが多いのだが，率直に言って私はあまり関心がない．しかし，その基盤となるブロックチェーン技術には大いに注目している．情報セキュリティの問題を根本的に解決し，契約の自動実行をサポートするなど，ほかの技術では困難な用途に多々応えているからである．ブロックチェーンがどのようにこれらを実現するのか．その仕組みや設計の素晴らしさをみていこう．

292

31・1　非対称がもたらすメリット

　人は往々にして対称性を好み，非対称性は完璧でないとみなす．また，情報を得る際は透明さを好み，不透明なものに対しては隠し立てがあるのではないかと疑念を抱く．しかし，非対称性にも黄金分割にみられる独特の美がある．また，情報セキュリティの上では，完全に透明で対称であることはリスクが高い．われわれは，自らの情報，とくに個人情報を第三者に知られたくないが，情報を開示しなければ不便なことも多い．サービスの提供者に対してプライバシーに関する情報へのアクセスをある程度可能にしておいて，自分が本物の「客」であることを確認してもらう必要がある．その上で「客」としての自分に対し，場合によってはそうして集められた個人情報の統計を通じて，よりよいサービスが提供されるだろう．情報を開示しなければ，受けられるサービスが著しく制限されるだろう．たとえば，銀行から融資を受けようとすれば，個人情報と財務情報を開示しなければならない．

　高度情報化社会において，情報の徹底的な保護はほとんど不可能である．個人情報，とりわけプライバシーの保護において，特定の権限が与えられていれば情報を保有せずとも利用でき，情報へのアクセスが許可されていなくても情報を検証できるような非対称なメカニズムが必要である．ビットコインの意義は，ブロックチェーンを利用して，まさに「特定の権限が与えられていれば情報を保有せずとも利用でき，アクセス許可がなくても情報を検証できる」ことを実証したことにある．それでは，ブロックチェーンの仕組みにより，ビットコインがなぜ情報を保有することなく情報を検証できるのかを説明しよう．

　ブロックチェーンは二つの単語，ブロックとチェーンで構成されている．ブロックとはモジュール，ユニット，またはデータブロックの意味であり，情報を格納する金庫のようなものだ．一方，チェーンは鎖だが，情報の内容と取引の履歴を意味し，取引の詳細はブロック内にある．したがって，ブロックチェーンを常に更新される帳簿にたとえるのは一理ある．しかし，ブロックチェーンには通常の帳簿にはない三つの利点がある．ビットコインを例に説明しよう．

　まず一つ目は，ビットコインが作成されると，もとの情報を記録するブロックチェーンが生成され，この情報は改ざんできないという点である．その後の

取引を通して流通や取引の情報を追加できるが，もとの情報への上書きはできない．この特性はブロックチェーンの偽造防止性をきわめて高くしており，一般的な帳簿にはない特長だ．

二つ目は，該当するブロックチェーン内の情報について，外部からその信頼性を検証できるものの，内容までは知りえないという点である．ビットコインを例にとると，最も重要な情報はビットコインを認証する鍵，つまり長い暗号数字である．このパスワードは外部に公開されないので秘密鍵とよばれる．ビットコインの所有者は秘密鍵を介して公開鍵を生成し，ビットコインの取引相手に渡すことができ，取引相手は得られた公開鍵を用いて，そのビットコインの信頼性と所有権を検証することができるが，秘密鍵を知ることはできない．この性質は，ビットコインの取引やさまざまな情報の安全性を保護するのに用いられる．

ビットコインの取引が完了して取引相手にビットコインが渡ると，帳簿としてのブロックチェーンに取引の過程が記録され，情報として共有される．その後，ビットコインの新しい所有者は，ブロックチェーンの信頼性を検証するための公開鍵を第三者に発行できる．資産ではなく個人情報をブロックチェーンで保存すれば，相手に情報を与えずに情報の信頼性だけを検証させることができる．たとえば家を売るとき，その家が自分の持ち家であり，その家を売る資格があることを示す必要がある．これまでは，買い手に不動産登記記録を見せ，関係部門あるいは公的機関が登記記録の正当性を証明しなければならなかった．将来，デジタル化された不動産登記記録をブロックチェーンで保存できるようになれば，売主はブロックチェーンのアルゴリズムにより生成した秘密鍵を所有し，所有権を検証するための公開鍵を生成して相手に渡すことができるが，それ以外の情報は漏洩しない．このように，情報の保有と検証を分けることができる．ブロックチェーンの仕組みを用いた，不動産登記記録の検証過程を図31・1で説明しよう．買主は公開鍵を使用して登記記録の信頼性を検証する．買主が家を購入したら，家の登記記録は買主の名義になり，もとの所有者（売主）の秘密鍵が無効にされる．買主は新しい秘密鍵を持ち，この過程がブロックチェーンの帳簿に記録されるというわけである．

そして三つ目は，ブロックチェーンは約束に従って自動的に実行される契約であるという点だ．この契約はいったん合意されれば変更できず，一歩一歩自

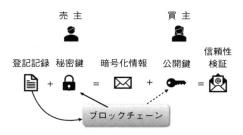

図 31・1　ブロックチェーンを用いた不動産登記記録の信頼性の検証

動的に実行される．これは一般的な帳簿ではできない．ブロックチェーンのこのような性質は，三角債*1や出稼ぎ労働者の賃金未払いといった，ビジネス上のトラブルを解決するのに役立つ．

ブロックチェーンのさまざまな応用については，すでに『智能時代』*2で詳述したので割愛する．

これらの三つの特徴から，ブロックチェーンには情報の暗号化/復号化の範囲を超えて応用が広がっている．従来の情報セキュリティは，鍵を使って情報を暗号化することで暗号化情報を得て，これを転送または保存し，別の鍵で復号してもとの情報を復元するプロセスだった．第 17 章における暗号の数理の紹介で，この暗号化/復号化の非対称性にふれ，情報伝送の安全を保証できるとした．ブロックチェーンでは，一つの鍵で情報を暗号化するのだが，復号鍵（公開鍵）をもつ人は情報の信頼性を検証できるだけで，情報自体を見ることができない点が異なる．この情報の非対称性によって，われわれのプライバシーは保護される．身元の確認のように，情報の信頼性さえわかればよいということが実は少なくないのである．

ビットコインで用いられているブロックチェーンプロトコル，そして今日までに改良されたほとんどのプロトコルでは，一般的に楕円曲線暗号とよばれる方法を採用している．第 17 章でふれた RSA 暗号化アルゴリズムに比べ，楕円曲線暗号はより短い鍵で，非常によい暗号化効果が得られる．では，楕円曲線暗号化とは何か．楕円曲線とその性質から説明をはじめよう．

---

*　訳注 1：1980 年代末〜1990 年代にかけて中国の主に国営企業間でたらい回しされた不良債権［出典：ブリタニカ国際大百科事典］．
*　訳注 2：著者の著書の一つ．未邦訳．

31・2 楕円曲線暗号の原理

楕円曲線は楕円とは関係なく，次の式で表される曲線のことである．

$$y^2 = x^3 + ax + b \qquad (31・1)$$

この式の曲線の形状を図31・2に示す．

この曲線の特徴として，上下対称であること，滑らかなことなどがあげられるが，便利な性質として「曲線上の任意の点（図中の点A）から直線を引いたときに最大三つの交点をもつ（点Aを含めて）」ということがある．この曲線と暗号化がどう関係するのか，図31・3を用いて説明していこう．

図31・3では，点Aから点Bを通る線を描くと，最後に点Cで曲線と交差する．この性質を利用して，点乗算「・」という演算を定義して，

$$A \cdot B = C \qquad (31・2)$$

で三つの点の間の関係を表すとする[*3]．点Aと点Bを通る直線は，点Cで曲線と交わるということである．楕円曲線はX軸に対して対称であるため，点Cの鏡像点Dも同じ曲線上にある．そこで点Dと点Aを直線で結ぶと，もう一つの交点Eが得られる．これは点乗算「・」を用いて（31・3）式のように表せる．

$$A \cdot E = D \qquad (31・3)$$

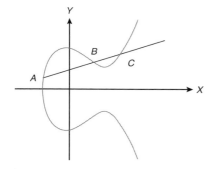

図31・2　楕円曲線および直線との交点

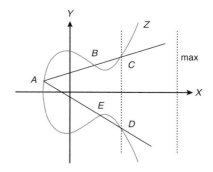

図31・3　楕円曲線上の点乗算の過程

---

*　訳注3：(31・2)式および(31・3)式を加算と定義する流儀もある．この場合，A+B=Dと定義する．さらに，A+D=F（FはEとx軸に対し対称な楕円曲線上の点）となる．

点乗算を K 回繰り返し，点 Z が得られたとする．ここで点乗算について四点の注意を促したい．

1. 点乗算は交換法則と結合法則を満たすので，演算の順番を変えても結果は同じとなる（ここではその証明は行わない）．
2. 点乗算を何度か繰り返した後，ある交点の x 値（つまり X 軸の値）が非常に大きくなる可能性がある．反復後の計算結果の発散を防ぐために，x 値に対して最大値（max）を設定しておき，最大値を超えた場合，x 軸方向に折りたたんで最大値を超えないようにする[*4]．
3. 図中の曲線は連続しており，各点の値は実数をとるが，実際の過程では，何らかの変換で離散化して，すべての点を整数値に変換する．
4. 反復演算の過程でもとの点に戻ることがあるのではないか，という懸念は無用である．この操作は二つの巨大な素数を掛け合わせた後，ある素数を除算して余りを得る演算に似ている（モジュラー演算 mod という）．アルゴリズムがうまく設計されていれば，もとの点に戻る可能性はほぼゼロである．

上述の曲線操作における点乗算を数字の乗算とみなせば，K 回の点乗算は A の K 乗と等価であり，「点 A から点乗算を K 回繰り返して点 Z が得られた」は，「K は A を底とする Z の対数」と等価である．この計算過程が，楕円曲線の離散対数計算とよばれるゆえんである．ここで便宜上，交差積「×」を次のように定義しよう．

$$K \times A = Z \qquad (31 \cdot 4)$$

点 A から点 B を経て点 C までが 1 回の点乗算で，この過程を K 回繰り返せば点 Z に到達できる，しかし，起点が点 A で終点が点 Z という情報のみでは何回の点乗算を経たのか推測するのはほとんど不可能か，膨大な計算を要する．この非対称性によって，結果を検証するのは非常に容易だが，暗号の解読は難しくなる．

---

* 訳注 4：楕円曲線暗号では有限体上の楕円曲線を用いる［たとえば神永正博 著，『現代暗号入門——いかにして秘密は守られるのか』，第 4 章，講談社ブルーバックス（2017）より］．

次に，楕円曲線対数法に基づく暗号システムがどのように設計されているか
をみてみよう．

まず，曲線の方程式と起点 A（基点ともよばれる）は公開されている．たと
えば，ビットコインは SECP256K1 規格を使用しており，非常に単純な楕円曲
線

$$y^2 = x^3 + 7 \tag{31・5}$$

を採用している．

次に，演算回数 K を秘密鍵とし，それによって Z を演算し，Z を公開鍵とし
て公開する．楕円曲線暗号化の基本原理はこれだけである．

具体的な例をみていこう．アイ（艾）さん（a で表す）とバイ（白）さん（b
で表す）が，互いの情報を楕円曲線暗号化するとする．このパスワードは二人
の通信用に限られており，ほかの人は知らない．ブロックチェーンシステムで
は，アイさんとバイさんのためにそれぞれ秘密鍵 K_a と K_b を生成する．ともに
乱数である．次に（31・4）式を用いて秘密鍵から公開鍵 Z_a と Z_b を得て，相手
に渡す．Z_a と Z_b から K_a と K_b を逆算することは不可能である．

このとき，送信側のアイさんは自分の秘密鍵 K_a を知っていて，相手から与
えられた公開鍵 Z_b も知っているので，$K_a \times Z_b$ を計算できる．これがアイさん
が暗号化に使うパスワードだ．受信側のバイさんは，$K_b \times Z_a$ を計算できる．興
味深いのは $K_b \times Z_a$ と $K_a \times Z_b$ が等しいことである．だからバイさんは暗号を復
号することができるが，第三者は K_a も K_b も知らないので，アイさんとバイさ
んの通信パスワードを知ることができない．このことは，以下のように簡単に
証明できる．

$$
\begin{aligned}
K_a \times Z_b &= K_a \times (K_b \times A) \\
&= (K_a \times K_b) \times A \\
&= K_b \times (K_a \times A) \\
&= K_b \times Z_a
\end{aligned}
\tag{31・6}
$$

この証明の過程で使用されるのは交差積の交換性であり，これはもとの点乗
算の交換性に由来する．

さて，上記の方法を利用すれば，アイさんとバイさんは暗号化通信を行うこ

とができる．これを少し修正すると，バイさんによるアイさんの送信情報の検証も可能になるが，詳細は省くことにする．

楕円曲線暗号化方法にはいくつかの種類があり，アルゴリズムと鍵の長さはそれぞれ異なるが，原理はそれほど変わらない．アメリカ国立標準技術研究所（NIST）は，このようなアルゴリズムの最小鍵長を 160 ビットと規定しており，さらに 192 ビット，224 ビットなどの鍵長がある．いずれも RSA 暗号に要求される最短の 1,024 ビットよりかなり短く，これが楕円曲線暗号の利点となっている．そんなに短い鍵で安全なのだろうか．2003 年，ある研究チームは 1 万台の PC を使って 1 年半かけて短い 109 ビットの鍵を解読した．しかし，解読の時間は鍵長とともに指数関数的に増加し，160 ビットの鍵を解読するには約 1 億倍の計算量が必要になる．192 ビット，224 ビットなどの鍵を解読するのはさらに難しい．そのため，コンピュータの速度が百万倍に向上しない限り，楕円曲線で暗号化された情報を解読するのは難しいのである．

■ まとめ

ビットコインの背後にある数学的基礎を解析すると，非対称性がもたらすメリットがわかる．情報セキュリティ問題の解決だけではなく，情報へのアクセスと検証の二つのステップを切り離して，プライバシー保護の問題を根本的に解決できる．

ブロックチェーンでは，暗号化の実装に非常に簡単な楕円曲線を採用した．数学者とコンピュータ科学者は，楕円曲線上で交点を何度も求めることで，簡潔で美しい暗号アルゴリズムを発明することを思いついたのだが，これは独創的なアイデアだといえる．ブロックチェーンの発明者はこの暗号化方法を利用して，一連の情報検証メカニズムを発明した．まさに神のプログラムである．

32

ビッグデータの威力

　第19章では数理モデルの重要性にふれた．その中で天文学者ケプラーの成功には，彼の師であるティコ・ブラーエが収集した膨大な天体観測データによるところが大きいことを述べた．モデルもさることながら，データも重要である．しかし長いあいだ，データの意義は軽んじられてきた．新しいモデルを思いつく，または新しく効果的なアルゴリズムを編み出せば，ただちに同業者の知るところとなり，大きなブレークスルーや画期的な貢献（大小はあるにせよ）として認められやすい．かたやデータの方は，20年以上前はデータを取得して処理しても，毎日つまらない計算の繰り返しで，大して面白くもなく達成感もなかなか得られなかった．研究としてある程度まとまったところで，発表さえもままならなかった．学術界において方法論が重視され，データが軽んじられたのは自然な流れであった．

　しかし，インターネットの発展，とくにクラウドコンピューティングの台頭と普及に伴って，この状況は変わってきた．コンピュータのデータ取得・保存・処理する能力が急速に向上し，大量のデータの中からまったく未知の規則性が発掘されるようになった．結果として，多くの科学技術領域（音声認識，自然言語処理，機械翻訳など計算技術主体の領域だけでなく，バイオ医薬，医療，公衆衛生など，従来，情報技術と関連の薄かった分野に至るまで）において進展が著しく加速し，ますます多くの人にデータの重要性が認識され，その認知はこれまでになく高まっている．2010年からは，さまざまなメディアで「ビッグデータ」という新しい概念が頻繁に登場するようになった．

　それでは，ビッグデータとは何だろうか．過去の何かの焼き直しではないのか？　かつてもてはやされた「大量のデータ」と同じものなのだろうか？　で

なければどう違うのか？　これらはビッグデータについて論じる際に当然浮かんでくる疑問なので，この章で答えたい．しかし，本題に入る前にデータの重要性についてふれ，それからビッグデータがこれまでにもたらした，そしてこれからもたらすであろう驚異を示していこうと思う．そうすれば，自ずと最初の疑問への答えが得られるだろう．

32・1　データの重要性：先入観を取り払う

　データは常に，われわれの人生とともにある．そもそもデータとは何か？実験データや統計データなど数字で表されるものを想起しがちだが，これらは狭義のものにすぎない．データには情報も含まれる．たとえば，データベースという言葉は実際には，ある形式での情報の集合体のことをさす．会社の社員データベースであれば氏名，年齢，連絡先，学歴および経歴など，数字にとどまらず文字情報からも構成されている．データはさらに広義にもなりうる．インターネットのコンテンツ，アーカイブ，設計図面，病気の症例，映像資料なども含まれるだろう．この章で論じるのは，これらすべてを含む，広義のデータについてである．

　人類の文明はデータの収集，加工，要約によって進歩してきたといえる．先史時代，中国人の祖先は記録する手段が発明される前からデータを用いていた．古代中国の伝説に，伏羲が八卦をつくったとする話がある．伏羲は古代中国の三皇の一人で，炎帝や黄帝よりもはるかに古い．実際には人ではなく部族をさすという説もあるが，いまの論点はそこではない．伝承によれば，伏羲は将来の吉凶を占うのに「卦」を発明したとされている．伏羲の卦が当たるのかどうかには立ち入らないが，重要な点は，古代の人々はすでに，未来の運勢を異なる条件（実際には入力データ）に基づいて 8〜64 の可能性のある結果（出力データ）にまとめていたことである．なぜ将来の吉凶をここまで分類でき，多くの人がそれを信じてきたのだろうか（もっとも私は大して信じているわけではないが）．これは，過去に見聞きされたことの積み重ね（これらもデータである）により，この分類の正しさが示されている（とみなされている）からだろう．たとえば，「戦に出陣するにあたり，天気が悪いと戦に勝てない可能性が大きくなる」という事実（つまりデータ）が後世に伝えられ，天気（天候）と出陣の結果が関連づけられて，卦としてまとめられた．農耕文明の時代には，

32. ビッグデータの威力　301

種まきや収穫の時期といった生活上の経験がデータとしてまとめられたが，文字がなかったり読み書きができない人が多かったため，代々口頭で伝えられた．西洋でも同じような経験が伝えられている．たとえば聖書には，「7年間の豊作のあとに7年間の飢饉があった」と書かれている．これは，気候変動に関わる気候現象の非常に大まかな統計で，当時のデータに基づいたものなのである．

ルネサンス以降に近代自然科学が芽生え，急速に発展した．そこでの科学者の最も重要な仕事は実験であり，その目的はデータ収集にあった．科学における発明には，データによる裏付けが必要となったのである．ガリレオやティコ・ブラーエ，キュリー夫妻といった著名な科学者は，実験やデータ収集に生涯を費やした．ガリレオとほぼ同時代の中国の医学者 李時珍は大著『本草綱目』を著したが，これは漢方薬データを整理したものである．とはいえ，インターネットが普及するまでは（現在の基準では）世界的に利用できるデータ量はそれほど多くなかった．データの重要性がなかなか認識されなかったのは，そのためかもしれない．

データの重要性は科学研究にとどまらず，生活のすみずみに浸透している．グーグルにはプロダクトマネージャーが遵守すべきルールとして，「データがないときは結論を出さないこと」というものがある．日常的な直感とデータが真逆の結論をもたらしうるため，データを用いた議論を行わなければ，成功する可能性は低くなってしまう．直感からくる結論は，実際のデータとどれだけ乖離するのか，以下に例をあげて説明しよう．

一つ目の例は，基本的な事実に基づくものである．

「2012年の世界で最も人口の多い10都市（郊外エリアを含まない）はどこか」この問いを十数人に聞いたところ，ほとんどの人が上海，重慶，北京，ムンバイなど（中国およびインドといった人口の多い国の大都市）や，東京，ニューヨーク，パリなどの世界的に有名な都市をあげた．しかし実際には，上海，ニューヨーク，東京，デリーを除く残りの6都市は，一般の人には思いつかない都市だった．世界地図のウェブサイトでは，2012年の各国の人口調査に基づいて，世界で最も人口の多い都市トップ10を表32・1の通りにあげている[1]．

---

* 訳注1：総務省統計局によれば，2012年の東京都総人口は1,323万人．一都三県（東京都，神奈川県，千葉県，埼玉県）の総人口は3,570万人．

表 32・1 世界で最も人口の多い都市トップ 10 （2012 年）

順 位	都 市	国	人口（郊外を除く）
1	東京	日本	37,126,000[*1]
2	ジャカルタ	インドネシア	26,063,000
3	ソウル	韓国	22,547,000
4	デリー	インド	22,242,000
5	上海	中国	20,860,000
6	マニラ	フィリピン	20,767,000
7	カラチ	パキスタン	20,711,000
8	ニューヨーク	アメリカ	20,464,000
9	サンパウロ	ブラジル	20,186,000
10	メキシコシティ	メキシコ	19,463,000

ソウル，マニラ，カラチ，サンパウロ，ジャカルタについては，数字を見せられないとピンとこないだろう．

二つ目は，知らないことを推定する上で，先入観にいかに支配されているのかを説明する例である．

テンセント社の検索広告部門の部長を務めた顔偉鵬（Yan, Weipeng）博士は，かつて，皆に次の質問をした．「中国の大手インターネットポータル（新浪，テンセント，捜狐，網易）のホームページに 3 cm×5 cm のゲーム広告を掲載するとき，1 クリックあたりの平均的な広告コストはいくらか」10 元，30 元，50 元と答えている人が多かった．私は多少の広告経験があったので思い切って 100 元と答えた．顔博士によれば実際のコストは 1,000 元以上（クリック率が 1 万分の 1 以下と非常に低く，かつ意図しないクリックなため）で，このような広告は基本的に効果がなかったという．このようなデータは，企業のマーケティング部門にとって非常に有用である．

三つ目の例として，データを照会する前に自分を過大評価する傾向や，物事のプラスの効果を誇張するあまり，マイナスの影響を無視する傾向があることを示そう．

私が知る限りでは，安定した収入がある人の 3～5 割は，多かれ少なかれ自分で株を売買しており，その大部分は男性である．しかし統計によると，個人投資家の 95％は最終的には市場で勝てず，短期売買を行うトレーダーの 50～

70％は損失を出しているという．私の身のまわりの同僚や友人は知性や教養が低いわけではないのだが，彼らの投資成績も決してよくはない．私は，「なぜこのような割に合わないことをするのか」と尋ねた．中には「遊びで」と自虐的に言う人もいたが，大半は株で儲けた人を見て自分もやってみたいと思い，かつ自分が株で簡単に利益を出せると考えていた．誰もが身近に株で儲けた人がいると言うが，統計データからはむしろ逆の結論が見える．この例は，データに裏付けられていない意思決定は往々にして正確でなく，個々の成功例が人々の心の中で誇張され，リスクが小さく評価されがちなことを示している．この例には，個々のデータ（個別のケース）と大量のデータの違いも反映している．

　次に，プロの投資家が運用するファンドは市場よりもよいリターンを与えると信じるか尋ねた．ほとんどの人がこれを信じていたが，実際にはファンドの70％（ときには90％）は長期的には市場で成功しない．この結論には大いに驚くかもしれないが，事実である．この例はわれわれの想像と現実とがどれだけ乖離しているかを示しており，十分なデータがなければ，正確な判断を下せないことの証しである．余談だが，個人もファンドも市場全体のリターンに及ばないとなれば，資金はどこにいくのだろうか？　答えは簡単で，取引手数料やさまざまな税金（印紙税，アメリカ株式市場の投資収益に対する所得税[1]など）にそもそもリターンの大部分が使われており，ファンドマネージャーの運用管理手数料もまた大部分を占めている．資金が2％の手数料（ごく一般的）で運用されているとすれば高くはみえないが，30〜40年にわたることを考えると運用利益の半分を消費している計算になる[2]．株式市場はある意味ゼロサムゲームであり，証券取引委員会の役人や証券取引所の従業員の給料，贅沢なオフィス環境など，もとをただせば投資家の出資金である．ファンドマネージャーが運転する高級車や豪邸もまたしかりである．したがって，個人投資家が本当に「データで話す」ことができるのであれば，投資判断はただ一つ，イ

---

1) 中国ではこのような課税はない．

2) 運用管理手数料と取引手数料が元本の2％を占めるとすれば，毎年の投資で8％のリターンが得られたとして6％が顧客に還元されることになる．これでは余り目立たないかもしれないが，35年経つと8％のリターンによる運用では当初元本の1278％のリターンが得られるのに対し，6％では668％のリターンしか得られないことになり，運用益の半分がもっていかれていることがわかる．

ンデックスファンドを買うことだ．これは私の発案ではなく，シャープ（William F. Sharpe）とマルキール（Burton G. Malkiel）など著名な投資経済学者によって提唱されている．

このように，データは科学研究だけでなく，生活のあらゆる面で重要なこと，さらにそれが日常的な意思決定の根拠になるべきだということを強調しておきたい．

32・2 どんなデータが必要なのか

データを得てそれを科学的に使うのは，応用科学である統計学の範疇である．今日，大学の数学以外の専攻では，確率論と統計学を一つのコースで教えることが多い．実は確率論と統計学は，密接に関連しているものの，比較的独立して発展してきた．確率論はランダム現象の法則を研究する数学の一分野であり，一方で統計学はデータの検索・整理・解析を通して測定対象の本質を推測し，その将来を予測する総合的な科学である．これまでの章では確率論の情報技術への応用について多く紹介してきたが，それらの確率モデルを得るのには統計学に頼っている．

統計学では，まず十分なデータ量が必要である．第3章「統計的言語モデル」では，言語モデルのすべてのパラメータ（確率）の推定には，結果が意味のあるものになるためには「十分に大きな」言語データ（コーパス）が必要であると述べた．では，なぜデータが十分多くなければならないのか？　以下のような例を考えてみよう．

1日に大学の門をくぐった人数を数えて，男性543人，女性386人が出入りしていることがわかれば，「この大学は女性よりも男性の方が若干多い」という結論が得られる．ただし，統計のランダム性や誤差を織り込んだ上で，男女比が543：386と言い切るかわりに，「だいたいそのくらい」や「男子と女子の比率は6：4くらい」にという表現にとどめておくだろう．男女の出入りの傾向に偏りがなければ，900以上のサンプルを集計した上で，上記のような結論を出すのに異論はない．しかし，状況が異なれば別である．朝早く起きて校門で2分たたずんでいるあいだに女性が3人，男性が1人出入りしているのを見て，同校の3/4の学生が女性と結論づけるとしたら，それは受け入れられないだろう．このような統計はまったく正確ではなく，偶然そうなっただけにすぎ

32. ビッグデータの威力　305

図32・1 門を出入りする人数が少ないと，その男女比からキャンパス内の男女比を推測することは不可能である

ない（図32・1）．同じ2分間でも違う日や違う時間帯では，校門を出入りした4人がすべて男性で女性はいないこともありうる．しかしその結果をもって「この大学には男性しかいない」という結論を出すとすれば，それも違う．以上を踏まえると，統計サンプル数が十分でなければ統計的な数字は意味がないことが理解できるだろう．それでは統計の結果（確率による推定）が正確であるために，どのくらいのデータが必要なのだろうか？ これには，定量的な解析が必要である．

100年以上前に，ロシアの数学者チェビシェフ（Pafnuty Lvovich Chebyshev, 1821-1894）は，下記の不等式を示した．これはチェビシェフの不等式とよばれるものである．

$$p(|X - E(X)| \geqq \varepsilon) \leqq \frac{\sigma^2}{N\varepsilon^2} \qquad (32・1)$$

ここで X は確率変数，$E(X)$ はその数学的期待値，N は実験回数（またはサンプル数），ε は誤差，σ は分散を示す．この式は，サンプル数が十分に大きければ，確率変数（ここでは大学に出入りする男女比）とその期待値（大学の男女比）とのあいだの誤差を小さくできることを意味する．

チェビシェフの不等式を適用して，この大学の男女比が約6：4として誤差5%未満（すなわち，信頼度95%以上）の正確な推定値を得るのに，どれだけ

のサンプルを収集しなければならないのだろうか？ （32・1）式に代入すると，N は約 800 となり，800 人以上の出入りを数える必要があることになる．同様に，中国語のバイグラムモデルのパラメータ p（天気|北京）を正確に推定するとき，この条件付き確率の誤差を 1% 程度に見積もるには，単語の組「北京天気」が 50 回以上，単語「北京」が 5,000 回以上出現するサンプルが必要である．すなわち，テキストに「北京」が出現する確率が 1/1,000 程度とすれば，p（天気|北京）の条件付き確率をより正確に推定するために，最低でも 500 万語のコーパスが必要なことになる[*2]．「天気」も「北京」もどちらも一般的で頻出する単語である．あまり一般的でない単語の場合は，それらの単語が十分な回数出現するサンプルを得るために，非常に大きなコーパスが必要になる．情報処理において，確率の関わる問題には，その裏付けに非常に大量のデータが必要である．このように，データは情報処理のための材料となる．

　統計学では十分なサンプルが必要で，かつサンプルが母集団を代表する必要がある．データが多くても結果が正確とは限らない．統計で使用されるデータは，統計の目的と一致したものでなければならない．多くのデータが得られたにもかかわらず，正確な推定値が得られなかった例をあげよう．

　1936 年のアメリカ大統領選挙の前夜，当時有名だったリテラリー・ダイジェスト誌は，共和党候補のアルフレッド・ランドンの勝利を予想した．同誌は 4 回連続で大統領選挙の結果の予測に成功したが，このときは前回よりもはるかに多い 240 万人のアンケートを回収して予測したので，その予想が外れるとは到底考えられなかった[3]．しかし，当時無名のジャーナリズム学教授（かつ統計学者）であったギャラップは，5 万人へのアンケート結果をもとに，民主党候補のルーズベルトが再選されると結論した．選挙結果を的中させたのは，サンプルの少ないギャラップだった．困惑している有権者に対して，ギャラップは以下のように説明した．リテラリー・ダイジェスト誌のサンプルは多かったが，調査対象が雑誌の購読者，車の所有者，電話帳に記載された人々だったため，有権者を代表するサンプルとはいえなかった，と．当時電話を所有していた世帯はアメリカ国民の半分にすぎず，車を所有していた世帯はさらに少な

---

* 　訳注 2：チェビシュフの不等式は非常に緩い拘束で，かつ非常に単純なモデルなので，実際にはここまでのデータは不要．

3）アンケート送付件数は 1,000 万件近くに達した．

く，これらの世帯はいずれも高収入層だったのである．彼らの大半は共和党支持者だった．一方ギャラップは，アメリカの有権者の人種，性別，年齢，所得などさまざまな要素を考慮してサンプルを抽出しており，たかだか5万人のサンプルにもかかわらず代表性が高かった．これは，統計サンプルにおける代表性の大切さを示す好例である．

とはいえ，代表的なサンプルの抽出は難しい．1936年の選挙予測でギャラップは一夜にして名を成し，今日に至るまで最も権威のある世論調査会社であるギャラップ社が誕生した．1940年と1944年の大統領選挙の結果も，みごとに的中させた．そして1948年の大統領選挙の前夜には，共和党のデューイ候補が当時の民主党の現職大統領トルーマンを大差で破ることが確実とする予想を発表した．同社は過去3回の選挙で予想を的中させていたので，多くの人はこの予想を信じた．しかし実際はご存知の通り，大差でトルーマンが再選された．この顛末は多くの人を混乱させただけでなく，ギャラップ社の世論調査の方法にも疑問を抱かせた．ギャラップ社は有権者の所得，性別，人種，年齢などの要因を考慮に入れていたが，ほかにも調査で考慮されるべき要因がたくさんあったのである．

データが代表的で量が十分であれば，そこから得られる結果はビジネスの上で非常に大きな意義をもち，製品の品質向上にも大きく貢献する．IT業界の競争は，すでにデータを獲得する競争になりつつある．

ウェブ検索に関する競争はどうだろう．グーグルの検索はアルゴリズムが優れているので，マイクロソフトのBing（ビング）よりも（質的に）若干優れていると言う人が多い．2010年以前ならばその通りで，Bingは技術的にもエンジニアリング的にもグーグルに遅れをとっていた．しかし現在，両者は技術的には遜色なく，グーグルの検索エンジンがわずかに優位なのは製品デザインが若干優れていることと，データの力によるところが大きい[*3]．検索エンジンの状況は2000年ごろと比較して大きく異なっている．当時は検索アルゴリズムが未熟だったため，アルゴリズムの改善は検索精度の5%以上の改善など大きな成果をもたらした．しかし現在，精度を1%向上できるような画期的かつ，未知の方法は存在しない．今日の検索エンジン，世界にサービスを提供してい

---

* 訳注3：おそらく本書第1版刊行時（2012年）の状況．

るグーグルや Bing, 中国のバイドゥ（百度），ソウソウ（捜捜），ソウゴウ（捜狗）では，一般的な検索の結果はどれも変わらない．検索エンジンの違いは特殊な検索に対して現れるが，このような検索の質の向上には大量のデータが必須となる．それゆえ，データが検索エンジンの良し悪しを決める第一の要素となり，アルゴリズムはその次となる．

　検索で使用される最も重要なデータは 2 種類で，ウェブページ自体のデータとユーザーのクリック履歴のデータである．検索エンジンが十分機能するには完全なウェブページのデータ，すなわちインデックス付けされたデータ量が多く，かつ内容が新しいことが必須である（ない袖は振れない）．これは，エンジニアリングの観点からは，人手（技術者）とサーバーを手当てしておけばよいという投資の問題でもある．しかしそれだけでは十分でなく，大量のクリック履歴のデータ，すなわち，さまざまな検索語句に対して多くのユーザーがどの検索結果（ウェブページ）をクリックしているのかというデータが必要である．たとえば，「ロボット」という検索に対してウェブページ A は 21,000 回，ウェブページ B は 5,000 回，ウェブページ C は 1,000 回クリックされたとすれば，これらのクリック履歴データに基づいて確率モデルを訓練し，検索結果のランキング（すなわち，A, B, C の順位付け）を行う．このモデルの検索アルゴリズムは「クリックモデル」といい，サンプル数が十分であれば非常に精度が高い．クリックモデルは，今日の検索ランキングの重みの少なくとも 60～80% に貢献しており[4]，他の要素よりはるかに重要である．

　このようなクリック履歴データを得るために，各検索エンジンは個々のユーザーが検索するたびにログを記録し，ユーザーのクリック履歴データを収集する．残念なことにクリック履歴データの蓄積は長いプロセスであり，ウェブページのダウンロードのように資金を積んで短期間で達成できることではない．「ピカソの初期作品の紹介」のようなあまり一般的でない検索（ロングテール検索という）では，モデルを訓練する「十分なデータ」の収集に長い時間がかかる．市場占有率の小さい検索エンジンは，検索件数の少ない検索についてそれほど多くのデータを蓄積できていないため，クリックモデルは非常に不正確となる．このことが，マイクロソフトの検索エンジン Bing がグーグルに対

4）検索エンジンによってクリックモデルへの依存度は異なるものの，60% 以上にはなる．

し長く劣勢だった最大の理由である．同様に中国ではバイドゥ（百度）と比較して，ソウゴウ（捜狗），ソウソウ（捜捜），ヨウダオ（有道）の市場占有率はかなり小さく，検索件数が著しく少ないために効果的なクリックモデルの訓練が困難である．このように検索業界では，検索件数が少ないとクリック履歴のデータが不足し，検索の質がますます悪くなるというマタイ効果がはたらく．逆に質のよい検索エンジンは，検索件数が多いために精度も向上していく．

　検索市場への後発参入者も打つ手がないわけではなく，迅速にデータを取得できる手立てはある．最初の方法は，検索履歴の買収である．マイクロソフトがヤフーの検索を引き継いだ後，検索量はグーグルの10％程度から20〜30％へと急上昇した．クリックモデルによるランキングも正確になり，検索の質も急速に向上した．しかしそれだけでは不十分として，検索バー（ツールバー）やブラウザ，さらには入力方法まで含めてユーザーのクリック数を集めるなど，より急進的なアプローチをとる企業もある．これらのアプローチの利点は，自社の検索エンジンを利用したユーザーのクリック履歴データを収集できるだけでなく，ユーザーがほかの検索エンジンを用いた際のクリック履歴データも手に入ることである．たとえばマイクロソフトは，インターネットエクスプローラ・ブラウザを使ってグーグル検索を利用しているユーザーからのクリック履歴を収集している．このように，ブラウザ市場で大きなシェアを獲得している企業であれば，検索量が少なくても大量のデータを収集できる．優れた検索エンジンのクリック履歴データを収集することにより，自社の検索エンジンのロングテール検索の質を急速に改善できる．Bingのやり方はグーグルの検索結果のコピーだとする批判もあったが，実際には直接的なコピーではなく，グーグルの検索結果を借りて自社のクリックモデルを改善するものであった．これは中国市場でも同様で，検索の質の競争はブラウザやほかのクライアントソフトの市場占有率の競争に転化していく．

　データが情報処理に役立つのは検索の質の向上だけでなく，普遍的な意義をもつ．グーグルが大量のデータを，機械翻訳や音声認識の品質向上に活用している例を二つあげよう．

　2005年に起きたある出来事が，世界中の自然言語処に携わる人々に衝撃を与えた．それまで機械翻訳を手掛けてこなかったグーグルが，世界的権威のフランツ・オッホ（Franz Och）を招いて，わずか1年あまりで世界一の機械翻訳

システムを開発し，アメリカ国立標準技術研究所（NIST）の機械翻訳コンテストにおいて同業他社を軽く凌駕したのである．たとえば，アラビア語→英語への翻訳のクローズドテストセットでは，グーグルの機械翻訳システムのBLEUスコア[5]は51.31%で，2位にほぼ5%の差をつけた．この5%の差は5〜10年分の研究の先行に相当する．一方，オープンテストセットでは，グーグルは51.37%を獲得し2位に17%の差をつけており，一世代分先行しているといえるほどだった．中国語→英語への翻訳でも，グーグルのリードは一目瞭然だった．表32・2は，2005年のNIST評価の結果である．

この結果に誰もが驚き，オッホがどのように開発を成功させたのかを知りたがった．彼は世界的権威であり，ドイツのアーヘン工科大学と南カリフォルニア大学ISIラボの2拠点で非常に優れた機械翻訳システムを開発していたが，

表32・2 NISTによる機械翻訳システムの評価結果（2005年）[6]

【アラビア語→英語への翻訳】
クローズドセットデータによる評価

企業・大学など	正答率
グーグル	51.31%
南カリフォルニア大学	46.57%
IBMワトソン研究所	46.46%
メリーランド大学	44.97%
ジョンズ・ホプキンス大学	43.48%
⋮	⋮
システラン	10.79%

オープンセットデータによる評価

企業・大学など	正答率
グーグル	51.37%
SAKHR	34.03%
アメリカ陸軍研究所	22.57%

【中国語→英語への翻訳】
クローズドセットデータによる評価

企業・大学など	正答率
グーグル	35.31%
南カリフォルニア大学	30.73%
メリーランド大学	30.00%
ドイツ アーヘン工科大学	29.37%
ジョンズ・ホプキンス大学−ケンブリッジ大学	28.27%
IBM	25.71%
⋮	⋮
システラン	14.71%

オープンセットデータによる評価

企業・大学など	正答率
グーグル	35.16%
中国科学院	12.93%
ハルビン工業大学	7.97%

5）機械翻訳の質に関する客観的な評価指標で，正確な翻訳であれば50〜60%のスコアが得られる．

6）https://mt-archive.net/05/NIST-2005-results.pdf

グーグルに加わってまだ日も浅かった．彼自身が以前開発したシステムの再実装は可能だが，新しい研究を行う余裕はなかった．NIST の規定では，コンテストの結果が出た後，参加したすべてのグループ間で自身の方法を共有することとされていた．そこで同年の7月にアメリカ バージニア州にある NIST の本部に各グループの研究者が集まって意見交換をしたのだが，グーグルがいかなる秘密兵器をもっているのか，興味津々だった．

オッホの秘密は，当たり前ともいえることだった．彼は2年前に開発したものと同じ6グラムモデルを用いたのだが，モデルを訓練するために他の研究機関の何千倍，何万倍ものデータを使ったのである．N グラムモデルで個々の条件付き確率（パラメータ）を正確に推定するには，十分なデータ量が必要になる．N が大きくなるほど必要なデータ量も多くなるので，当時一般的に N は3以下とされていた．2000 年代以降，一部の研究機関でようやく4グラムモデルを訓練して使用できるようになったが，それがいわば限界だった．データの量が2倍，3倍，10倍としたところで機械翻訳の結果の改善度合いはたかが知れている．しかしオッホは何万倍ものデータを利用した．すると，量的変化の積み重ねが質的変化につながったのである．注目すべきなのは，文法規則を使った機械翻訳に特化したシストランは，機械翻訳に統計学が応用される以前は世界の最先端にいたことである．同社の翻訳システムが，データ駆動型の統計モデルに比べて遅れをとってしまったことは，第2章でも述べた通りである．

もう一つの例は，音声認識に関するものである．ピーター・ノーヴィグ（Peter Norvig）博士によると，1995 年から 2005 年にかけて，音声認識（カジュアルな話し言葉）の誤答率は約 40％から 20〜25％まで大幅に低下し，著しく改善した．3割は方法の改善により，7割は大量のデータに由来するという．2004 年，グーグルは音声認識の世界的なリーディングカンパニーであるニュアンス（Nuance）社の創業者マイケル・コーエン（Michael Cohen）博士を招き，音声認識システムの開発を開始した．彼はただちに十数人の研究者やエンジニアを率い，Google-411 とよばれる電話音声認識システムを開発したが，ニュアンス社の独自システムと比較して，認識率は向上していなかった．従来の研究の観点からは，まったく価値のない開発といえた．しかし，このシステムを無料サービスとして提供することにより，グーグルは多くのユーザーから膨大な音声データを得ることができ，音声認識サービス グーグル・ボイス

図32・2 ノースカロライナ州にあるグーグルのデータセンターでは,写真のキャビネット一つに,アメリカ合衆国議会図書館のテキストコンテンツよりも多くのストレージがある

(Google Voice)を提供するための準備ができたのである.このデータを使って,グーグルは現在世界で最も正確な音声認識サービスを提供している(図32・2).

データは非常に有用なので,より多くの,より完全な,全方位をカバーするデータがあれば,そこから予想外の多くの発見がもたらされるかもしれない.そんな中で,ビッグデータという概念が生まれた.

32・3　ビッグデータは何をもたらすのか

ビッグデータとは何か？　当然データ量が膨大なことは間違いないが,量だけではビッグデータとは呼べない.前節のリテラリー・ダイジェスト誌の世論調査データは小さくないものの,ビッグデータとはみなせない.ビッグデータにおいてさらに重要なのは多様性と完全性であり,この二つが揃うことで,一見関係のなさそうな出来事を結びつけ,物事の全体像を包括的かつ完全に把握できる.具体的な例で説明しよう.

2013年9月,バイドゥは「中国の"食通"な省と都市トップ10」という興味深い統計を発表した.世論調査やさまざまな地域の食生活に関する調査を行ったわけではなく,ただQ&Aサイト「百度知道」上の7,700万件の食品関連の検索からいくつかの結論を「発掘」したのだ.とはいえこれらの結論は,どのよ

うな学術研究よりも，中国のさまざまな地域の食生活を反映しているようにみえる．バイドゥの調査結果を以下でみていこう．

「食べられるもの」についての検索では，福建省，浙江省，広東省，四川省のネットユーザーからは「〇〇虫は食べられるか」という質問が，江蘇省，上海，北京のユーザーからは「〇〇の皮は食べられるか」という質問が最も多い．内モンゴル，新疆，チベットのユーザーは「キノコは食べられるか」を，寧夏自治区のユーザーは「カニは食べられるか」をよく検索していた．寧夏自治区のユーザーが気になる食べ物は，江蘇省や浙江省のカニ好きユーザーにとっては衝撃的だろう．逆に，寧夏自治区のユーザーは「虫けらを食べたい人がいる！」と驚くに違いない．

バイドゥのこの調査はビッグデータの典型的な応用例であり，次のような特徴をもつ．第一に，データ自体が非常に「大きい」．7,700万組の問答は決して少ない数ではない．第二に，データの次元は非常に多様であり，食物がどう調理され，どう食べられるのか，食材，栄養価，価格，地理，質問された地域と時間などとも関連していて（従来のデータベースとは違って）具体的に次元が明示されていない．素人目には，この生データはかなり「ランダム」にみえるが，一見無関係にみえる要素（時間，地域，食品，調理法，食材など）をつなぐのは，まさにこの一見ランダムなデータなのである．この情報をマイニングし，処理し，整理して初めて，異なる地域に住む人々の食生活などの意味のある統計的パターンが現れる．

バイドゥは多くの人が興味を持ちそうな結果を公表しているのであって，求められれば，これらのデータからさらに多くの価値ある統計データを抽出できるだろう．たとえば，年齢や性別，文化的背景が異なる人の食生活（バイドゥユーザーの登録情報が正しいと信頼できるか，あるいは他の手段で確かな年齢情報が得られる前提で），生活習慣が異なる人の食生活（規則正しい生活をしている人，夜型の人，出張が多い人，運動が苦手な人など）を引き出すこともできる．バイドゥのデータが十分な期間蓄積されていれば，経済発展の異なる段階にある地域ごとの食生活の変化さえ明らかにできる．食生活の違いのように一見単純にみえることでも，バイドゥのビッグデータがなければ，実際の情報を得るのは難しい．

ここで，別の疑問が生じるかもしれない．すなわち，「このような統計はとく

に複雑には見えないので，従来の統計的手法でも同様の結果が得られるのではないか」．実のところ，従来の手法ではうまくいかないとまでは言えないが，想像以上に難しい．従来の手法では，これらの統計結果はどのように得られるかを考えてみよう．まず，合理的なアンケートを作成し（これは簡単なことではない），次に，調査のためにさまざまな地域から代表的なサンプルを見つけ（これはギャラップ社が一貫して行ってきたことである），最後に半分手作業でデータを処理・整理しなければならない．これにはコストがかかるだけでなく，ギャラップ社の世論調査同様に，サンプリングの際にすべての要素を考慮に入れることは難しかったことを思い起こしてほしい．いったん統計をとった後に，アンケートの調査項目を追加しなければならなくなった場合，その項目の回答を集めるためだけに，ほぼ同じだけの追加コストが発生する．

　従来の手法が難しい二つ目の理由は，アンケートに回答者の本音が反映されないかもしれないことだ．バイドゥで質問し，回答することに対してはプレッシャーもメリットもない．質問したければ質問し，答えたければそうするだけである．しかしアンケートに記入するとなると，話は別である．ほとんどの人は変な人だとは思われたくないので，「臭豆腐」や「虫」を食べるのが好きだという嗜好はアンケートに回答しないだろう．中国の国営公共放送である中国中央テレビ（CCTV）は，過去の視聴率調査で同様の事態に遭遇した．すなわち，ユーザーが記入した視聴率カードから得られる視聴率と，自動視聴率ボックスから得られる結果がまったく異なっていたのである．視聴率カードの統計では，大物ホストやいわゆる高級番組の視聴率が明らかに実際より高く，ユーザーは無意識に見栄を張っていた．私自身も同様な実験をしたことがある．オバマケア（アメリカの医療保険改革）への支持率についての調査で，SNSのデータによる支持率は，ギャラップ社の結果（41％）よりもはるかに低かった（24％程度）のである．

　ビッグデータの強みはコストや正確さにとどまらず，多次元性（または全方位性）にこそある．従来のコンピュータでは保存・処理できるデータ量が限られていたので，仕事に関連するデータしか収集されず，次元が非常に限られて無関係と思われるものは省略されていた．結果としてデータの利用法も制限される．すなわち，仮説や結論を最初に立ててから，データで検証していたのである．しかし，クラウドコンピューティングの登場により，非常に複雑な関係

性をもつ大量のデータや，ほとんど役に立たないと思われるようなデータでも保存・処理できるようになり，仕事への取り組み方も変化した．すなわち，データを使って結論を検証するだけでなく，先入観をもたずにデータそのものを見て，データそのものから新しい結論が導き出され，新たな法則・パターンが見いだされるようになった．たとえば，百度百科（中国版の Wikipedia）のデータは一見ランダムにみえるが，データ間には多くの内部的なつながりがある．バイドゥのプロダクトマネージャーは，これらのビッグデータから何が導き出せるか検討もつかなかっただろう．しかし，データを解析することで多くの新しいパターンが発見された．バイドゥでは初めてこの結果を目の当たりにしたとき，衝撃を受けたのではないかと思う．

　世の中には，医療や健康など，虫やカニの食べ方よりも大事なことがたくさんある．多くの疾病が遺伝子欠陥と関連していることがわかっているが，遺伝子が働くメカニズムは非常に複雑なので，遺伝子欠陥が特定の疾病を引き起こす可能性があるといっても，それはあくまでも「可能性」である．医学においては，通常は二つのアプローチで遺伝子と疾病の関連を研究する．第一のアプローチは伝統的な手法で，ある一部の遺伝子の機能を実験的に解明し（これは非常に時間のかかる過程で，多くの場合まずショウジョウバエの遺伝子が研究される），その欠陥がもたらしうる生理学的変化を明らかにし，それが疾病を引き起こすか否か，あるいはどのような状況で疾病を引き起こすのかを調べる．たとえば，遺伝子の一部はインスリンの合成に関係しており，これがうまく働かないとグルコースの代謝の乱れを引き起こし，ある条件下で糖尿病の引き金になりうる．こうして初めて，「遺伝子の特定の部分に欠陥があると糖尿病になる可能性がある」という結論に至る．「可能性がある」という言葉を多く用いているが，可能性が高いか低いかについてははっきりと言えない．さらに，この方法で遺伝子と疾病の因果関係を見つけることはたいへん難しい．要するに，時間とコストがかかるのである．世界中の研究者は，喫煙と多くの疾病との因果関係を明らかにするのに何十年も費やしてきたが，1990年代後半までは大手たばこ会社は法的な罰則を免れてきた．

　第二のアプローチでは，データの統計を用いる．この手法では先のアプローチとは逆に，まずデータから遺伝的欠陥と疾病の統計的相関関係を見つけ，その本質的な原因を解析する．ここでは，遺伝的欠陥と糖尿病の関係を調べる例

をあげよう．特定部分の遺伝的欠陥と糖尿病の発生率との関係だけに着目し，条件付き確率に基づいてこの欠陥が糖尿病を引き起こす可能性を計算する．方法は以下の通りである．

事象 A を「特定の遺伝子に欠陥があること」，事象 B を「糖尿病の発症」とする．このとき，特定の遺伝子に欠陥のある人が糖尿病を発症する条件付き確率は

$$p(B|A) = p(AB)/p(A) \approx \#(AB)/\#(A) \qquad (32 \cdot 2)$$

となる．ここで $\#()$ はサンプル数を表す．

この計算は非常に単純なようで，ビッグデータ時代以前はかなり困難だった．

まず $\#(AB)$ を得るにあたって，遺伝的欠陥と糖尿病とを結びつける事例が少なく，データが小さすぎた．アメリカでは数千人の糖尿病患者を抱える病院は少ない上，そのうち遺伝データを病院のデータベースに保管している例は5％程度にとどまっていただろう．この時点で，データは数十人から数百人分しかない上に，その半分は遺伝的欠陥とは無関係であり，信頼性の高い統計的パターンを得るにはデータが少なすぎる．

次に (32・2) 式の分母の $\#(A)$ については，この遺伝的欠陥を持つ人が何人いるのかを正確に知る方法がなく，データを得るすべがなかった．ビッグデータ時代以前は，このように一見単純なことさえできなかったのである．アメリカ司法省は 1990 年代末に，たばこ会社を起訴するに当たって専門家を中国に派遣して，データを収集した．アメリカ国内の喫煙者のデータだけではサンプル数が足りないと考えたためである．

ヒトの遺伝子と疾病の関係を研究する上で難しいのは，そもそも欠陥を持ちうる遺伝子をどのように見つけるかという点である．ヒトの完全な遺伝子データは，非常に大きなサイズである．中国の遺伝子解析企業 BGI（華大基因）の創設者 楊煥明（Yang, Huanming）博士によれば，データ量は想像を絶し，ペタバイト（10^{15} バイトつまり 100 万ギガバイト）のオーダーだという[7]．データ

---

7) ここには人体内に生息する細菌の遺伝情報も含まれる．細菌の生息と，人間の健康のあいだに成り立つ平衡と，疾病の間には関係があるためである．

の大きさでは，ヒトの遺伝子情報は「百度知道」データ量を超えるかもしれない．もっとも一人の遺伝子に着目する限りは，遺伝子の一部に欠陥があるか否かは知りようがない．数人や十数人の遺伝子を見ても，個々人の遺伝子は多少異なる上，異なった部分が欠陥だとただちに判断できるわけではない．欠陥かもしれない部分を特定するには，少なくとも何千，何万人もの遺伝子データが必要になる．クラウドコンピューティングが登場する以前は，これだけの量のデータを扱うのは困難であった．

多くの人の遺伝子データを収集するのは過去にも大きな問題となっており，難しいが，幸い解決策はある．アメリカには23andMeという企業があり，興味深いサービスを展開している．同社は，100ドル（病院でのDNA検査のように2,000〜5,000ドルもしない）で個人の唾液を採取し，遺伝子を大まかに「解読」し，さまざまな疾病について将来発症する確率を「大まかに」レポートするサービスを始めたのである．この遺伝子解読サービスは，前述のBGIの遺伝子全体マッピングとは異なるが，比較的簡単な遺伝子解析とはいえ100ドルではとてもできなかった．23andMe社はこの方法で多くの遺伝子提供者を集めた．多くの遺伝子情報を持つことで，どの遺伝子セグメントが正常で，どの遺伝子セグメントに「欠陥の可能性」があるかを見分けられ，遺伝子を提供する人ごとに持ちうる遺伝子欠陥をリストアップできる．また，それぞれの遺伝子欠陥の生じる確率，すなわち（32・2）式の$p(A)$を得ることもできる．

23andMe社や同業他社（グーグルのヘルスケア研究部門を含む）は，遺伝子欠陥と疾病の関連づけも行っている．これらのデータは研究機関や病院から取得する必要がある．これまで，各病院が持つデータは非常に限られていたが，大小問わず数千数万もの病院のデータを集めれば[8]，疾病の発症と遺伝的欠陥が同時に起こる確率$p(AB)$を推定でき，特定の遺伝的欠陥が疾病を引き起こす確率を算出できる．将来的にはビッグデータを使って，遺伝子検査によって各自の将来の健康状態を正確に知り，疾病を効果的に予防できるようになるだろう．

---

8) これらの病院が一部とはいえデータを第三者と共有するだろうかと疑問に思うかもしれない．しかし，これらの病院は自分たちのデータだけでは十分でなく，説得力のある結論を導き出せないという認識がある．大規模な病院はデータを公開することには消極的であり，データの分析を院内で行っている．

医療・ヘルスケア業界の例をあげたのは，IT 業界以外でビッグデータへの取り組みに最も熱心だからである．グーグルも私自身もこの業界をたいへん注視しており，例としてあげやすかったが，ビッグデータの応用がこの二つの業界に絞られているわけでは決してない．

医療・ヘルスケア産業はアメリカ最大の産業で，2013 年，アメリカの国内総生産（GDP）の約 15% を占めた．コストが下がらなければ，その割合は約 20% まで上昇しただろう．この業界ではかつて，医師は日常的にデータ（各種化学検査の結果や指標）を扱ってきたが，残念ながら過去 50〜60 年もの間，医用画像などの技術を除いて，医師が IT を活用して医療を改善しようとするインセンティブは十分ではなかった．しかしここ 10 年 20 年で，状況は変わってきた．医療・ヘルスケア業界はビッグデータを使って課題を解決しようと，IT 業界に積極的にアプローチするようになったのである．別の側面からビッグデータの重要性が見え，医療・ヘルスケア業界に予想外の驚きをもたらしている．2012 年，アメリカのメディアで医療における二つのビッグデータ活用事例が報道されたことは，このことをよく示している．

一つ目は，ある女子高生の活躍に関する話である．彼女は 2012 年に，ビッグデータを活用して乳がん検査の生検位置の精度を大幅に向上させた．乳がんの可能性がある患者は，生検すなわち特殊な針をがんと疑わしい部位に刺して細胞を取り出し，がん細胞があるか検査することが必要になる．生検の精度は穿刺部位に完全に依存しているため，穿刺部位が正確でなければがん細胞があっても検出されない．この精度は医師の経験にかかっているが，アメリカでは医師がキャリアのうちにこの症例に関わるのは数百例程度しかなく，経験の蓄積が遅々として進んでいなかった．また，経験豊富な医師でさえ，毎日同じ精度を保つことは難しい．医師の情緒の変動が判断の精度に影響するからである．彼女はどのように貢献したのかというと，数百万件もの症例の統計をとり，レントゲンや CT 画像から疑わしい部位を検出するプログラムを書き，98% の精度を達成したのである．これは，従来の経験に頼る方法よりもはるかに優れた値である．彼女が用いた数百万件の症例データは，情報処理の実務家にとっては大した量のデータでないかもしれないが，医療業界の人々にとっては膨大な量であった．彼女の研究成果は，その年のグーグル・テック・コンテストで 1 位を獲得した．

二つ目は，マイクロソフトにおけるビッグデータの活用の話である．保険会社は多くの救急患者が，退院後まもなく再び救急患者として再入院していることを見いだした．アメリカの救急医療費は高額で，保険会社・患者本人ともに大きな負担となっている．そこで，保険会社と病院が共同で患者の情報を大量に集め，それをビッグデータを扱うマイクロソフトの研究者やエンジニアに提供して，原因や統計的なパターンの解析を依頼した．マイクロソフトの研究者らは，機械学習を用いて数万の特徴を抽出・解析した．その結果，患者が最初に緊急救命室（ER）にかつぎ込まれたときに点滴を受けた場合（アメリカでは特に必要でない限り，病院が点滴をすることは少ない），数週間後に再びERにかつぎ込まれる可能性が非常に高いことがわかった．これは初回の病状が非常に悪いためと考えられる．このほかにも重要な特徴がいくつも見つかった．そこでこれらの特徴をもつ患者に対して，退院後も定期的なフォローアップを行って注意しておくことで，ERに再入院する可能性を大幅に減らすことができた．そして，医療費の大幅な削減につながった．何万もの特徴をもつ数理モデルの学習には，多次元のビッグデータが不可欠なのである．

　ビッグデータを医療に応用する研究は大学や企業の研究室でさらに増えているが，非常に興味深い研究に，ビッグデータの「薬の処方」への活用がある．スタンフォード大学計算生物学研究センターでは，ビッグデータを用いて何千もの医薬と何千もの状態を対応させ，心臓病の治療薬が胃の症状改善にも効果があることを発見した．このような研究を通して，多くの疾病に対して新しい治療法が，新薬の開発よりもはるかに低コストかつ短期間で見いだされるようになった．

　最後に，ビッグデータを活用することで，われわれ一人一人に恩恵をもたらすような心躍るエピソードを紹介しよう．

　2013年，医療問題をITで解決することを目指して，グーグルはキャリコ社を設立し，著名なバイオ医薬品の専門家で，ジェネンテック社の元最高経営責任者（CEO）レビンソン（Arthur D. Levinson）博士を招いて，この創造性を要する仕事を委ねた．アップルとジェネンテックという二つの有名企業の取締役会長を務めたレビンソン博士や彼のもと同僚らは，なぜ医療やバイオ医薬品を扱った経験のないIT企業に参じて，医療問題に取り組むのだろうか？　それは，これからの時代はデータが支配すると信じているからだ．がんの治療や老

化防止など，医学には従来の手法では解決できない難問が少なくない．これら
の課題の解決にこそ，ビッグデータ関連の技術の出番があると信じているので
ある．

　レビンソン博士は，人間が現在もがんを克服できていない理由は大きく二つ
あると述べている．第一に，薬効は患者の遺伝情報と密接に関連していること．
したがって，遺伝子の異なる人，すなわち患者一人一人に合わせた薬の設計が
必要になる．このアイデアはよいが，コストが問題となる．彼の試算では，各
患者に合わせた抗がん剤開発には，従来手法では10億ドルのコストがかかる
としており，これでは普及は困難である．第二に，がん細胞の遺伝子そのもの
が常に変化していることである．最初はよく効く抗がん剤を使って速やかに治
療できていたのに，効き目が急速に落ちた結果，がんが再発して制御できなく
なることがよく起こる．がん細胞の遺伝子が変化して，もとのがん細胞とは異
なるものとなり，抗がん剤が効かなくなってしまうのである．レビンソン博士
によれば，一人一人に合わせた抗がん剤を開発できたとしても，現在の開発速
度ではがん細胞の変化に追いつかないことが最大の問題だという．この二つの
問題（一人一人に合わせた，細胞の遺伝子変化よりも速やかな抗がん剤開発）
に対処するには，個人によらない共通する部分をビッグデータの統計に頼るこ
とで，新薬を開発するための実験回数を抑え，かつ臨床試験を行う前に必要な
動物実験を少ない回数ですませることが重要であるという．最終的にレビンソ
ン博士は，患者一人当たりのコストを5,000ドル以下に抑え，患者に合わせた
医薬を提供できるのではないかと考えている．また，大部分の工程を共有でき
るため，医薬の改良サイクルを短縮することができ，がん細胞の変化よりも早
く医薬を開発できるがん治療法が期待できるという．

　レビンソン博士らは，グーグルのプラットフォームを利用してアメリカ全土
の医療資源を統合し，人間の延命という，数千年にわたる汎世界的な難題を解
決しようと試みており，世界中に福音をもたらすことを望んでいる．

　これらの事例からわかるように，ビッグデータは情報産業にとどまらず，さ
まざまな産業に重大な影響を与えることがわかる．ビッグデータの重要性につ
いてまとめよう．第一に，ランダムな事象の組み合わせが何度も出現して初め
て，有意義な統計結果が得られること．第二に，ビッグデータの収集は自然な
過程であり，主観的なバイアスを排除しやすくすること．そしてさらに重要な

こととして，多次元のビッグデータのみが一見関連がなさそうに見える事象の間のつながりを見いだせ，新たなパターンの発見を可能にすること．最後に，医療・ヘルスケアなど，IT 以外の業界における難題を解決しうるカギとなることである．

■ ま と め

　データの重要性は以前から認識されていたが，ストレージや計算条件の制約から，データ量が十分ならばよいと考えられていた．情報技術の発展によって，データの計算や保存の制約がなくなり，超大容量のデータがこれまで想像もつかないような驚きをもたらすことが明らかになり，ビッグデータの台頭が始まった．

　未来の世界では，人々の生活はますますデータに密着し，データの収集・加工を中心とした多くの仕事が生まれるだろう．データの処理と活用法を身につけた人が，この新しい時代に成功していくのである．広くいえば，どんな分野でどんな仕事に就いても，データの重要性を理解して仕事に活かせる人は成功する可能性が高くなる．

参考文献

1. 盛骤・谢式千・潘承毅，"概率论与数理统计（確率論と数理統計）第 4 版"．高等教育出版社（2010）．
2. T. Brants, A.C. Popat, P. Xu, F. J. Och, J. Dean, "Large Language Models in Machine Translation", Proceedings of the 2007 EMNLP-CoNLL, 858–867 (2007).

33

量子暗号はなぜ
絶対に破られないのか

　われわれは毎日データを扱っており，データの安全性は非常に重要である．これまでに絶対的な情報セキュリティは実現しておらず，データ流出もときどき起こっている．

　データ漏洩が起こりうる状況は二つある．一つはデータが格納されている場所で盗まれる場合，もう一つはデータ転送中に横取りされる場合だ．これらの問題を解決するには，データを暗号化することが最善の方法となる．理論的には現在使用されているすべての暗号アルゴリズムは，いずれ解読される可能性があり，これは時間の問題である．それでは，解読できないパスワードはあるのだろうか．じつは情報理論の創始者シャノンはすでに，送受信共通の使い捨ての暗号化鍵を使用する「ワンタイムパッド」[*1]という暗号化が理論的には永遠に安全であると指摘している．しかし，通信でこの仕組みを利用するには，「情報の送信者と受信者がこの1回限りのパスワードを同時に取得する」という根本的な問題を解決しなければならない．送信者から受信者へパスワードを送信する際，その情報が漏れてしまうことが起こりえるとすれば，情報を暗号化したところで漏洩を防ぐことはできない．ところが近年非常に注目されている量子通信は，暗号化鍵の安全な伝送を実現し，秘密通信を解読不能にできる．

　量子通信の概念は量子力学における量子もつれを基礎としているが，現在実現している実験的な量子通信鍵配布方法は，実際には量子もつれとは何の関係

＊　訳注1：ワンタイムパッドとは，送信側・受信側であらかじめ共通の暗号化鍵となる乱数を共有しておく暗号化で，その暗号化鍵は1回使用したら使い捨てる．

もなく，（光）量子のもう一つの特性，つまり観測によりその状態が変化することを応用している．量子鍵配送（quantum key distribution, QKD）のメカニズムの背後にあるのは，数学上のランダム性の役割である．以下，量子鍵配送の物理学原理と数学原理から説き起こして，ホットな話題である量子鍵配送の技術を紹介しよう．

33・1　量子鍵配送：光子の偏光方向を用いた情報伝達

今日の量子通信は特殊なレーザー通信である．従来のレーザー通信とは異なり，振動するレーザー光の上に情報を乗せるのではなく，光子の特性を利用して情報を符号化し，直接情報を伝達する．

光子は粒子であり波であり，その伝播方向は振動方向に垂直である（図33・1）．これがアインシュタインが指摘した光の波動と粒子の二重性である．光は波なので，たとえばその周波数や偏光の方向を人為的に制御できる．したがって，レーザー振動の周波数制御は，レーザー通信として情報伝達に応用されている．一方，量子鍵配送は光子の偏光特性を利用している．

写真撮影が趣味なら，カメラの前に偏光フィルター（偏光ミラーともよばれる）を取り付けて回転させると，反射をフィルタリングできることを知っているだろう．このようなことができるのはなぜだろうか？　偏光フィルターを拡大してみると，その動作原理がわかる．偏光フィルターを拡大すると，回折格子が見えるはずである．光の振動方向と回折格子が平行であれば光は遮られずに通過するが，光の振動の方向と回折格子が垂直であれば，図33・2に示すよ

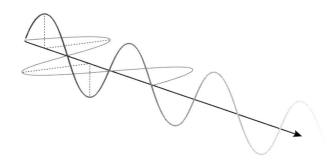

図33・1　光の伝わる方向と振動方向は互いに垂直である

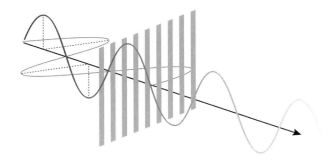

図 33・2 回折格子方向と平行な偏光のみが偏光フィルターを通過できる

うに光線は遮られる．

　この特性を利用して，送信側で光の偏光方向を変調して情報を送信することができる．たとえば，光の偏光方向を水平にしたときの情報を 0，垂直にしたときの情報を 1 とする．受信側で垂直偏光板を用いると，垂直振動した光子だけが伝達され，情報が検出される．このとき受信側は，送信側から送られてきた情報を 1 と認識する．もし水平振動の光子が送られたならば，回折格子に遮られて信号を受け取ることができず，伝達された情報は 0 と認識する．無論このやり方は，十分に信頼のおける方法とは言い切れない．信号が受信されない場合，相手が送信していないのか，情報 0 を送信してきたのかが確認できない．したがって，受信側で回折格子が十字に交差するフィルターを用いて，垂直と水平の信号をすべて通過させて検出すると，情報 0 か未送信かを区別できる．

　レーザー光子の偏光方向は任意に変調でき，必ずしも水平または垂直にする必要はない．0°以外の偏光をもつ光子は水平の回折格子を通過できるだろうか．これは，通過できるとも通過できないとも言い切れない．たとえば，送信者が偏光方向 45°の光子を送ったとき，垂直の回折格子を通過して検出される可能性があり，そうなれば情報 1 が送信されたと考えるだろう．同時に遮られる可能性もあり，そのとき情報は 0 と考えるだろう．情報 1 が検出される確率も，情報 0 が検出される確率もいずれも 50%である．同様に送信者が偏光方向 135°の光子を送った場合も，フィルターを通過して情報 1 として受信されうるし，通過せず情報 0 として認識されることもある．つまり，送信者が 45°と 135°の偏光方向で情報を送信する場合，垂直と水平の偏光フィルターを用いて

受信すると，この二つの情報を区別できないことになる．受信した結果は0にも1にもなりうるわけで，受信した情報は完全にランダムになる．

通常はランダムであることは好ましいことではないが，量子鍵配送のプロトコルはこの性質を巧みに利用して設計され，通信の安全を保証している．次に，その原理について説明しよう．

33・2　ランダム性を巧みに使う

前節で述べたように，送信される光子の偏光方向が垂直または水平の二方向で，受信者の偏光フィルターもどちらか二方向であるならば，受信者は送信された情報を正確に受信できる．しかし，送信される光子の偏光方向が45°または135°であり，受信側の偏光フィルターがもとのまま（垂直/水平）の場合，受信するのは完全にランダムな情報になる．この特性を，鍵を配送するのに活用できる．具体的な方法は以下の通りである．

まず，送信者と受信者は二組の情報符号化方式を決めておく．一組は垂直偏光で1を，水平偏光で0を表すとし，もう一組はそれぞれ45°と135°の偏光で1と0を表すとする．

次に，送信者がどちらの符号化方式を採用するかという選択は完全にランダムとし，受信者には伝えない．受信者は自分の推測に基づいて垂直/水平か

表33・1　送信される情報と対応する符号化方式，偏光方向

送信番号	情報	送信側の符号化方式	偏光方向
1	0	+	→
2	1	×	↗
3	0	×	↖
4	0	×	↖
5	1	+	↑
6	1	+	↑
7	0	×	↖
8	1	+	↑
9	1	+	↑
10	0	×	↖

表33・2　受信者が選択した偏光方式と送信者との一致状況

送信番号	受信側の偏光方式	送信者との一致/不一致
1	+	一致
2	+	不一致
3	×	一致
4	+	不一致
5	+	一致
6	×	不一致
7	×	一致
8	×	不一致
9	+	一致
10	×	一致

45°/135°か，どちらかの偏光フィルターを選択する．送信される情報と送信方法の対応を表33・1に示す．

表33・1では符号化方式を＋と×で表しており，それぞれ垂直/水平および45°/135°の偏光方式を意味する．情報を送信信号に変える際には，この二つの偏光変調をランダムに採用する．受信者は，送信者がどの偏光方式を採用したか不明なので，偏光フィルターを適当に選択して受信する．受信者が推測し，受信した結果を表33・2の通りとしよう．

この例では，受信者の選択した偏光方式が送信側と6回は一致しているが，4回は一致していない．送信者・受信者で選択した偏光方式が一致すれば，情報は表33・3に示すように正しく受信できる．しかし一致していない場合は正しく受信できない可能性がある．受信した情報が，表33・3に示す通りだとしよう．

4番目と6番目の情報は間違って受信され（【 】で囲まれている），2番目と8番目の偏光方式は一致していないが，情報は正しく復号されている．一般的には，送信側と受信側の偏光方式が一致していれば，復号後に得られる情報と送信された情報は100％一致する．したがって，送信情報のおよそ50％は正しく受信される．また，送信側と受信側の偏光方式が一致してない場合も，そのうちの50％程度の情報は正しく復号される．つまり，受信側が二つの偏光フィルターを任意に選択しても，最終的に得られる情報のおよそ50％×100％＋

表33・3　受信者が得た情報

送信番号	受信側の偏光方式	検出した偏光方向	解読結果
1	＋	→	0
2	＋	↑	1
3	×	↖	0
4	＋	↑	【1】
5	＋	↑	1
6	×	↖	【0】
7	×	↖	0
8	×	↗	1
9	＋	↑	1
10	×	↖	0

33. 量子暗号はなぜ絶対に破られないのか　　327

$50\% \times 50\% = 75\%$ については送信されたものと一致するわけで，誤受信率は約 25% となる．

　ここで，送信中に情報が傍受されたらどうなるだろうか．ここでも，傍受者の選択した偏光フィルターが送信側と一致しない場合，0 を受信するか 1 を受信するかは完全にランダムであり，傍受者の得る情報は，先に述べた受信者同様，送信者の情報と 75% 一致しうる．ここで，傍受者が本来の受信者にこの情報を転送すると，本来の受信者が得る情報は傍受者の送信した情報と 75% 一致するので，$75\% \times 75\% = 56.25\%$ のみ送信者の情報と一致することになる．受信した情報を受信者が送信者に確認し，情報の 56.25% しか一致していないことがわかれば，情報が何者かに傍受されていることを見破れるのである．その際は，通信の中止や他の経路で再通信するなどの対策をとる．それではたまたま，傍受者が 75% 以上の一致度で情報を傍受でき，本来の受信者が得た情報と送信情報の一致度が 75% を超えることはないのだろうか．この可能性は，完全に排除できるとはいえないが，きわめて小さい．たとえば，送信された情報が 1,000 ビット（これは暗号化された鍵にとってそれほど長くない情報である）であれば，傍受者によって一度転送された後も受信者と送信者の情報が 75% 一致する確率は 10^{-35} 程度であり，この確率はある個人の銀行口座番号とパスワードを同時に当てる確率よりもはるかに小さい[1]．

　このように，量子状態の不確定性を用いて，情報の通信経路が安全か否か完全に把握できる．次に，受信結果の不確定性を解消して，双方の通信鍵を特定する必要がある．このステップは非常に簡単で，送信者が選択した偏光方式（基底とよぶ）を平文（暗号化を施さないこと）で伝えればすむ．こうして，受信者は基底がどの送信番号で送信者と（偶然）一致した基底を採用していたか，あるいは異なっていたかを分別し，発信者に対して再度平文で基底の一致した送信番号を返答すればよい．そして，その送信番号の信号を通信鍵とする．表 33・1 と表 33・2 の例では，第 1，3，5，7，9，10 番の基底が一致しているので，対応する信号をそのまま鍵に用いる（表 33・4）．こうして，不確定な情報から確定な情報へ変換される．

---

1) この確率は典型的な二項分布に従うので，ヘフディングの不等式から，一致する確率は 10^{-35} より小さいと計算できる．

表 33・4 　送受信の双方で設定された偏光方式（基底）を比較して，鍵を決定する

送信番号	送信側の基底	受信側の基底	基底の一致	通信鍵
1	+	+	一致	0
2	×	+	不一致	
3	×	×	一致	0
4	×	+	不一致	
5	+	+	一致	1
6	+	×	不一致	
7	×	×	一致	0
8	+	×	不一致	
9	+	+	一致	1
10	×	×	一致	0

　通信鍵を決める通信は暗号化せずに行われるが，安全なのだろうか．傍受者が鍵として 1，3，5，7，9，10 ビット目の情報を選んだことを知ったとしても，これらの情報が何かわからない以上，安全である．

　上述の通信プロトコルは，チャールズ・ベネット（Charles Bennett）とジル・ブラッサール（Gilles Brassard）が 1984 年に発表したものである．二人の頭文字をとって BB84 プロトコルとよばれている．後に BB84 プロトコルも改善されたり，他のプロトコルが検討されたりしたが，暗号化と通信の原理に本質的な変化はない．

　このプロトコルで通信する場合，送信者と受信者は数回の通信を通じて互いに鍵を確認するが，この鍵は基本的にワンタイムパッドである．通信を続けるには，新しい鍵を再生成して確認する必要がある．したがって，このアプローチは，実際にはある程度時間を費やして通信の安全性を確保しているといえる．このプロトコルが提案されて最初の十数年の間，この技術にとくに需要はなかった．ワンタイムパッドを生成するための通信に時間がかかり，効率が悪かったからである．しかし，2001 年からアメリカ，EU，スイス，日本，中国で量子通信の研究が始まった．

　通信距離は，初期は 10 キロメートル前後であったが，今日では 1,000 キロメートル以上まで発展し，最新の記録は中国科学技術大学の潘建偉（Pan，

Jianwei) 教授をはじめとするチームによるものである[2],[*2]. 2019 年 1 月, アメリカ科学振興協会 (AAAS) は, 2018 年ニューカム・クリーブランド賞を潘建偉教授が率いる「墨子号」量子通信科学研究チームに授与し, この分野への貢献を表彰した. クリーブランド賞は, 著名なサイエンス (*Science*) 誌のいわば年間賞である. 同協会はアメリカ最大の科学協会であり, 工学界における IEEE と同格で, 毎年, 前年にサイエンス誌に掲載された論文の中で最も重要な研究成果を選出し, 賞を授与する. この賞が設立されて 90 年以上経つが, 中国の科学者が中国本土で行った科学研究の成果による初の受賞であり, 非常に喜ばしい.

とはいえ, 量子通信は多くのメディアが言うほどに万能だというわけでは決してない. 通信衛星がハッカーに攻撃されたり, 通信用光ファイバーが途中で破壊されたりしたら, 送信者および受信者の双方は情報を傍受されていることに気づき, 秘密情報の送信を中断できるが, 情報機関が傍受者を確保しない限り通信を再開することはできない. また, 今日では数千キロメートルのオーダーで量子鍵配送を実現できるが, 量子通信は実験から実証そして商用にいたるまで, まだ道のりは遠い.

■ ま と め

量子通信は量子もつれによって通信を実現するのではなく, 光子の偏光特性によって情報を保持し, 数学と情報理論の基本原理によってその秘密性を保証するものである. 数学的には, 「暗号配送の過程で秘密が漏洩していないかを, 誤受信率を測定して判断できる」という, 不確定性がもたらすメリットを利用している. この方法は, 暗号化という「陰謀」にみえることを「共謀」に変えた. 情報理論の面では, かつてシャノンはワンタイムパッドについて, 永遠に安全という方向性を示した. 量子通信はその延長上にあり, 現在の公開鍵方式よりも安全な暗号化方法になりうる.

---

2) J. Yin, Y. Cao, J.-W. Pan *et al.*, "Satellite-based entanglement distribution over 1200 kilometers", *Science*, **356** (6343), 1140–1144 (2017).

* 訳注 2: 本章 (第 33 章) は本書第 3 版刊行時に新たに追加された章である. 原著第 3 版は 2020 年に刊行されており, 刊行当時の最新の状況と考えられる. なお 2) の論文は 2022 年ノーベル物理学賞の授賞対象となった「量子もつれ」においても, 授賞理由として引用されている.

34

数学の限界

ヒルベルトの第10の問題と
人工知能の限界

　コンピュータが知的な問題の解決に使われつつある今日において，人工知能に対する認識は，懐疑から迷信へと向かっている．人工知能の背後にある技術を知らない人は，コンピュータの能力を誇大に妄信し，一部の専門家でさえ眩惑されて，そこに数学からくる限界があることを忘れている．この限界は，物理学における光速による限界や絶対零度による限界のように，根本的なレベルで人工知能の能力を制限している．この限界は技術とは無関係で，数学そのものに由来するのである．具体的には，今日まで使用されているコンピュータには，チューリングとヒルベルトがそれぞれ定めた二つの超えられない限界がある．

34・1　チューリングが引いた計算可能性の境界

　チューリング博士はある意味，神のような存在である．20世紀においてアインシュタインと対等に語られる頭脳は，彼とフォン・ノイマンの二人くらいだろう（19世紀から20世紀にかけてとするなら，ヒルベルトも加えられるかもしれない）．もっとも，知能においてノイマンはアインシュタインをも上回っていたとされるが．彼らは常人を超越したところがあり，根底から問題を考える．自らを宇宙の外に置き，すべての問題の境界を明確に捉えるのである．ひるがえって常人は，具体的な問題から出発して，ますます複雑になっている問題を少しずつ解決していく．速度を例にとれば，馬車から車，飛行機そしてロケットとますます速くなる．将来の技術をもってしても，ロケットの速度が光速を超えられないとなぜ言えるのだろうか，と考える．アインシュタインは，光速が宇宙の極限速度であると規定し，光速を超えることを心配して空想する

34. 数学の限界　　331

よりも，光速までの範囲で何かをしようと直接訴えかけた．半導体産業に携わっている人たちは，後者の考えを受け継ぎ，境界の範囲で（1965年にムーアの法則が提案されてから）50年以上集積回路の性能を絶えず改善してきた．その成果は，境界を突破しようとする人たちとは比べものにならないくらい堅固である．

人工知能も同様で，今日の能力を持つに至ったのは，ビッグデータ，ムーアの法則，数理モデルという人工知能のための正しい三つの柱が備わったことによる．これまでの章でわれわれが見てきたものは，数理モデルの一部にすぎない．これらの数理モデルにより実際の問題が計算問題に置き換えられたが，本質的に数学の問題であって，コンピュータで計算できるという前提がそこにはある．しかし，コンピュータ科学者たちがこれらの問題の数学的本質をつぎつぎと明らかにすると，一方で，数学では解決できない問題も解決できると妄想し，本質的に解決できない，または解決する必要もない問題を解くのに時間を浪費する人も出てくるだろう．そのような様子をコンピュータ科学の門外漢がみれば，機械が人を制御するのでは，と不安を覚えることもあるだろう．専門知識をもたない素人目には，このような杞憂が生じるのはやむを得ない．しかしこの業界に携わる人が，この道理を理解できないとすれば問題である．大多数の常人の思考は遅々としか進まないので，大きな構図を見極めるのは難しいのだが．

図34・1に個人の一般的な知識の発展プロセスを示す．小学校の段階で最も重要な基礎知識（中心の円）をマスターした後，中学・高校でさらに多くの基礎知識（二周目の円）を学ぶ．大学では特定の方向の知識を大幅に増やし，知識の境界（三周目の円）を広げる．ここまでの知識は先人の経験に基づくのだ

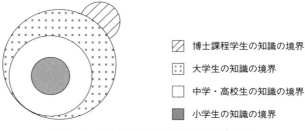

図34・1　個人の一般的な知識の発展プロセス

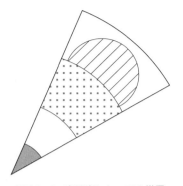
図 34・2 専門家にとっての世界

図 34・3 知の世界の真の境界

が，博士課程の段階（または専門職に就いた後）では先人の経験の及ばない知識を生み出す．ここはもとの境界を越えて突出した部分である．この部分を際立たせるために図中では大きく描いているが，実際には目立たないこぶくらいだろう．

　これに対し，多くの博士課程の学生や成果をあげた専門家からみた知識の境界は図 34・2 の通りである．自分の研究している分野が人類の知識の中心にあり，特に比重が大きい．知識の境界内の大部分がすでに認識できているか，あるいは境界について見通しがたっており，後は研究を推し進めて空白部分を埋めていけば，扇形の境界の中をすべて把握できる．相対性理論が提案される前は，人々の物理学に対する見方はこのようなものだった．

　しかし悲しいかな，知の世界の真の境界は，図 34・3 の通りなのである．

　知識へのわれわれの貢献は，この巨大な空間に点を加えることにすぎないかもしれない．この境界の中には未知の領域がたくさんあり，われわれにとっては依然として虚空である．そして境界外の虚空はもっと大きい．

　アラン・チューリングは，常人とは正反対の方向に問題を考えた．彼はまず計算可能な境界，すなわちその範囲内であれば計算で解けるという境界を定めた．その境界の外にも問題はあるが，それらは計算によって解決できない以上，考えないとした．境界内の問題がどのように解決できるかについてはチューリングも当時明らかでないとして，後世にその解決をゆだねた．彼は境界を定めて，境界内の問題へアプローチする方法を提供した．境界を設定することで，

34. 数学の限界　　333

後世の人がその外の問題を解こうという無意味な取り組みに時間を浪費しないですむようにしたのである.

　では,チューリングの設定した境界とは何だろう.その考え方を知るには,1930年代半ばまでさかのぼらねばならない.チューリングは三つの根本的な問題を考えた.第一に,世界中のすべての数学的な問題に明確な答えがあるか.第二に,問題に答えがあるならば,有限ステップの計算によってその答えを得ることができるか.逆に答えがないとすれば,有限ステップの推論によってそのことを証明できるか.第三に,有限ステップで計算できる数学的な問題に対し,動作させて最後に止まったときに問題を解決できているような機械は存在するか.

　チューリングには精神的支柱となる指導者が二人いた.一人はフォン・ノイマンで,彼はプリンストン大学でチューリングを指導した.もう一人は少し前の世代の大数学者ヒルベルトである.チューリングは,計算可能性の問題を考えるにあたって,フォン・ノイマンが書いた量子力学を紹介する著書『量子力学の数学的基礎(Mathematical Foundations of Quantum Mechanics)』を読んで啓発されたという.そして,計算は確定性をもつ機械的運動に対応し,人間の意識は正確に測定できない原理に由来するかもしれないと考えるに至ったという.チューリングは,計算がもつこのような確定性を重要と考え,今日のコンピュータが同じ条件で計算した結果に再現性があることを保証した.一方で,人間の意識については確定性がなく,計算の範疇に入らないと考えた.チューリングの考える通りならば,全宇宙は数学的な問題以外の問題で満ちていることになる.実際,チューリングと同時代の数学者ゲーデルは,1930年に,数学は完備でも無矛盾でもないことを証明した.すなわち,真であっても数学的に証明できない命題があることを示したのである.これはゲーデルの不完全性定理とよばれ,数学的な方法が万能ではないことを示している.

　ゲーデルの述べていることはやや複雑で理解しづらいと思うだろうが,結論については感覚として理解できるだろう.毎日のニュースで,そうそう引っかかるはずのないペテンにだまされる人が後を絶たないことを耳にする.しかも,何百年も同じことを繰り返している.詐欺師の思惑にのってしまうと,詐欺を見破ることはできないのである.だまされる人々の心のうちにある問題は合理的な論理で解決できるわけではなく,そもそもその問題は数学的な問題で

334

はない．フロイトが提起した多くの問題も，数理モデルではまったく解決できない．数学がすべてではないことを認めなければならない．

では，解決すべき問題を数学の問題そのものに限れば，それらすべてに明確な答えがあるのだろうか．現在，多くの数学の問題に明確な答えがないことがわかっている．たとえば，n を3以上の自然数として $x^n + y^n = z^n$ を満たす正の整数 x, y, z のセットは存在しない．この問題はフェルマーの最終定理として有名で，この定理自体は1994年にイギリスの著名な数学者ワイルズ（Andrew Wiles）によって，そのような解は存在しないことが証明された．これはもちろん立派な答えである．しかし，いまだに答えがあるかどうかわからない問題があるのではないだろうか．もしあるとすれば，計算によっては解決できない．その点でチューリングにヒントを与えたのはヒルベルトである．

34・2　ヒルベルトが引いた解のある数学問題の境界

1900年，ヒルベルトは国際数学者会議において，後に「ヒルベルトの23の問題」とよばれるようになる，当時はまだ解けていなかった有名な数学問題を提出した．その中の10番目の問題は，以下の通りである．

「任意の（多項式）不定方程式について，有限ステップの演算によって，整数解が存在するかどうかを判定することができるか」

不定方程式（ディオファントス方程式ともよばれる）とは，二つ以上の未知数をもつ方程式をさし，それらの解は無限にある可能性がある．この問題を感覚的に理解するためには，以下の三つの特殊例をみるとよい．

例1　$x^2 + y^2 = z^2$

この方程式には3つの未知数があり，多くの正の整数解が存在する．それぞれの解はピタゴラス数で，直角三角形の3辺を構成する．

例2　$x^n + y^n = z^n$

ただし $n > 2$ とする．これには正の整数解が存在しない．有名なフェルマーの最終定理である．

例3　$x^3 + 5y^3 = 4z^3$

34. 数学の限界　　335

この方程式に正の整数解があるか否かは，直感ではわからない．整数解が存在するかどうか一歩一歩判断することもできない．整数解があると判断できても，見つからない場合もある．

ヒルベルトの第10の問題（以後，第10問題と略称する）の普遍的な答えが「判定できない」であれば，不定方程式の解問題は数学問題のごく一部にすぎないのだから，多くの数学問題において答えが存在するかどうか，神ですらわからないということになる．答えが存在するかどうか判断できないということは，答えが見つからないことと同じなので，このような問題を扱う必要はない．まさにヒルベルトの数学問題の境界に対する考察は，計算の限界をチューリングに認識せしめたのである．

チューリング自身は，第10問題を解決したわけではないが，ほとんどの数学問題に答えがないとうすうす感づいていたようである．第二次世界大戦後，欧米の多くの数学者が第10問題の解決に取り組み，進展をとげた．1960年代，この問題を最も解決する可能性が高いといわれたのは，アメリカの数学者ジュリー・ロビンソンだった．ロビンソン教授は20世紀の最も有名な女性数学者の一人で，後に国際数学者会議の議長を務めたこともある．彼女はこの問題で多くの成果をあげたが，最後の数歩をなかなか乗り越えられなかった．一方で，純粋数学の世界ではしばしば少年が英雄となることがある．1970年，ソ連の天才的な数学者ユーリ・マチャセビッチ（Yuri Matiyasevich）は大学を卒業した翌年，この第10問題を解決した．したがって，今日のこの問題の結論は，マチャセビッチの定理ともよばれている．マチャセビッチはごく少数の特例を除いて，一般的には有限ステップの演算によって不定方程式に整数解が存在するかどうかの判定はできないことを厳密に証明した．

第10問題の解決が人類の認知に与えた衝撃は，数学的な影響よりもはるかに大きい．答えがあるかどうかわからない問題が多数あると，世の中に宣言したに等しいからである．解の有無が不明ならば，計算のしようもない．さらには解の有無がわからない問題は，解のある問題よりはるかに多いのである．図34・4はこの事情を図に示したものである．

図34・4では，世の中の問題のうち数学的な問題に帰着できるのは一部であることを示している．そして，解けるか否かを判定できる問題はその一部である．さらに解のある問題に対してのみ，答えが見つけられる．一言でいえば，

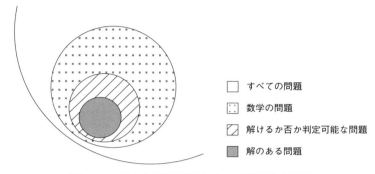

図 34・4 解のある数学問題とすべての問題との関係

解のある数学的な問題は世の中の問題のごく一部にすぎない．

　では，解のある数学的問題はすべてコンピュータで解決できるのだろうか．それはコンピュータの設計による．1936 年，チューリングは抽象的なコンピュータの数理モデルを提案した．これがチューリングマシンとよばれているものである．チューリングマシンという数理モデルは，論理的に非常に強力で，有限ステップの論理と数学的演算で解決できる問題は，理論的には手続きさえふめばチューリングマシンで解けることを示している．現代のさまざまなコンピュータは，見かけがどんなに複雑であろうとも，チューリングマシンという数理モデルの具体的な実現方法にすぎない．量子計算に基づくコンピュータなど，いまだ実現されていないコンピュータでさえ，チューリングマシンの範疇を超えない．それゆえコンピュータ科学の分野では，チューリングマシンで計算できる問題は計算可能な問題（チューリング完全）とよばれる．

　計算可能な問題は，解のある問題の部分集合である．しかし，この部分集合が「解のある問題」の全集合と等価かどうか（真部分集合なのかどうか）は，今日も議論されている．一方，パラドックスのような，いわば人為的に構築された数学的な問題は，チューリングマシンでは解決できない．現実世界にそのような問題が存在するのか，そのように構築された問題に意味があるのかについては，当分考える必要はないとする人が多い．いずれにせよチャーチとチューリングという二人の数学者の計算可能な問題の記述（いわゆるチャーチ＝チューリングのテーゼ）によれば，明確なアルゴリズムをもつ問題は計算可能であり，そうでなければ計算不可能である．

理論的に計算可能でも，実際に技術的に計算可能とは限らない．理論的には，チューリングマシンで有限ステップ内に解決できれば計算可能だが，非常に多くのステップがあって計算時間が長くかかり，宇宙の滅亡よりもはるかに長い時間がかかるとしても，「有限」ではあるからだ．たとえば，計算複雑度がNP完全問題（付録参照）で，気の遠くなるような計算時間を要する場合でも，理論的には計算「できる」．さらに，チューリングマシンには記憶容量の制限がなく，実際の計算機では実現不可能なこともある．

　このようなことを考え合わせると，人工知能の限界が見えてくる．図34・5では，理想的な状態のチューリングマシンが解決できる問題は，答えのある問題の一部にとどまること，将来にわたって技術的に解決できる問題は，計算可能な範囲を超えないことを示している．人工知能の関わる問題は技術的に解決できる問題の一部にすぎず，したがって今日，人工知能が解決できる問題は，答えのある問題のごく一部にすぎない．図34・4のように部分集合の関係を示していくと，人工知能の境界がより明らかになる．

　われわれは，人工知能やコンピュータが強力すぎると憂える必要はない．人工知能の扱える問題は，数学的な問題の一部であることがはっきりと境界を引いて示されているからである．むしろ，われわれが今日直面している問題は，コンピュータが解決できる数学的な問題に変換する方法がわからないことである，本書全体で言いたいのは，まさにこのことに尽きる．

　図34・4と図34・5からわかるように，人工知能が解決できる問題は世の中

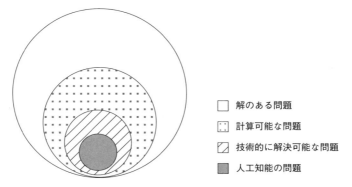

図34・5　現在，人工知能が解決できる問題は，解のある数学の問題のごく一部にすぎない

の問題のごく一部にすぎない．人工知能の分野ではまだ解決されていない問題が非常に多い．ユーザーにせよ事業者にせよ，これらの問題の解決に力を注ぐべきで，人工知能というツールが強力すぎるという心配は不要である．コンピュータ業界に直接関わりのない人でも，世の中には未解決の問題がたくさんあり，人工知能のツールを利用してより効果的にこれらを解決していかなければならない，ということをもっと意識した方がよいだろう．

探究 34・3 チューリングマシンとは

　チューリングマシンの核心は，機械を用いて人間の行う数学的な演算をシミュレーションする過程にある．人間が数学の問題を解く過程を簡略化すると，次の二つの動作の繰り返しであることがわかる．

1. 紙に記号を書いたり消したりする．
2. ペンで書く紙上の位置は，常に移動する．

この二つの動作を完了するには，人間は演算ルールを記憶しておく必要がある．

　人間の行う演算のシミュレーションに基づいて，チューリングは図 34・6 に示す，次のような仮想機械（マシン）を構想した．

1. 小さなブロックを持つ無限長の紙テープ．各ブロックには番号が振られており，たとえば左から右へ 0, 1, 2, … と並んでいる．現代のコンピュータでいうアドレスは，無限ではないがこれに該当する．

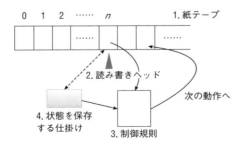

図 34・6　チューリングマシンの仕組み

34. 数学の限界　339

注：この紙テープは無限に右に延ばすことができ，これは人間が数学的な演算をするときに使う用紙に相当する．ただし，この用紙は無限に長くできるが，コンピュータの記憶容量は有限である．

2. ブロック内の記号を読み取り，変更を行い，左右自由に移動可能な読み取りおよび書き込みヘッド．この読み書きヘッドは，ペンと消しゴムに相当する．

3. 機械の状態とブロックの内容に基づいて，読み書きヘッドの次の動作を決定する一連の制御規則．この規則は問題を解く操作，たとえばわれわれが珠算を「3を足すには5を足してから2を引く」のようにはじく演算規則にあたる．

4. 機械が現在位置している状態を保存する仕掛け．人間が紙とペンで数学の問題を計算するとき，どこまで計算したのかときどき確認しながら進めるが，この操作が保存に相当する．停止状態とよばれる特殊な状態に行き着くと，演算全体が終了する．

　チューリングマシンが問題を解く過程は，われわれが数学の問題を解く上でよく用いる方法を忠実に押さえているものの，具体的な問題に対してどのように計算するか，どのような制御規則表を設計するかといった，いわゆるアルゴリズムについては未解決のままである．チューリングマシンの正式な数学的定義は，以下の七つの要素 $\{Q, \Gamma, \Sigma, b, \delta, q_0, F\}$ からなり，各要素は有限な集合である．

- Q は空でない有限個の状態集合
- Γ は空でないアルファベット（数字を含む）表
- Σ は空でない入力アルファベット
- b は空白記号
- q_0 は開始状態
- F は終了状態の集合．成功状態と失敗状態を含む複数の状態をもつ
- δ は遷移関数．$(Q\backslash F \times \Gamma)$ から $(Q\backslash F \times \{$左へ移動, 右へ移動$\})$ への遷移を表す関数で，$Q\backslash F$ は終了状態を含まない状態の集合，$\{$左へ移動, 右へ移動$\}$ は読み書きヘッドの移動の集合である．つまり文字を読み書きした後にヘッドを移動する操作に対応する．

　チューリングマシンによる演算は，以下のステップで行われる．

1. 最初に，紙テープの最初の n 個のブロックに，入力記号列を左から右へ順に入力する（ほかのブロックは空白のままにする）．
2. 読み書きヘッドは 0 番目のブロックを指し，機械の初期状態 q_0 にある．
3. 機械が動作を開始したら，遷移関数 δ に記述された規則に従って計算を行う．

たとえば，現在の機械の状態を q，読み書きヘッドが指すブロック中の記号を x とし，遷移関数 $\delta(q, x)$ により関数値（q', x', 左へ移動/右へ移動）を得る．すると，次に状態 q' に入り，現在のブロックの内容を x' に書き換え，読み書きヘッドを左または右に移動させる．これでチューリングマシンは新しい状態に入る．q' が終了状態集合 F の要素であればチューリングマシンは停止する．成功状態であれば演算は完了し，そうでなければ演算を継続できないことを表示する．一方，終了状態でなくても，遷移関数 δ が定義されない状況もありえる．この場合，演算は失敗して機械は停止する．

最後に，二種類のチューリングマシンモデル A と B が等価であることの定義にふれておく．A が B のすべての演算をシミュレーションすることができ，B も A のすべての演算をシミュレーションすることができれば，A と B は等価であるという．効率を考慮しなければ，等価なチューリングマシンモデルの問題を解決する能力は同じである．特に，アルファベット表 Γ に 0 と 1 の二つの状態だけがあるチューリングマシンと，任意のアルファベットをもつチューリングマシンは等価である．すなわち，コンピュータが二進法を採用している限り，問題を解決する能力は同じである．量子計算が二進法を突破したと宣伝して，今日のコンピュータで解けない問題を解決できると主張するものがある．しかしこれは間違いで，どのように複雑であっても二進法は二進法である．

■ まとめ

ヒルベルトやチューリングらは常人とは異なる思考で，計算可能な境界を見いだした．すなわち，境界がどこにあるのかを少しずつ前に進みながら探るのではなく，高い視点から理論的に超えられない確固とした境界を見いだしたのである．境界を認識できるのはわれわれにとってはむしろ喜ばしいこととすべきである．おかげで，境界の内で問題を解決することに集中できるのだから．

付 録

計算の複雑さ

コンピュータのアルゴリズムは，実際の問題をコンピュータが実行できるプログラムに変換するための橋渡しをしている．その際，優れたコンピュータ科学者は常によいアルゴリズムを求めて探索する．われわれが行き着くべき目標は，究極の「よい」アルゴリズムである．かたや平凡なプログラマは，問題を解決するだけでよしとして，よいアルゴリズムの探索にまで気が回らない．

アルゴリズムの良し悪しを測る基準はいろいろある．演算速度，必要なメモリのサイズ，分かりやすさ，実装のしやすさなどだが，公平に比較するためには客観的な基準が必要になる．「アルゴリズムの複雑さ」はその好例で，1965年にコンピュータ科学者のユリス・ハルトマニス（Juris Hartmanis）とリチャード・スターンズ（Richard Stearns）が「アルゴリズムの計算複雑性について」という論文でこの概念を提案した[1]．二人は後にチューリング賞を受賞したが，最初に計算複雑性を厳密に定量化したのは，著名なコンピュータ科学者でありアルゴリズム解析の父でもある，クヌース（Donald Knuth）である[2]．クヌースの貢献は，アルゴリズムの良し悪しとそこで扱われる問題の大きさを切り離したことにあり，素晴らしい貢献といえる．

計算時間は，問題の大きさに関連する．10,000個の実数のソートと1,000,000個の実数のソートにかかる時間は明らかに異なる．二つの異なるソートアルゴリズムを異なる大きさの問題で評価しても，アルゴリズムの良し悪しは比較できない．したがって，計算複雑度は「問題の大きさ」を変数とする関数である．

---

1) J. Hartmanis and R.W. Stearns, "On the computational complexity of algorithms", *Transactions of the American Mathematical Society*, **117**, 285–306 (1965).

2) https://en.wikipedia.org/wiki/Donald_Knuth

問題の大きさを N で表すと，アルゴリズムの計算量は $f(N)$ と書ける．この関数の境界（上界または下界）は，数学的にオーダー（O）の概念で整理できる．二つの関数 $f(N)$ と $g(N)$ のオーダーが同じならば，N を十分大きくとっても，それらの比は一定の定数となる．たとえば，$f(N) = N \log N$, $g(N) = 100N \log N$ の場合，f と g は同じオーダーとみなす．同様に，二つのコンピュータアルゴリズムの計算量オーダーが同じ場合（すなわち計算量の定数部分だけが異なる場合），二つのアルゴリズムの計算複雑度は同じとみなす．

計算複雑度のカギは O の後に続く括弧内の関数部分であり，定数部分は重要ではない．たとえば，二つのアルゴリズムの計算量が $10000N \log N$ と $0.00001N^2$ と表される場合，定数が大きいのは前者だが，N が十分大きくなれば，後者の計算量は前者をはるかに超える．この二つのアルゴリズムの計算複雑度はそれぞれ，$O(N \log N)$ と $O(N^2)$ と表せる．表 A・1 によく使われるアルゴリズムの計算複雑度を示す．

アルゴリズムの計算量が多項式関数（polynomial function）を超えない場合，このアルゴリズムは多項式複雑度をもつという．多項式複雑度をもつアルゴリズムで対応できる問題を，P 問題（polynomial の頭文字）という．コンピュータはこのような問題を「効果的」に解決できると考えられている．しかし，アルゴリズムの計算量が多項式関数よりも増大すると，理論上十分な時間があれば計算可能（チューリングマシンの概念では計算可能）だが，実際には不可能

表 A・1　よく使われる最適化アルゴリズムの計算複雑度

問題またはアルゴリズム	計算複雑度	説　明
ハッシュ探索	$O(1)$	定数複雑度
ソート済み配列の二分探索	$O(\log N)$	対数複雑度
ランダム配列の探索	$O(N)$	線形複雑度
グラフ巡回アルゴリズム	$O(N)$	節点の数 N に対する線形複雑度
クイックソートアルゴリズム	$O(N \log N)$	
動的計画法/最短経路探索/ビタビアルゴリズム	$O(d^2 \cdot N)$	深さ d に対する二乗複雑度，かつ N に対する線形複雑度
バウム＝ウェルチアルゴリズム	$O(d^2 \cdot N)$	深さ d に対する二乗複雑度，かつ N に対する線形複雑度
ベイジアンネットワーク学習アルゴリズム	NP 完全	多項式複雑度のアルゴリズムが見いだされていない

付録. 計算の複雑さ　343

になる．このような問題を非多項式（non-polynomial, N）問題という．囲碁の最適手を見つけるような問題がそれにあたる．

とはいえ，多くの問題について白か黒か，すなわちP問題かN問題かは判断ができない．現在，多項式複雑度のアルゴリズムが見つかっていない問題について，将来も見つからないとはいい切れないのである．非多項式複雑度をもつ問題のうち，非決定性多項式（nondeterministic polynomial, NP）とよばれる問題が，とくに注目を集めている．NP問題とは，現在，問題に対して多項式複雑度のアルゴリズムが見つかっているか否かに関係なく，多項式時間内に答えが正しいか検証できる問題のことをいう．NP問題の重要性は，多項式複雑度のアルゴリズムを見いだせるか否かではない．事実，ほとんどのコンピュータ科学の理論家たちはNP問題が多項式複雑度のアルゴリズムをもつ可能性はない，すなわちP問題≠NP問題と考えている．NP問題は，現実のほとんどの問題がNP問題であること，および暗号理論との関連性のゆえに重要なのである．

P問題はNP問題の特殊な部分集合である．それでは，NP問題の集合のうちP問題に属すか否かがわからない部分，すなわち多項式複雑度のアルゴリズムが現在見つかっていない問題について，本当に多項式複雑度のアルゴリズムは見つからないのだろうか．じつは最終的には見つかるという人もいる．後者は多項式時間で答えが正しいか検証できる問題ならば，最終的に多項式複雑度をもつアルゴリズムが見つかるはずだと主張する．そうであればすべてのNP問題はP問題に帰着する．

P問題とNP問題について1970年代のはじめに重要な進展があった．すなわちクック（Stephen Cook）とレビン（Leonid Levin）がNP問題中にNP完全という特殊な問題群を発見し，すべてのNP問題を多項式時間内のNP完全問題に帰着させたのである．この発見は，クック＝レビンの定理とよばれている．たしかに，NP完全問題はNP問題の中で最も難しい問題である．もしNP完全問題のどれかで多項式複雑度のアルゴリズムが見つかれば，そこに帰着できるNP問題はこのアルゴリズムで解決でき，NP問題＝P問題であるといえる．

計算複雑度が少なくともNP完全以上の問題を，NP困難問題とよぶ．P問題，NP問題，NP完全問題とNP困難問題の関係を図A・1に示す．

問題を解くアルゴリズムを探すには，まず多項式複雑度のアルゴリズムを探

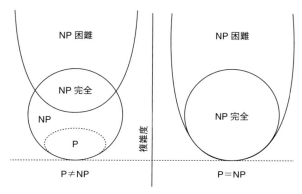

図 A・1 NP 困難問題と NP 完全問題の関係
（左は P≠NP，右は P＝NP を想定）

す必要がある．とはいえ，そのようなアルゴリズムが見つからず，応用上回避できない問題，たとえばベイジアンネットワーク学習アルゴリズムなどは，問題を簡略化して近似解を探すほかにない．

　コンピュータ科学における数学の重要な役割は，計算の複雑さができるだけ低い解を見つけることである．そして NP 完全問題または NP 困難問題に対しては，近似解を見つけることにある．

第3版 著者あとがき

友人から，なぜブログに「数学之美」を連載し，出版にまで至ったのかとよく聞かれるのだが，きっかけは 2006 年にまで遡る.

同年，グーグルは中国市場に進出したばかりで，製品イメージを担当していた呉丹丹氏が，グーグルチャイナ（谷歌）の公式ブログ「グーグル黒板報（谷歌黒板報）」を開設した．私は彼女から，ブログでグーグルの製品紹介をしてほしいと打診を受けた．コンピュータ科学に携わり，当時のグーグルにおける中国語関連製品のほとんどを企画した者として，その製品を自ら紹介するのはいささか自画自賛になると考えて，かわりに製品の背後にある基本技術，特に数学の原理を紹介することにした．根底にある技術を読者，特にエンジニアに知ってもらうことで，グーグルの製品への信頼が増すと考えたのである．そこで，それまでのグーグルにおける経験と，それ以前のジョンズ・ホプキンス大学での経験に基づいて，「数学之美」というテーマでブログを執筆した.

数学の話題を専門外の読者にもわかるように，明快に書き切るのは容易ではない．私自身は技術の原理をわかりやすく説明するのが得意だと思っていたのだが，呉丹丹氏やグーグル社内の非エンジニア系の同僚は，私の送った第一稿を読んでかなり難解だと思ったようだった．そこで推敲を重ねて，どの記事もわかりやすくなるように工夫した．読みやすさを優先して技術的な詳細を思い切って省略することもした．このやり方は正しかったようである.

ブログを書き始めた当初は，特に執筆計画などもなくグーグルでの仕事も忙しかったため，時間があるときに書けるところまで執筆した．意外なことに，ほどなくしてこのブログの連載は，IT 業界のエンジニアや大学生に注目されるようになり，ネット上で 1 万回転載され，読者も百万人を超えた．当時著名なブロガーだった洪波（Keso）氏の転載の効果が特に大きかったため，ここで記して感謝したい．読者に励まされて 20 編以上のブログ記事を執筆した後，仕事が多忙を極めたため執筆を一時中断せざるを得なくなった．その間もずっとこの連載に注目し続け，この連載は完結するのか，書籍化するのかと問い合わせてくれる読者もいて，私は心を動かされた．ちょうど 2010 年はじめに転職して数週間の休暇があったため，その時間を利用して連載の最後の数編を書

き上げ，出版に向けて推敲を始めた．

　ブログ「数学之美」の書籍化にあたり，まず周筠氏に感謝しなければならない．彼女は，2008 年に私が別のブログ連載『浪潮之巓（波の頂）』を執筆していたとき，わざわざ国際電話でブログの書籍化について打診してくれた．当時すでに『浪潮之巓』の出版契約をある出版社と結んでいたので，彼女のこの提案は断らざるを得なかった．しかしその後，私がアメリカから北京に出張すると聞いて，彼女はなんと千キロメートル以上離れた武漢からグーグルの北京オフィスに駆けつけてくれたのである．そして『数学之美』の出版計画を披露してくれて，私はとても心を動かされた．私はこのような数学的・技術的な内容はあまり読者受けしないと思ってためらったが，周筠氏の熱意に動かされて，出版契約に署名した．その後に紆余曲折を経て『浪潮之巓』の出版権も取り戻し，これも周筠氏に出版を委ねることになったのだが，これはまた別の話である．

　ブログ「数学之美」を書籍化したもう一つの理由は，アメリカでも中国でも，エンジニアは未知の分野に対して直感的な感覚から出発して，いわば「場当たり的な対処」にとどまりがちだと痛感したからである．特に中国ではそのような傾向がある．このやり方は，はっきり言えば模倣である．グーグルに入社したばかりのころ，創業初期に用いられていたアルゴリズム（スペル誤り訂正など）には系統的なモデルや理論的基礎がなく，句や単語のその場しのぎの組み合わせで作られていたことを知った．これらの方法もないよりはましだが，改善や向上の可能性はほとんどなく，プログラムの論理を混乱させてしまう．

　その後，グーグルの成長と拡大に伴って，世界トップレベルの大学から理論的基礎に優れたエンジニアが入社するようになり，エンジニアリング面で洗練されていった．しばらくすると，ほとんどすべてのプロジェクトのプログラムが書き換えられ，製品の品質は飛躍的に向上した．ある年，私はアメリカの名門校を卒業した数人の大学院生を指導し，各言語のスペル誤り訂正モデルを隠れマルコフモデルを用いて統一した．これ以来グーグルは，この方面でライバルを大きく引き離している．

　とはいえ，アメリカを含めてハイテクを自称する二流 IT 企業では，このような「場当たり的な対処」が未だに多い．中国国内で創業したばかりであれば，

348

やむを得ないかもしれない．しかし，上場して資金があり，高収益の企業として世界中に名が知られるようになった後も同じように振る舞うのは，身勝手で，技術開発を疎かにしていると感じる．多くの企業は，いかに製品を魅力的に見せるか，いかに自らのポータルサイトへのトラフィックを増やすかということに資金とエネルギーを費やすが，自社の技術力向上のための努力を疎かにしがちである．そこで，「数学之美」を体系化して専門技術に関わる内容を増やすことで，IT 企業のエンジニアリングレベルを高め，模倣や「場当たり的な対処」に頼ることなく，できるだけ早く世界一流の IT 企業に成長する一助になればと考えた．そして，中国の若きエンジニアが，IT 業界で仕事をする正しい方法を体得し，キャリアと人生の両方で成功することを願っている．

本書の推敲を始めてから，本を書くことはブログを書くよりずっと難しいことを痛感した．良書は構成や言葉の選択がしっかりしていなければならない．書籍化にあたって，ほとんどすべての内容を書き直し，以前のブログ記事では省略した技術的な詳細を，「探究」として加筆した．IT に携わっていない読者にも受け入れられるように，各トピックに背景紹介も加えた．こうすることで，一般の読者は各章の前半の主要部分を，専門家は「探究」まで通して読めるように配慮した．

幸い，『数学之美』は出版以来大きな成功を収め，2012 年の第 1 版から現在まで，累計 70 万部あまりを売り上げ，英語版と韓国語版の翻訳出版もなされた．これまでに多くの読者から，「親しまれる科学啓蒙書を書くための成功のカギを教えてほしい」という言葉が寄せられたので，ここでそれに答えたい．

まず，よい本を書くには，題材選びが大事である．

題材の面では，私自身 20 年以上にわたって自然言語処理，インターネット技術，データマイニング，機械学習などの分野で研究と製品開発を行ってきた多くの経験がある．とはいえ，これらの分野は広くかつ深いうえに急速に発展しており，私自身が携わったのはそのごく一部にすぎない．そこで，これまでに経験し，自信をもって紹介できるテーマに題材を絞った．本書がきっかけとなり，より多くの専門家が自分の仕事の経験を著して皆と共有すれば，さらに読者のためになるだろう．また，本書が数学の道と数学の美を理解するうえでよすがとなり，読者にとって今後の何かの問題解決につながればよいと思っている．

さらに，よい本を書くには，文章も大事である．本書を執筆するうえで最も助けになったのは，二冊の本と一つの番組である．一冊は，中学生のときに読んだ『1, 2, 3 … 無限大（One Two Three...Infinity)』である．これは宇宙を紹介する科学読み物である．著者のジョージ・ガモフはアメリカ系ロシア人の著名な物理学者で，彼は多くの時間を科学啓蒙書の執筆に費やし，何世代もの人々に影響を与えた．もう一冊は，英国の著名な物理学者スティーブン・ホーキングの『ホーキング，宇宙を語る（A Brief History of Time)』である．彼は平易な言葉で奥深い宇宙論の原理を語り，この科学啓蒙書を世界的なベストセラーにした．そして私に影響を与えた番組は，アメリカの有名な俳優モーガン・フリーマンがナレーションと司会を務めた『ワームホールを通り抜けて（Through the Wormhole)』である．私は本書をほとんど飛行機の中で執筆したのだが，書くことに疲れたときにたまたま見たテレビ番組が『ワームホールを通り抜けて』だった．この番組は，最先端の物理学をわかりやすく解説している．ノーベル賞受賞者をはじめ一流の物理学者や数学者が自身の研究を紹介するのだが，彼らには共通点があった．その分野で最も奥深い道理を簡潔な例えで説明し，聞き手に理解しやすいように話すスキルがある．彼らが世界トップクラスの科学者になれた理由はそこにあるのではないだろうか．彼らは自分の分野に精通している一方で，わかりやすく説明することにも長けている．世界一流の学者は，簡単な問題をわざと複雑にするのではなく，大きな問題を素人にわかりやすく話せる人たちなのではないだろうか．だから，『数学之美』を書いている間，私はずっとガモフ，ホーキングなどの科学者を手本にして，数学の美を同業者だけでなく，すべての読者に示すことを目指した．読者がちょっとあいた時間に読めるように，できるだけ各章を独立に読み切れるように努めた．このような章立てであれば，ストレスはあまり感じずにすむだろう．とはいえ，多くの読者に，数学の知識を中心とした本を通読してもらうというのは難しいことである．

　2012 年，多くの友人に支えられて『数学之美』は人民郵電出版社から刊行され，国家図書館第 8 回文津図書賞や第 5 回中華優秀出版物賞図書ノミネート賞を相次いで受賞した．さらに喜ばしいことに，中学生，高校生を含めた多くの若い読者が，本書に触発されて数学に深い興味をもち，学んだ数学の知識を日々の学習や仕事に自覚的に応用しようとしてくれたようである．2014 年，注

目を集めつつあったビッグデータや機械学習などについての内容を補足して，本書の第2版を出版した．そして今年，人工知能技術の発展を反映させ，ブロックチェーンや量子通信，人工知能に関する内容を補充し，また，技術の進展に合わせて適宜加筆・修正を行い，第3版を刊行した．

『数学之美』第3版の出版にあたり，私を育て，助け，励ましてくれた多くの方々に感謝したい．まずは私を数学と情報処理の世界に導いてくれた人たち，特に，幼いころから数学と自然科学への興味を育んでくれた父，音声認識や自然言語処理の世界に導いてくれた3人の恩師 —— 王作英教授，クーダンプール教授，イェリネック教授，そしてグーグルでともに働き導いてくれたノーヴィグ博士とシングハル博士に感謝する．つぎに，数学の分野でいつも頼りにし，本書を含めて長く執筆を支えてくれた同僚と友人たちに感謝する．李開復博士，清華大学の李星教授，馬少平教授，銭穎一教授，スタンフォード大学の王永雄教授と張首晟教授，華中科技大学の周笠教授，浙江大学の毛徳操教授，京東（Jingdong）の郭進博士．それから，ブロガーの洪波（Keso）氏，無碼科技（NoCode）創始者の馮大輝氏，捜狗（Sogou）創始者の王小川博士，グーグルの多くの仲間たち，特に呉丹丹氏，崔瑾氏，宿華氏，王益氏，呉根清氏らに．なかでも，本書に推薦の辞を寄せてくれた李開復博士と李星教授，アメリカの出版社に本書の英訳を持ち込んでくれた王永雄教授へは格別な感謝を述べたい．さらに，本書全体を校正してくれた妻の張彦と，たくさんのイラストを描いてくれた二人の娘 呉夢華と呉夢馨にも感謝する．

『数学之美』は，ブログ連載から大きな賞をいくつも受賞するベストセラーになった．これはひとえに，JUSTPUB 出版チームと人民郵電出版社のおかげである．特に，JUSTPUB のディレクター周筠氏は本書の出版全体を，編集者の李琳骁氏は本書の原稿を入念に読んで校正を，デザイナーの胡文佳氏は精緻なレイアウトを，上海屹珂デザインチームの陳航峰氏は第3版のために精巧で美しい表紙をデザインしてくれた．そして人民郵便出版社の友人たち，兪彬氏，劉涛氏，畢穎氏，楊海玲氏，張天怡氏，蔡思雨氏らの尽力を経て本書は出版された．プロジェクトチーム全体の誠実な協力とたゆまぬ努力で，『数学之美』は多くの読者に支持されたのである．ここに，彼らに心より感謝の意を表したい．

最後に，すべての熱心な読者，特に本書の誤りを指摘し，内容の改善に協力

第3版 著者あとがき　　351

してくださった方々に感謝したい．また，インターネット上でブログの連載や本書を推薦してくれたメディア，ウェブサイト，個人の方々にも感謝しなければならない．これからも『数学之美』を応援していただければ嬉しい．

　本書にはまだまだ書き洩らしたことや誤りがあると思われる．今後も読者の方々とともに，本書をより完璧なものにしていければ幸いである．

2020 年 4 月　シリコンバレーにて

呉　　軍

監訳者あとがき
深層学習（ディープラーニング）の進展と 大規模言語モデルの時代

　本書は呉軍 著『数学之美』第3版の全訳である．「著者あとがき」などにもあるように，『数学之美』は2012年の初版以来，中国で70万部を超える売り上げを持つ大ベストセラーであり，著者の『浪潮之巓』『文明之光』などの他の多くの著作と同様に，中国国内でさまざまな賞を受賞している．

　著者の呉軍は1967年北京生まれで，1989年に清華大学の計算機・電子工学系を卒業後，アメリカのジョンズ・ホプキンス大学大学院に留学し，グーグル社とテンセント社で上級研究員および副社長を務めた．その間の体験と活躍は，本書に記されている通りである．

　本書を読まれた方はおわかりのように，呉氏の専門は自然言語処理および情報検索で，これは監訳者（持橋）の専門とほぼ完全に一致している．それどころか，筆者は2016年に音声認識の分野の方からの招待で，本書の第7章で書かれているジョンズ・ホプキンス大学CLSPのイェリネック記念夏季ワークショップに，日本の自然言語処理分野の出身としては珍しく参加しているため，本書の監訳は大変有り難く，かつ楽しい仕事であった．

　本書は深層学習（ディープラーニング）時代より以前に執筆されているので，その後に自然言語処理がどう進んだかについて，ここで簡単にふれておきたい．

　本書の第3章で説明されているように，自然言語処理の基礎となるのは w_t を単語（または文字）として，文 $S = w_1, w_2, \cdots, w_T$ にその確率 $p(S)$ を与える**言語モデル**だといってよい．これには第3章のように，単語 w_t の確率が直前の $n-1$ 個の単語だけに依存する n グラム言語モデル

$$p(S) = \prod_{t=1}^{T} p(w_t | w_{t-(n-1)}, \cdots, w_{t-1}) \tag{1}$$

が使われてきた．しかしこれには，(1) 条件を直前の $n-1$ 個の単語だけに限ってしまっている，(2) n が大きいと文脈が非常にスパース（疎）になってしまう，という明らかな問題がある．そこで，2000年にカナダ・モントリオール大

監訳者あとがき　353

学のベンジオらは問題 (2) を解決するために，言語モデルを第 30 章で説明されているニューラルネットワークで置き換えた**ニューラル n グラム言語モデル**（NNLM）を提案した（参考文献 1）．これが，最初の「深層学習」である．

NNLM の一番新しい点は，単語 w に対して，それを表す K 次元（たとえば $K=200$）の**単語ベクトル** $\vec{w} = (w_1, w_2, \cdots, w_K)$ を導入したことにある．いま時刻 t での文脈を表す，同じ K 次元の**文脈ベクトル**を $\vec{h}_t = (h_1, h_2, \cdots, h_K)$ とおけば，NNLM で次に単語 w が出現する確率は，$\vec{w}$ と $\vec{h}_t$ の内積を使って

$$p(w|\vec{h}_t) = \frac{\exp(\vec{w} \cdot \vec{h}_t)}{\sum_{v=1}^{V} \exp(\vec{v} \cdot \vec{h}_t)} = \frac{\exp(w_1 h_1 + w_2 h_2 + \cdots + w_K h_K)}{\sum_{v=1}^{V} \exp(v_1 h_1 + v_2 h_2 + \cdots + v_K h_K)} \quad (2)$$

と表される．これはつまり，文脈ベクトルと同じ方向のベクトルを持つ単語ほど，確率が高くなることを意味する．「月曜日」と「火曜日」のように言葉としては異なっても，ベクトルがほとんど同じ方向であれば確率が高くなるため，自然言語のスパース性を克服できるということが最も大きな利点である．では，この「文脈ベクトル」はどう計算されるのだろうか？

実は，この文脈ベクトル自体も単語ベクトルから計算される．具体的には，文脈である直前の $n-1$ 個の単語のベクトルを横に並べた，長い $(n-1) \times K$ 次元のベクトルを $\vec{y}$ とすると，以下添字の t は省略して，$\vec{h}$ は図 1 のように，

$$\vec{h} = \mathbf{b} + \mathbf{A}\vec{y} + \mathbf{U} \tanh(\mathbf{d} + \mathbf{C}\vec{y})$$

の形で計算される．ここで行列 **A, C, U** およびベクトル **b, d** も NNLM のパラ

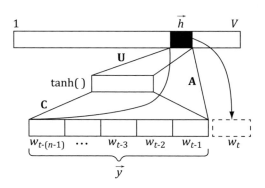

図 1 ニューラル n グラム言語モデルの構造

メータである．NNLM では，学習するテキストでの (2) 式による予測確率が高くなるように，勾配を計算する（第 30 章）ことでこれらのパラメータと，すべての単語ベクトルを学習する．

　2000 年に提案されたこのニューラル n グラム言語モデルは，第 3 章の通常の n グラム言語モデルより高い性能を持つことが知られていたが，当時の技術では学習は大変複雑で，難しかった．文書のモデル化にもニューラル手法が先がけて提案されていたが（参考文献 2），この頃の最先端の機械学習はベイズ統計に基づくものであり（筆者の研究もそうであった），ニューラル手法は扱いの難しさもあり，トロント大学やモントリオール大学などのごく少数の場所で研究されていたにすぎない．ただし，そんな中で筆者が参加した 2007 年のトップ国際会議 NIPS では，ヒントンやヴァプニークといったあらゆる有名研究者に "Deep Belief Net" と言わせてみた動画が，会議の懇親会で公開されたことが記憶に新しい．これは，後に訪れる深層学習時代の非常に初期の前触れだったといえる．

　2010 年代に入ると，画像認識の分野でフランス出身のルカンの提案した畳み込みニューラルネットワークをヒントンらが応用し，大きな革新が起きた．時を同じくして，自然言語処理の分野でもチェコ出身のミコロフは，NNLM では副産物であった「単語ベクトル」を直接，大規模なテキストから効率的に学習できる Word2Vec（参考文献 3）を発表して注目を集めた．Word2Vec で学習された単語ベクトルを 2 次元に可視化すると図 2 のようになり，意味的に近い単語が似たベクトルとなることがわかる．このとき，単語の「意味」がベクトルの加減算で計算できること，たとえば "girl" の単語ベクトルから "boy" の単語ベクトルを引くと「女性」を表すベクトル

$$\overrightarrow{girl} - \overrightarrow{boy}$$

が得られ，これを "king" のベクトルに足せば "queen" のベクトルになる，つまり

$$\overrightarrow{queen} = \overrightarrow{king} + (\overrightarrow{girl} - \overrightarrow{boy})$$

が成り立つことが大きな話題となった．その後研究が進み，単語ベクトルの間にどうしてこの関係が成り立つのか，は数学的に解析され，この関係が成り立つように設計された単語ベクトル GloVe（Global Vector）もスタンフォード大

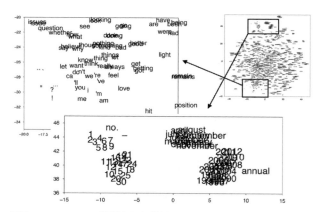

図2 Word2Vecで学習された単語ベクトルを2次元に可視化したものと,その拡大図.意味的に近い単語が,近いベクトルになっていることがわかる.

学から提案された(参考文献4).これも,Word2Vecによるベクトルと同様によく使われている.

NNLMはこの時期,ドイツのシュミットフーバーが1997年にすでに考案していた,より長い文脈を考慮できる再帰的ニューラルネットワークである**LSTM**(Long Short-Term Memory,長・短期記憶)(参考文献5)に置き換わり,nグラムモデルの持つ,短い文脈しか考慮できないという(1)の欠点が克服されて,長い意味的な文脈が考慮できるようになった.さらに2015年には双方向のLSTMを8層まで多層化して積み上げることにより,画期的な精度をもつ機械翻訳がグーグルから発表され(グーグル機械翻訳),自然言語処理がここでまた新たな時代を迎えた.

なお,ここまでで興味深いのは,ニューラル言語モデルやWord2Vec,LSTMといった革新的な研究はいずれも,米国以外のカナダ,チェコ,ドイツ,フランスといった国の出身者から生まれていることである[1].ただしもちろん,イェリネックの出身国でもあるチェコの計算言語学には長い歴史があり,ブー

---

1) 2024年にノーベル賞を受賞したホップフィールドのものと同じモデルが,その10年前に東京大学の甘利俊一によって提案されており,畳み込みニューラルネットワークを提案したルカンは,福島邦彦のネオコグニトロンを参考にしたことを著書で語っている(参考文献7).

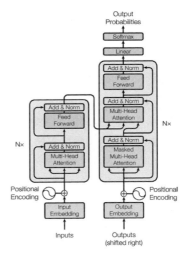

図3 Transformer のブロック図（参考文献6より引用）．これは1層分であり，実際にはこれが N 層（たとえば12層）に積み上がった超複雑なニューラルネットが Transformer である．

ル代数の親であるジョージ・ブールを祖先に持ち，ケンブリッジ出身のヒントンを中心とするトロント大学も強い伝統を持っている．これらの革新は偶然ではなく，そうした豊かな科学的土壌を背景にしていると言えるのではないだろうか．

2017年にグーグルの研究者らのグループが**Transformer**を発表し（参考文献6），言語モデルの基本構造として現在まで続いている．図3に示したTransformerの構造については無数の解説があるため，本書では繰り返さないが，重要なのは NNLM，LSTM，Transformer のいずれも，結局は「文脈ベクトル」$\vec{h_t}$を計算する方法だ，ということである．$\vec{h_t}$と単語ベクトルが得られれば，次の単語の確率は (2) 式の形で計算することができる．

Transformer は，この $\vec{h_t}$ を計算するために LSTM のように一つ前の $\vec{h_{t-1}}$ を用いるのではなく，過去の履歴全体を対象にし，注意機構（アテンション）とよばれる仕組みで，過去のテキストの中から次の単語の予測に関係の深い場所を探し出し，データベースのように使って，確率で重みづけて $\vec{h_t}$ に加える．これを多層にわたって行う，きわめて複雑なニューラルネットが Transformer であり，Transformer による言語モデルは人間とほぼ同等の品質で言語を生成できるようになった．これをさらに，テラバイト（TB）を超える大量のテキストで学習し，「こう質問されたら，こう答えるのが望ましい」という教師データでチューニングされたものが，ChatGPT で有名になった**大規模言語モデル**であ

る．大規模ではあるが，言語モデルとしての基本は本書に書かれているものと同じである．現在は無数の大規模言語モデルが開発されており，内部に人間が持つような多くの知識を持っているため，様々な応用が模索されている．これは，単語ベクトル，LSTM に次ぐ自然言語処理の深層学習の第三の革新だったといってよい．

ただし，これらの自然言語処理の革新にも，表には見えないが本書の他の内容と同様に，すべて数学の助けによって可能となったことに注意したい．ニューラルネットのパラメータを大量のデータから少しずつ学習する確率的勾配法は，1980 年代からフランス出身のルカンなどが探求してきた方法論である．ヒントンらの提唱した，学習中にランダムにニューロンの重みを 0 にすることでモデルの過適応を抑えるドロップアウト法がなぜ有効かも，数学的な考察が行われている．Transformer のようなニューラルネットの全体は，数学的には神経接核（NTK）とよばれるカーネルを用いたガウス過程（参考文献 8）として表され，理論的解析が進められている．

本書は著者の専門が自然言語処理・コンピュータサイエンスであることから，通信の問題を中心に述べられているが，数学の有用性は通信にとどまるものではない．原爆を開発したアメリカのマンハッタン計画には，フォン・ノイマンをはじめ多くの数学者が投入された．その結果，フォン・ノイマンは爆発を記述する新しい爆轟理論（ZND 理論）を打ち立てて，プルトニウム型原爆の起爆に必要な爆縮レンズとその 32 個の区画が，膨大な計算によって割り出された．さらに，爆発の効果を最大にする爆発高度も計算されている．このあたりの事情は，同様に参加したポーランドの数学者ウラムによる『数学のスーパースターたち』（参考文献 9）に詳しい．

他にも，意外なところでは橋をかける，道を作る・それを保守するといった土木分野にも，数学は縦横に使われている．本書の「著者まえがき」にあるように，数学とは本質的に物事を抽象化することであり，その射程はいわゆる純粋数学に限るものではなく，実にわれわれの身近にあるものである．それによって世界がいかに透明に理解できるようになるか，ということが，著者が本書を通じて言いたかったことではないだろうか．

2024 年 11 月

持 橋 大 地

参 考 文 献

1. Y. Bengio, R. Ducharme and P. Vincent, "A Neural Probabilistic Language Model", Advances in Neural Information Processing Systems 13 (2000).

2. M. Ranzato and M. Szummer, "Semi-supervised Learning of Compact Document Representations with Deep Networks", ICML 2008, 792–799 (2008).

3. T. Mikolov, I. Sutskever, K. Chen, G. S. Corrado and J. Dean, "Distributed Representations of Words and Phrases and their Compositionality", Advances in Neural Information Processing Systems 26, 3111–3119 (2013).

4. J. Pennington, R. Socher and C. Manning, "GloVe: Global Vectors for Word Representation", EMNLP 2014, 1532–1543 (2014).

5. S. Hochreiter and J. Schmidhuber, "Long Short-Term Memory", *Neural Computation*, **9** (8), 1735–1780 (1997).

6. A. Vaswani, N. Shazeer, N. Parmar, J. Uszkoreit, L. Jones, A. N Gomez, L. Kaiser and I. Polosukhin and others, "Attention is All You Need", Advances in Neural Information Processing Systems 30 (2017); https://arxiv.org/abs/1706.03762

7. ヤン・ルカン 著，松尾豊 監訳，小川浩一 訳，『ディープラーニング 学習する機械——ヤン・ルカン，人工知能を語る』，講談社 (2021).

8. 持橋大地・大羽成征 著，『ガウス過程と機械学習』，機械学習プロフェッショナルシリーズ，講談社 (2019).

9. ウラム 著，志村利雄 訳，『数学のスーパースターたち——ウラムの自伝的回想』，東京図書 (1979).

索　　　引

あ

IIS→改良反復スケーリング
ICASSP　79
アイスナー　216
IDF（逆文書頻度）　112
IBM　24, 26, 34, 41, 49, 80, 81,
　　　82, 196, 197
IBM ワトソン研究所　25, 58,
　　　80, 140, 229, 311
曖昧さを除くこと　5
アインシュタイン　168, 324,
　　　331
浅い構文解析　237, 238, 240,
　　　241
アダムス，ジョン・クーチ　190
圧縮（情報の）　13
アップル　216, 250, 320
アニのパピルス（死者の書）　3,
　　　4
アーヘン工科大学　311
アメリカ工学アカデミー　80,
　　　109, 134
アメリカ国防高等研究計画局
　　　（DARPA）　213
アメリカ国立科学財団（NSF）
　　　25, 28, 213
アメリカ国立標準技術研究所
　　　（NIST）　34, 299, 311
アメリカ国家科学賞　254
アラビア数字　11
RSA暗号　168, 171, 172, 295,
　　　299
アルゴリズム　268, 342
アルタビスタ　91, 104
アルファ碁　273
アルファベット　11

暗　号　163-173
暗号資産　292
アンタイル，ジョージ　251
アンチスパム　129, 176
AND　88

い～お

EM→期待値最大化
イェリネック，フレデリック
　25, 28, 31, 35, 58, 74, 76-85, 356
イェンセン　73
イェンセン＝シャノン式　73
イシャンゴの骨　8
イ・セドル　273
位置検索　117
一般化反復スケーリング（GIS）
　　　195, 260, 261, 266
遺伝子解読サービス　318
遺伝子欠陥　316
イーベイ　83, 219
意味解析　19, 20, 24, 234
意味クラス　146
インクトミ　104
インターネットの放浪者
　　　（WWW Wanderer）　97
インデックス　87, 90-92

ウィーナー　168
ウェブクローラー　96-102,
　　　152
ウェブページ　110-116
ウォールストリート・
　　　ジャーナル　22, 213, 236, 241

SHA-1　154
Ascorer　128
エッジ→線，矢印

AT&T　121, 131, 133, 214, 217,
　　　253
AT&T ベル研究所　72, 168, 213
エーデルマン　169
エニアック　16
N（n）グラムモデル　33, 36,
　　　41, 312, 353
NP完全　344
NP困難　344
NP問題　344
N（非多項式）問題　344
MD5　154
LSTM（長・短期記憶）　356
エルガマル暗号　168
エルガマル，タヘル　169
LDC　21, 28, 213
LDC コーパス　212, 213
L-BFGS 法　288
エントロピー　61, 64, 151, 192,
　　　193, 204, 205, 210

OR　88
オイラー　93, 98
王永民　202
王暁龍　45
王作英　58, 66, 251
王小雲　154
オーダー記法（ランダウ記号）
　　　36, 343
オッホ，フランツ　310
オートマトン　117-127, 131,
　　　216
踊る人形　164
オーバーチュア　262
重み付きグラフ　122
重み付き有限状態トランス
　　　デューサ（WFST）　126
音響モデル　58, 80, 273, 276,
　　　284
音声認識　18, 20, 25, 34, 54, 58,
　　　80, 276, 312

＊　中国人名は音読みで並べた．

360

か，き

回折格子　324, 325
解凍（情報の）　13
改良反復スケーリング（IIS）
　　196, 266
書き換え規則　21
学　習
　人工ニューラル
　　ネットワークの——　282
　ベイジアン
　　ネットワークの——　232
郭　進　46
確率過程　56
確率的グラフィカルモデル
　　237
確率的勾配降下法　288
確率的有限オートマトン　120
確率分布関数　238
確率論　305
隠れ層　275
隠れマルコフモデル　26, 53-62,
　　80, 237, 245, 246, 260
カスキール，マーティン　129
葛顕平　47
活性化関数　279, 280
カッツ　41
カッツ平滑化　41
カッツ，マット　129
カッツ，ランディ　134
カテゴリ　137, 142
カーネギーメロン大学　25, 34,
　　58
ガモフ，ジョージ　7
カリフォルニア大学　245
カリフォルニア大学
　　バークレー校　271
カリフォルニア大学
　　ロサンゼルス校　241
カルバック＝ライブラー情報量
　　→相対エントロピー
がん検査　319
漢字入力　199-211

機械知能　16
機械翻訳　18, 20, 34, 311
木構造　21, 234, 238, 239
疑似乱数生成器　153
期待値最大化アルゴリズム
　　61, 195, 232, 256-261

キーフレーム　157
基本単語表　50
逆文書頻度→IDF
ギャラップ　307, 308
キャリコ　320
教師あり学習　60, 282
教師なし学習　60, 283
偽陽性（ブルームフィルター）
　　223
行　列　268-270
距離関数　259
キーワード　114, 116
緊急救命（ER）　320

く，け

クアルコム　244, 253, 254, 255
クイックソートアルゴリズム
　　343
クエリ　114
グーグル　7, 25, 27, 34, 35, 47,
　　73, 80, 83, 86, 90, 92, 97, 103-
　　109, 117, 120, 121, 128-134, 135,
　　147, 156-162, 175, 176, 179, 180,
　　182, 196, 209, 210, 218, 230, 231,
　　240, 263, 266, 267, 271, 272-290,
　　302, 308, 310-313, 319-321
グーグル黒板報　viii
グーグルチャイナ　147, 184
グーグル・ディープマインド
　　272
グーグル・ブレイン　272,
　　285-290
グーグル・ボイス　312
Google-411　312
クッキー（Cookie）　153
クック　344
クック＝レビンの定理　344
グッド　38
グッド＝チューリング推定　38,
　　39
クヌース，ドナルド　24, 342
クラウドコンピューティング
　　267-271, 286
クラスター中心　257, 258
クラスタリング　4, 144, 183,
　　230, 256-258
グラフ　94, 122, 178, 207, 237,
　　274
グラフ理論　93-96, 122, 178

クリーク　178
クリックモデル　310
クリック率（CTR）　263, 265
クリック履歴　309
グレイ　97
グレゴリオ13世　188
グレゴリオ暦　188
グローバルナビゲーション
　　122-124
訓　練　42
　隠れマルコフモデルの——
　　59
　最大エントロピー法の——
　　194
　モデルの——　37
訓練データ　42

計算可能性　331-335
計算機学会（ACM）　272
計算複雑性　342-345
計算複雑度　24, 342-345
形式言語学　234
形態論　14
ゲイツ　109
結合確率　69
結合確率分布モデル　238
ゲーデル　334
ゲーデルの不完全性定理　334
ケーニヒスベルク　93, 94, 98
ケプラーの法則　189
ケプラー，ヨハネス　189
ゲマワット　106
ゲール　72
権威性　174, 179-183
言　語　1-15
言語モデル　353
検　索　42, 86-116
検索エンジン　86-116,
　　174-183, 308
検索広告　262-264
検索語句　110-116
ケンブリッジ大学　113, 215,
　　217, 311

こ

公開鍵　169
公開鍵暗号　168-173
康熙字典　164
交差エントロピー→
　　　　　　相対エントロピー

光 子 324
光子の偏光方向 324
格子グラフ 207
格子状ネットワーク 245-247
洪小文 25
勾配降下法 282
構文解析 19, 21, 132, 182, 194,
　　　　213, 216, 234-241
構文解析器 22, 194
構文木 21, 234
コーエン，マイケル 312
誤識別（ブルームフィルター）
　　　　223
誤識別率（ブルームフィルター）
　　　　222, 224
コスト関数 282, 283
古代エジプト 3, 184
古代バビロニア 185
コック 80
呉徳凱 47
コネクショニズム 286
コーネル大学 79, 113, 134
コパー 74
コーパス 7, 42
コブリッツ，ニール 169
コペルニクス 188
コラー 233
コリンズ，マイケル 212, 236,
　　　　215-217
コロンビア大学 84, 217
渾天説 186, 187

さ，し

最小記述長の原理 12
最大エントロピー関数 266
最大エントロピー原理 191,
　　　　238
最大エントロピー法 80,
191-197, 210, 216, 233, 236, 238,
　　　　241, 260, 266, 271
最短経路探索 123, 343
最短経路問題 245
最適化問題 282
サイモン，ハーバート 18
蔡 倫 12
削除内挿法 41
サルトン 113, 133

GIS→一般化反復スケーリング
ジェイコブス 244, 250

ジェット推進研究所 245
ジェネンテック 320
CLSP 82, 85, 245
史 記 13
シーザー暗号 164
シーザー，ジュリアス 163,
　　　　188
指数関数 238
シストラン 22, 27, 34, 311, 312
自然言語 1-15
自然言語処理 4, 16-29, 54
十進法 8, 9
ジップの法則 39, 40
CDMA（符号分割多元接続）
　　　　244, 250-255
自動応答 20, 34
自動要約 20
Gparser 240
司馬遷 13
GBK 204
GB2312 4, 203, 204
時分割多元接続（TDMA）252
SimHash 156, 159-162
シモンズ，ジム 27, 254
シャノン，クロード 1, 17, 18,
63, 64, 70, 73, 78, 80, 89, 168,
　　　　172, 203, 323
シャノン賞 193
シャノンの第一定理 203, 204
沙 飛 240
シャープ 305
シャミア 169
シャーロック・ホームズ 164
朱 安 47
住所の解析 118-121
周波数分割多元接続（FDMA）
　　　　252
周波数変調（FM）250
周辺分布 238
朱会灿 240
出現確率 31-33, 36, 39, 46, 65
出力確率 59, 246
出力層 275
出力の独立性仮説 57
シュミット，エリック 80
巡回アルゴリズム 93-96, 343
条件付きエントロピー 68
条件付き確率 31-33, 36-38,
40, 54, 55, 59, 69, 210, 217, 231,
　　　　232, 307, 312, 317
条件付き確率場 237-243
状 態 56, 119, 226
冗長性 65

情 報 1-15, 63-75
情報エントロピー→
　　　　エントロピー
情報検索 109
情報通信 2
情報フィンガープリント
　　　　151-162, 221
情報理論 1, 65, 70, 72, 74, 114,
　　　　168, 192, 203
ジョブズ 109, 216
ジョーンズ，カレン・スパーク
　　　　113
ジョンズ・ホプキンス大学
28, 34, 82, 83, 85, 104, 140, 196,
　　　　215, 244, 271, 311
しらみつぶし探索 232
シングハル，アミット 86,
　　　　128-134
人工知能 18, 285, 332, 338
人工ニューラルネットワーク
　　　　265, 272-290
深層学習→ディープラーニング
人民日報 42
信頼度ネットワーク 227
真理値表 88

す〜そ

垂直検索 117
数 字 1-15
数理モデル 184-190
スキップコネクション 274
スクリプト言語 101
スケジューラー 100
スターンズ，リチャード 342
スタンフォード大学 74, 107,
　　　　109, 233
ストップワード 112
スパム（検索エンジンの）129
スパム対策（検索エンジンの）
　　　　174-179
スパムメール 155, 220, 221
Sphinx 58, 74
スペクター，アルフレッド
　　　　25, 81
スペクトラム拡散伝送 251
3Gモバイル通信 244,
　　　　250-255
清華大学 46, 47, 58, 251
聖 書 13

節　点　94, 119
説文解字　20, 45
ゼロ頻度問題　37
線　94
遷移確率　56, 59

素因数分解　171
ソウゴウ（捜狗）　309
相互情報量　70, 182
ソウソウ（捜捜）　309
相対エントロピー　72, 114
相対頻度　33
曹　培　225
素性関数　238
ソート済み配列の二分探索
　　　　　　　　　　343
孫茂松　47

た，ち

大規模言語モデル　357
大数の法則　33, 37
楕円曲線　296-297
楕円曲線暗号　168, 298, 299
多項式関数　343
多項式複雑度をもつ　343
ダートマス会議　18
ダートマス大学　18
ダロック　195
単語分割　44-52
単語分類　230-232
単語ベクトル　354
単文字換字式暗号　164

チェビシェフ　306
チェビシェフの不等式　306
チサール　193
地動説　188
チャーチ　72
チャーチ＝チューリングの
　　　　　　　テーゼ　337
チャーニアック，ユージン
　　　　　　　　　　234
チャリカ，モーゼス　159
中華学習機　200
中間層　275
中国科学技術大学　329
中国黒室　166, 167
チューリング，アラン　16, 18,
　38, 168, 331, 333, 334, 336, 337
チューリング完全　337

チューリング賞　18, 24, 26,
　　　　　　　　　272, 342
チューリングテスト　17
チューリングマシン　337,
　　　　　　　　　339-341
長距離依存性　36
張　衡　186
長城0520　200
張智威　147
チョムスキー，ノーム　79

つ～と

ツヴァイク，ジェフリー　229,
　　　　　　　　　　233
通信システム　53
通信の六要素　53, 54, 78
通信モデル　2, 54, 55, 176, 238,
　　　　　　　　　　239
DSL　255
TF（用語頻度）　111
TF-IDF　73, 113-116, 136, 145,
　　　　160, 190, 209, 256
訂正モデル　58
ディフィー　168
ディープマインド　272
ディープラーニング　272,
　　　　　　285-290, 353-359
ディーン　106
テキスト分類　256
デジタル通信　244
データ　300-322
デラ・ピエトラ兄弟　80, 196,
　　　　　　　　　197
テンセント　42, 87, 97, 184,
　　　　　　190, 266, 303
天動説　186, 187
天王星　190
天文学　184

ドイル，コナン　164
統計学　305
統計的言語モデル　30-43, 46
動的計画法　47, 122-124, 206,
　　　　　　　　245, 343
特異値分解　144-149, 230
特　徴　238
特徴ベクトル（ニュースの）
　　　　　　　　　　137
凸関数　210, 260

トピック　135, 136, 146
トピックモデル　230
トポロジー　229
ドラゴン・システムズ　58, 80
Transformaer　357
トリグラムモデル　36
鳥人間派　19
トレリス　207
貪欲法　232

な　行

ナイ　41
ナビゲーション　122-124
23andMe　318
二進数ベクトル　221
二進法　87
ニュアンス　312
ニュアンス・
　　コミュニケーションズ　194
ニューウェル，アレン　18
入力層　275
ニューカム・クリーブランド賞
　　　　　　　　　　330
ニュートン，アイザック　92,
　　　　　　　　　190
ニューラルnグラム
　　言語モデル（NNLM）　354
ニューラルネットワーク→
　　人工ニューラルネットワーク

ノーヴィグ，ピーター　83, 312
NOT　88
ノード→節点

は，ひ

バイオ医薬品　320
バイオインフォマティクス
　　　　　　　　　　215
バイグラムモデル　32-37, 69,
　　　　　74, 126, 209, 307
背景分布　242
バイト　64
バイドゥ（百度）　151, 262, 309,
　　　　　　　　310, 313
百度知道　313
百度百科　316

ハイパーテキスト　101
ハイパーリンク　96, 101
バウム＝ウェルチアルゴリズム
　　55, 60, 61, 260, 343
バウム，レオナルド・E　55
パターン分類　273
ハッシュ化　221
ハッシュ関数　221
ハッシュ探索　343
ハッシュテーブル　97, 101,
　　102, 151, 152, 154, 220, 221
ハーバード大学　79
幅優先探索（BFS）　95
バフェット　83, 197
バブルソート　268
パラメータ（モデルの）　37
バール　80
ハルトマニス，ユリス　342
ハルビン工業大学　45
潘建偉　329

ヒエログリフ　3-7
光の波動と粒子の二重性　324
非決定性多項式→NP
BGI（華大基因）　317
BCJRアルゴリズム　81
ビタビアルゴリズム　47, 58,
　　59, 244-250, 343
ビタビ，アンドリュー
　　244-255
ピチャイ　35
ビッグデータ　300-322
ビット　64
ビットコイン　292-295, 298
BB84プロトコル　329
秘密鍵　169
秘密保持通信システム　251
P問題　343
ヒルベルト　331, 334, 335
ヒルベルトの第10の問題　336
ビルメス，ジェフ　229, 233
ピンイン　191, 199-211, 218,
　　245
Bing　308
品詞タグづけ　194, 218
ヒントン　272, 286, 355, 358

ふ～ほ

ファイロ　103
Phil Cluster　231

フィンガープリント→
　　情報フィンガープリント
ブヴァール，アレクシス　190
フェルマーの最終定理　335
フェルマーの小定理　170
フォン・ノイマン　16, 153,
　　172, 331, 334, 358
深い構文解析　213, 237
深さ優先探索（DFS）　96
復号化　14
複合語表　50
符号化　12, 14
符号分割多元接続→CDMA
不定方程式　335
プトレマイオス　184-187
ブラウン大学　234
ブラウン，ピーター　26, 80
ブラッサール，ジル　329
ブリル，エリック　212, 216-219,
　　235
プリン　105, 129
プリンストン大学　334
ブール　87, 357
ブール代数　87-89
BLEUスコア　311
ブルーム，バートン　221
ブルームフィルター　220-225
ブレア　83
フロイト　335
ブロックチェーン　292-295
フロリアン，ラドゥ　140
分割統治法　267
文献検索　89
文　法　14
文法規則　21
文脈依存文法　24, 118
文脈自由文法　24
文脈ベクトル　354
分　類
　　単語――　230-232
　　テキスト（ニュース）の――
　　135-149

平滑　38
平滑化　40, 41
ベイカー夫妻　58, 80
ページ　105
ベイジアンネットワーク
　　226-233, 237, 283, 284, 287
ベイジアンネットワーク学習
　　アルゴリズム　343
ベイシス・テクノロジー　47
ベイズの公式　55, 227

並列処理　92, 98, 109, 147, 273,
　　287
北京航空航天大学　45
ページランク　103-109, 175,
　　178, 180, 182, 183, 190
ヘネシー　255
ベネット，チャールズ　329
ベライゾン　253
ヘルマン　168
ペレイラ，フェルナンド　83,
　　120, 131, 182, 214, 240
変換に基づく機械学習　216,
　　217
偏光フィルター　324, 325
ベンジオ　272, 286, 354
ペンシルベニア大学　21, 28,
　　72, 121, 131, 194, 212, 240
ペンツリーバンク　213

ホケット，チャールズ　79
香港科技大学　47
翻訳モデル　58

ま　行

マイクロソフト　80, 107, 132,
　　134, 218, 308, 310, 320
マイター　131
前向き・後ろ向きアルゴリズム
　　59
マーカス，ミッチ　28, 72, 194,
　　212-219, 235, 236
マサチューセッツ工科大学
　　（MIT）　78, 97, 213, 217, 245
マージソート　268
マチャセビッチ，ユーリ　336
マッカーシー，ジョン　17
MapReduce　106, 129, 147, 196,
　　268-271, 287
MATLAB　147
マヤ文明　9
マルキール　305
マルコフ，アンドレイ　32, 56
マルコフ性　56
マルコフ連鎖　55-57, 226, 229
マンバー，ウディ　131

未観測事象　38
南カリフォルニア大学　34,
　　245, 254, 311

ミラー，ビクター　169
ミンスキー，マービン　17, 24,
　　　　　　　　285

無向グラフ　237

メイヨークリニック　181
メソポタミア　8, 9, 11, 185
メルセンヌ・ツイスタ
　　　　　アルゴリズム　153

文字　1-15
モデル
　――の訓練　42
　――のパラメータ　37
モバイル通信　244
モーリ，メイヤー　120
モンテカルロ法　232

や　行

ヤーコブソン　53, 78
矢印　119, 226
ヤードレー　166
ヤフー　103, 131, 132, 262, 263,
　　　　　310
ヤロウスキー　72, 83, 141, 212,
　　　　　216, 217
ヤン　103

有限オートマトン　117-127,
　　　　　131
有限状態トランスデューサ
　　　　　（FST）　126
有向グラフ　119, 207, 226, 237,
　　　　　245, 274, 281, 283
有向線　119
優先度付きキュー　100
ユーチューブ　156, 157

ユニグラムモデル　62, 68, 209
ユリウス暦　188

楊煥明　317
用語頻度→TF
用語頻度-逆文書頻度→
　　　　　TF-IDF
余弦距離　178, 230, 256, 261
余弦定理　135-143
世論調査　308

ら～わ

ライブニッツ　87
ライリー，マイケル　121
ラヴィヴ　80
ラトクリフ　195
ラトナパーキー　194, 195, 212,
　　　　　216, 217, 234-236, 240
ラビン暗号　168
ラビン，マイケル　169
ラファティ　80
ラマー，ヘディ　250
乱数発生器　221
ランダウ記号（オーダー記法）
　　　　　36, 343
ランダム配列の探索　343
ランディングページ　178

李開復　x, 25, 34, 58, 74, 104,
　　　　　105, 240
RISC　255
リテラリー・ダイジェスト　307
Rephil　230, 231
リベスト　169
両義性　71
量子暗号　323-330
量子鍵配送　324, 325

量子通信　323, 324, 330
量子もつれ　323
梁南元　45
リンカビット　250

類似性ハッシュ　156, 159-162
ルヴェリエ，ユルバン　190
ルカン　272, 286, 355, 358
ルネサンス・テクノロジーズ
　　　　　27, 197, 254
ルールベース　20

レイセオン　245
RAID　134
レディ，ラジ　26
レビン　344
レビンソン　320
レボンボの骨　8

浪潮之巓　viii, 3, 82, 103, 267
ローカル検索　117-121
ロサンゼルス市警察　241
ロジスティック回帰モデル
　　　　　263-265
Rosetta　34
ロゼッタストーン　6
ローゼン，ウェイン　129
ロチェスター，ネイサン　17,
　　　　　285
ロビンソン，ジュリー　336
ロボット　97
ロマンス諸語　12
ロングテール検索　309
論理演算　87

ワイス，スコット　104
ワイルズ　335
惑星　185
ワシントン大学（シアトル）
　　　　　229
ワンタイムパッド　323, 329

【著者紹介】

呉 軍　ウー・ジュン（Wu, Jun）

1967 年北京生まれ．研究者および投資家．人工知能や音声認識，インターネット検索を専門とする．清華大学（中国）を卒業後，ジョンズ・ホプキンス大学（アメリカ）にて Ph.D. を取得．グーグル社の上級研究員，テンセント社の副社長を経て，現在 Amino Capital（豊元資本）の創業パートナーおよびアドバイザー，上海交通大学客員教授，ジョンズ・ホプキンス大学工学部のボードメンバーなどを務める．グーグル在籍時に，ウェブ検索におけるスパム対策に携わり，日中韓三カ国語のプロダクト部門を設立．これらの言語による検索アルゴリズムを設計するなど，グーグルの自然言語処理や自動応答システムの研究プロジェクトを主導した（これらの内容については本書の中で紹介されている）．テンセントでは，検索や検索広告，ストリートマッププロジェクトを担当した．また，投資家として，シリコンバレーと中国のハイテク企業 150 社への投資に成功している．著書も『数学之美（本書）』，『浪潮之巓』，『智能時代』，『大学之路』，『文明之光』，『全球科技通史』など多数あり，これらにより中国において文津図書賞，中国好書賞，中華優秀出版物図書大賞などを受賞している．

【監訳者紹介】

持橋大地　もちはし・だいち

統計数理研究所 統計基盤数理研究系 教授/国立国語研究所 次世代言語科学研究センター教授（兼務）．1973 年横浜生まれ，1993 年東京大学文科三類に入学，コンピュータサイエンスに興味を持ち，2005 年奈良先端科学技術大学院大学情報科学研究科を修了．博士（理学）．ATR 音声言語コミュニケーション研究所，NTT コミュニケーション科学基礎研究所研究員を経て，2011 年より統計数理研究所．専門は自然言語処理（統計的言語モデル）およびベイズ統計的機械学習．著書『ガウス過程と機械学習』（大羽成征との共著，講談社）のほか，『パターン認識と機械学習』（丸善出版）や『統計的機械学習の基礎』（共立出版）といった機械学習の教科書の翻訳にも参加している．

【訳者紹介】

井上朋也　いのうえ・ともや

1969 年生まれ．神奈川県鎌倉市出身．1997 年東京大学大学院理学系研究科化学専攻修了．博士（理学）．専門は触媒化学および反応工学．化学企業，公的研究機関を経て，現在，中国系化学企業において研究開発・産学連携に携わる．中国語は社会人になってから学びはじめ，中検（一般財団法人 日本中国語検定協会主催による中国語検定試験）2 級，漢語水平考試（中華人民共和国教育部 孔子学院総部/国家漢弁主催，通称 HSK）5 級（スコア230）を取得している．

数学の美
情報を支える数理の世界

持橋大地 監訳
井上朋也 訳

© 2 0 2 4

2024 年 12 月 23 日 第 1 刷 発行

落丁・乱丁の本はお取替えいたします.
無断転載および複製物(コピー,電子データなど)の無断配布,配信を禁じます.

ISBN978-4-8079-2052-5

発 行 者

石 田 勝 彦

発 行 所

株式会社 東京化学同人
東京都文京区千石 3-36-7(〒112-0011)
電話　(03)3946-5311
FAX　(03)3946-5317
URL　https://www.tkd-pbl.com/

印刷　城島印刷株式会社
製本　株式会社 松 岳 社

Printed in Japan